大学的香川ガイド
——こだわりの歩き方

香川大学教育学部 監修
守田逸人・平 篤志・寺尾 徹 編

昭和堂

小豆島「エンジェルロード」

ライトアップした栗林公園

日露戦争（1904～05年）傷病兵を迎える多度津港（多度津町立資料館所蔵）

現在の同地：さぬき浜街道から多度津山を臨む

高松港と高松駅前地区（サンポート高松）

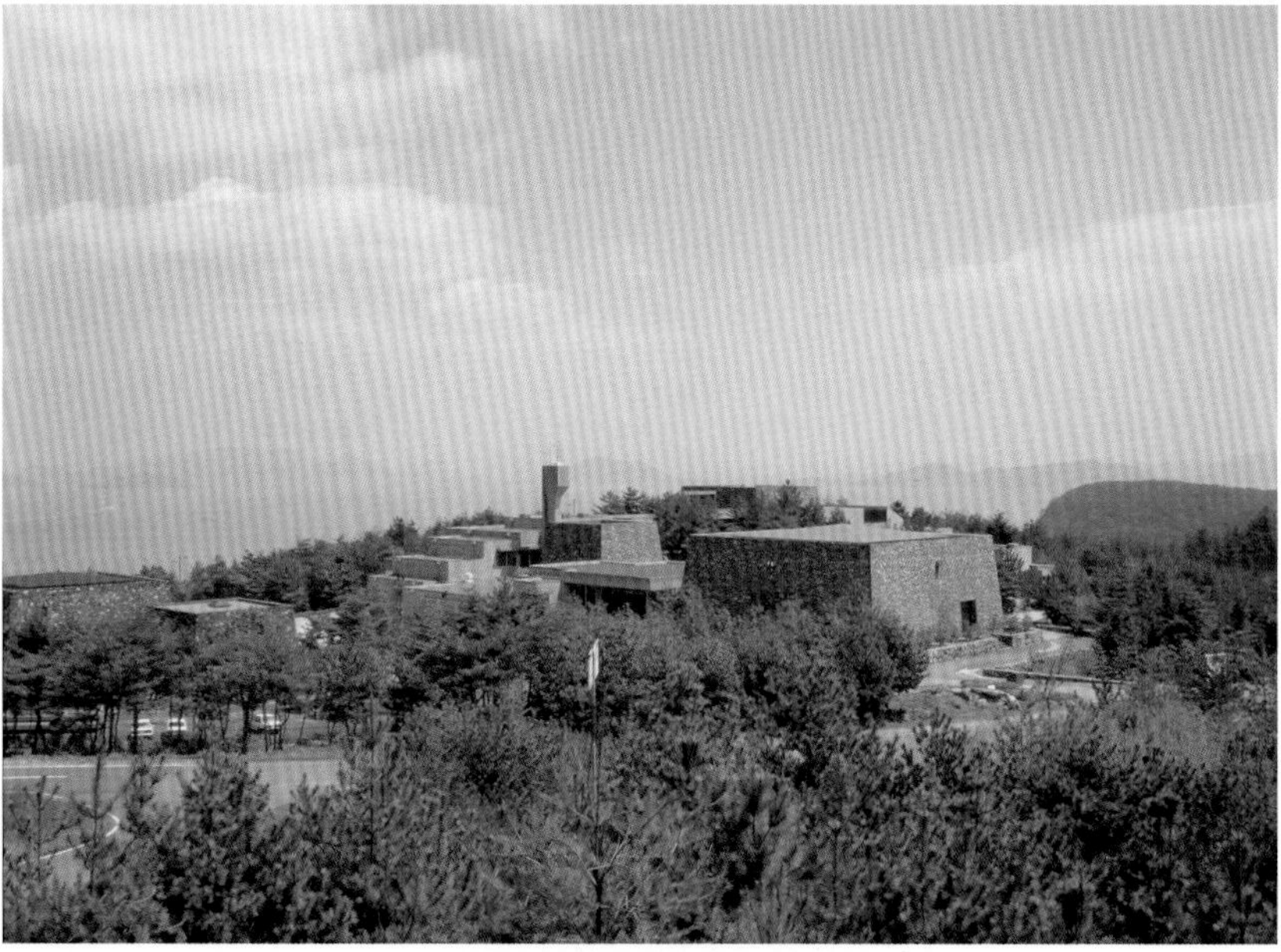

瀬戸内海歴史民俗資料館

◆高松広域都市計画区域マスタープラン方針図

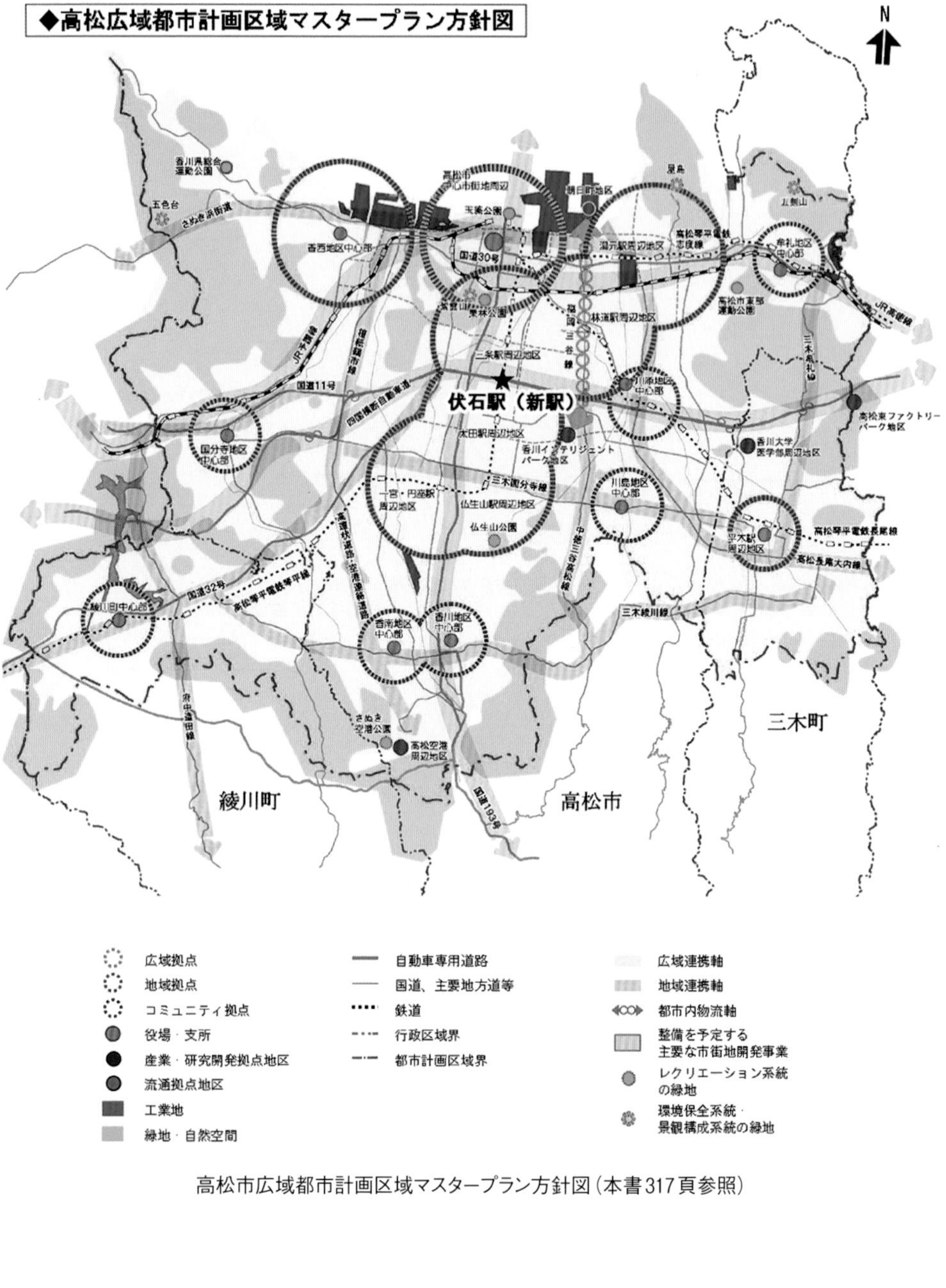

高松市広域都市計画区域マスタープラン方針図（本書317頁参照）

香川県の「ガイド」を考える

守田逸人

香川県の「ガイド」を振り返る

香川県に対して、読者のみなさんはどのようなイメージを持っているだろうか。香川県に限らず個別の地域に抱くイメージは、社会が多様化している現代においては人によって一様ではなく、むしろ多様である方が自然かもしれない。しかし、影響力のある人物などによって特定の情報が広く発信されることで、地域に対する一定のイメージが定着することもあるだろう。

とりわけ情報の限られた過去の社会では、その傾向が強かったかもしれない。遡ってみると、ほぼ香川県に相当する讃岐国の歴史像をイメージする際、「空海生誕地」、「空海が修行した地」という類の伝承は、後世の人々に圧倒的な影響を与え、惹き付けてきた。

さらに、文字を通じたイメージの発信となると、早い事例として文人西行の活動が思い浮かぶ。仁安三（一一六〇）年頃に四国への旅に出た西行は、かつて親交があり、保元の乱に敗れて讃岐に配流され、そのまま讃岐で死去し、後世日本三大怨霊とも言われる崇徳院ゆかりの松山や白峯陵を訪れた。その後、空海生誕地とされる善通寺近辺の「大師のおはしましける御辺の山に庵結びて住」（『山家集』一三五五）み、空海ゆかりの地や周辺を訪れては歌を詠み、詞書とともに記録した[1]。西行の足跡は、西行が記した空海ゆかりの地と共に、遅くとも鎌倉時代前期頃にはこの地方で広く知られていくことになり、それは現代にまで及んでいる[2]。

『山家集』に描かれた讃岐に関する叙述は、この地域を対象にしたかなり早い段階の「ガイド」といえるかもしれない。西行は個別具体的な情報を列挙したり、地域のあり方を具体的に論じるのではなく、見知った事象を文学的に表現し、地域やそこに生きる人々のイメージを発信してきた。西行の著作に触れた人々は、その情緒溢れる叙述に魅了されつつ、描かれた地域のあり方や人の生き方について考えてきた。そういう意味で西行の讃岐ガイドは、さしずめ「文学的ガイド」と言ったら語弊があるだろうか。

近世以降となると、讃岐地方を含む四国では、空海ゆかりとされる四国遍路八十八箇所札所霊場が整備され、真念『四国遍路道指南』がまとめられたり、金毘羅参詣の展開とともに多種多様な参詣記などが現れたりした。そこでは図版をも伴うような具体的な情報発信に力点を置いた「ガイド」が広がり、巡礼地・参詣地としてのイメージも広がっていく。

学生がイメージする香川県

一方、いま現在香川県に深く関わる人々は、香川県に対してどのようなイメージを持っているのだろうか。香川県のイメージを整理し、本書のあり方について考えてみたい。

おもに教職を目指す香川大学教育学部の学生のうち、一・二年生が多く受講する教育学部設置科目「初等社会(イ)」受講生を対象にアンケートを行った(二〇二一年七月二一日実施、有効回答数七四名)。その結果が次頁の【表】である。紙幅の都合上設問1では上位七位までの回答を、一方設問2は上位四位までを示し、その他それぞれより少数しか得られなかった回答は、本書で採りあげたテーマに関わる回答がどれだけ得られたかを示した。

設問1については、抱いているイメージを自由に記述してもらったため、回答例として「雨が少なく、あまり災害もおきない」というように、複数挙げた回答も多かった。この類の場合、「雨が少ない」と「災害が少ない」の双方をカウントしている。

設問1では、当然のことながら学生が実際に生活するなかで感じた印象が率直に現れている。そこで得られた回答を概観してみよう。

設問設定のあり方に問題があった可能性もあるが、設問1・設問2と双方ともに「うどん」と回答する学生が多かった。詳細は本書第4部に収めたコラム「うどん県の歩き方・めぐり方」を御覧いただきたいが、実際に県内で暮らしている多くの人々にとって、確かにうどんは日常生活に深く根付いている。設問2で設定した「特産物」の枠に収まらず、設問1の回答として挙がることも決して不思議ではない。なお、設問1のランク外の回答として、ほかに「交通機関が不便」・「車がないと不便」3（1）、「ケチな人が多い」2（0）、「子どもが遊ぶ場が少ない」1（1）、「若者の遊べる所が少ない」1（0）などがあった。

一方、設問2は回答数を二つに指定した。上位はやはり著名な事象ばかりであった。「金刀比羅宮」・「瀬戸内国際芸術祭」・「四国遍路」・「空海」・「栗林公園」・「善通寺」などの論点は、そのまま本書の各論題として採りあげて

【表】アンケート結果「香川県のイメージ」

※総数74人（36人） 括弧内の数字は香川県出身者

設問1. 香川県についてどんなイメージをもっていますか？

1	面積が狭い	30（12）
2	うどんが有名	29（9）
3	雨が少ない・気候が穏やか	23（9）
4	災害が少ない	18（13）
5	自然豊か・田舎	9（5）
6	交通マナーが悪い	8（4）
7	住みやすい	6（5）
—	ため池が多い	3（2）
—	商店街がきれい・栄えている	2（0）
—	暑い	2（0）
—	島が多い	1（1）
—	島がきれい	1（1）
—	四国の玄関口	1（1）
—	瀬戸大橋を渡ったところ	1（0）
—	岡山県とのつながりが深い	1（0）
—	山がおにぎりみたいにきれいな形	1（0）

設問2. 特産物、史跡名勝、人物など香川県に関わることで広く知れ渡っていると思うものは何だと思います？ 2つ挙げて下さい。

1	うどん	65（30）
2	金刀比羅宮・金毘羅参り	19（7）
3	瀬戸内国際芸術祭	10（7）
4	小豆島	5（3）
4	平賀源内	5（5）
—	屋島・屋島の戦い（源平合戦）	4（1）
—	四国遍路	4（2）
—	空海	3（3）
—	栗林公園	3（2）
—	父母ヶ浜	2（1）
—	瀬戸大橋	2（0）
—	善通寺	1（1）
—	うちわ	1（1）
—	高松の商店街	1（1）
—	島のアート	1（1）
—	島が多い	1（0）

いる。ランク外の回答としては、他に「要潤」4（1）、「オリーブ」3（1）、「骨付き鳥」2（1）、「はまち」1（1）、「直島」1（1）、「四国水族館」1（1）などがあった。

つづいてアンケート結果から窺える学生の「社会を見る目」について考えたい。学生の回答と本書で採りあげた各論のテーマとを照らし合わせると、少数しか学生の関心が窺えなかったテーマや、全く回答を得られなかったテーマの方が多い。

例えば設問2では、金刀比羅宮については多くの関心を集めたものの、空海や西行、四国遍路など、歴史的・文化的遺産に関する回答はそれほど得られなかった。伝統民俗芸能に関する回答に至っては、ゼロであった。多くの学生が日常的に目にする筈の「ため池」への関心も、それほど感じられない（設問1）。また、沿岸・島嶼部を中心に開催される「瀬戸内国際芸術祭」や「小豆島」については一定程度の回答が得られたものの（設問2）、多くの学生にとって間近にある筈の「海」そのものについては「父母ヶ浜」が二票挙がったのみで（設問2）、さらにいうと、「港」に注目した回答はゼロであった。地場産業に関わる回答は、「うちわ」が一票挙がったのみであった（設問2）。学生たちの社会をみる目に一抹の不安さえ感じる。

「大学的」とは

人間がどのように社会をつくりあげ、どのように生産・再生産活動を繰り返し、生存を維持してきたのか。過去から現在に至る様々な社会のあり方や、人間の生き方について理解を深めることは、私たちの社会のあり方や、個々の生き方を考える上で重要なヒントになるだろう。とはいえ、地域社会は多くの構成要素で成り立っており、その多様さゆえに自らの直接的な関心に抵触しない情報は、どんなに大切な情報でも目の前を通り過ぎてしまう。じつは学生だけではなく、私たちの「社会を見る目」は、放っておくと、つい限られた視点になりがちである。

それ故、とりわけ社会が多様化している今日において、個々の地域のあり方をある程度でも深く理解するためには、ボーっとしていると視界から通り過ぎてしまうような事象にも意識的に目を向け、各所で蓄積された情報そのものや、それらを時間をかけて客観的に分析した結果を積極的に学ぶ必要がある。本書ではそうしたことを念頭に、よく知られる事象も、そうでない事象も吟味し、香川県を理解するために不可欠な論考を揃えたつもりである。ここで右のアンケート結果とも照らし合わせながら、本書の内容を紹介しよう。

本書第1部には自然環境についての論考を揃えた。香川県のあり方を決定づける自然環境がどのように成り立ってきたのか、考えたい。多くの学生から回答を得た「雨が少ない」（設問1）に関連して「気候からみた香川県ガイド」では、香川県の気候を包括的に論じた。アンケートで一名のみ回答が得られた「うちわ」は、なぜ香川県丸亀の地で名産になったのか、丸亀平野の「風」のあり方に注目し、その疑問にも迫っている。同じくアンケートで一名のみの回答にとどまった「山がおにぎり」（設問1）は、ユニークな回答にみえるが、郊外に出ると様々な箇所で見られる風景である。この点も含め、香川県の地形・地質については「大地の成り立ちからみた香川の風土」が論じている。「香川県の海」では、私たちが普段食している海の恵みがどのような海の仕組みによって成り立っているのかなど、考えていく。

そして、「ため池」（設問1）は意外にも少数の回答となったが、県土の総面積に対する密度としては全国一位である。それも山間部や山裾の池のみならず、平野部の皿池も大変多いため、中心部で生活していても日常的に目にする筈である。「香川県の水」では、ため池をはじめ香川県にくらす人々と水との関わりについて考えたい。

第2部には歴史的景観に関する論考を揃えた。学生が全く関心を示さなかった港町については「讃岐の港町を歩く」で論じた。香川県の主要港町では、現在に至る歴史過程を示す様々な痕跡が各地で確認できる。讃岐の港町では、寺社が中核的なランドマークになってきたことなども理解したい。「高松城下町の絵図に見るいま・むかし」では、高松市街地を歩けばあちこち残る高松城下町の痕跡について論じた。日本一のアーケードの長さを持つと言われる高松中央商店街のうち、最も主要な位置を占める丸亀町商店街が、なぜ「丸亀町」と呼ばれるのか、なども考えてみたい。その他、第2部で論じた「中世善通寺領の史実と伝承をあるく」・「金毘羅参詣と門前町・こんぴら歌舞伎」・「海の民、山の民、そして里・町の民」などの各地域の議論についても、単に各地域の歴史像を描いているのではなく、その歴史過程や現在のあり方を記録している。行論を通じて、現代の私たちが暮らし、親しみ、訪れる地域・街は、それぞれの歴史過程で形作られた社会の仕組みの上に成り立っていることを理解したい。

第3部には民俗芸能をはじめ、地域の文化に関わる論考を揃えた。学生が全く関心を示さなかった民俗芸能については「香川県の祭りと民俗芸能」で論じた。祭りなどの民俗行事や郷土料理などの食文化は、その地域の農事暦などの生活のサイクルと密接に関係して形作られてきた。餡餅雑煮という一風変わった雑煮や、あるいは初夏に様々な鰆《さわら》を使った郷土料理がなぜ広がったのか、個々の風習について考えることで、その地域に生きる人々がどのように自然と共に生きてきたか、発見したい。「香川にみる四国遍路の世界」では、四国八十八箇所巡礼がどのように広がったのか、その歴史的背景や巡礼の多様なあり方について論じた。その他、「描かれた香川の社寺」・「善通寺の五重塔と仏教美術」・「高松松平家の遺したもの」・「讃岐建築の自画像」を通じて、香川県における仏教文化や建築文化の広がりについても、独自の自然環境や歴史的・社会的背景のなかから創り出されてきたことを理解したい。

第4部には現代の産業や地域社会のあり方に関する論考を揃えた。

学生へのアンケートで挙がった回答「商店街がきれい・栄えている」（設問1）は、おそらく大学近隣にある高松市街地の高松中央商店街を指している。地方各地で多くの商店街が衰退しているなかで、高松中央商店街は、確かに活気にあふれている。商店街は、既述のようにアーケードの長さが日本一の長さを誇るといわれ、中心部の丸亀町商店街と平行して南北に通るライオン通り商店街などは大変多くの居酒屋が建ち並び、たとえお酒好きでなくとも、誰もが歩いているだけで楽しくなるだろう。「四国の州都?!、四国の玄関口高松市とそのまちづくり」では、それらを含めた高松市のまちづくりのあり方について、学生の回答にみられた「四国の玄関口」・「瀬戸大橋を渡ったところ」・「岡山県とのつながりが強い」（すべて設問1）など周辺の各県との関係性や、人の移動のあり方などにも注目して論じた。

一方、アンケートでは香川県のイメージについて、「田舎」（設問1）との回答を一定程度得た。香川県に限った問題ではないが、財政難や過疎化、一極集中等により低迷する地方社会を構造的に抱える日本社会について考えていくことは必要である。「小さな町宇多津町の挑戦」では、人口を保ち、地域活性にむけた様々な取り組みが行われている宇多津の事例を採りあげ、現代やこれからの香川県、あるいは地方社会の行方について論じた。同じく「香川県の島嶼と若者」では、人口減少など様々な問題を抱える島嶼部のあり方について、マイノリティーに注目しつつ地域活性化を目指す試みなどについて論じた。関係して「東かがわ地域の手袋産業」では、地方社会での地場産業の成功事例について論じ、最後に「香川県の観光」では、瀬戸内国際芸術祭などの成功例を題材に香川県における観光の現状と今後の展望を論じた。

なお、各論については、可能な限りそれぞれコラムを設けて内容を補った。いずれも香川県を考える上で欠かせないものである。

以上、いま現在の学生が抱く香川県へのイメージとも照らし合わせつつ、本書の論点と若干の内容を紹介した。近年インターネットの普及など、情報発信のあり方が高度化しつつあり、地域の様々な情報について様々なアプローチが可能になってきた。また、地上波テレビでＮＨＫが放送する「ブラタモリ」にも代表されるように、気象学・地質学・海洋学・歴史学・考古学・民俗学・社会学・経済学・地理学など、多方面におよぶ学問的成果に基づき、日本列島の各地域について知り・みて・考える機会も増えてきた。全国規模で展開するこの「大学的地域ガイド」シリーズの刊行も、そうした社会の流れに即した時宜を得たものといえるだろう。

地域への理解を促すために精度の高い科学的な検証に基づいた情報を発信することは、現時点での各地域のあり方の「記録」となるばかりでなく、今後ますます共生社会への理解が必要になるなかで、多様な社会や価値観への理解を促すものになると考えている。また、多くの人々が社会の成り立ち方に関心を持ち、知的好奇心が広がることで、地域社会や、人々の暮らしに関わるさまざまな分野の学問研究がさらに深化し、私たちの生きるヒントも豊かになることを期待したい。そして、こうした試みを繰り返すことで、二〇年、あるいは三〇年後に、今回と同じようなアンケートを行ったとき、より多様な回答が得られることを期待したい。

本巻が捉える「大学的」とは、右に論じてきたような地域を理解するために必要になる、社会の見方や捉え方と考えている。学問に触れはじめた香川県に関心を持つ学生をはじめ、香川県に関心を持つあらゆる人々に、まず本書を読んで頂きたい。

（1）ここでは、『山家集・聞書集・残集』（和歌文学大系21、明治書院、二〇〇三年）に依った。
（2）鎌倉時代前期に高野山で活躍し、一時高野山を追われて六年間にわたって四国の旅に出た真言僧道範は、寛元元年（一二四三）三月に「善通寺ニ詣テ大師ノ聖跡を巡礼」したひとりであり、その動向は『南海流浪記』として記録が残っている。髙橋徳・安藤みどり・佐藤竜馬「史料紹介『南海流浪記』洲崎寺本」（『香川県埋蔵文化財センター研究紀要』八、二〇一二年）が注目したように、『南海流浪記』によると同年十月頃道範は善通寺南大門東脇に立つ大松を前にし、かつて西行が大松に接して「久に経て我後の世を問へよ松跡忍ぶべき人もなき身ぞ」（『山家集』一三五八）と詠んだことを善通寺僧から聞き、「ちきり置て西へ行ける跡に来て我れも終わりを松の下風」との歌を詠んでいる。なお、『南海流浪記』は原本が存在しない。さしあたり高野山大学図書館蔵本を底本とした、木下華子「高野山大学図書館蔵（金剛三昧院寄託）『南海流浪記』の翻刻と紹介」（『東京大学国文学論集』一六、二〇二一年）は、原本に近い写本を紹介している。また、香川県下の洲崎寺本を底本とした史料紹介として、前掲「史料紹介『南海流浪記』洲崎寺本」がある。

大学的香川ガイド　目次

第*1*部

香川県の環境

気候からみた香川県ガイド

寺尾　徹

はじめに

地域の気候というと、気温や降水量を用いて気候区分を定義し、それぞれについての特徴を網羅的に記述するという方法が普通かもしれない。しかし、私はむしろ、物理学や流体力学・熱力学といった物理学・化学の理解を地球の大気に応用するようなスタンスで気象学という自然科学の一分科に取り組んできた。高低気圧や前線、台風が往来して天候は変わり、季節とともに特徴を変えていく。それを、物理学や化学の視点から見るのだ。強力な光を放つ恒星の周りを公転する巨大な惑星に万有引力によって拘束された大気や海洋が成層し、熱せられて自転の効果も加わって複雑化した大気運動（大気循環）が形成される。

宇宙に浮かぶ球体を見るような立場でデータ解析をする。だが、その対象は、本当に四国も香川もない、ただの球体なのか?

私自身、地球をめぐる風の観測データに現れる大気に生じる巨大な風の波「ロスビー波」の研究に没頭していた大学院生の頃は、宇宙に浮かぶ球体を見るように研究をしていたつもりだった。ロスビー波によって形成され、天候を支配するユーラシア大陸上の「テレコネクションパターン」の一つを地図上に投影した。ちょうど手持ちのデータがなく、海岸線を省略して風のパターンだけを描いてみた。その際強烈な「違和感」を覚えた。緯度経度を示す格子のみに重ねられた「テレコネクションパターン」は、なんとものっぺらしたものに見えた。あわててデータをそろえて地図を重ねた。同じ空間パターンなのにそこには生気を取り戻した「テレコネクションパターン」が居た。シルクロードを闊歩した騎馬民族の姿や荒涼とした草原、シベリアの大地やヨーロッパの風景、日本の田園や太平洋の荒波のイメージが具体的に展開する地理と歴史が、物理学と化学に基づく私の気象学の背景には確かに息づいていたことをこの時初めて発見した。

地理学・歴史学の本に自分が何かを書くことになるなど思ってもいなかった。

そんな気象学の一学徒が香川近辺の気象にかかわる不思議を追い求めるうちに様々に気づかされ、いつのまにか讃岐の地理・歴史にもかかわって心を躍らせることになった経験から、いくつかのトピックスを選んでお示しする。

1　讃岐の夕なぎと丸亀うちわ

丸亀うちわの由来の定説

丸亀と言えばうちわである。丸亀市のうちわ生産のシェアは、日本のシェアの実に九〇％を占めるに至っているという。なぜうちわは丸亀市の特産品となったのだろうか？

その理由について「丸亀市史」[1]は、「確かな史料はない」としながら以下のように記述している。

寛永十年（一六三三）ごろ、金毘羅大権現の別当宥眖が、天狗の葉うちわから思いつき、渋団扇をつくれば土産物としてもおもしろかろうと考えていた。一方、生駒藩においても大塚采女、伊東四郎右衛門らが、これに着目し、団扇の本場、大和の大村藩から先覚者二人を招き、渋団扇を作り始めた。これが濫觴だと伝える。

これは丸亀高等女学校による調査「団扇の研究」[2]をとりまとめたもので、金毘羅参りのお客に対するお土産物として人気を博したことが大きな契機になっているらしい。しかし、なぜうちわが人気のお土産物になったのだろうか？

讃岐と夕なぎのお付き合い

うちわの由来について語る地誌や郷土資料を眺めていると、作花典男氏による以下の記述に行き当たる。

（1）丸亀市史編さん委員会編『新編丸亀市史』、一九九四年、二九三頁

（2）香川県立丸亀高等女学校編『団扇の研究』、一九四一年

冷房が家庭に普及するまで、さぬきの住民はこの夕凪と長い間付き合ってきた。夕方になると庭先に縁台を出して丸亀産の『団扇』を使って涼をとったり、ドジョウ汁などで熱気を忘れようとしたものである（「香川県風土記」所収のコラム「備讃瀬戸の濃霧と夏の朝凪・夕凪」(3)より）。

この記述はとても強く私の感性を刺激した。「日本気候百科」(4)の香川県の気候の項目に、私は以下のように書いた。

団扇の発展において、夕なぎがどのように作用したかに関するはっきりした記録はない。しかしながら、じっとりと暑い風のない夜長に、子らを寝付かせようとする親たちの手に握られた団扇のイメージは、夏の夜の耐えがたい暑さという香川県の気候の特徴を物語るアイテムの一つではあると言えるだろう。

このように、うちわは「瀬戸の夕なぎ」による夏季の夕方の耐えがたい暑さとかかわって語られてもいる。「夕なぎ」とは、昼間には海から陸へ吹く海風が、夜間は陸から海へと吹く陸風が卓越する、「海陸風」と呼ばれる典型的な風の日変化と関係している。夕方は昼間と夜間のはざまにあるので、風が止む。読んで字のごとしの「凪《なぎ》」という現象が生じやすいとされる。讃岐地方にうちわの産地がはぐくまれた背景に、この耐え難い夕なぎがあるのではないか？　いまだこれを裏付ける資料は見出すことができないが、気象学の立場からできることはある。以下、気象観測に基づいて夕なぎについて調べてみよう。

夕なぎの記録を紐解いた高松気象台長

夕なぎ自体は決して讃岐地方にのみ見られる現象ではなく、海陸風が吹きやすい海岸線

（3）坂口良昭・木原溥幸・市原輝士編『香川県風土記』旺文社、一九八九年

（4）日下博幸・藤部文昭編『日本気候百科』丸善出版、二〇一八年

近くの地域の多くで観測されるものであると考えられる。しかし、讃岐地方では夕なぎが特に顕著だと言われるのは本当だろうか？

実は先行研究が一つある。高松地方気象台長をしていた日下部正雄氏による論文である（日下部、一九六七a）。高松地方気象台の風速の観測結果を用いて、二〇時ころから風が弱まり、「夜なぎ」ともいうべき無風状態が続く傾向があるとし、広島など周辺の地点と比べても、風の弱さとなぎの継続時間、気温の高さ等様々な指標で客観的に見て、香川の夕なぎは顕著であることを指摘している。更に、蒸し暑さの指標となる湿潤冷却強度という値を風速と気温、湿度から計算して、総合的な暑さの度合いを論じている。日が沈むと気温は次第に下がっていくことから二三時ころからはしのぎやすくなり、暑さはやわらいでいく。

夕なぎを最近のデータで検証

香川県にある気象庁の気象観測地点は、測候所（正確には高松地方気象台と多度津特別地域気象観測所）二地点とアメダスのうち気温と風も測定されているものが五地点ある。比較的沿岸に近い二地点（高松と多度津）、内陸部にあって海岸からへだたった二地点（滝宮と財田）を検討に用いた。また、香川県が大気汚染の監視のために設置している大気汚染常時監視測定局のうち、風向風速もあわせて観測されている一一地点のデータを利用させていただいた。更に、西日本農業研究センターが管理している二つの気象観測地点（生野と仙遊）のデータも活用した。この二地点はいずれも善通寺市にある。観測地点の位置はのちほど観測結果を表す地図（図3）にお示しする。一方、比較のため、香川県以外の気象庁の測候所あるいはアメダスの観測値も用いた。燧《ひうち》灘沿岸の各地、中四国の各県庁所在地の測候所、大阪・名古屋・東京の各測候所である。なお、データは共通して二〇一七年から二〇一九年の八月、合計九三日間の時別の値を用いている。

まずはわかりやすく、高松の夕なぎの「暑さ」を、まずは人口の多い東京と比較する。図1の□印は、一五時から深夜〇時にかけての毎時の東京と高松の気温を示した。高松の

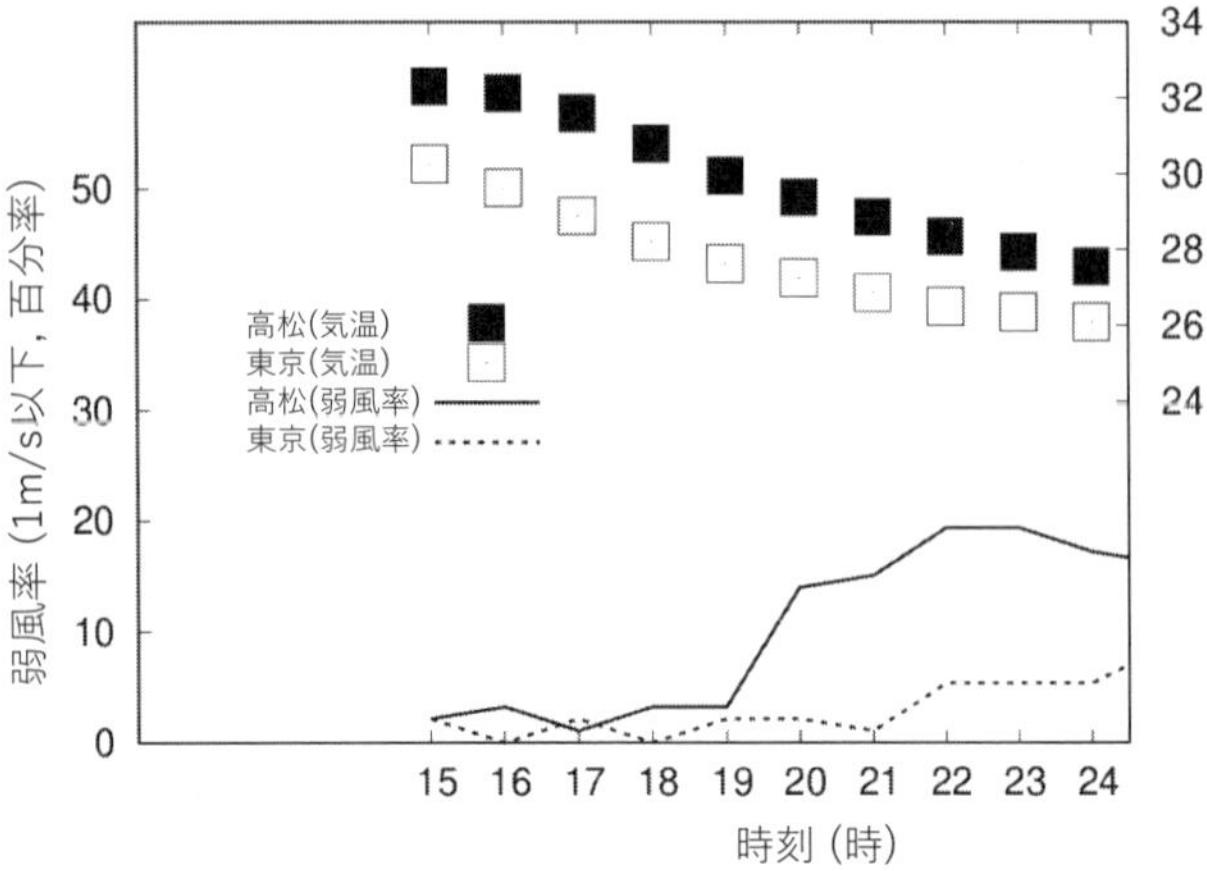

図 1　東京と高松の気温と弱風率。2017 年から2019 年の 8 月の平均値

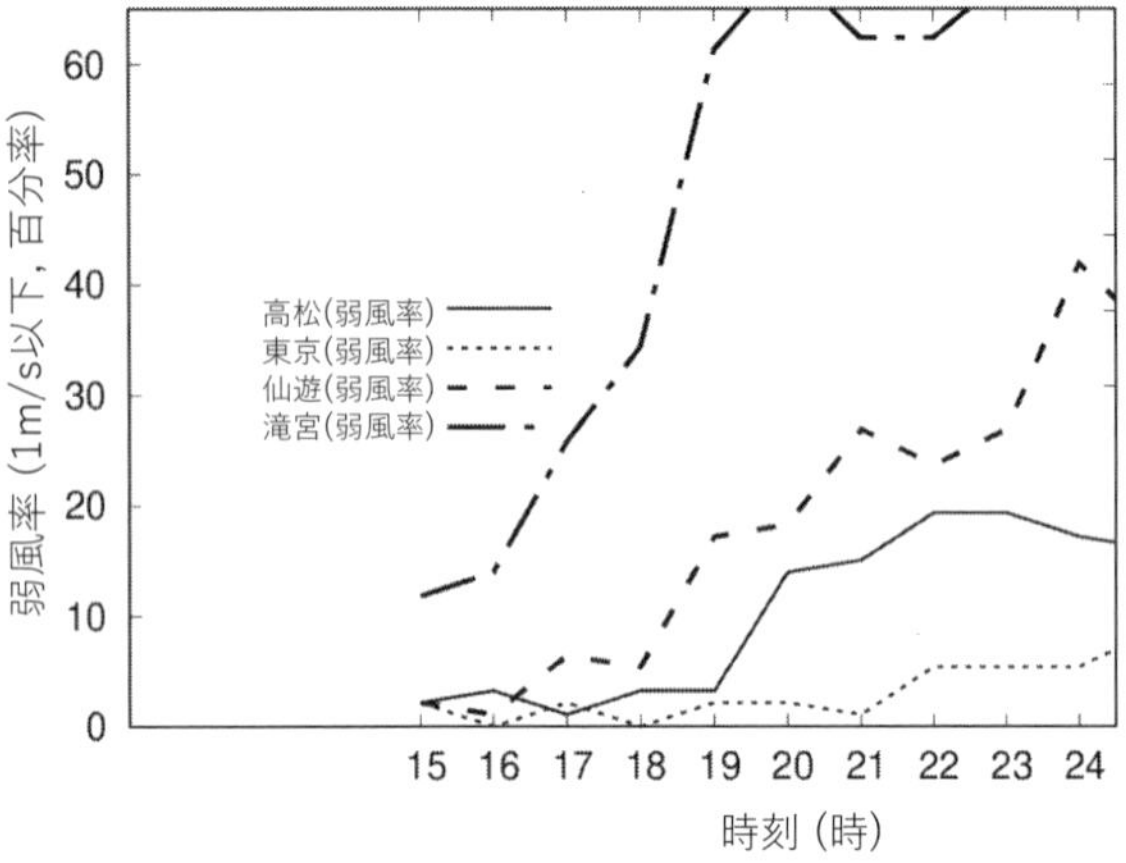

図 2　東京、高松、仙遊、滝宮の弱風率。2017 年から2019 年の 8 月の平均値

方が一貫して東京よりも気温が高いことがわかる。特に夕方から二二時ころまでの気温差が大きい。次に風の特徴である。「弱風率」という指標を定義した。これは、風速が一メートル毎秒以下となる回数を全観測における百分率で表したものである。図1の折れ線グラフが弱風率を表す。高松と東京では特に二〇時以降大きな違いがあり、高松では弱風率が二〇％に迫る。

しかし、東京との比較だけではたまたまということもある。他の地点との比較も行う。図2は東京と高松に加えて、より内陸の地点（図3(a)を参照）である仙遊と滝宮の弱風率を合わせて示したものである。滝宮に至ると、弱風率は一九時以降六〇％を大きく超えて、グラフからはみ出してしまった。さらにより広域に検討するために、二〇—二三時の平均弱風率を「夕なぎ指数」として図示してみよう。図3(a)の○印は、香川県内の観測地点の夕なぎ指数を面積で表したものである。この図からも、高松の夕なぎはまだましであり、讃岐平野の他の地点の夕なぎは、もっと顕著なものだということがわかる。なお、この図は、ＧＩＳ技術を修得した現在本学の工学部の大学院に進学した私の元ゼミ生である八塚正剛君に描いてもらった。

おもしろいのは、海に近い地点である瀬居島や相模坊神社、高松競艇場でも顕著な夕なぎがみられることである。図3(a)に▲印で示したさぬき市鴨部《かべ》地区も顕著な夕なぎ地帯である。関連して二〇一九年度の香川大学教育学部の卒業生で、私の卒論生であった岡田莉奈さんによる、香川県さぬき市鴨部地区における風の日変化の研究結果[5]を紹介したい。瀬戸内海にそそぐ小河川鴨部川沿いの、海に近く、河口から数kmしか離れていない地点に風速計を設置した。図4は、鴨部に設置した風向風速計を使った典型的な観測結果（二〇一

（5）岡田莉奈「香川県さぬき市鴨部川に吹く風の日変化に関する研究」香川大学教育学部卒業論文、二〇二〇年

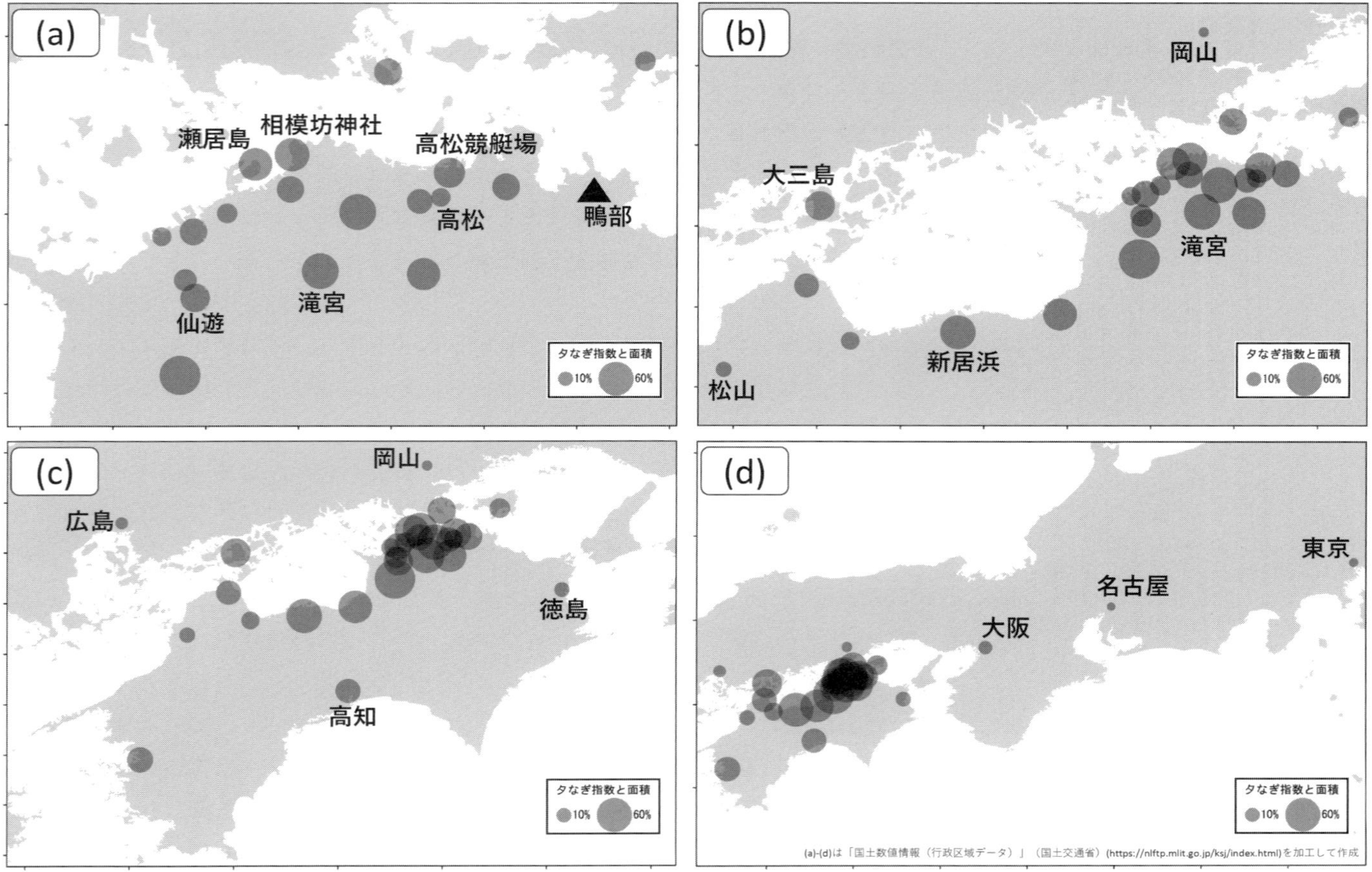

図 3　日本各地の夕なぎ指数。2017 年から2019 年の 8 月の平均値。印の面積は各地点の夕なぎ指数に比例する。

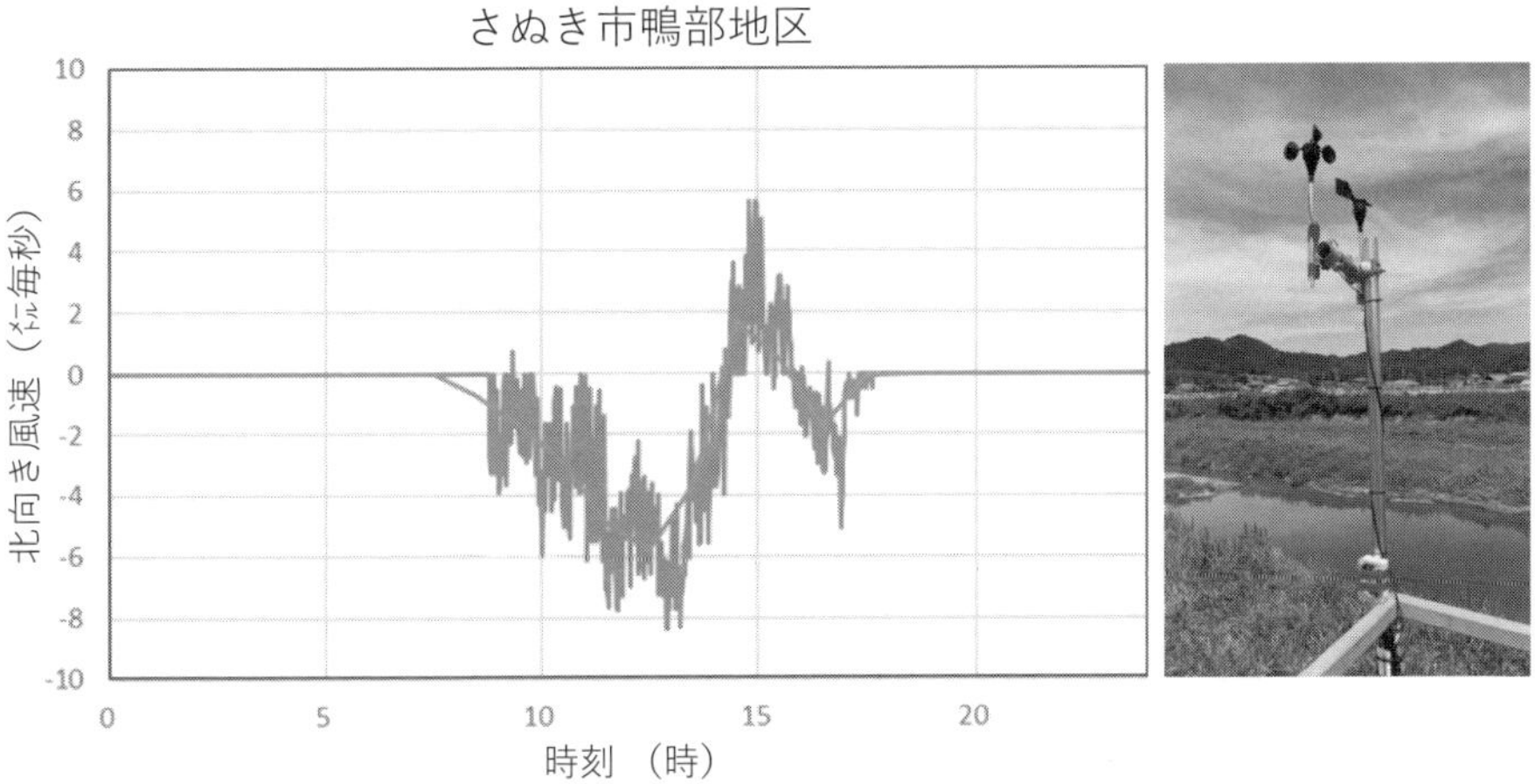

図 4　さぬき市鴨部地区に設置した風速計によって観測された、風速の南風成分。負の値は北風成分となっていることを示す。写真は設置した風速計。2019年 9 月10日の事例。撮影は筆者。

九年九月一〇日の事例）である。朝方から海からの北風が吹き始め、午後になると海に向けた南風に変わっている。この変化自体も通常の海陸風と異なる特徴があっておもしろいのだが、ここでは夕刻以降の風の変化に注目する。一八時以降になると風はぴったり止んでしまい、ほぼ無風状態が続く。非常に顕著な夕なぎである。夜間の陸風はこの地域ではほとんどみられないことになる。

図3(b)は燧《ひうち》灘を囲む瀬戸内海沿岸地域の夕なぎ指数である。新居浜などいくつかの地点で、讃岐平野に匹敵する夕なぎが見いだされる。一方、同じ瀬戸内であるが、岡山の夕なぎ指数は小さい。図3(c)ではより広範に周辺の各県の代表的地点の夕なぎ指数を示した。高知が例外的に讃岐平野の夕なぎ指数に匹敵する数値を示しているが、ほかの地点の夕なぎ指数は小さい。図3(d)は東京・名古屋・

大阪の三大都市圏のデータを示した。讃岐地方の人々が経験する夕なぎは、日本人が一般的に経験する夕なぎよりはるかに顕著であることを示している。

紙幅の関係もあり気温については割愛するが、讃岐地方の夕方の時間帯は他の地域と比較しても気温が高い傾向がうかがわれる。讃岐地方の気候の特徴として、二〇時以降の厳しい夕なぎを挙げることができそうである。

讃岐の夕なぎと暑さの科学

地球温暖化に伴って熱中症の危険が叫ばれることが多くなってきた。人にとっての暑さを客観的に示すために様々な指標が提案されているが、現在日本で一般的によく「暑さ指数」として使われているのは、湿球黒体温度（ＷＢＧＴ）指数である。気温や湿度、日射や赤外線、風速に関連するいくつかの測定値を組み合わせた数式が定められており、計算することができる。環境省の熱中症予防情報サイト(6)によると、暑さ指数が二五を超えると「警戒」の段階に入ってくる。

讃岐の夕なぎを暑さ指数の面からみるとどうなるのだろうか？　図5(a)は、二〇—二三時の毎時の高松の暑さ指数を風速と関係づけて示したものである。風速が小さくなると若干暑さ指数も大きくなる傾向はうかがえる。しかし、風速がそれほど決定的要因には見えない。風速によらず、警戒の段階を超えるケースが多いことは変わらない。

近年、新しい暑さ指標がいくつか提案されている。なかでも、ＵＴＣＩと呼ばれる新暑さ指標は、国際生気象学会が目的意識的に開発と策定を進めてきたもので、屋外の熱ストレスを評価する指標として用いられはじめている。この指標に基づいて讃岐の夕なぎを評

（6）URL: https://www.wbgt.env.go.jp/

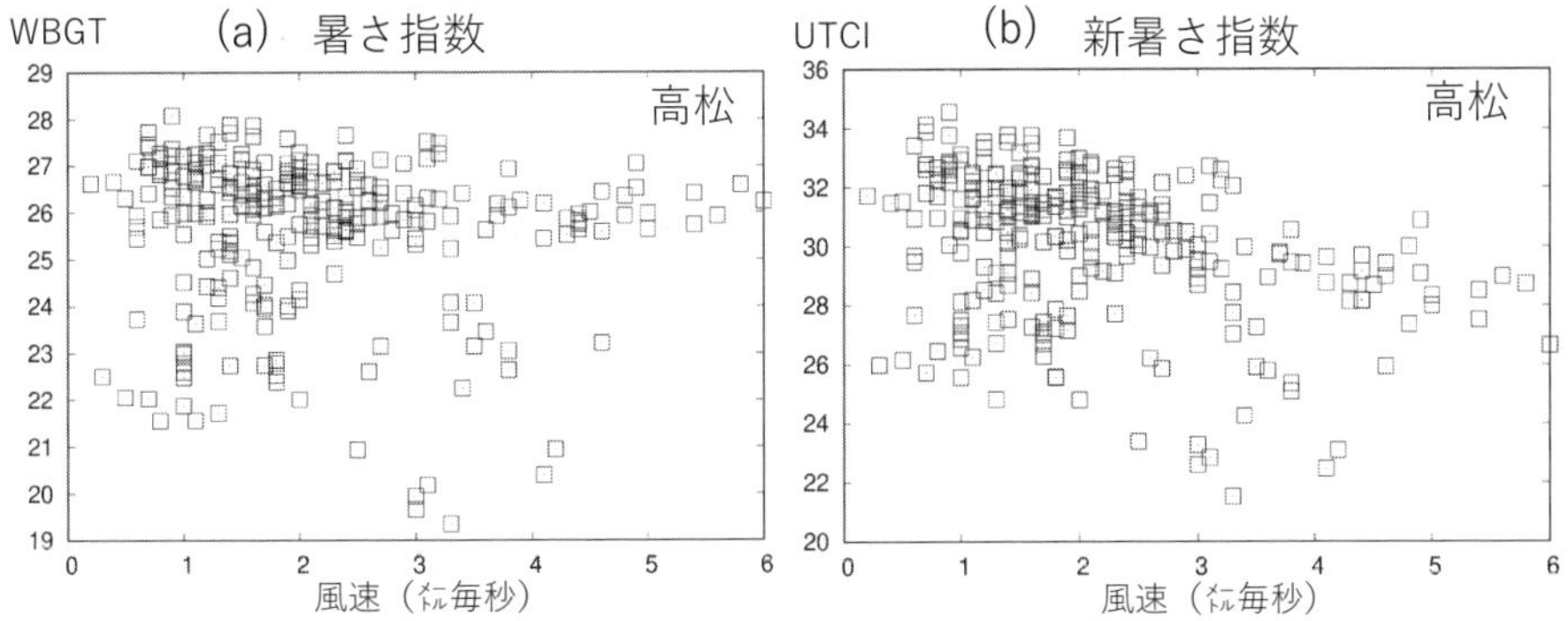

図5　風速と(a)暑さ指数(WBGT)、(b)新暑さ指数(UTCI)との関係。高松の2017年から2019年8月の20～23時のデータ。横軸は風速、縦軸は指数。

価してみよう。その結果が図5(b)である。図5(a)のWBGTによる暑さ指標と比較して、UTCIによる新暑さ指標による熱ストレス評価はより強く風速に依存しているようだ。UTCIは、その値が三二を超えると「強い熱ストレス」と定義される段階に入る。図5(b)は、風速が三メートル毎秒を超えてくると、強い熱ストレスとなるケースは大きく減ることを示している。一方で、風速が小さくなるほど、強い熱ストレスとなるケースが多くなる。

丸亀は周辺の地域からうちわの製造に必要な資材が手に入るという事情を読み込んだ和歌、「伊予竹に土佐紙貼りてあわ（阿波）ぐれば、讃岐うちわで至極（四国）涼しい」からも、丸亀うちわによって得られる涼を慕う人びとの心を感じられるが、最新の生気象学が提案する新暑さ指標UTCIが、讃岐の夕なぎの耐えがたい暑さをより切実に表現していることになる。

丸亀うちわの風景を想う

丸亀うちわが隆盛を誇ったのは、冒頭に触れた金毘羅参りのお土産としてのうちわがきっかけだったとされる。かつて金毘羅参りには四国外からも多くの参拝客があり、にぎわったという。それらの客は丸亀港や多度津港に到着し、琴平まで往復した。参拝客たちは道すがら、うちわで涼をとったのではないだろうか？ あるいは琴平の宿で、あるいは港の舟待ちの宿で、参拝客たちは讃岐の夕なぎに涼を取ろうと、うちわを扇いだのではないだろうか？ あるいは夕なぎに子を寝かしつける必要が、讃岐の人びとのうちわ制作の切実さを高めたのではないだろうか？ このような観点から金毘羅の参拝客の史料や、地域ごとの地誌を眺めてみると、彼らの具体的な生活のようすから、いまだ明らかになっていないうちわの新しい秘密が浮かび上がってくるのではないか、と考えている。

2 香川県の風水害と干ばつ

香川県にも災害はある？

香川県は瀬戸内海に面しており、県庁所在地である高松における年降水量は一一五〇ミリ（一九九一年から二〇二〇年の平年値）。これより年降水量が少ないのは、北海道、長野県、岡山県の三道県に限られる（気象庁、二〇二二）。となると、香川県には気象災害は少ないのではないか、と思いがちである。でも本当だろうか？ 香川県にもごく最近に深刻な風水害をもたらした台風があった。二〇〇四年の台風一六号による高潮災害、台風二三号による豪雨災害が記憶に新しいところだ。

二〇〇四年台風一六号による高潮

二〇〇四年の台風一六号は、八月三〇日夕方から夜にかけて中国地方を西から東へ横断した。そのため、香川県の北側を西から東へ進んだことになる。瀬戸内海は台風の進路に向かって右側の、いわゆる「危険半円」と呼ばれる領域に入り、台風の進む方向に向かう西風が強く吹いた（図6）。この時の高松港における潮位変化を図7に示した。台風が最接近して気圧が最も低くなったのは二〇時ころで、いわゆる「吸い上げ効果」による潮位偏差のピークとなる。ところがそのあとも高松港の潮位は満潮時刻に向けて上昇を続ける。そして二三時前に最大潮位偏差、最高潮位となる。海水は市街地にあふれ、床上・床下浸水は二万戸を超え、香川県の沿岸地域で死者三名を数えた。

教科書に載っている高潮のメカニズムはだいたいこうだ。台風による風が沿岸に向けて吹き付けて海水を吹き寄せる。遠浅の湾では特に大きな潮位偏差が引き起こされ、高潮被害が生じる。

しかし、高松での高潮被害発生時の台風による風は南西から西南西の風であり、沿岸に向けて吹き付けるようなものではなかった。にもかかわらず高潮が生じたのはなぜか？西寄りの風は瀬戸内海の海水にどのように作用したのか？　数値モデルを用いてこの時の高潮を再現した高野ら（二〇〇六）は、東へ吹き寄せられてきた海水が、香川県と岡山県の間にあって播磨灘と燧《ひうち》灘を分ける備讃瀬戸の海底地形が海水をせき止めるような形になって、潮位が高くなったものと推定している。浅くて複雑な海底地形を持つ瀬戸内海の

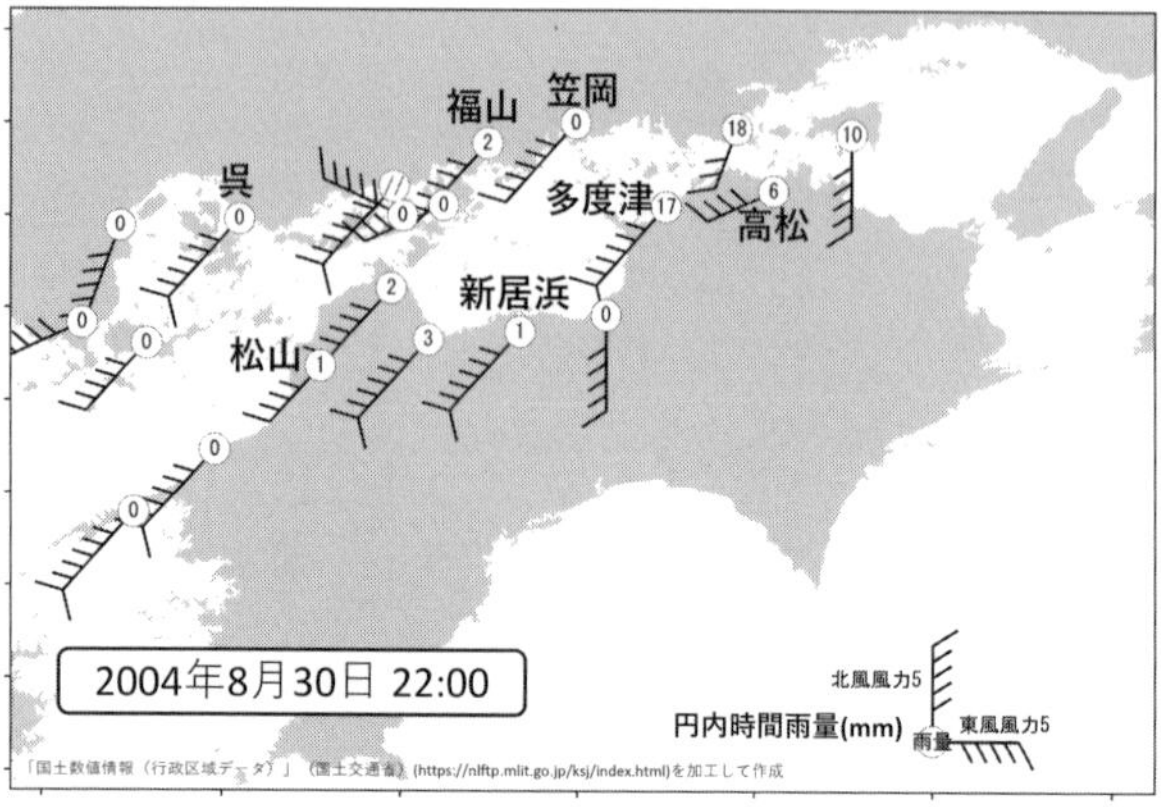

図6　2004年 8 月30日22時の瀬戸内海沿岸地方の風向風力と時間雨量。気象庁観測値から作成。

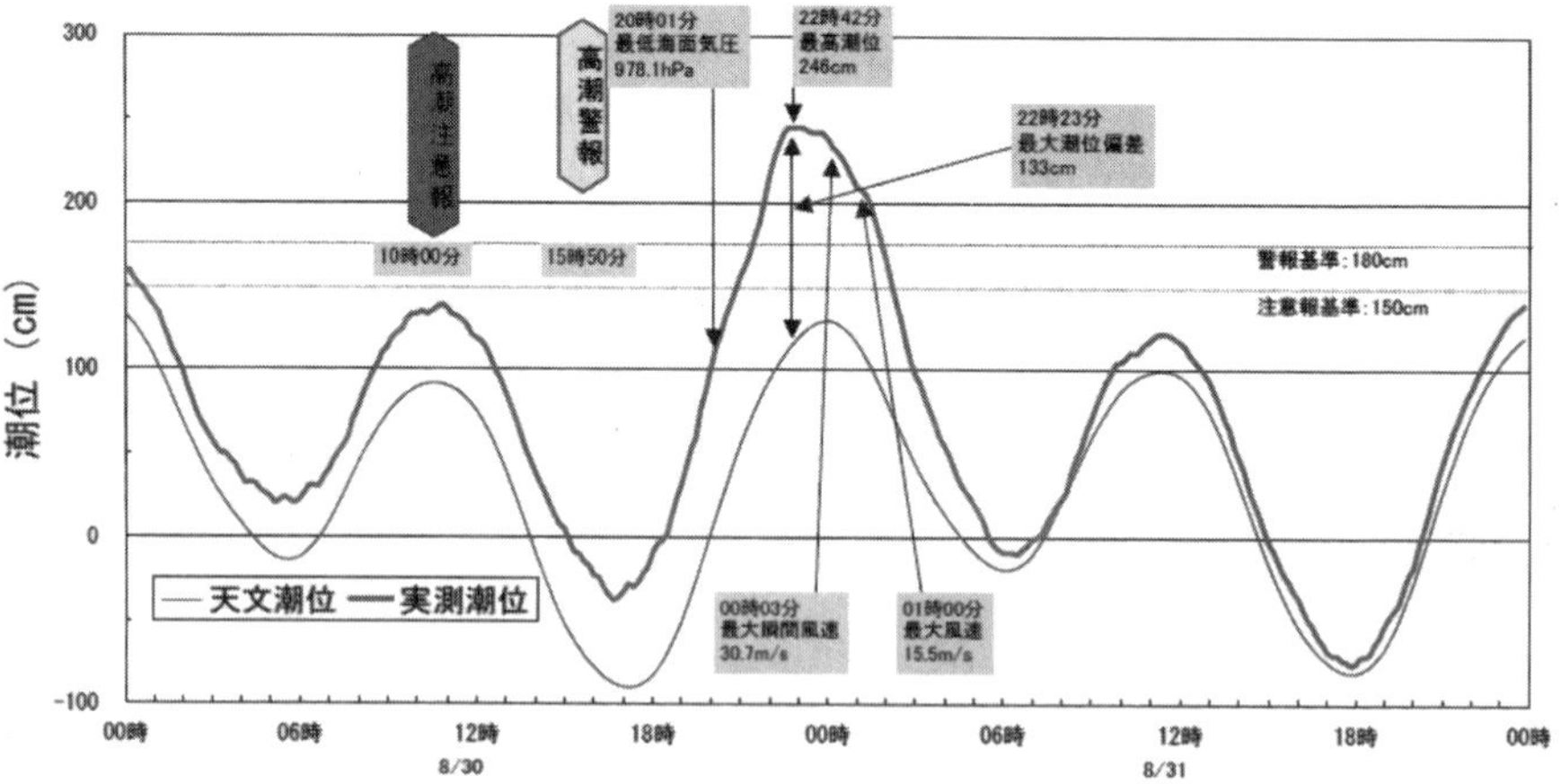

図 7　高松港における潮位変化。香川大学平成16年台風災害調査団（2005）より

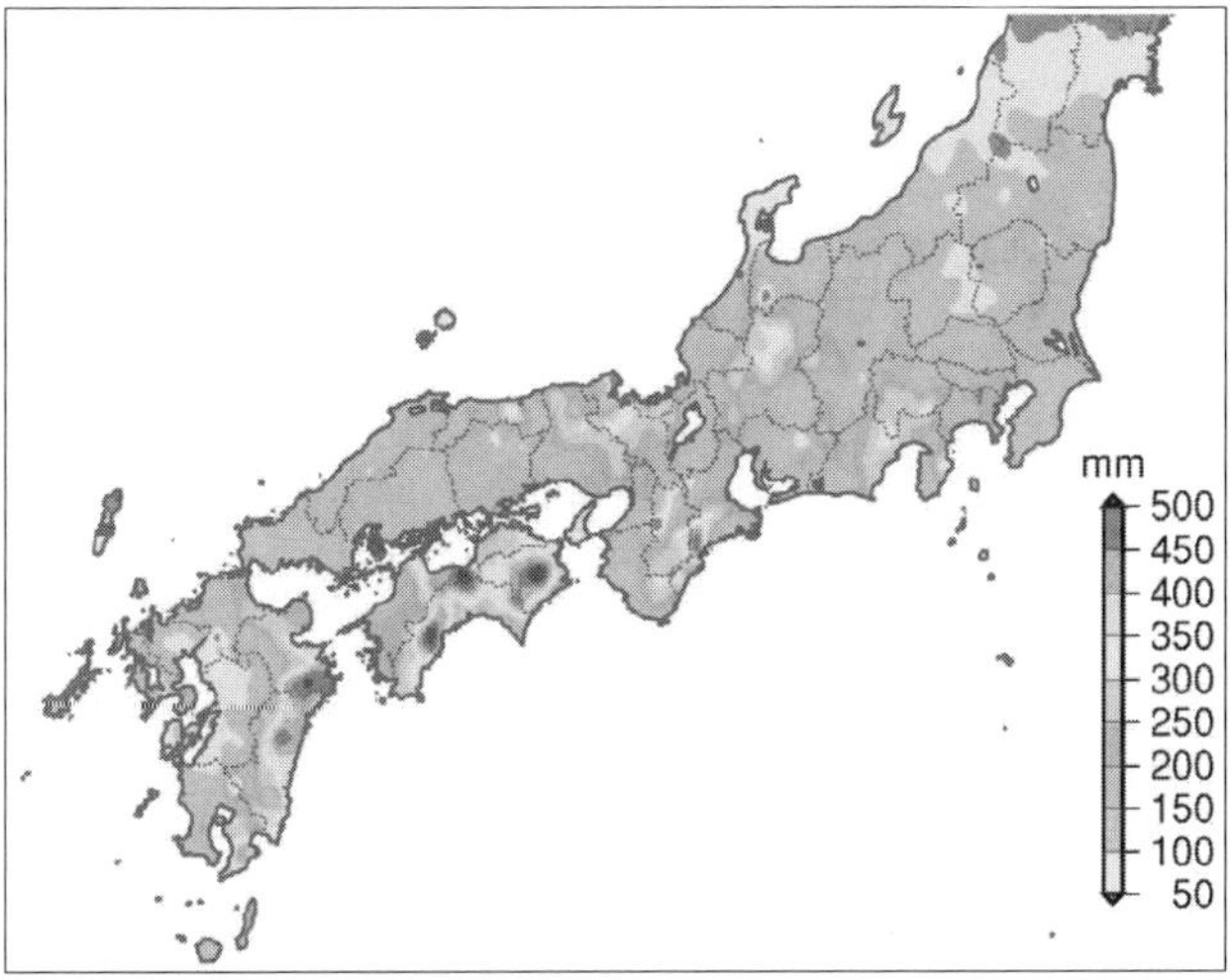

図８　アメダスによる2004年10月18日―21日の総降水量分布図。気象庁（2004）より

海水を台風の風を吹かせて揺らしてやると、思いもよらぬところで高潮を引き起こすということだ。

二〇〇四年台風二三号による豪雨災害

そしてその直後の一〇月二〇日から二一日にかけて日本列島を襲った台風二三号は、日本列島各地に豪雨をもたらした（図８）。この図から、この時に最も深刻な被害をもたらした都道府県がどこにあるのかわかるだろうか？この時の気象庁アメダス観測点における最大の総降水量は、徳島県上勝町の福原旭で記録され、五五〇ミリに上った。降水量の最も多かった五つの県は、図８の濃い網掛けもみられる徳島県、愛媛県、高知県、大分県、宮崎県である。これらの県で大きな被害が生じたのだろうか？

実はそうではなかった。表１に台風

表１　2004年台風23号での府県ごとの死者・行方不明者数など。各県の代表的な日降水量極値等更新地点とその順位・降水量を合わせてリストした。被害状況は、気象庁（2004）より。

	府県名	死者・行方不明者数	負傷者	極値等更新地点	順位	降水量（mm）	備考
1	兵庫県	23	43	洲本	1	309	
2	京都府	15	21	舞鶴	1	277	
3	香川県	10	8	引田	2	333	
4	岐阜県	8	16	六厩	1	290	
5	岡山県	7	22	玉野	2	164	
	高知県	7	15	―	―	―	高波による犠牲者５名

二三号による死者行方不明者数の多かった府県を五位まで示した。最も大きい被害を出したのは兵庫県と京都府、香川県であり、河川の氾濫やがけ崩れ等が頻発した。多くが高波による犠牲者である高知県を除くと、降水量の最も多かった五つの県とは全く異なる府県に被害が集中した。図8をもう少しよく見ると、兵庫県北部や京都府北部、香川県東部等に色の少し薄い網掛けとなった地域が広がっていることに気付く。これらの地域では、二五〇ミリを超える総降水量を記録していた。この降水量はこの地域ではとてつもない量であり、河川は破堤し、斜面は崩落したのである。

この点で重視するべきなのは、降水の極値という概念である。極値とは、その観測点の過去の記録を上回る降水のことを指す。表1によると、犠牲者の多かった五府県の多くでは極値更新が見られたことがわかる。降水の絶対値ももちろん軽視するべきではないが、大きな被害としばしば結びつくのはその地点の過去の記録にはない降水量すなわち極値を更新するようなケースだ。降水量は地形の影響などによって複雑に変化するため、地域性が高く、極値は地域によって大きく異なる。防災において地域特性の把握が重要であるということを改めて指摘しておきたい。

恐るべき小豆島の豪雨記録

小豆島の気象庁アメダス内海には、全国に一六〇〇地点余りあるアメダスの四〇年を超える膨大な記録の中でも第四位に入るとてつもない記録が残されている。

一九七六年九月一〇日、台風一七号が九州の南の海上で急速に速度を落とし、約二日間停滞した。反時計回りに台風をめぐる大量の水蒸気を含む南東風が紀伊水道から瀬戸内海に流れ込み、この気流が小豆島の名勝寒霞渓《かんかけい》を掴んだ。折から日本列島付近に停滞していた前線も刺激し、小豆島にとんでもない量の降水をもたらした。九月一一日内海で日降水量七九〇ミリを記録した。これが上に述べた全国歴代第四位に入る豪雨記録である（二〇一九年の台風一九号による箱根の豪雨に抜かれるまでは第三位だった）。停滞する台風の影響は一〇日―一二日を中心とする総降水量を一三二八ミリにおしあげた。大規模な土砂崩れや山津波が各地で発生し、三九名が犠牲となった。

香川県や瀬戸内海は、実はとんでもない豪雨災害ポテンシャルを秘めているのかもしれない。普段は雨が少ない地域であるだけになおさら、警戒を怠ってはならない。

空海以前の時代に飛ぶ

讃岐という地域の災害ポテンシャルはいかほどなのだろうか？　この答えは現代の地球の仕組みを探求するだけで理解できるものなのだろうか？

現代の気象学は近代自然科学の一分野であって、温度計や湿度計、気圧計、風向風速計といった近代気象測器に依拠している。このような測器は近代自然科学に立脚して近代以降に登場したもので、これらによって測られたデータは日本の場合明治維新前にはほとんど存在しない。したがって、近代気象測器に依拠する限り、讃岐の災害ポテンシャルに関する問いに答えることはできない（かもしれない）。

しかし、人はそのはるか以前から先祖代々地域の気候と付き合ってきたし、つくり上げてきた生活様式もこうした気候、あるいは風土と何らかの関係を持っている。人類が生活空間を構築してきた時間の中では、この「測られていない」時代の方が圧倒的なのだ。われわれがこの時代の気象条件が残す痕跡を追うことはとても重要である。

過去の時代の気象条件の痕跡を残す手がかりは多様で、ここですべてに触れる余裕はない。そこで香川県の過去の災害記録を記した書物の一つを紹介することにした。先に夕なぎの話題でも登場した、高松地方気象台長であった日下部正雄氏の編による「19世紀末までの香川県気象史料」(日下部、一九六七b)がそれである。空海以前の時代も含む四一六年から一九〇〇年までの四五七項目にのぼる香川県に関係のある災害が集成され、リスト化されている。


一五〇〇年間の気候変動は見えるか?


日下部(一九六七b)の資料は、いくつかの種類に分類されている。特に多いものは「干ばつ」・「暴風雨」・「大雨」である。「地震」も含まれている。そこで、まずは単純化し、これらの分類に即して年代ごとの記述件数の推移を素朴に眺めることにした。

このリストを一つ一つエクセルに落とし、一つ一つ数え上げて件数の歴史的推移のグラフのもと資料を作ってくれたのは、二〇一一年現在の私の卒論生である小野智志君である。その作業の成果を図9に示す。今回は干ばつと暴風雨だけに絞って図示した。干ばつは一一〇件、暴風雨は一七一件の項目がある(そのうち二件は一九〇〇年に発生したので、図9では数えられていない)。暴風雨には冬季に発生しているものも見られることから、台風とは限らない。

図9からわかることはあるだろうか?

「香川町史」(7)におもしろい分析がある。「香川町史」は、上記資料等を活用して「干ばつ

(7) 香川町史編集委員会編『香川町史』、一九九三年、五七—五九頁

災害年表」を作成し、図9にも見られる一七〇〇年代の干ばつ頻度の増加と、一八〇〇年代の減少について言及している。一七〇〇年代は新田開発に伴う耕地の拡張が、一八〇〇年代はため池の築造による干ばつの防止を図ったことが、それぞれ災害の増加と減少に現れているのではないか、と推測している。そして、史料を丹念に調べて、一六八六年から一七九七年の一一一年間に高松藩で三六〇〇余りのため池が築造されていることを指摘している。

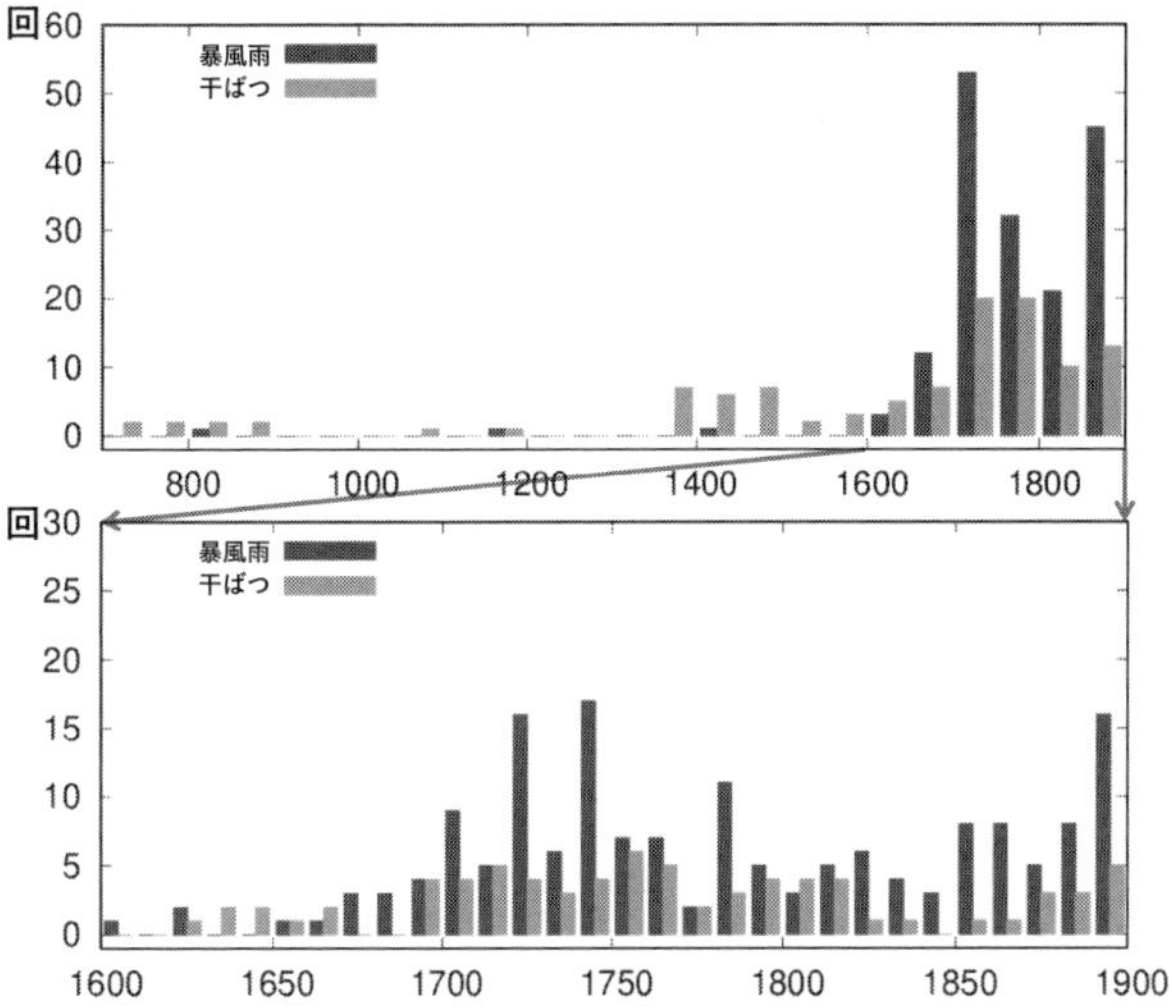

図 9　日下部（1967b）の暴風雨、干ばつの頻度。図上：50年単位でまとめたもの。図下：10年単位でまとめたもの。横軸は西暦。

図9は、干ばつと暴風雨の件数の推移を比較できるようになっている。一六〇〇年以降の三〇〇年間は記述件数も多いことから、一〇年刻みで件数の推移をみることができる。すると、暴風雨についても、干ばつとよく似た件数の推移（多い一七〇〇年代、少ない一八〇〇年代）が見られるように思われる。これは「香川町史」が指摘するように、農業生産体制が次第に整っていくことにより、よりレジリエントな社会が形成されていったことを示しているのかもしれない。一方、そうし

た大きなトレンドの上にのるように、暴風雨が多くみられる十年紀が時折みられる。例えば一七三〇年代、一七五〇年代、一七八〇年代や、一八二〇年代以降もそうである。これは社会の変動と離れた何らかの天候不順を表しているのだろうか？　天明の飢饉は一七八〇年代、天保の飢饉は一八三〇―四〇年代であり、符合しているようにも見える。一九世紀後半になると干ばつに比して暴風雨の数が系統的に多くなるが、これは何を意味するのだろうか？

図9のより長いトレンドも気になるところだ。一六〇〇年以前は干ばつが多く、一六〇〇年以降は暴風雨が多い。これも自然環境の変動というよりも、自然に対する人間社会の関心の重点が変化していることを示しているのかもしれない。

これらは、推測の域を出ていないが、史料を見る視点を提供しているとも考えられる。少なくとも干ばつは暴風雨と並ぶ人々にとって重要な災厄であって、現代人にとっても重視するべき香川の災害の一つであることは明らかである。

現代の干ばつと香川用水

上述した「香川町史」は、引き続く記述(8)の中で、近代明治以降の干ばつにも触れている。そして香川用水の完成（一九七四年）に触れ、「この香川用水によって、それまでの潜在的な水不足は抜本的に解消され、以来、干ばつ災害を見ることはなくなった」と希望的な記述で締めくくられている。香川用水は、高知県の早明浦ダムから徳島県へと流れ下る吉野川の中流域に、池田ダムを建設。ここから阿讃山地を打ち抜くトンネルを掘って香川県側に導水するという壮大なもので、香川県の長年の悲願であったと言ってもよい。この時期

（8）　香川町史編集委員会編『香川町史』、一九九三年、六四―六八頁

に編纂された地誌や、水資源に関する記述には、こうした記述が事実散見されるのもうなずける。これによって積年の香川県の課題は解決した、という時代の空気が流れていたことがわかる。

しかし、そのような状況はその後変化した。

「香川町史」が編まれた翌年である一九九四年、特に深刻な渇水が襲った。干上がった早明浦ダムが全国の報道に流れた。すなわち、高知県側の渇水が、そのまま香川用水に影響をし、香川県側にも大きな影響を与えたのであった。高松市の上水道の給水制限は一三九日間に及び、七月一五日以降は一日五時間給水にまで追い込まれた。香川用水の完成した一九七五年以降二〇〇九年までの給水制限は一七回に及んでいる。この傾向は最近さらに強くなっているように見える。万全に思えた早明浦ダムと香川用水のシステムはなぜ完全な問題解決につながっていないのだろうか？

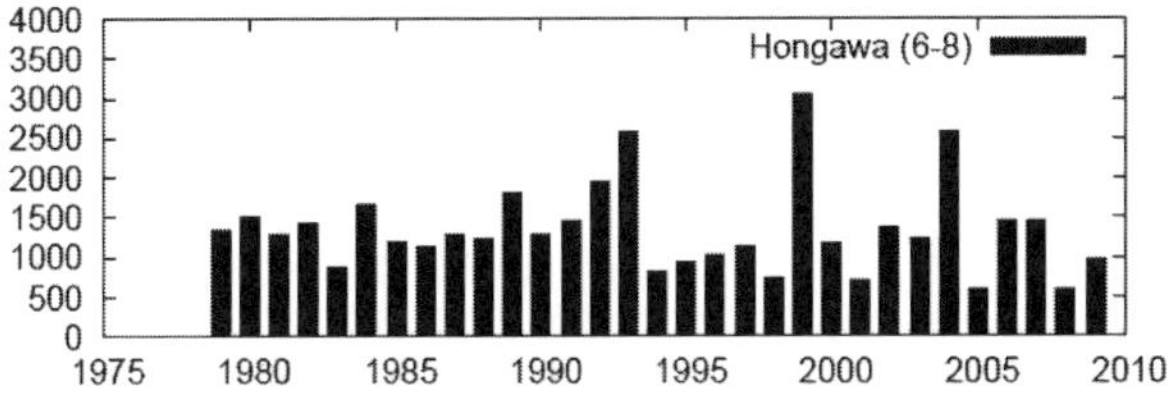

図10　早明浦ダム流域のアメダス本川の 6—8 月積算降水量。横軸は西暦。縦軸は降水量（ミリ）。

図10は、早明浦ダムの水源域となる本川アメダスの六月—八月積算降水量の年々変動を示したものである。一九九四年を境に、降水量のベースが下がっていることを示唆している。一九九九年や台風の多かった二〇〇四年などを除くと降水量はそれ以前と比べて有意に少なくなっている。近年、降水特性に対する気候変動影響がみられる。早明浦ダムの集水域は平均的な降水量が大きい地域である一方、実は降水量の多い年と少ない年

の差も大きい。利用される水量も多く、他のダムと比較しても降水量の少ない年には急速に貯水量が減りやすい特性があることもわかっている（藤部ら、二〇〇八）。

早明浦ダムや香川用水とどう付き合い、讃岐の伝統的な水資源とどう折り合いをつけながら活用していくのか、気候変動に備える地域の知恵の発揮が必要である。その点では、満濃池や豊稔池に代表されるため池の歴史を思い起こすことは現代的な課題である。ため池は地域のたゆみない持続のための働き掛けがあってこそ維持されてきた。無数のため池を支えるべき地域コミュニティは大丈夫だろうか？　一度身の回りにあるため池をめぐり、そこに建てられた石碑や、池を悠々と泳ぐ亀たちの姿なども見て、歴史と未来に思いをはせてみてはどうだろうか？

おわりに

日本で最も面積の小さい香川県の気候をめぐってみた。香川県ならではの夕なぎや驚くような豪雨、干ばつなど、地球の気候につながる奥行きの広い気象学の対象が広がっていた。おだやかな気候にも見えるけれども降水の過不足も起こるし、夏の夜はどうやら日本一むし暑いらしい。そしてそこからさらに分け入ってみると、金毘羅さんに参拝して買い求めたうちわであおぐ人々や、ため池の建造に力を合わせる人々など、たくさんの庶民が息づく風景に行き着いた。気象学という学問自体は物理学や化学、数学に基礎を持つ学問であるけれども、結局そこに住む人々の顔を見ながらデータをにらんでいるのだな、と改めて感じさせられた。
とはいえ、うちわと金毘羅さんの関係や、気候変動の影響、讃岐地方の本当の豪雨災害ポテンシャルなど、わからない謎だらけである。みなさんもそれぞれ謎だらけになっていただくことで、より大学的な香川へお招きする一助になれば幸いである。

〔参考文献〕

日下部正雄「むし暑さの気候1さぬきの夕なぎ」『農業気象』二三、一九六七年a
気象庁「平年値の更新について~平年値（統計期間一九九一―二〇二〇年）」二〇二一年
気象庁「平成一六年台風二三号及び前線による一〇月一八日から二一日にかけての大雨と暴風」二〇〇四年
香川大学平成一六年台風災害調査団「香川大学平成一六年台風災害調査団報告書」二〇〇五年
高野洋雄・鎌倉和夫・峯松宏明・依岡幸広・久重和久・清水栄一・佐藤祐一・福永昭史・谷脇由彦・谷條薫一「2004年の台風第16号（Chaba）による瀬戸内海における高潮の発生メカニズム」『天気』五三、二〇〇六年
日下部正雄編『19世紀末までの香川県気象史料』一九六七年b
藤部文昭・村上正隆・越田智喜・吉田一全「早明浦ダム周辺の降水量とダム貯水量の変動特性」『天気』五五、二〇〇八年

大地の成り立ちからみた香川の風土

——長谷川修一

1　香川県の地形と地質の概要

香川県は四国の北東部にある日本一面積の小さな県（一八七七平方キロメートル）である。香川県の土台となる基盤岩は約一億年前の花崗岩類から構成されている。香川県の地形と地質の特徴は、南から讃岐山脈、前山丘陵、讃岐平野、瀬戸内海がほぼ東西方向に配列していることである（図1、2）。ここでは、地形および地質から、五つの地区に分けてその概要を説明する（図3、表1）。

(1)南部の和泉層群よりなる讃岐山脈

本県南部には、約七五〇〇万年前（中生代白亜紀後期）の和泉層群からなる讃岐山脈が、東北東方向に六〇〇―一〇〇〇mの標高で定高性の良い尾根を連ねている。讃岐山脈の南麓では中央構造線が断層崖の急斜面を形成し、北麓では江畑断層等が讃岐山脈と北側の丘陵との地形境界を形成している（図4、5）。江畑断層は第四紀（約二六〇万年前—現在）前半の讃岐山脈の隆起に関与したと推定されている。讃岐山脈は一般に急斜面からなり、地すべりによって形成された緩斜面が畑作地として利用されてきた（図6）。

（2）讃岐山脈北側の前山丘陵地帯

讃岐山脈北側には、約一億年前の領家花崗岩類から構成される丘陵が分布し、讃岐平野

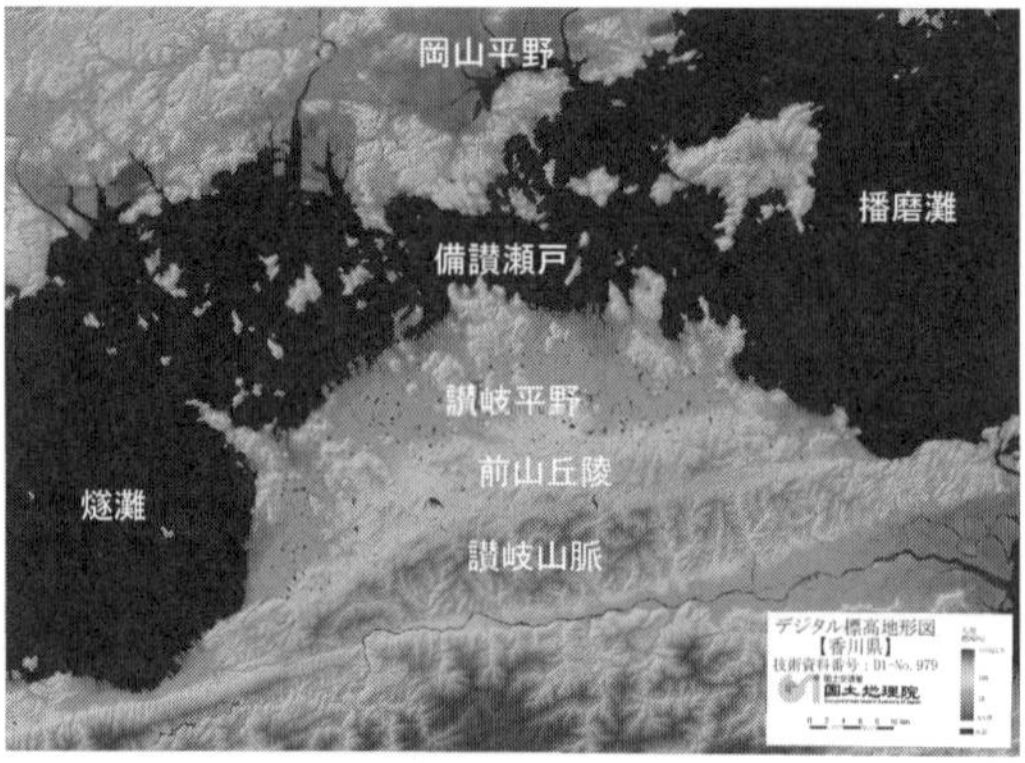

図1　香川県の地形（国土地理院デジタル標高地形図【香川県】に加筆）

図2　香川県中央部の地形

讃岐山脈（手前の山と財田川上流）の北側に満濃池のある丘陵が分布し、さらにその北側には讃岐平野と瀬戸内海が広がる。讃岐平野には、瀬戸内火山岩類からなる孤立丘が点在し、香川県独特の景観を造っている。満濃池は、讃岐山脈の北側に広がる丘陵の谷の出口に築造されている。

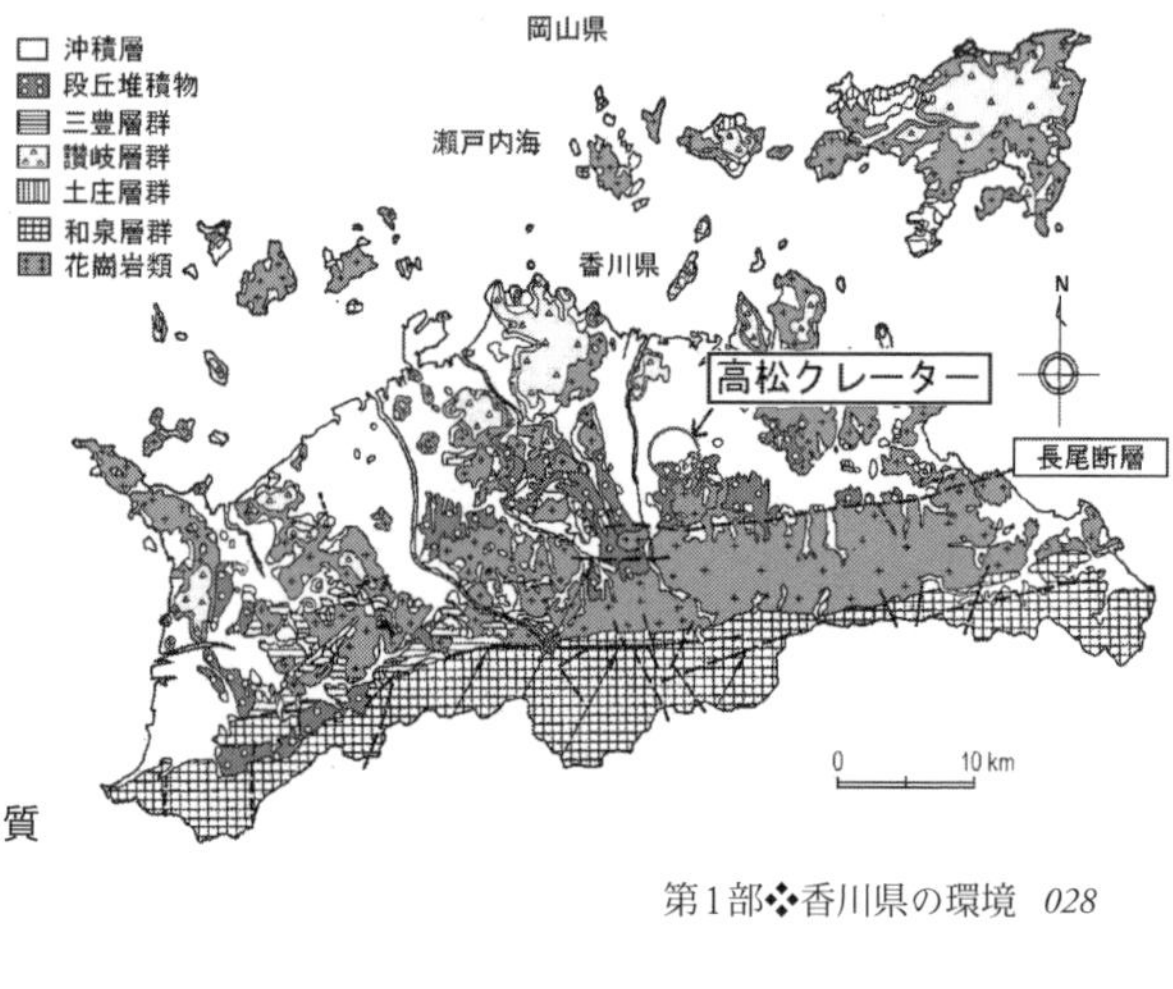

図3　香川県の地質

表1　香川県に分布する地層と岩石（長谷川・鶴田、2014）

地質時代(Ma)				地層名	岩質	堆積環境など	主な化石	名所・名跡
新生代	第四紀	完新世		沖積層	砂・礫及び粘土	三角州・扇状地成層	−10m 海棲貝類（臨海部）	讃岐平野
			0.01					
		更新世		段丘堆積物	砂・礫及び粘土	扇状地成層	ナウマンゾウ	ため池
				（焼尾峠礫層）三豊層群	砂・礫及び粘土	（扇状地成層）湖河成層	トウヨウゾウ、アカシゾウ、メタセコイヤ	満濃池
			2.6					
	新第三紀	鮮新世						
			5.3					
		中新世		讃岐層群	凝灰岩・安山岩・流紋岩など	火山岩、火山砕屑岩 湖成層	フウ、ブナ、コイ科	屋島、讃岐七富士、寒霞渓、サヌカイト、由良石
			23					
	古第三紀	漸新世		土庄層群	砂岩、泥岩、亜炭、礫岩	浅海成層（一部潟湖成）	タマキガイ、サメ	地すべりによる棚田、豊島石
			34					
		始新世						
			56					
		暁新世						
			66					
中生代	白亜紀			和泉層群	砂岩・泥岩互層、礫岩など	海成層	アンモナイト、イノセラムス、コダイアマモ	讃岐山脈
				領家花崗岩類	黒雲母アダメロ岩、花崗閃緑岩	深成岩		白砂青砂、庵治石、青木石、小豆島石
			146					
	ジュラ紀			領家変成岩類	ホルンフェルス、片麻岩、雲目片岩、変成輝緑岩、結晶質石灰岩	海成層（変成岩）	放散虫	
			200					
	三畳紀							
			251					
古生代								

から見ると讃岐山脈の前山となっている。香川県東部では丘陵の標高は大部分が四〇〇—六〇〇mであるが、瀬戸内方向に階段状に落ちていき、瀬戸内沿岸では花崗岩の上面高度は一〇〇—二〇〇mと低くなっている。これに対して、香川県中部から西部の丘陵地では基盤の花崗岩類を覆って、第四紀の三豊層群が低い丘陵をつくっている。三豊層群が分布する丘陵には、満濃池等のため池や香川用水の宝山湖が築造されている。高瀬町の茶畑は

三豊層群からなるなだらかな丘陵地を利用している。

丘陵と讃岐平野の境界付近には活断層が想定されるが、明瞭に地表に現れているのは高松平野南縁を走る長尾断層だけである（図4）。長尾断層沿いは、公渕公園（高松市）、太古の森公園（三木町）、亀鶴公園・みろく自然公園（さぬき市）等の憩いの場所となっている。また、一九八九年に開港した高松空港は長尾断層によって隆起した丘陵に建設されているため、高松平野を見渡すことができる。

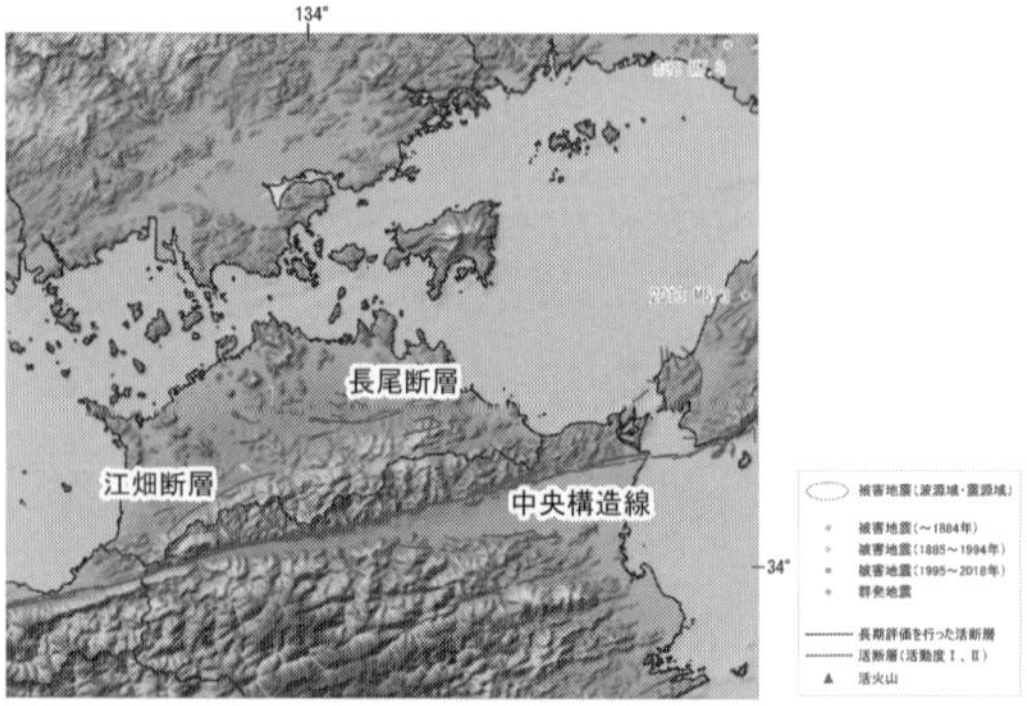

図4　香川県と周辺の活断層（地震本部ホームページ）
讃岐山脈の南麓に中央構造線が、北麓に第四紀前期に活動した江畑断層が走っている。江畑断層の活動は第四紀前期で終了し、第四紀中期以降は長尾断層が活動的となっている。

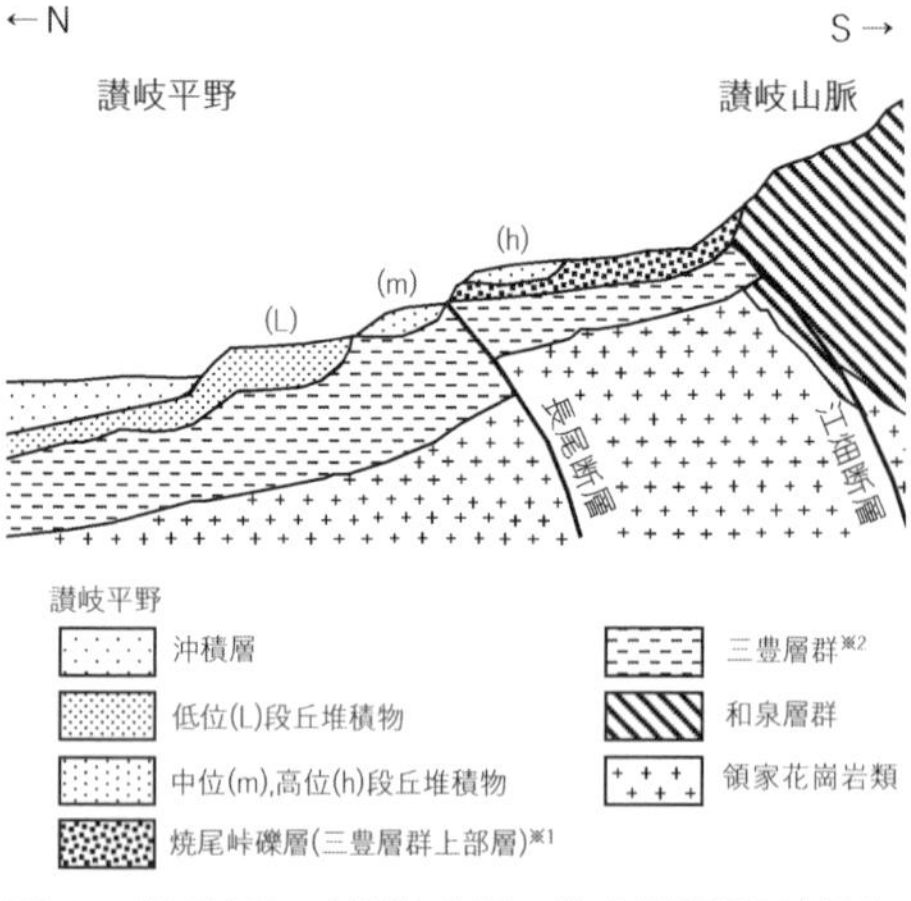

図5　瀬戸内海から讃岐山脈の模式地質断面（長谷川・斎藤、1989を改変）

図6　讃岐山脈のケスタ地形と地すべり地形
香川県に分布する和泉層群は南傾斜をしているため、南向きの斜面は流れ盤で緩傾斜、北向きの斜面は受け盤で急傾斜となる。流れ盤斜面では地すべりが発生しやすいため、地すべりによる緩斜面が畑作に利用されている。

（3）瀬戸内火山岩類をのせた残丘群

讃岐平野には一四〇〇万年前の瀬戸内火山活動によって噴出した安山岩等の瀬戸内火山岩類（讃岐層群）が侵食された残丘が平野に孤立し、讃岐独特の景観をつくっている。残丘は大きく屋島や五色台のような台地状のメサと飯野山に代表される円錐状の火山岩頸に分類される（図7）。屋島は一九三四年に地形・地質的特徴から代表的なメサとして国の天然記念物に指定された（図8）。讃岐平野に点在する円錐形の小山はおむすび山として親しまれ、飯野山（図9）、白山、六ツ目山、高鉢山、堤山、爺神山、江甫草山が讃岐七富士と扱われている。これらは、硬い安山岩が鉛筆の芯のように残った火山岩頸である。メサが侵食されたビュートは五色台東部の紅ノ峰や三豊市の朝日山が該当する。

（4）主として扇状地からなる讃岐平野

讃岐平野は、東から高松平野、丸亀平野、三豊平野に分割される。これらの平野は、讃岐山脈から流下する香東川、土器川、財田川・柞田川が氾濫のたびに流路を変えて形成した扇状地を主体としている。これらの河川は讃岐山脈の和泉層群から供給された砂岩礫を主体とする礫河原を形成し、場所によっては河川水が流れていない（伏流している）瀬切れを生じている。扇状地では、降った雨は洪水となって一気に瀬戸内海に流出する。このため讃岐平野の扇状地とその背後の丘陵には多数のため池が築造された。

香川県の主要な都市の中心部は、沿岸部に立地しているため高潮や津波を受けやすいのが弱点である。しかし、高松城下は香東川扇状地末端の礫層を主体とする微高地に立地したため、香東川の旧河道を流れる伏流水を水源として利用することができた。また、丸亀

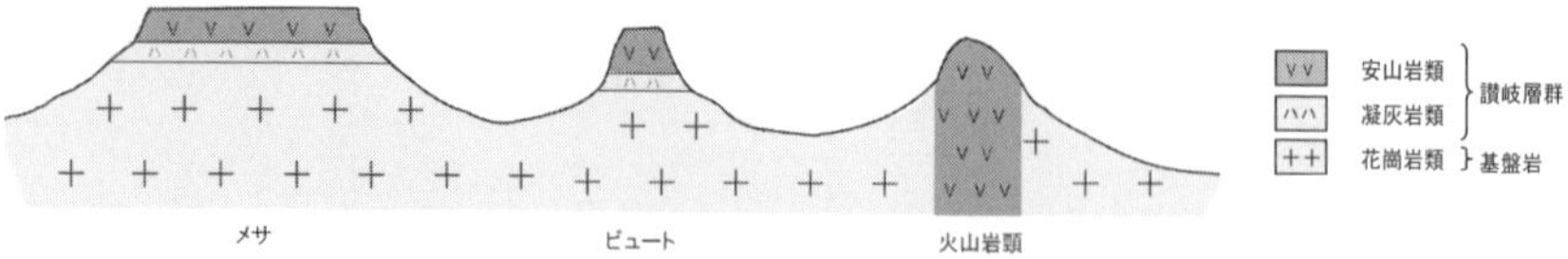

図７　瀬戸内火山岩類が侵食された残丘の地形と内部構造

メサは、山頂の平坦面が水平に堆積した硬質の岩石から構成され、その周囲が崖によって囲まれた地形。屋島における山頂の平坦面が硬質の讃岐岩質安山岩溶岩から構成されており、典型的なメサとして国の天然記念物に指定されている。メサが侵食されると山頂の平坦面が縮小し、ビュートになる。かつて飯野山はビュートとされていたが、マグマの通路で冷え固まった硬い安山岩が芯のように残っている火山岩頸である。中心部に硬い鉛筆の芯があるので、削られても、削られても円錐形の山体を保持できる。

図８　典型的なメサとして国の天然記念物に指定された屋島

屋島は花崗岩を基盤として山頂付近に1400万年前の安山岩溶岩が水平に覆っている。安山岩溶岩は硬質だが、割れ目に沿って崩壊するため、崩壊跡に崖が形成され、山頂の平坦面を囲むようになった。屋島山上は崖に囲まれた天然の要害のため、古代には屋嶋城が造られた。また源平屋島の合戦では、屋島を背後にして屋島湾沿岸に内裏を構えた。

図９　讃岐うどん文化の原風景（丸亀市宮池）

瀬戸内火山活動でできた飯野山（讃岐富士）と土器川扇状地に築造されたため池。幟の立っているのは映画 UDON のロケ用に製作された製麺所で、今は撤去されている。

城下は土器川扇状地の末端に立地しており、大手町は高潮・津波だけでなく、土器川の氾濫や満濃池の決壊洪水に対して比較的安全な場所が選定されている。

讃岐山脈の北側にある花崗岩からなる前山丘陵に源を発する新川・春日川、大束川、高瀬川の河口には縄文時代の内湾が河川からの砂で埋め立てられ、軟弱地盤からなる低平地となって広がっている。また、東讃の引田、白鳥、三本松、津田の街並みは、沿岸砂州の微高地に立地し、その山側の潟湖跡に軟弱地盤からなる後背湿地が広がっている。

（5）瀬戸内海

瀬戸内海の特徴は、平均水深が約三〇mの浅い海である。瀬戸内海は、島々が集まった瀬戸と島がほとんど分布しない灘あるいは湾から構成される。備讃瀬戸では潮流と洗い出された礫によって海底の三豊層群と風化した花崗岩が侵食され、周囲の海底に砂が広がって、タイラギ貝やタコの漁場となっている。これに対して、播磨灘では潮流は穏やかで、泥が堆積し、穴子等の漁場になっている。また、燧灘にある伊吹島は、イリコの島である。

瀬戸内海の多島美は島が集まった瀬戸にあり、備讃瀬戸地区は一九三四年に日本初の国立公園に指定された。香川県には二四の有人島がある。備讃瀬戸の島々の多様性は島々の地形の多様性に由来し、島々の地形の多様性は島々の地質の多様性に起因する。つまり、地質が違えば、地形が違うため、土地利用が違ってくる。土地利用が違えば、島によって、生活、産業、文化に違いが生じている。多島海としての瀬戸内海の美しさに気がついたのは西欧人とされる（西田、一九九九）。

2　香川県の風土の形成過程

(1) ユーラシア大陸の東縁の頃

① 約二億年前：ジュラ紀の付加体系形成

小豆島や塩飽諸島の粟島や手島では花崗岩に取り囲まれるように領家変成岩に属するホルンフェルス等がわずかに分布している。この源岩はジュラ紀（約二億年前）のプレートの沈み込みに伴う付加体堆積物で、一億年前の花崗岩の貫入を受け、ホルンフェルス等の変成岩になっている。

② 約一億年前：大量の花崗岩マグマの形成と古瀬戸内山脈の隆起の開始

瀬戸内海の土台を造った白亜紀後期の花崗岩類は、ユーラシア大陸に沈み込んだ海洋プレートによって形成されたマグマが地下五km―一〇kmで冷え固まって形成された。地下の花崗岩のマグマ溜りに後から玄武岩質のマグマが供給され、球状になったのが観音寺市沖の円上島にある球状ノーライト（一九三四年指定の国の天然記念物）である。また、マグマだまりの花崗岩が冷却して節理ができたところに玄武岩質マグマが貫入したのが東かがわ市白鳥にある鹿浦越のランプロファイヤ岩脈（一九四二年指定の国の天然記念物）である。

花崗岩は、周囲の地殻と比べて低密度のため、その後ゆっくりと隆起して大山脈を造った。また、地表に露出した花崗岩は、風化と侵食を繰り返し、土砂災害の素因であるマサ（強風化花崗岩）を形成した。そして、地表付近で風化を免れた花崗岩はコアストーンと呼ばれる岩塊となった。瀬戸内海の白砂青松の白砂（実は黄色味を帯びている）は、花崗岩が風化したマサ土が崩壊した砂質土に由来する。

花崗岩は硬質であるが、節理や石目に沿って割れやすいため、石材として利用されてきた。江戸時代には小豆島を始め、瀬戸内海の島々の花崗岩コアストーンが大坂城の石垣用石材として利用された。また、最高級の花崗岩石材である庵治石を産出する高松市牟礼町と庵治町は日本一の石の町である。

③　八〇〇〇―七〇〇〇万年前：隆起による花崗岩の露出と和泉層群の堆積

讃岐山脈に分布する和泉層群は、八〇〇〇―七〇〇〇万年前（白亜紀後期）、ユーラシア大陸東縁の海底にあった中央構造線の左横ずれ断層活動によってできた凹地に、北側に形成された花崗岩の山脈から運搬された大量の土砂が堆積して形成された。和泉層群の北縁では花崗岩との不整合が東西に追跡でき、東かがわ市引田の城山では海際の断崖に見事な引田不整合が現れている。

④　五〇〇〇―四〇〇〇万年前：土庄層群の堆積

小豆島北西部と豊島に分布する土庄層群は、ユーラシア大陸の東縁の汽水域と浅い海で堆積した砂と泥からできている。土庄層群にはわずかに亜炭が含まれるので、かつて炭田として採掘されたことがある。土庄層群が分布する小豆島西部と豊島には、瀬戸内海では珍しい棚田が形成されている。この棚田は、土庄層群がすべり面となった大規模な地すべり地形を利用している。そして地すべり地に湧出する小豆島町中山の湯船の清水と土庄町豊島の唐櫃の清水は稲作だけでなく貴重な生活用水として利用されてきた。

(2) 日本海拡大の時代

⑤ 二〇〇〇—一五〇〇万年前：日本海の急速な拡大と花崗岩の風化

約二〇〇〇万年前から一五〇〇万年前の間に日本海が急速に拡大して、日本列島の土台になる地帯が観音開きのように移動して、東に移動した地帯が東北日本に、南に移動した地帯が西南日本になった。この時期は日本列島が誕生する激しい地殻変動の時代だった。またこの時期に、熱帯—亜熱帯の気候によって陸地では花崗岩の風化が進み、瀬戸内における土砂災害の素地である厚いマサ（土）が作られた。

(3) 日本列島の時代

⑥ 一四〇〇万年前：瀬戸内火山活動と四国山地の地下で若い花崗岩の形成

約一四〇〇万年前、今の瀬戸内海に沿う地帯でサヌカイト等を噴出させた瀬戸内火山活動が発生した（例えば巽、二〇〇三）。この火山活動は、豊島石を造った火山噴火から始まり、爆発的な火山噴火によって高松クレーター（カルデラ）が形成された（図2）。その後、サヌカイトなどの安山岩が噴出した火山活動は一三〇〇万年前に終了した。また同時期には四国山地の地下で花崗岩マグマが形成され、冷え固まった比重の軽い花崗岩によって四国山地の隆起が始まった。

瀬戸内火山活動によって噴出した火山岩類は、その後の崩壊などの侵食作用によって寒霞渓、屋島、飯野山などの特徴的な地形（造形美）を造った。瀬戸内海の島々の地形の多様性は、瀬戸内火山活動でできた火山噴出物と侵食過程の多様性に起因している。また、瀬戸内火山活動で形成された硬質のサヌカイトは、旧石器時代から石器として利用され、最近では神秘的な石の楽器として注目されている。高松市鷲ノ山の安山岩、さぬき市火山の凝灰岩は古墳時代に石棺として利用された。またサヌカイトとよく似た讃岐岩質安山岩は、石清尾山古墳群等の積石塚に利用され、古代屋嶋城の石塁に使用された。更に、白色の流紋岩質凝灰岩・凝灰質砂岩は中世の石造物に、また豊島石と呼ばれる黒色の火山礫凝灰岩は近世の石造物に利用された。讃岐の多様な石の文化も瀬戸内火山活動の産物である。

⑦　一三〇〇―三〇〇万年前：四国山地の隆起と四国の大地形の形成

一四〇〇万年前に四国の地下で形成された花崗岩は、その後隆起して南北方向の室戸半島―香川県、足摺岬―高縄半島の高まりを形成し、瀬戸内海の凹凸の素地を作った（例えば、長谷川、二〇〇九）。また佐賀関半島―佐田岬半島―四国山地―日ノ御碕の東西方向にも隆起が始まり、四国山地が形成され、夏に雨が少ない瀬戸内海気候区ができた。また、この間に瀬戸内火山岩類（讃岐層群）の侵食が進行し、現在の讃岐平野の孤立丘や備讃瀬戸に分布する島々の原形が形成された。

⑧　三〇〇万年前から：中央構造線の右横ずれ断層活動による讃岐山脈の隆起と瀬戸内の形成

約三〇〇万年前に、フィリピン海プレートの沈み込みが北向きから北西方向に変わったため、中央構造線が右横ずれ断層活動を開始した（巽、二〇二〇）。三豊層群の下部には四国山地を構成する片岩礫が含まれることから、中央構造線の右横ずれ断層活動が始まった三〇〇万年前頃には、四国山地から香川県側に川が流れていたと推定されるが、その後中央構造線の右横ずれ断層運動に伴う北側隆起によって讃岐山脈が形成された。讃岐山脈隆起の歪を解消するため、讃岐山脈北麓に江畑断層等が形成され、その北側の沈降域には三豊層群が堆積した。この右横ずれ断層運動が三〇〇万年間継続した結果、北流していた古

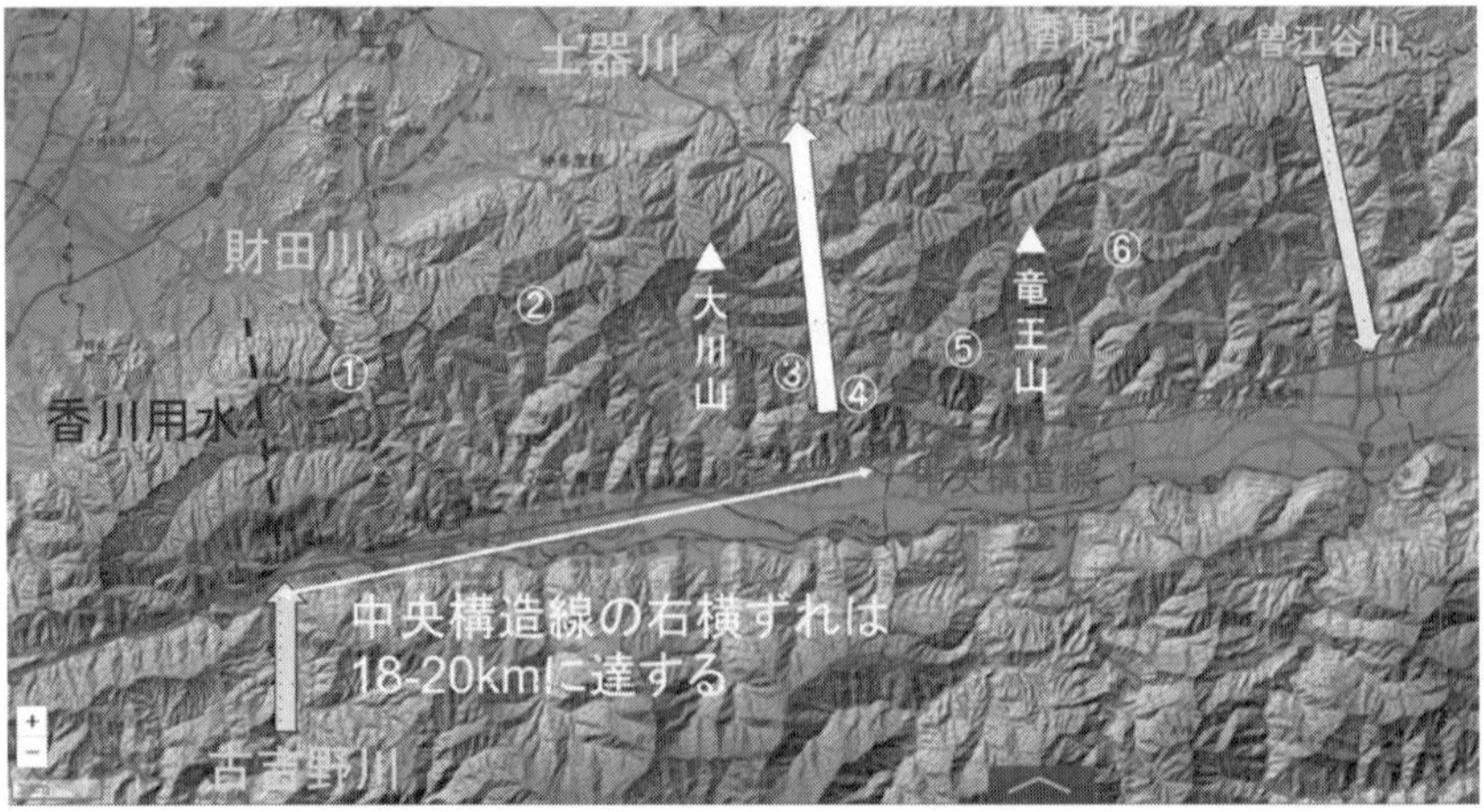

図10　300万年前、古吉野川の下流は土器川だった（基図は地理院地図・色別標高図）

300万年前、中央構造線が右横ずれ断層運動を開始したとき、古吉野川は真っすぐ北に流れていた。しかし、中央構造線が右横ずれ断層運動に伴い、讃岐山脈が隆起すると、北への流れが遮られて、吉野川は流れを90°東に変えて、中央構造線に沿って東に流れるようになる。この右横ずれ断層運動が300万年間継続した結果、北流していた古吉野川の旧流路は18km～20km 東側の土器川の場所まで移動し、1000m 級の讃岐山脈が形成された。300万年前、満濃池付近に四国山地の片岩礫を供給した古土器川は、古吉野川の下流だった。300万年前に古吉野川（古土器川）が流れたところに、香川用水の導水路トンネルが建設され、300万年振りに四国山地の水が香川県側に流れることになった。

吉野川の旧流路は一八km—二〇km東側の土器川上流部まで移動し、一〇〇〇m級の讃岐山脈が形成された（図10）。

中央構造線の右横ずれ断層活動は、さらに北側の現在の瀬戸内海のある地帯に隆起域（瀬戸の原型）と沈降域（灘の原型）が繰り返す地形を形成した（例えば、巽、二〇二〇）。備讃瀬戸は隆起域に当たり、播磨灘、燧灘は沈降域に当たる。香川県において、沈降域の河川や湖沼で堆積した第四紀層は三豊層群と呼ばれている。第四紀の前半は、佐賀関半島—佐田岬半島—四国山地—日ノ御碕が東西の山脈となって、海の侵入を阻止する壁になっていた。

⑨ 約一二〇万年前以降：瀬戸内への海の侵入

約一〇〇万年前までに讃岐山脈が形成され、香川県は四国山地と讃岐山脈の二重の壁によって瀬戸内でも一番雨の少ない地域となった。また、讃岐山脈の隆起によってその北側に扇状地からなる水持ちの悪い讃岐平野が形成された。そして、数十万年前より古い時代に形成された扇状地は扇状地面が侵食された丘陵に、また数十万年前―数万年前の扇状地は扇状地面に谷が入り込んだ段丘（台地）になった。これは、江畑断層等の讃岐山脈北麓の断層活動は一〇〇万年前頃で終了し、断層の活動は北側の前山丘陵と讃岐平野の境界を形成する長尾断層等に移ったことを示している。

大阪湾に海が侵入したのは約一二〇万年前で、伊予灘の周辺はそれより遅れた六〇―七〇万年前に、鳴門海峡は更に遅れてできたようである。それ以降、瀬戸内では約一〇万年のサイクルで氷期は海面が低下し陸地になり、間氷期には海は侵入して瀬戸内海が復活した。

⑩ 約一万年前以降：現在の瀬戸内海の完成

約二万年前の最終氷期最盛期に陸上であった瀬戸内海の区域は、海水準の上昇に伴い、紀伊・豊後両水道から海が侵入して次第に沈水して海域を拡大し、八〇〇〇―七〇〇〇年前に関門海峡の成立により、現在の瀬戸内海の多島美が完成した。今から約六〇〇〇年前の縄文海進時の海面は現在より約三m高かったので、その当時の海は現在より内陸に広がっていた。その後の気温低下による海面の低下と河川による土砂の堆積によって、沿岸部の沖積低地が形成された。

⑪　歴史時代：新田開発と埋め立てによる街の拡大

讃岐平野には、古代の条里制による地割がよく残っている。条里制の地割が残っている所は、古代からの陸地で、その北縁が古代の沿岸部に対応する。沿岸部の干潟は、江戸時代以降干拓によって新田に、またその沖には塩田が開発された。塩田は、一九七〇年代に埋め立てられて、工業地帯、住宅地等に変わった。

3　讃岐うどんのジオストーリー

大地の成り立ちが、讃岐の風土と文化に与えた影響について讃岐うどんを題材に考えてみたい（長谷川、二〇一七）。

讃岐うどんの成立条件として、①良質の小麦がとれたこと、②塩作りがさかんであったこと、③醤油の名産地だったこと、④美味しいいりこがとれたことが挙げられている。このうち①、②は雨の少ない瀬戸内海気候が関係している。②、③と④は瀬戸内海の恵みであるから、香川県に共通な条件である。この四条件だけなら、香川県内のどこでも美味しいうどんにありつけるはずである。しかし、讃岐うどん店は、島嶼部や東讃では少なく、名店は土器川、綾川の中流域に多く、特に丸亀平野のある土器川扇状地に名だたる名店が割拠している。従って、もう一つの讃岐うどん店の成立条件として、⑤良質の地下水を大量に得ることができる扇状地があることを挙げることができる。

讃岐平野の扇状地は、水持ちが悪いため、稲作に必要な水を確保するためにため池を築造した。また、扇状地の水はけの良さを活用して、冬の裏作として小麦が栽培された。目の前の瀬戸内海からうどん打ちに必要な塩と、出汁に必要ないりこと醤油を調達できたこと、そして扇状地の伏流水をうどん店で利用できたことが讃岐うどんの成立条件と考えられる。

では、讃岐うどん文化を育んだ扇状地と瀬戸内海が何によって形成されたかといえば、それは中央構造線である。三〇〇〇万年間の中央構造線の断層活動が讃岐山脈を隆起させ、その北側に瀬戸内で最も雨の少ない地区を作り、更に水持ちの悪い扇状地を形成した。丸亀平野は稲作に不向きな土器川扇状地を逆手にとって、小麦を栽地し、そして讃岐うどんの聖地と呼ばれるようになった。また、三〇〇〇万年間の中央構造線の断層活動によって瀬戸内海の瀬戸と灘が形成され、瀬戸の砂地の干潟では塩田が開発され、塩田の塩を使って醤油作りが始まった。そして、燧灘の伊吹島のいりこは讃岐うどんの出汁の素になった。

塩田の開発に適した雨が少なく、晴天の多い瀬戸内海気候区の立役者は、台風による降雨をブロックする四国山地である。四国山地の隆起は、一四〇〇万年前の火山活動によって四国山地の地下に大規模な花崗岩体が形成されたことに起因する。そのころ、四国北西部は激しい瀬戸内火山活動によって、飯野山等の原型が形成された。讃岐うどんの原風景である丸亀平野の飯野山とため池とうどん店（製麺所）はつながっているのである（図9）。

四国山地と讃岐山脈の二重の雨の防護壁の北側にある高松市と岡山市の年平均降水量は共に一一〇〇㎜程度であるが、縄文時代の海が埋め立てられた低平地に暮らす岡山市民は「晴れの国」を自慢し、扇状地に暮らす高松市民は晴れが続くと「渇水」が気になるのである。

〔参考文献〕

長谷川修一・斎藤実「讃岐平野の生いたち—第一瀬戸内累層群以降を中心に—」「アーバンクボタ」No.28、五二—五九頁、一九八九年
長谷川修一・鶴田聖子「讃岐ジオサイト探訪」「香川大学生涯学習研究センター研究報告（別冊）」一三三頁、二〇一四年
長谷川修一「14Ma花崗岩体と西南日本外帯のネオテクトニクス」「電力土木」No.341、三—六頁、二〇〇九年
長谷川修一「讃岐平野の扇状地の弱みを強みに変えた讃岐うどん」「応用地質」Vol. 58、一一五—一一八頁、二〇一七年
地震本部「香川県の地震活動の特徴」
https://www.jishin.go.jp/regional_seismicity/rs_chugoku-shikoku/p37_kagawa/（二〇二一年八月一〇日閲覧）
西田正憲『瀬戸内海の発見』中公新書、一九九九年
巽好幸『安山岩と大陸の起源—ローカルからグローバルへ』東京大学出版会、二一三頁、二〇〇三年
巽好幸『大断層「中央構造線」の活動が豊かな瀬戸内海を造った』二〇二〇年
https://news.yahoo.co.jp/byline/tatsumiyoshiyuki/20200213-00162762.（二〇二一年八月一〇日閲覧）
植木岳雪「香川県中部、阿讃山地北麓の三豊層群—その記載と鮮新世以降の古地理の変遷—」「地学雑誌」Vol.110, No. 5、七〇八—七二四頁、二〇〇一年

香川県の海

多田邦尚

はじめに

香川県の目前の瀬戸内海は、一九三四（昭和九）年に日本最初の国立公園に指定され、世界においても比類のない美しさを誇る国内最大の内海である。世界の名著『武士道』の著者であり、国際連盟事務次長も務めた新渡戸稲造は、瀬戸内海を総合的に研究した小西和《こにしかなう》の『瀬戸内海論』の発刊に寄せて「瀬戸内海は世界の宝石なり」と述べている。また、シルクロードの命名者であるドイツの地理学者フレジナルド・リヒトホーフェンは、瀬戸内海を旅し、その旅行記『支那旅行日記』[1]に「将来この地方は、世界で最も魅力のある場所の一つとして高い評価を勝ち得、沢山の人々を引き寄せることであろう」と瀬戸内海を絶賛している。尚、『瀬戸内海論』の著者小西和は、瀬戸内海国立公園の制定に尽力し、「瀬戸内海国立公園の父」と呼ばれているジャーナリストで政治家である。この小西は現在の香川県さぬき市長尾町の出身である。瀬戸内海という語がいつ頃から定着していたの

（1）『支那旅行日記（上巻）』海老原正雄訳、慶応出版社、一九四三年

かは明らかではない。ただ、江戸時代に「瀬戸」、「瀬戸内」、「内海」という言葉はあったようで、「瀬戸内海」という語は欧米人が用いたインランド・シー（The Inland Sea）の翻訳語として用いられたようである。日本人が瀬戸内海をひとつのまとまった海域としてとらえ始めたのは江戸後期で、「瀬戸内海」という語を用い始めたのは明治初期、さらにその語が定着したのは明治後期とみられる。[2][3]

瀬戸内海は、海洋構造からみると、海峡部と灘部が繰り返された構造をしており、そのことが、瀬戸内海を豊かな海にしていると考えられている。即ち「瀬戸内海」という語は、海峡部を意味する「瀬戸」と灘部を意味する「内海」が足しあわされた「瀬戸」＋「内海」であり、絶妙のネーミングである。即ち、瀬戸内海は、陸域から供給された栄養分を程よく保持できる閉鎖性を持った「内湾（内海）」と、狭い海峡を海水が流れる際に鉛直方向にかき混ぜられることで底層へ酸素を供給するとともに、底層の栄養分を表層に運ぶ「海峡部（瀬戸）」が、交互に繰り返された構造になっている。これが、生物多様性と絶妙の生物生産システムを維持する理由（天の恵み）と考えられている。尚、海峡部の果たす役割については武岡（一九九六）[4]により詳しく述べられている。

瀬戸内海では春は霧が深く、海域によっては潮流が複雑である。香川県西部の塩飽《しわく》諸島付近は古代から海上交通の要衝であったが、ここは特に潮流が速く複雑な海域である。大小さまざまな島々が密集し、潮流が速く複雑なこの海域では、古くから操船に長けた島民が制海権を握り、中世には塩飽水軍と呼ばれる海賊衆となり勢力を振るっていた。彼らは金毘羅さんを信仰し、金刀比羅宮に灯籠や絵馬を奉納していた。[5]また、幕末に咸臨丸が太平洋を横断した際には、この塩飽の水夫が多数乗船していた。

（2）『口訳瀬戸内海論（上巻）』原著者小西和、口訳者阿津秋良、美巧社、一九九七年

（3）西田正憲『瀬戸内海の発見』中公新書、一九九九年

（4）武岡英隆「瀬戸内海と世界の閉鎖性水域の比較」岡市友利・小森星児・中西弘 編『瀬戸内海の生物資源と環境』恒星社厚生閣、一九九六年

（5）『瀬戸内海事典』南々社、二〇〇七年

風光明媚な瀬戸内海は、米紙ニューヨーク・タイムズの「二〇一九年に行くべき五二か所」の上位七位にランキングされている（表1）。また、国際的な旅行ガイドブック大手のロンリープラネットは「アジア太平洋地域の訪れるべき目的地」の二位に四国を選出している。これらには、香川県の海岸線や景色（例えば香川県西部の紫雲出山《しうでやま》からの景色〔図1〕）が大きく貢献している。上記のような瀬戸内海国立公園の一角をなす香川県の海は、県民の心を癒すとともに、貴重な観光資源となっている。

本章では、香川の海について著者らの専門である海の環境や水質を中心に概観し、更に我々が日常食する魚までを考えてみたい。

表1　米紙ニューヨークタイムズの「2019年に行くべき52カ所」上位10位（共同通信の記事をもとに作成）

1位	カリブ海の米自治領プエルトリコ
2位	インド南部ハンピ
3位	米カリフォルニア州サンタバーバラ
4位	パナマ
5位	ドイツ南部ミュンヘン
6位	イスラエル南部エイラート
7位	**瀬戸内の島々**
8位	デンマーク北部オールボー
9位	ポルトガル・アゾレス諸島
10位	カナダ・スペリオル湖北岸の氷洞

図1　風光明媚な香川の海と紫雲出山の桜（環境省ホームページより）

1　香川県の海の魚

香川県は、東から播磨灘、備讃瀬戸、燧《ひうち》灘と環境の異なる三つの海域に囲まれ、多くの島々が浮かび、長い海岸線や起伏の多い海底地形、および複雑な潮流などにより、多種の水産生物に恵まれている。漁獲される魚の種類は多いが、香川県の海面漁業で主要なものは、カタクチイワシ、シラス、イカナゴ、サワラ等である。また、香川県はタコの生産量も全国トップクラスで、県民はタコを好んで食べ、二人以上の世帯のその消費量は全国一位である（総務省・家計調査、二〇一六年調べ）。

一方、香川県は世界で初めてハマチ養殖に成功した魚類養殖発祥の地である。一九二八（昭和三）年に野網和三郎が播磨灘に面した現在の東かがわ市引田にある海水池の安戸池《あどいけ》でハマチ養殖に成功した。魚類養殖とは稚魚（卵からかえったばかりの魚）や幼魚を成魚にまで育てる、あるいは卵からふ化させて成魚にまで育てる（完全養殖）ことである。ハマチ養殖の成功以前に若魚や成魚に餌を与える畜養は行われていたが、本格的な魚類養殖はハマチが初めてであったという事になる。養殖が注目されるずっと以前の昭和のはじめに、「獲る漁業から自ら育てる漁業」を目指した、ハマチ養殖の成功は画期的な事であった。ハマチ（ブリ）は成長の度合いにより名前が変わる出世魚と呼ばれる魚で、地方によってその呼び名が異なる。香川県では成長するに従い、その大きさによりモジャコ→ツバス→ハマチ→ブリと呼ばれている。尚、ハマチとブリの違いは各地域でサイズによって定義さ

図2　冬の風物詩、潜り船によるノリの摘採（香川県水産課、香川県漁港協会提供）

れているが、香川県では4kg以上のものをブリと呼んでいる。現在の香川県のハマチ養殖はツバスサイズを養殖用種苗として導入し、4kg前後の市販サイズのハマチやブリに育てるものである。

　また、香川県はノリ養殖も盛んで、県内漁業を支える主要産業のひとつである。その生産量は全国五位あるいは六位である（一位から四位は佐賀県、兵庫県、福岡県、熊本県）。ノリは水温の下がった冬に養殖されるが、「潜り船」と呼ばれるノリの摘採と活性処理（菌を除去し品質向上を図る酸処理）を行う船が操業する様子は香川県の冬の風物詩とされている（図2）。香川県で生産されたノリは主にコンビニエンスストアーで販売されるおにぎりのノリ、量販店で販売される味付け海苔等として消費されている。

　香川県では季節により水揚げされる水産物が変わるので、四季折々の旬の魚を味わうことが出来る。例えば、春が近くなる頃からイカナゴが、さらに暖かくなるとサワラ、タケノコメバル、マナガツオ、イボダイ（シズ）、寒くなるとイイダコ、ワタリガニ、タイラギなどを楽しむことが出来る。但し、魚の旬は、厳密には「量が多く獲れる水揚げの旬」と「脂がのっておいしくなる味の旬」の二つのパターンがある。瀬戸内海沿岸域では、鮮度の良い魚が手に入りやすい流通環境にあり、鮮度のよい歯ごたえのある食感が好まれる傾向にある。一方、鮮度の良い魚が入手困難であった地域や時代には、鮮度のよい歯ごたえよりも、職人が一手間をかけ、熟成した旨さが好まれることもある。一般的に寒い冬にそなえて身体に脂をため込む秋以降、また卵巣や精巣が発達する産卵期の前は餌を十分に食べることから、旨味が増すと考えられている。「量が多く獲れる水揚げの旬」であれば鮮度の良い魚が安価で入手しやすく、「脂がのっておいしくなる味の旬」がきたら更においしくなると藤原（二〇二一）[6]は述べている。

2　香川県の海の過去と現在〜水質と水産

瀬戸内海では過去、高度経済成長期に、急激な重工業化と特定地域への人口集中化、下水道普及率が低いなどの生活環境整備の立ち遅れなどのために著しく富栄養化[7]が進行した。当時は赤潮[8]の多発、貧酸素水塊の発生などの状況から「瀬死の海」と呼ばれるまでにその環境は悪化していた。上述したように香川県は古くからハマチを中心とした魚類養殖が営まれてきたが、一九七二年に播磨灘で発生した赤潮では一四〇〇万尾の養殖ハマチが斃死し、七一億円にのぼる被害が生じた。赤潮による漁業被害はその後も小規模ながら発生している[9]。このような中、一九七三年には、瀬戸内海環境保全臨時措置法（後の一九七八年に、特別措置法と改称、いわゆる瀬戸内法）が制定され、その後、水質を中心に環境改善の努力が続けられてきた。その結果、水質はかなり改善され、近年、瀬戸内海の赤潮発生件数は、年間約一〇〇件以下で安定しており、最頻時（瀬戸内法制定当時の一九七六年に二九

（6）藤原宗弘「讃岐の旬の魚Ⅰ」『瀬戸内海』八一号、二〇二一年

（7）富栄養化とは、窒素やリンの流入によって引き起こされる水質の悪化現象をさす言葉。人間活動の増大などに伴い、窒素やリンが閉鎖性海域に流れ込み、栄養塩濃度が増加し、その結果として植物プランクトンが大増殖する現象。

（8）赤潮は植物プランクトンの異常増殖現象。原因となる生物は、主に鞭毛藻類、珪藻類、夜光虫等である。魚介類を死なせ、養殖業などに多大な被害を及ぼすことがある。

（9）岡市友利「わが国における最近の赤潮発生状況」岡市友利編『赤潮の科学（第二版）』恒星社厚生閣、一九九七年

九件）の三分の一にまで減少している。[10] しかし、水質が改善された一方で、イワシ類やイカナゴなどの漁獲量の減少やアサリの減少等が問題となり始めた。更に、二〇〇〇年代に入ってから、瀬戸内海の東部海域で養殖ノリの収穫期である冬季に海水中の栄養塩（窒素やリンの無機塩）が不足してノリが色落ちする[11]という問題が起きている。[12][13] 瀬戸内海は有明海と並ぶわが国の主要なノリ生産海域であり、瀬戸内海のノリ生産量が全国に占める割合は平均三五％である。このうち播磨灘を中心とする瀬戸内海東部海域（兵庫県・香川県）は、主要なノリ漁場であり、瀬戸内海のノリ生産量の約八割を占めている。[14] この海域のノリ不作問題は近年の深刻な社会問題となっている。このように、現在の瀬戸内海の各海域では、従来の富栄養化問題とは異なる漁業被害が顕在化し、逆に「きれいすぎる海」の問題に直面していると言える。[15] 二〇二三（令和五）年には瀬戸内法制定五〇年を迎えることになるが、残念ながら現状を見るかぎり、瀬戸内海は決してきれいで豊かな海とは言い難い状況にある。香川県の海でも、瀬戸内海全域と同様に、赤潮発生件数は低下したものの、イワシ類、イカナゴなどの漁獲量の低下、ノリの色落ちは顕著である。

海の食物連鎖（食う―食われるの関係）は、植物プランクトン→動物プランクトン→小型魚→中型魚→大型魚と順次栄養段階をあがってゆく構造になっている（図3）。食物連鎖のピラミッドの一段ずつを栄養段階と呼ぶ。従って、高次の栄養段階の生物（魚）を支えているのは植物プランクトンであると言っても過言ではない。一方、植物プランクトンの量あるいはその生産（光合成）量を左右する要因は、光、水温、海水中の栄養塩濃度である。この三つの要因の中で、栄養塩が最も大きな影響を及ぼすとされている。栄養塩とは海水中に溶けている窒素やリンの無機塩類（硝酸塩、亜硝酸塩、アンモニア塩、リン酸塩のことで、

（10） 水産庁瀬戸内海漁業調整事務所『令和二年瀬戸内海の赤潮』二〇二一年

（11） 本来、黒色であるノリの色が海水中の栄養塩不足のため薄くなり、薄茶色から黄色になる現象

（12） 松岡聡・吉松定昭・小野 哲・一見和彦・藤原宗弘・本田恵二・多田邦尚「備讃瀬戸東部（香川県沿岸）におけるノリ色落ちと水質環境」『沿岸海洋研究』四三、二〇〇五年

（13） 西川哲也「珪藻赤潮の発生とノリ養殖への色落ち被害」『海洋と生物』一七二、二〇〇七年

（14） 渡辺康憲「ノリ養殖と珪藻赤潮・栄養塩」『海洋と生物』三一、二〇〇九年

（15） 山本民次「瀬戸内海の貧栄養化と水産業」『用水と排水』五〇、二〇〇八年

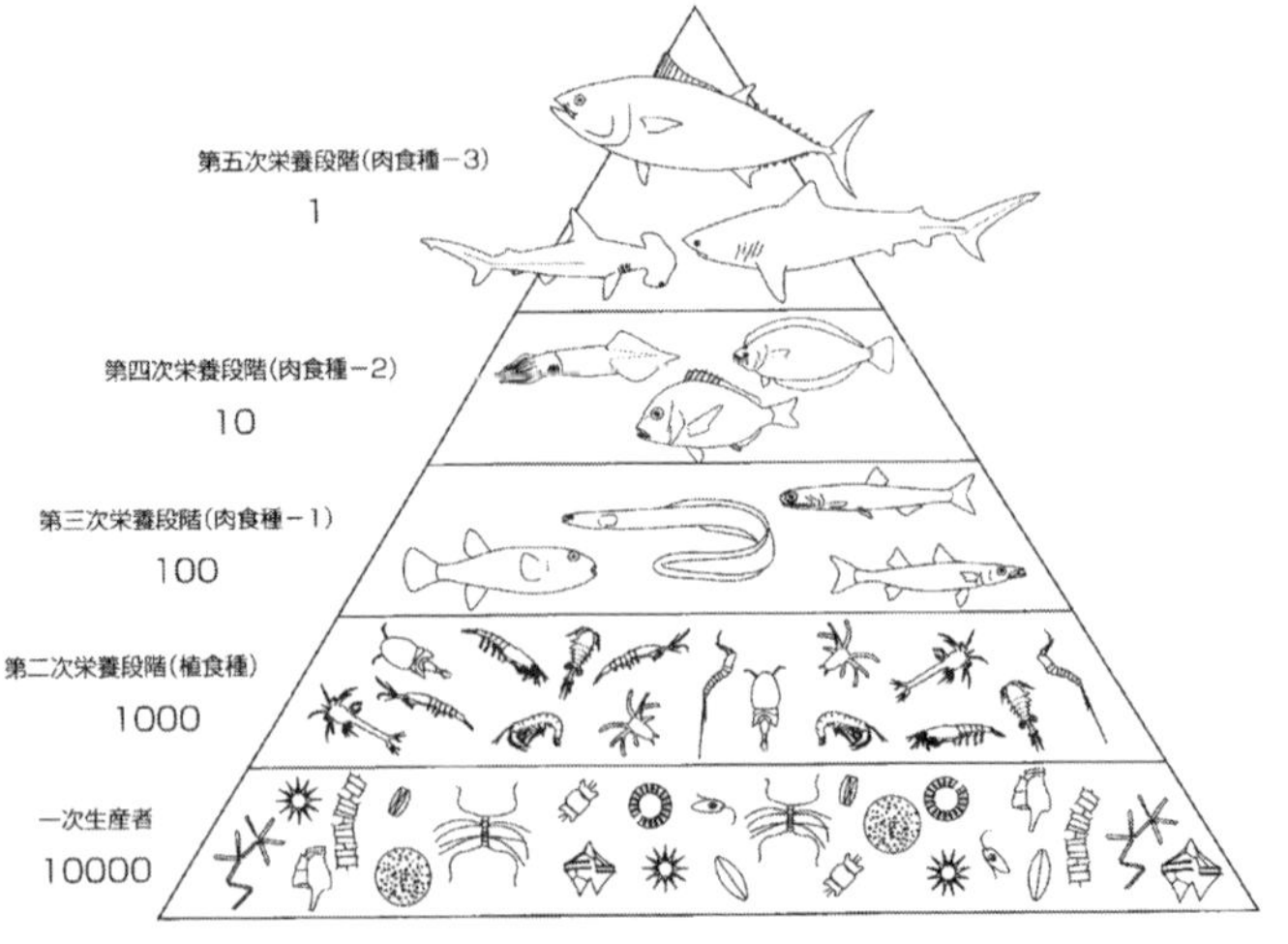

図３　海の生態ピラミッド　図中の数字は第５次栄養段階生物の量を１とした場合の下位の生物の捕食される量（多田ら2014[16]）

土壌における肥料成分のようなもの）である。但し、現時点では、この栄養塩濃度の低下が実際にノリ養殖以外の水産業、あるいは魚にどの程度関係しているのかの明確な答えはない。

瀬戸内海全域の海水中の栄養塩濃度については、周辺の府県が実施している水産の環境モニタリング調査（浅海定線観測調査）の結果がよくまとめられている[17]。一九七二年―二〇一三年までの四〇年間のデータを一〇年毎の平均値でみると、栄養塩のひとつである溶存無機態窒素（DIN：硝酸＋亜硝酸＋アンモニア）濃度はほとんどすべての海域で一九七〇年代に非常に高く、その後低下している（図４）。無機態窒素濃度の低下率は一〇年当たりで〇・二六―三・二七マイクロモル（μM）で、特に大阪湾、播磨灘で顕著に低下していた。一方、もうひとつの栄

（16）多田邦尚・一見和彦・山口一岩『海洋科学入門』恒星社厚生閣、二〇一四年

（17）阿保勝之・秋山諭・原田和彦・中地良樹・林浩志・村田憲一・和西昭仁・枝川大二郎・益井敏光・西川智・山田京平・野田誠・徳光俊二『瀬戸内海における海況の長期変動 瀬戸内海ブロック浅海定線調査観測四〇年成果（海況の長期変動）』二〇一五年

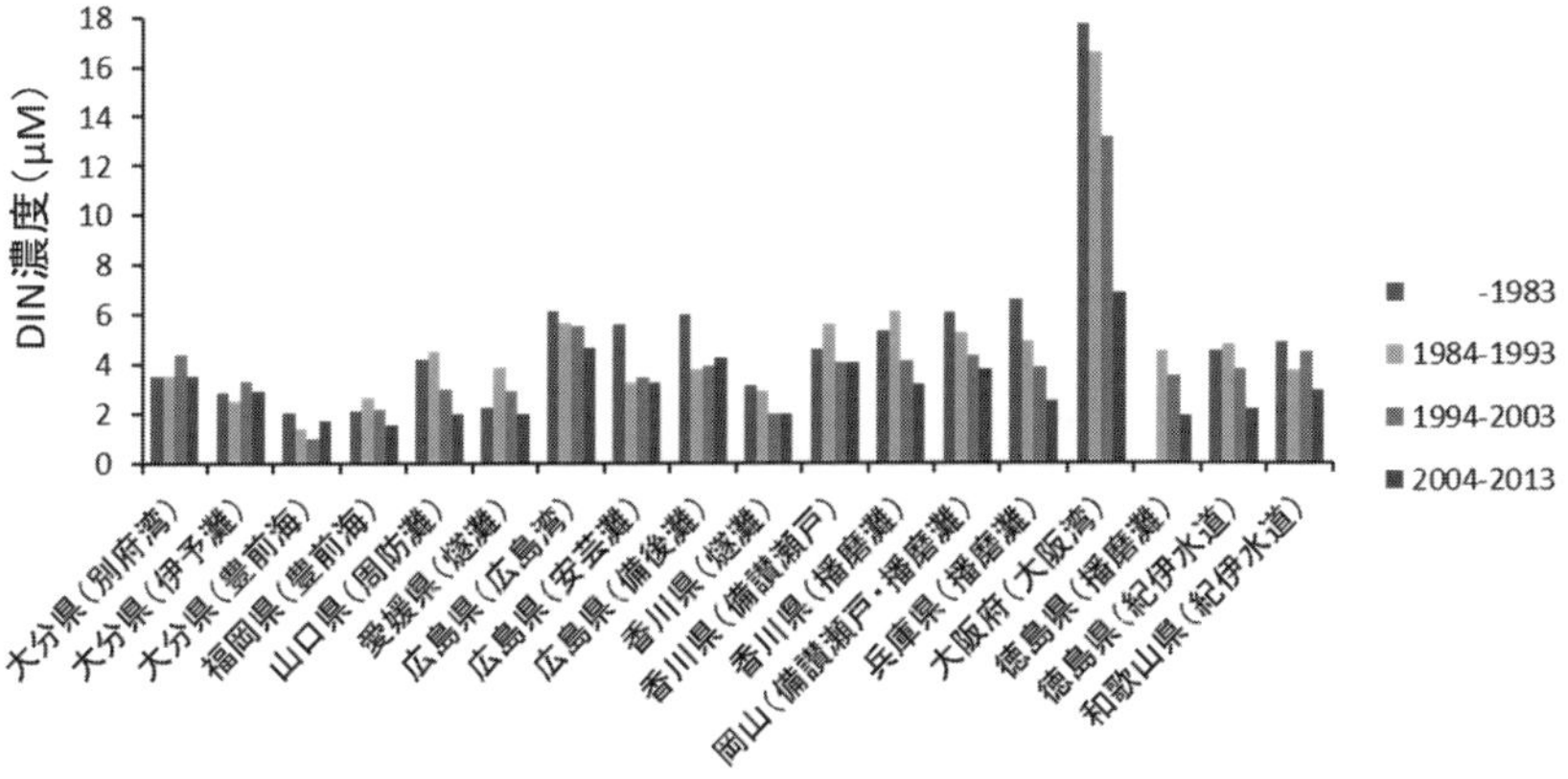

図4　瀬戸内海の各海域における年代別表層水中の平均無機態窒素（DIN）濃度の推移（阿保ら2015[17]）を改変

養塩である溶存無機態リン（ＤＩＰ：リン酸塩）濃度は一九七〇年代に高濃度であったが一九八〇年代前半に低下し、その後はほとんどの海域で概ね横ばいで推移している。瀬戸内海の栄養塩は、溶存無機態リンよりも溶存無機態窒素の方が不足しており、両者のモル比（ＤＩＮ／ＤＩＰ比）は一九八〇年代には一六―一七であったが、近年は八―一〇へと変化し、レッドフィールド比（Ｎ／Ｐ比＝一六）[18]を下回っている。[19]

以上のように、わずか四〇年で赤潮の多発する富栄養化した海からノリの色落ちに代表される栄養塩濃度の低い海にまで変化した瀬戸内海は、世界でも珍しい急激な低下の例である。図4中の香川県（燧灘）、香川県（備讃瀬戸）、香川県（播磨灘）に示されているように、香川県沿岸域でも瀬戸内海の他の海域同様に、ＤＩＮ濃度は顕著に低下している。

瀬戸内海全域への陸域からの全窒素（Ｔ

(18)　植物プランクトン（単細胞生物）の細胞内炭素（Ｃ）・窒素（Ｎ）・リン（Ｐ）のモル比はＣ：Ｎ：Ｐ＝一〇六：一六：一で、これをレッドフィールド比と言う。植物プランクトンのＮ／Ｐ比が一六：一であるので、海水中の無機窒素と無機リンの比も一六：一であれば、バランス良く吸収される。

(19)　反田實・赤繁悟・有山啓之・山野井英夫・木村博・團昭紀・坂本久・佐伯康明・石田祐幸・壽久文・山田卓郎「瀬戸内海の栄養塩と漁業」『水産技術』七、二〇一四年

N）と全リン（TP）の流入負荷量は確実に減少しており、過去三五年間でTNは四割、TPは六割削減されている。[20] しかし一方で、瀬戸内海全域の海水中のTN、TP濃度は横ばいあるいは若干減少しているだけである。[21] 栄養塩濃度低下は基本的には瀬戸内法の排水総量規制による効果と思われるが、実際にはそう単純ではない。即ち、陸域からのN、P流入負荷量を半分にしても、その海水中の濃度は二分の一にはならない。確かに、排水総量規制の効果がその要因のひとつであることは間違いないが、それだけでは説明できない。

　瀬戸内海への栄養塩の供給源は、①陸域からの栄養塩流入負荷、②外洋域（隣接海域）からの海水交換による流入、③底泥からの栄養塩溶出、と大きく三つあると考えられる（図5a）。この三つの供給源のバランスで海水中の栄養塩濃度は決定されると考えられる。陸域からの流入負荷が大きいとの予想に反して、瀬戸内海に存在するNやPは、その半分以上が外洋起源であると報告されている。[22][23][24][25] 近年、外洋起源の栄養塩の見積もりの問題点も指摘されているが、N、Pの六〇％弱は外洋起源と考えられる。[26] 前述のように、陸域からの流入負荷量がNでは四割、Pでは六割削減されているにも関わらず、海水中のその濃度低下が顕著に現れないことは、瀬戸内海への陸域からの栄養塩流入負荷が占める割合が外洋起源の栄養塩に対して小さいことを示している。

　一方、海底の堆積物から浸み出してくる栄養塩の溶出量については、これまで陸域からの流入負荷、および外洋域（隣接海域）からの流入との間で定量的な比較検討がなされてこなかった。著者らは、瀬戸内海の海水中の栄養塩濃度低下の原因を考えるうえで、堆積物からの栄養塩の溶出が重要と考えており、瀬戸内海東部の播磨灘において、海底からの

(20) 環境省（せとうちネット）令和元年度版環境統計集URL. https://www.env.go.jp/water/heisa/heisa_net/setouchiNet/seto/g2/g2cat03/tokusohou/hasseifuka.html （二〇二一年一月時点）

(21) 環境省（せとうちネット）灘別水質の推移URL.https://www.env.go.jp/water/heisa/heisa_net/setouchiNet/seto/g2/g2cat01/suishitsu/suishitsusuii.html（二〇二一年一月時点）

(22) 藤原健紀・宇野奈津子・多田光男・中辻啓二・笠井亮秀・坂本亘「外洋から瀬戸内海に流入する窒素・リンの負荷量」『海岸工学論文集』四四、一九九七年

(23) 武岡英隆、菊池隆展、速水祐一、榊原哲郎「瀬戸内海における外洋起源の栄養物質」『月刊海洋』三四、二〇〇二年

(24) Yanagi.T, Ishii, D.: Open ocean originated phosphorus and nitrogen in the Seto Inland Sea, Japan. Journal of Oceanography 60.2004.

(25) 速水祐一・碓井澄子・武岡英隆「瀬戸内海における窒素・リンの存在量とその長期変動」『海と空』八〇、二〇〇四年

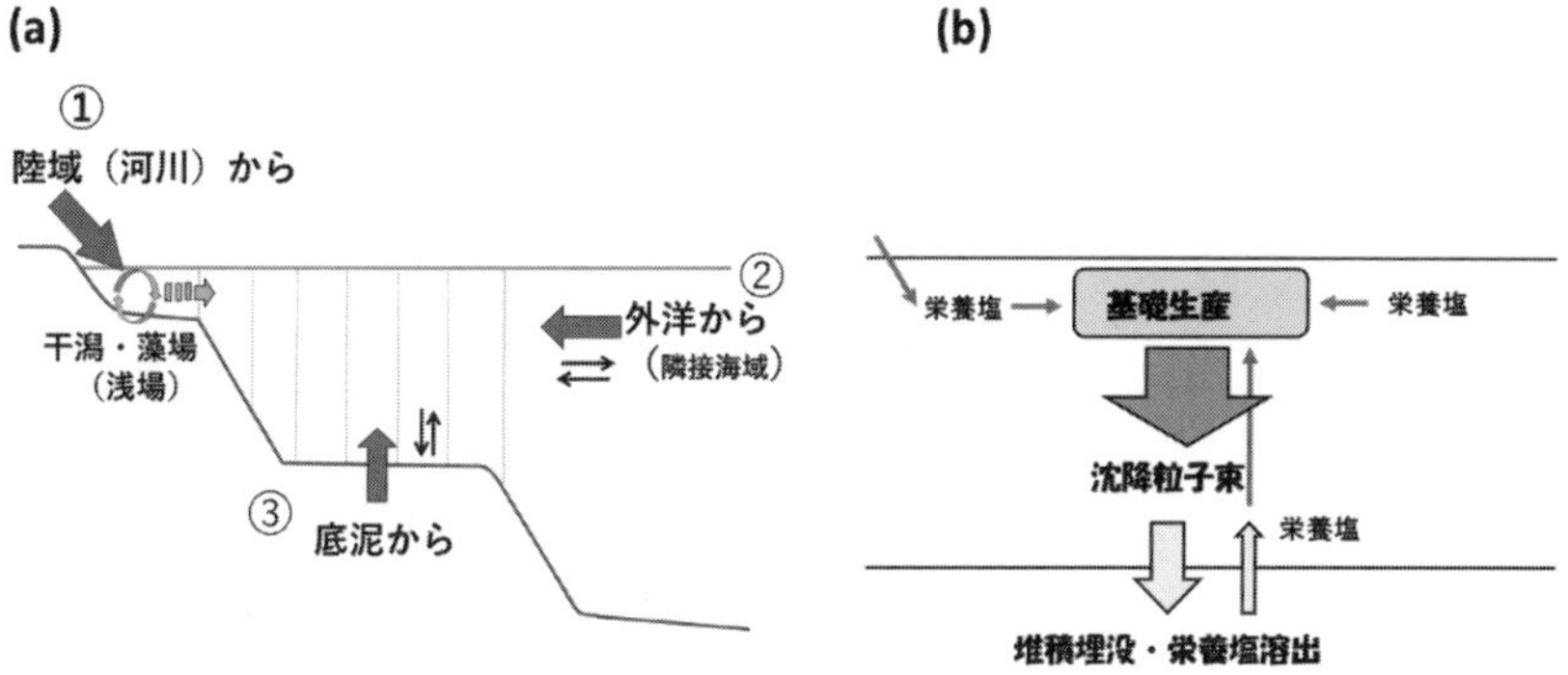

図 5　沿岸海域における栄養塩の供給（a）、基礎生産（内部生産）を介しての物質循環（b）（多田 2021より）

栄養塩の溶出量を見積もった(27)。その結果、表層の水温の高い海水と底層の水温の低い海水が混ざりにくくなることで、水塊が安定する夏季では、海底からのＤＩＮの溶出量は四六・四トン／日で、河川からのＤＩＮ流入量（一四・五トン／日）に対して三・二倍であった。以上は非常に数少ないデータのひとつであり、海底からの栄養塩溶出量については過去のデータが乏しく、経時的な変化については不明である。そのうえ栄養塩溶出量の測定法について数々の問題点が指摘されていることも、更に問題を難しくしている。前述のように海底堆積物からの栄養塩溶出の見積もりには様々な問題点があり、栄養塩溶出については測定しても何もわからないように思える。しかし、栄養塩溶出の真の値がわからない問題はあるが、測定方法を統一する事などにより、わかってきた事も多い。近年、栄養塩の溶出速度と泥温（泥の温度）および表層泥中の有機物含有量との間には高い相関が得られ、泥温と有機物含有量が高いほど栄養塩の

(26)　武岡英隆「沿岸域における外洋起源栄養物質量の見積もり法とその問題点」『沿岸海洋研究』四三、二〇〇六年

(27)　多田邦尚・西川哲也・樽谷賢治・山本圭吾・一見和彦・山口一岩・本城凡夫「瀬戸内海東部海域の栄養塩低下とその低次生物生産過程への影響」『沿岸海洋研究』五二、二〇一四年

溶出速度が高いことが明らかになった。即ち、一般に栄養塩の溶出速度には、堆積物の粒子のサイズ（泥から礫までの粒度組成）等も影響すると言われているが、実際の現象としては、海底からの栄養塩溶出速度を泥温および表層泥中の有機物含有量から予測が可能である。[28]

　近年、香川県の海に限らず、様々な沿岸海域における漁獲量の低下が顕著になり、栄養塩濃度の低下が漁獲量低下に繋がっているのではないかと懸念されている。しかし、その前に沿岸海域における海水中の栄養塩濃度の低下メカニズムがわかっておらず、それがわからないと政策決定ができない。従って、まず栄養塩濃度低下原因を明らかにすることが重要である。「沿岸海域の栄養塩濃度はどのようなメカニズムで決定されるのか？」、「人為的に陸域からの負荷を減少あるいは増加させた場合に海水中の栄養塩濃度はどう変化するのか？」、この疑問に答える事が、栄養塩の濃度低下問題の解決の第一歩である。沿岸海域における栄養塩は前述のように三方向（図５ａ）からの供給だけではなく、内部での基礎生産（内部生産[29]）を介して動いている（図５ｂ）。即ち、陸域からと、外洋あるいは隣接海域からの栄養塩流入は独立して変動する。しかし、海の中では、陸域と外洋あるいは隣接海域から流入した栄養塩と、さらに海底から溶出した栄養塩を利用して植物プランクトンが増殖する。その増殖により生産されたＮやＰは、その一部が海底堆積物に沈降到達し、さらにその一部が堆積物から栄養塩として溶出している。現在、著者らの研究グループでは香川県沖の播磨灘でこれまで蓄積してきたデータを整理するとともに、播磨灘の観測点において、植物プランクトンの生産量（基礎生産）、マリンスノー[30]のように下方に向けて一定のスピードを持って沈降していく粒子量、および海底堆積物からの栄養塩溶出量を同時に測定し、これら三者の量的な関係を調べている。現在進行中の研究結果が、上記の

（28）多田邦尚・中嶋昌紀・山口一岩・朝日俊雅・一見和彦「沿岸海域における栄養塩濃度決定要因と堆積物」『沿岸海洋研究』五五、二〇一八年

（29）海の生態ピラミッド（図３）の底辺を担う植物プランクトンの光合成を一次生産、また基礎生産と呼ぶ。また、海洋の内部で起こる生産という意味で内部生産と呼ぶ。

（30）潜水艇が海に潜った際に照明などで暗黒の海中を照らすと、懸濁物がゆっくりと沈降しており、それが雪のように見えたため、マリンスノー（海雪）と名付けられた。生物ではなく、プランクトンの死体などの有機物の凝集体。

問題解決の第一歩となる事を願っている。

現在、香川県の海だけでなく、瀬戸内海全域でもイワシ類、イカナゴ等に代表される漁獲量減少が問題となっている。教科書的には、「栄養濃度低下→植物プランクトン生物量の減少・基礎生産量低下→動物プランクトン生物量の減少→魚介類の生物量の減少」のシナリオは理解しやすい。しかしながら、実際の沿岸海域で起こっている現象がそう単純ではないことも少しずつわかってきた。近年、漁獲量減少の原因を栄養塩濃度低下に求める傾向が多々見受けられる。漁獲量低下に栄養塩濃度低下が影響していることは間違いないが、栄養塩不足と同時に、後述のコラムで紹介する干潟・藻場といった浅場の減少、あるいは地球の温暖化（海水温上昇）、漁獲圧の影響についても同時に検討しなくてはならない。播磨灘では、タイ（鯛）など近年増加した魚類もいる。栄養塩濃度の減少が単純に植物プランクトン量や基礎生産量の減少に繋がっていないのも事実である。[31]さらに現在、動物プランクトンのデータが極めて少なく、動植物プランクトンと魚類の関係もよくわかっていない。低次から高次生態系までの関係を数値モデルを組んで推定する試みもなされているが、モデルの基になるデータは十分か、モデルの精度がどの程度なのかを確認しておかなくてはならない。今後、低次から高次生態系へのさらなる調査研究が必要である。

なお、本節（2 香川県の海の過去と現在～水質と水産）の内容は、『水環境学会誌』（四四号、二〇二一年）に掲載された著者の論文の一部を改変したものである。

（31）西嶋渉「瀬戸内海における栄養塩濃度管理法」『沿岸海洋研究』五六、二〇一八年

〔参考文献〕
多田邦尚「瀬戸内海の環境の変遷と将来」『調査月報』三三〇、一般財団法人百十四経済研究所、二〇一四年
多田邦尚「沿岸海域における基礎生産と栄養塩濃度、堆積物からの栄養塩溶出」『水環境学会誌』四四、二〇二一年

香川県の水

新見 治

はじめに

地域の実像に迫るフィールドワークという方法

香川は水に恵まれない地域といわれるが、水の乏しい地域に一万四〇〇〇もの溜池があり、日本最大級の満濃池《まんのういけ》があるというのは、「わが家は収入は少ないのに貯金が多い」というような奇妙な話である。また、来訪者だけでなく、この土地の生活者も、讃岐《さぬき》平野の景観―広い水田のなかに、円錐や台地状の山、溜池、集落が散在する景観―を眺めて美しいと感じるのはなぜだろうか。

こうした素朴な疑問への答えを、学校教育や書物から見出すことは難しく、別のアプローチが必要である。地域の自然や暮らしの実像に迫る方法が、フィールドワークである。フィールドワークの意義は、授業や図書館で得た情報を現場で検証し自らの知識にすることではあるが、それ以上に大切なのは、フィールドを歩く、見る、聞く過程で、自らの興味関心に気づき、一見羅列的にみえる事物・事象を相互に関係づけるフィールドワークの方法を体得することである（新見、二〇〇三）。地理学の教育と研究では、文献研究とフィールド研究を関連させ、その土地における自然と人間の関係を解明するようにしたい。自らを納得させる答えを得れば、他者にその事物・事象について語ることもできる。フィールドに出かけて地理の楽しさを知り、自らの地域を見る眼を豊かなものにしたい。

地理的発見の楽しさ――学校の地理から生活の地理へ

人は様々な場の体験を蓄積して、子どもから大人へと成長していく。幼児期には直接体験を通して自然と人に対する感性を養い、学齢期には自然や人間に対する知識や自然と接する技術を学び、そして成人期には社会の形成や問題解決に参加することが課題である。

子どもは、一〇歳頃から家庭や学校という日常の場を離れて、探検・秘密基地などの遊びを通して未知の世界と出会い、自らの世界を拡げていく。この時期を人生における「地理的発見時代」とよぶことがあるが、二〇歳前後の大学生にも類似の状況がみられる。大学生になると様々な制約を解かれ、自らの意志で時を過ごすようになる。学びや生活上の出来事、友人との旅行など様々な場の体験を重ねることで、自らの世界を広げ、豊かな自然観、人間観を育むことができる。大学生活は学校の地理（学校知）を人生を豊かに暮らす生活の地理（生活知）に展開させる絶好のチャンスであり、第二の地理的発見時代としたい。生活の地理を楽しむには「三間」（時間、空間、仲間）の存在が大切であり、フィールドでは仲間と共に学び教えあうようにしたい。

本章では、香川の水文環境の成り立ちについて概観するが、読者は自ら興味関心のある

写真１　讃岐平野の景観
讃岐平野を代表する景観で、遠景に讃岐富士（飯野山）、中景に溜池と琴電、近景に金毘羅街道と石灯籠が存在する。

事物・事象を発見して欲しい。そしてエクスカーション（巡検）を自ら企画し、一人でまた友人を誘って地形図片手にフィールドをめぐりたい。

1 讃岐平野の景観を水から読み解く——乏水の香川から豊水の香川へ

讃岐平野の水循環と水収支

「香川は水に恵まれない地域」と語られる時、少雨、小さな河川、大小無数の溜池、頻発する水不足などの地域的特色が指摘される。確かに年降水量は約一一〇〇ミリと少ないが、これは北海道東部・北関東・信州と同程度である。温帯湿潤環境にある日本のなかで、香川は相対的に少雨であるとの認識が妥当であろう。

讃岐平野の水文地理の特色について述べるまえに、この地域の水収支―自然の水循環と水利用に関する収支簿―を明らかにしておきたい。

この地域の年降水量は約一一〇〇ミリに対し、地表や植生からの年蒸発量は約七〇〇ミリ、年流出量（降水量から蒸発量を差し引いた水分過剰量に相当）は約四〇〇ミリである。流出は短時間に流去する洪水流出（約一〇〇ミリ）と、地表から浸透し地下水として貯えられ徐々に河川に流れ出す地下水流出（約三〇〇ミリ）との二つの成分からなっている。讃岐平野で安定的に利用できる水資源は地下水流出（約三〇〇ミリ）であり、洪水を水資源とするには大規模な貯水池の建設が必要であった。

讃岐平野の河川と扇状地

讃岐平野は阿讃《あさん》山地（讃岐山脈ともいう）に源を発するいくつかの小河川が形成した、高松平野、丸亀平野、三豊《みとよ》平野などの扇状地性平野の総称である（図1）。

扇状地は地理教科書や地図帳で学習する基本用語ではあるが、扇央が林地や桑畑・果樹園に利用された扇状地が事例に取り上げられるため、「扇状地は水に恵まれない」という誤解が流布している。広く水田化された讃岐平野で生活していても、この平野が「扇状地」とは認識されない。扇状地は、扇頂で堰を設けて河流を取水すれば、用水路を経て自然流下で扇状地全体に配水できるため、大規模な治水事業が必要な河川下流の低湿地に比べて、早くから水田が開発されたという事実は記述されない。

斉藤（一九八八）によれば、日本には扇面面積[1]二㎢、平均勾配二％以上の扇状地を持つ流域が四九〇あるが、中央日本に多く中国で少ないなど、扇状地は偏在している。四国では中央構造線沿いに、特に阿讃山地の北側・南側に扇状地が多数形成されている。

讃岐平野の河川は、東から湊川《みなとがわ》、鴨部川《かべがわ》、新川《しんかわ》、香東川《こうとうがわ》、本津川《ほんづがわ》、綾川《あやがわ》、大束川《だいそくがわ》、土《ど》器川《きがわ》、高瀬川《たかせがわ》、財田川《さいたがわ》、柞田川《くにたがわ》などで、その多くは阿讃山地や前山丘陵に源を発する。高松平野の詰田川《つめたがわ》、御坊川《ごぼうがわ》、丸亀平野の大束川《だいそくがわ》などは、扇状地に源を持つ小河川である。

河川流域の規模は、中国四国の他の河川に比べて一桁小さい（表1）。河川の流路延長三〇キロメートル以上、流域面積一〇〇㎢以上の河川は、香東川、綾川、土器川、財田川の四つで、土器川は国管理の一級河川に指定されている。讃岐半島は阿讃山地を弦とする半月状で、河川は南から北へ放射状に並行して流下する。細長い流域の形状は、市町の境界のかたちや生活圏の広がりなど、人間の生活空間にも影響している。

（1）扇面面積は扇状地の大きさ（広がり）を示す指標で、扇形をした地表の面積のことである。

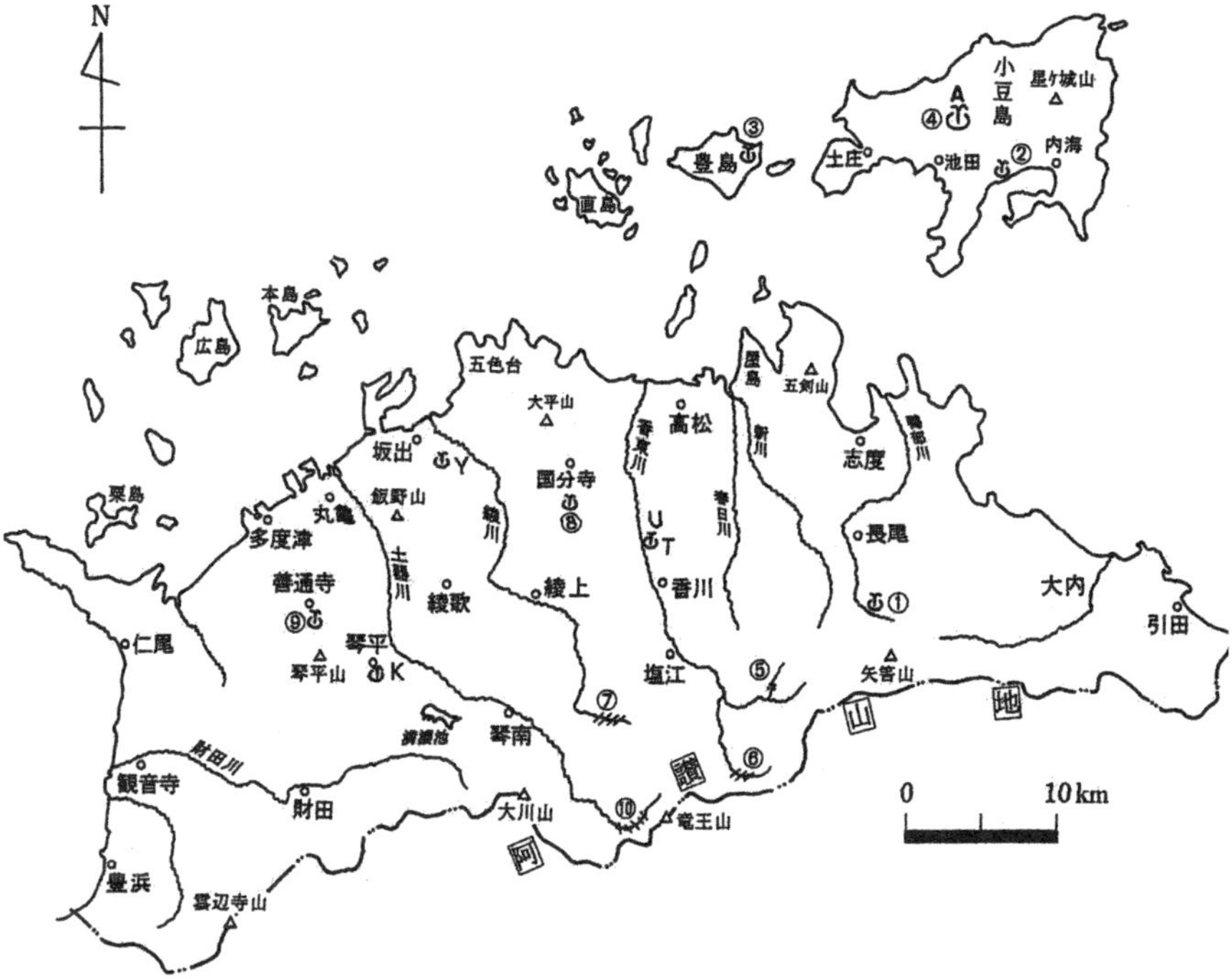

① 大師の水(湧水)　⑤ 虹の滝　⑨ 二頭出水(湧水)　Y 八十八清水
② 大師の御水(井戸)　⑥ 大滝の水(清流)　⑩ 美霞洞渓谷(清流)　U 上井出水
③ 唐櫃の清水　⑦ 柏原渓谷(清流)　T 竹林出水
④ 湯船の水(湧水)　⑧ 楠井の泉　K 春日出水
A：日本名水百選

図１　香川の主な河川と泉の分布

表１　香川県の主な河川と流域特性

河川名	流路延長 L (km)	流域面積 A (km^2)	流域平均幅 B=A/L(km)	流域形状比 F=B/L	川幅(m) 河口２km	扇状地の存在
香東川	33	113	3.4	0.10	100	○
綾　川	38	138	3.6	0.09	125	−
土器川	33	177	5.4	0.16	125	○
財田川	33	156	4.7	0.14	125	○
高梁川	110	2,488	22.6	0.21	650	−
吉野川	194	3,700	19.1	0.10	1,200	○

川幅（m）：河口から２km 付近、１/25,000地形図で計測
扇状地の存在（扇面面積２km^2以上、平均勾配２％以上の扇状地）は斉藤（1988）による

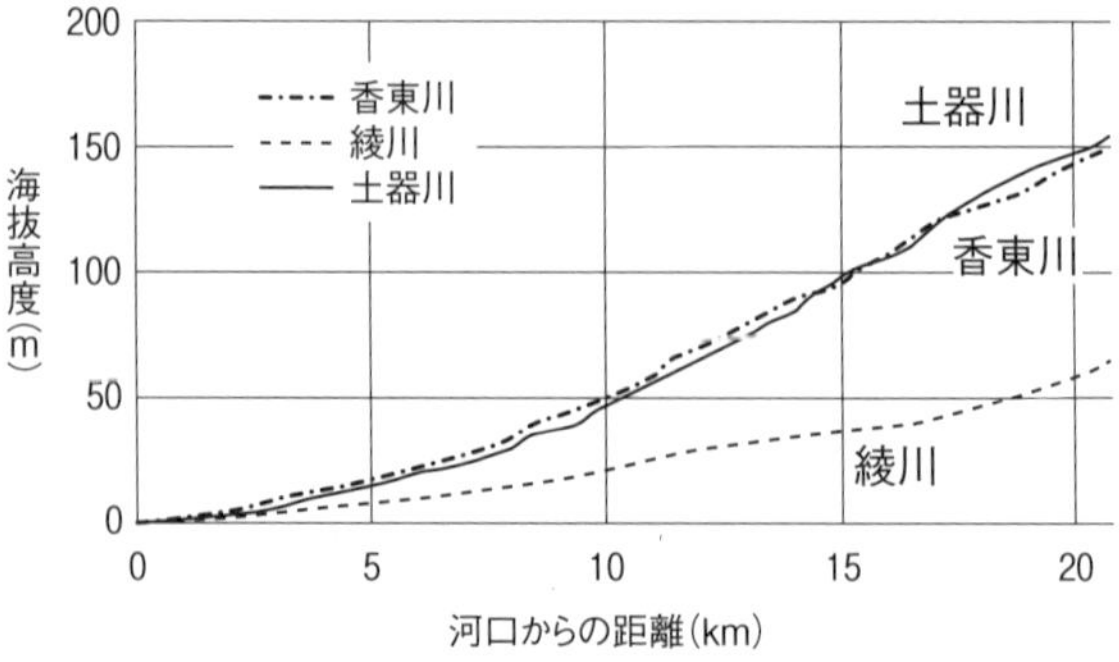

図 2　河床縦断面の比較ー香東川、綾川、土器川ー

表 2　香川県の主な扇状地とその特性

扇状地名	縦長 L(km)	扇面面積 Af(km²)	平均勾配 Sm (%)	堆積物の層厚 T (m)	流域面積 A(km²)
香東川	13.9	54.1	7.2	75.8	113
土器川	16.0	43.7	7.4	44.7	177
財田川	5.0	8.2	5.0	54.8	156
黒部川	11.8	69.2	10.6	102.9	682
重信川	9.9	18.0	13.1	80.0+	490

扇状地の特性値（縦長、扇面面積、平均勾配　堆積物の層厚）は斉藤（1988）による

　主な四つの河川のうち、香東川、土器川、財田川には扇状地が形成されるが、綾川には顕著な扇状地はみられない。香東川、土器川の扉面面積は四〇—五〇㎢で、日本を代表する黒部川扇状地（六九㎢）と同規模である（表2）。河川地形の特色を、河川勾配について眺めてみよう。河口から上流に遡って河床縦断面図を作成してみると（図2）、扇状地が発達する香東川、土器川ではほぼ同じような急勾配で、河口から一五キロメートル遡った地点で海抜高度一〇〇メートルとなる。一方、扇状地が発達しない綾川では河床勾配は緩やかで、河口から二五キロメートルの地点で海抜高度一〇〇メートルとなる。

　扇状地河川の景観には、小河川としては広い川幅、広い高水敷《こうすいじき》(2)、狭い流水路のほか、河床には大きな礫や床固め、河川沿いの不連続堤防（霞堤）など、共通した特色がある。ふ

(2)　河川敷（河道）は、常に水が流れている低水路と、これより一段高く洪水時には浸水する高水敷からなっている。ふだん浸水しない高水敷は、農地のほか、運動場、公園、遊歩道などに利用されている。

だん河床には取水や伏没のため流水がないこともあるが、大雨が降れば短時間で洪水が発生する。近年では、二〇〇四年の相次ぐ台風による洪水、土石流、高潮など風水害が記憶に新しい（香川大学、二〇〇五）。扇状地が河川の洪水氾濫の繰り返しによって形成された堆積地形であることを再認識し、土地の成り立ちを理解し、過去の水害と水防の知恵（災害文化）に学ぶことを通して、近未来への備えをしたい。

地下水が湧く各地の泉

香川には、火山地域にみられるような大規模な泉（富士南麓の柿田川湧水、日湧出量約一〇〇万㎥、阿蘇西麓の江津湖など）はないものの、山地や扇状地には地下水が湧出する泉が多数存在し、水田の灌漑水源として利用されてきた（前掲の図1参照）。

山地斜面に湧く泉の代表が、小豆島の湯船の水（環境省選定の名水百選）、豊島の唐櫃の清水（香川県選定のさぬきの名水）、坂出の八十八の清水などである。一方、香東川や土器川の扇状地には、この地域で出水（ですい、でみず）と呼ばれる泉が多数存在し、水田の灌漑用水のほか地域用水として生活に利用されてきた。

讃岐平野の灌漑水利システムの成立

図3は、讃岐平野の灌漑システムの概念図である。自然の水循環系である流域を単位とし、これを上流域、中流域、下流域に区分して、その特色を概観する。

上流域は阿讃山地・前山丘陵にあたり、降水を地下に貯えて水資源を生み出す「集水域」である。ここには、利水と治水を同時に担う多目的ダムが建設されている。中流域は河川

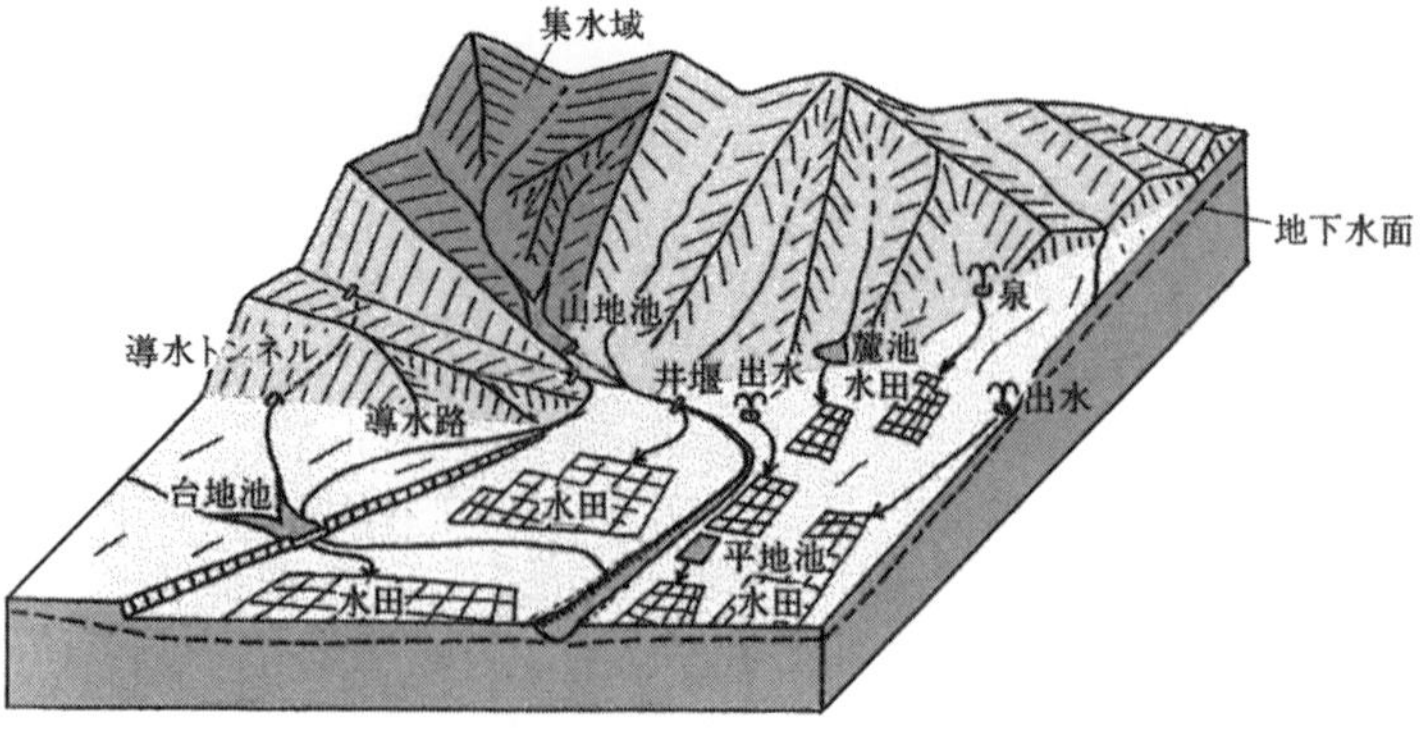

図3　讃岐平野の灌漑システムの概念図（新見、1995）

が山地から扇状地に出る地域で、扇頂の河川には堰が設けられている。取水された灌漑用水は長い水路を経て溜池に貯留され、中下流域の水田で利用される。下流域は、水田などの「受益地」が広がる扇状地や三角州からなる平野で、溜池を主水源として、出水（泉）や井戸によって地下水が利用される。

讃岐平野の溜池灌漑システムは河川水と地下水を組み合わせて活用することで成立しており、この地域の自然の水循環系に巧みに組み込まれた人工の水循環系である。この精緻な灌漑システムは、農民の自治的な水利組織によって管理され、水ぶに、番水、線香水、夜水など、厳格な水利慣行があった。現在では厳しい慣行はみられなくなったが、渇水時には水管理ルールを復活させている事例もある。

塩田と水、はげ山の景観

古くから水田稲作が進んだ讃岐平野であるが、江戸期には讃岐三白「塩、砂糖、綿」の生産も盛んになった。坂出市塩業資料館（坂出市大屋富町）は、製塩の歴史と技術に関するユニークな博物館である。世界では高温乾燥の天日塩田、岩塩層、塩湖から採塩しているが、高温多湿の日本では塩田を造成し、海水から濃い塩水（鹹水）をとり、それを煮つめて塩の結晶をつくる、独特の製塩方法が生み出された。坂出の臨海部には十七世紀初め赤穂から製塩業者が移住し入浜式塩田を開発したが、塩田廃止により広い土地が残された。

塩田の成立には地域の水事情が反映している、という興味深い指摘がある（重見、一九八九）。山陽では三角州が多く大河川から灌漑用水が得られるので水田が開発されたが、北四国では扇状地が多く水を得にくいため塩田が開発されたという。鹹水を煮つめる燃料として火力の強い松が大量に伐採され、瀬戸内独特のはげ山景観が生まれた。

都市化・工業化と新しい水利社会の構築

二十世紀後半の経済成長のなかで、讃岐平野でも都市化、工業化が進み、灌漑用水に加えて、都市用水（水道）、工業用水の確保が課題となった。県内の主な河川には貯水量数百万㎥のダムが建設されたが（香東川の内場《ないば》ダム、綾川の長柄《ながら》ダム、府中ダムなど）、身近な地域における水資源開発だけでは新規の水需要には対応できなかった。

そこで取り組まれたのが、四国三郎・吉野川の上流に早明浦《さめうら》ダムを建設し、流域を越えて瀬戸内（香川と愛媛）に送水する事業である。香川用水は、自然の流域界と行政的な県界という二つの境界を超えて、大規模な流域変更が実現した稀有の事業である（図4）。

香川県の水利用量は年間約六億㎥で、このうち県内水源が四・二億㎥（七〇％）、県外水源一・八億㎥（三〇％）である。用途別には、農業用水（三・七億㎥）では県内七五％、県

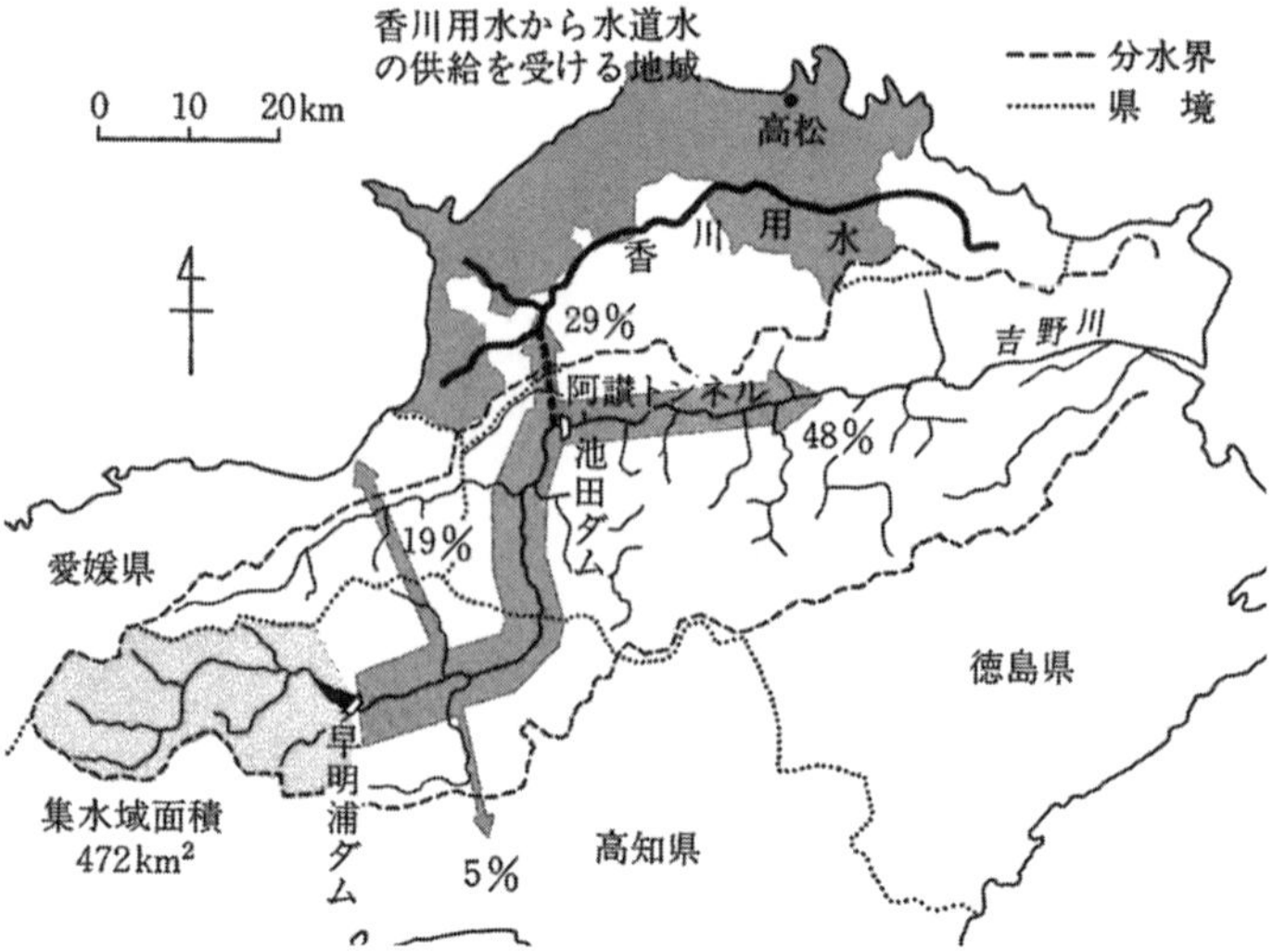

図 4　吉野川と香川用水事業（新見、1995）

外二五%、水道用水（一・五億㎥）では五〇%、五〇%、工業用水（〇・九億㎥）では八〇%、二〇%であり、特に水道事業では香川用水への依存度が高い。一九七五年の香川用水通水によって水事情は大きく改善したものの、一九七四年の大渇水以降も水道の時間給水などの都市渇水が頻発している（一九九四年など）。渇水時の都市（水道）用水確保のために、二〇〇九年には調整池として「宝山湖《ほうざんこ》」（貯水量三〇〇万㎥）を建設した。

　現在、讃岐平野では「近くの水」（香川県産の地表水・地下水）と「遠くの水」（吉野川産の地表水）を統合的に管理し、生産や生活を支える水を供給する体制づくりが課題であるが、灌漑水利社会が培ってきた技術や思想を継承し新たな都市水利社会を展望したい。

これまで讃岐平野の水の姿を概観してきたが、はたして読者はどんなことに興味を持ち、現地で確かめたいと思っただろうか。次節では、香東川流域を事例として、地形図を片手にフィールドを歩き、見る、聞く小さな旅を体感したい（新見、二〇一七）[3]。

2　地形図を片手にフィールドを訪ねる——香東川流域の事例

香東川上流域

阿讃山地に源を発し河谷をながれた香東川は、海抜一〇〇メートル付近の岩崎から扇状地を形成し高松市街地西方で瀬戸内海に流入する（河川流長三三キロメートル、流域面積一一三㎢）。香東川の流域は、上流域：和泉層群・領家花崗岩からなる阿讃山地、中流域：溜池と水田が広がる香東川扇状地の扇央、下流域：受益地の水田と高松のまちが広がる扇状地の扇端・三角州に大別される。以下、それぞれの地域的特色について概観する。

上流域には、一九五三年に内場《ないば》ダム（貯水量七二〇万㎥、集水面積二八㎢）が、治水と利水を同時に担う多目的ダムとして建設され、農業用水（灌漑面積約三〇〇〇ヘクタール）、都市用水（水道）を増給することで、中下流域の水事情改善に大きく貢献した。内場ダムの名称は湖に沈んだ「内場」集落に由来し、水資源開発をめぐる山村の歴史を知ることになる。ダム建設前後の地形図（図5）にはこの事実が示され、ダム建設の経緯は高松市香南歴史民俗郷土館で知ることができる。

（3）筆者は、日本水文科学会の企画行事である第1回水文誌巡検を讃岐平野において担当した。本報告の前半では、水文誌研究の意義や方法、水のフィールドミュージアム（地域学習の場）やエコミュージアム（地域創造の場）という考え方について概説し、後半では、香東川流域において水文誌研究の蓄積を踏まえた巡検プランを提案しているので、読者がフィールドワークをされる際に参考にされたい。

2006年　　　　　　　　1934年

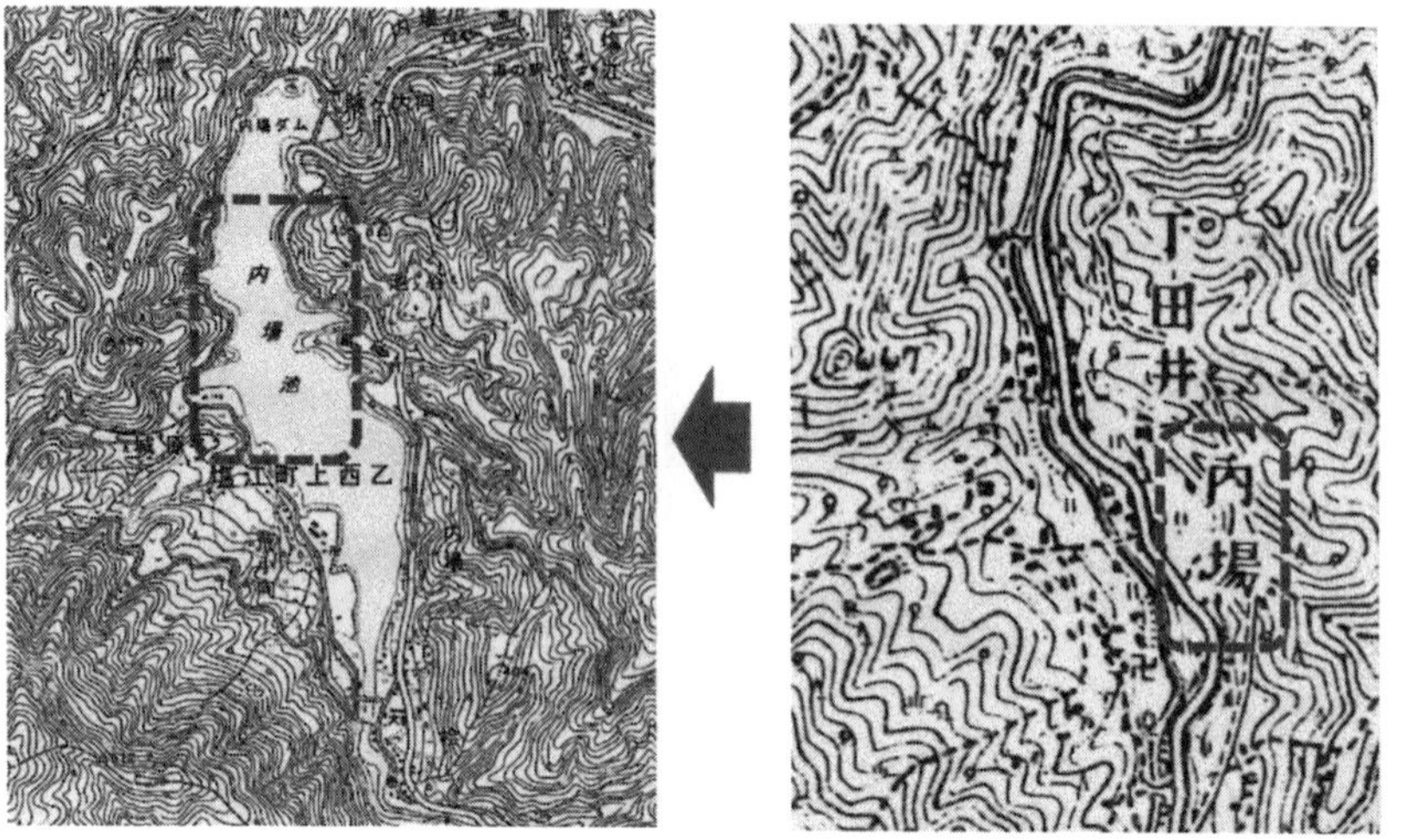

図5　内場ダム建設前後の新旧地形図（1934年、2006年）

香東川中流域

高松平野南部には、江戸時代に築造された奈良須《ならず》池、小田池、新池、平池《へいけ》、三郎池など貯水量一〇〇万㎥をこえる大きな溜池が存在する（表3）。少雨の讃岐平野で、溜池の水をどのように確保したのであろうか。河川と溜池の関係を、現地観察から確認しよう。

溜池築造の歴史や水利慣行についての研究蓄積は豊富だが（位野木、一九四一、竹内、一九四一など）、溜池を「集水域→溜池→水田」という灌漑システムとして捉える視点は希薄であった（図6）。大規模な溜池は洪積台地を刻む河谷を堰き止めて築造されたが、自流（直接流域）だけでは不足するため、水源の多くを隣接する河川からの取水（間接流域）に依存している。江戸初期に複数の

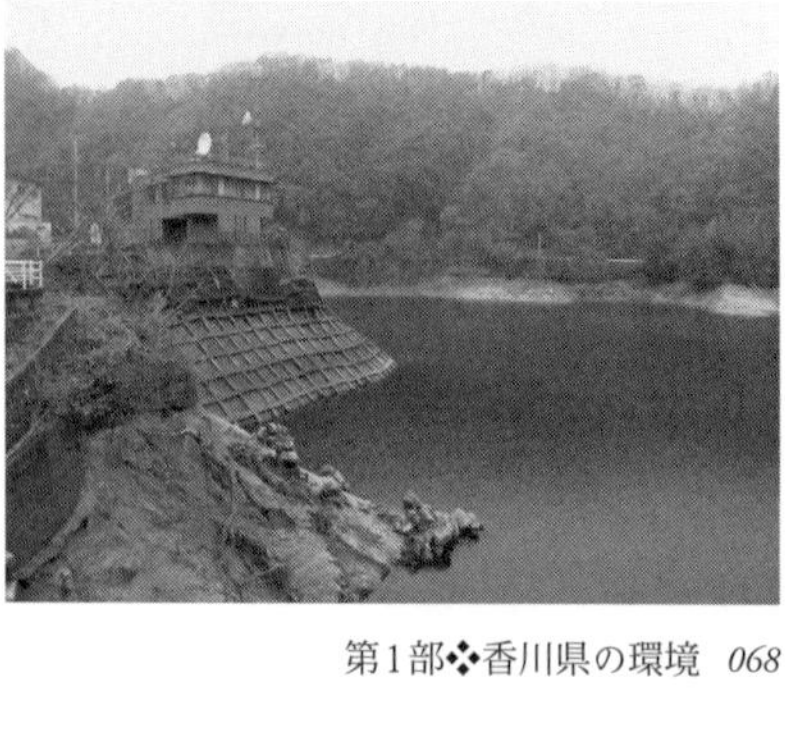

写真2　香東川上流域・内場ダムの堰堤
1953年に完成した内場ダムによって灌漑・水道用水は開発された一方、水源地では水没集落があった。

表 3　満濃池と高松平野南部の主な溜池とその水源

	溜池規模 貯水量	受益地域 灌漑面積	水源地域 直接流域	(現在の水源) 間接流域
満濃池	1,540.0万㎥	3,239ha	金倉川	財田川 土器川
奈良須池	144.7万㎥	430ha	直接流域	香東川
小田池	141.9万㎥	380ha	直接流域	香東川
新池	120.0万㎥	150ha	直接流域	香東川
平池	134.9万㎥	125ha	直接流域	香東川
三郎池	176.0万㎥	417ha	直接流域	香東川

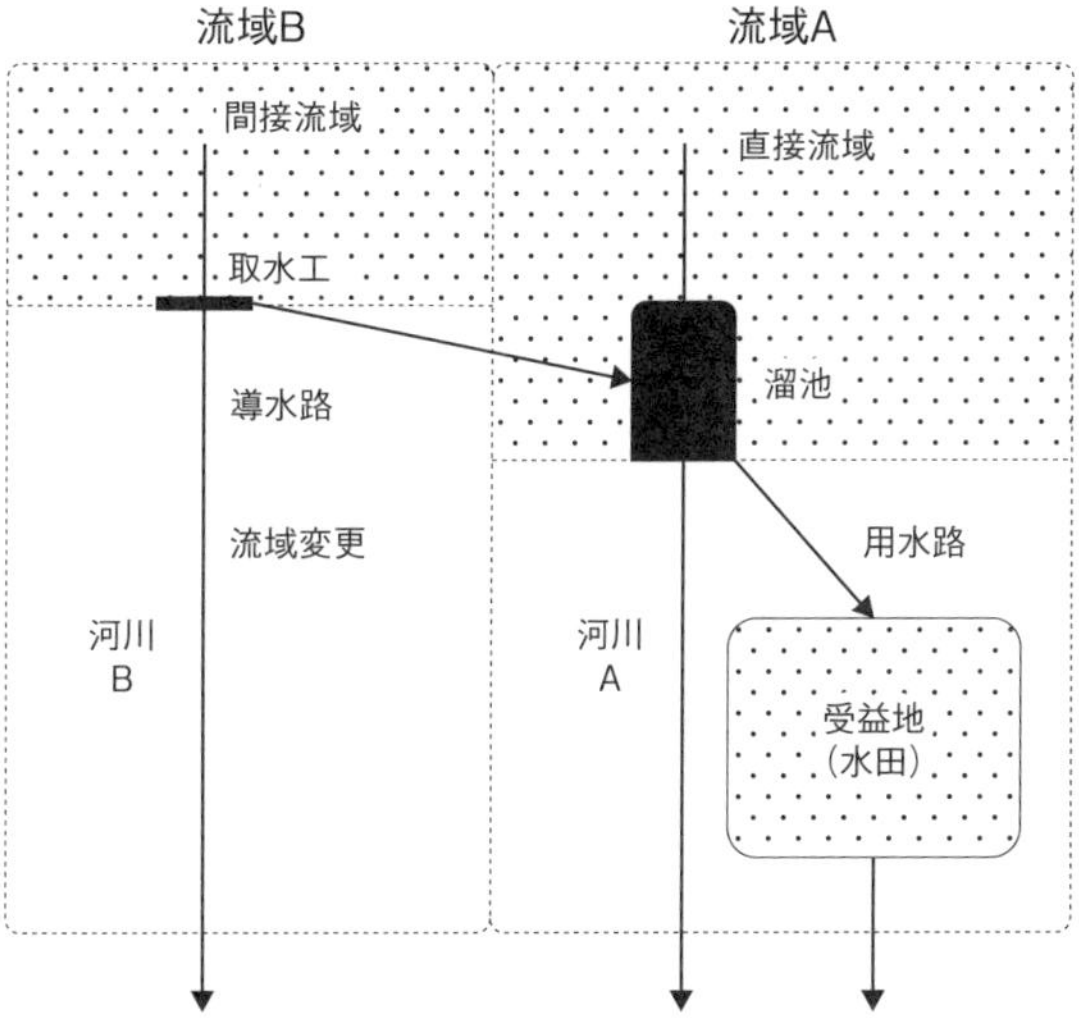

図 6　大規模な溜池の灌漑システム

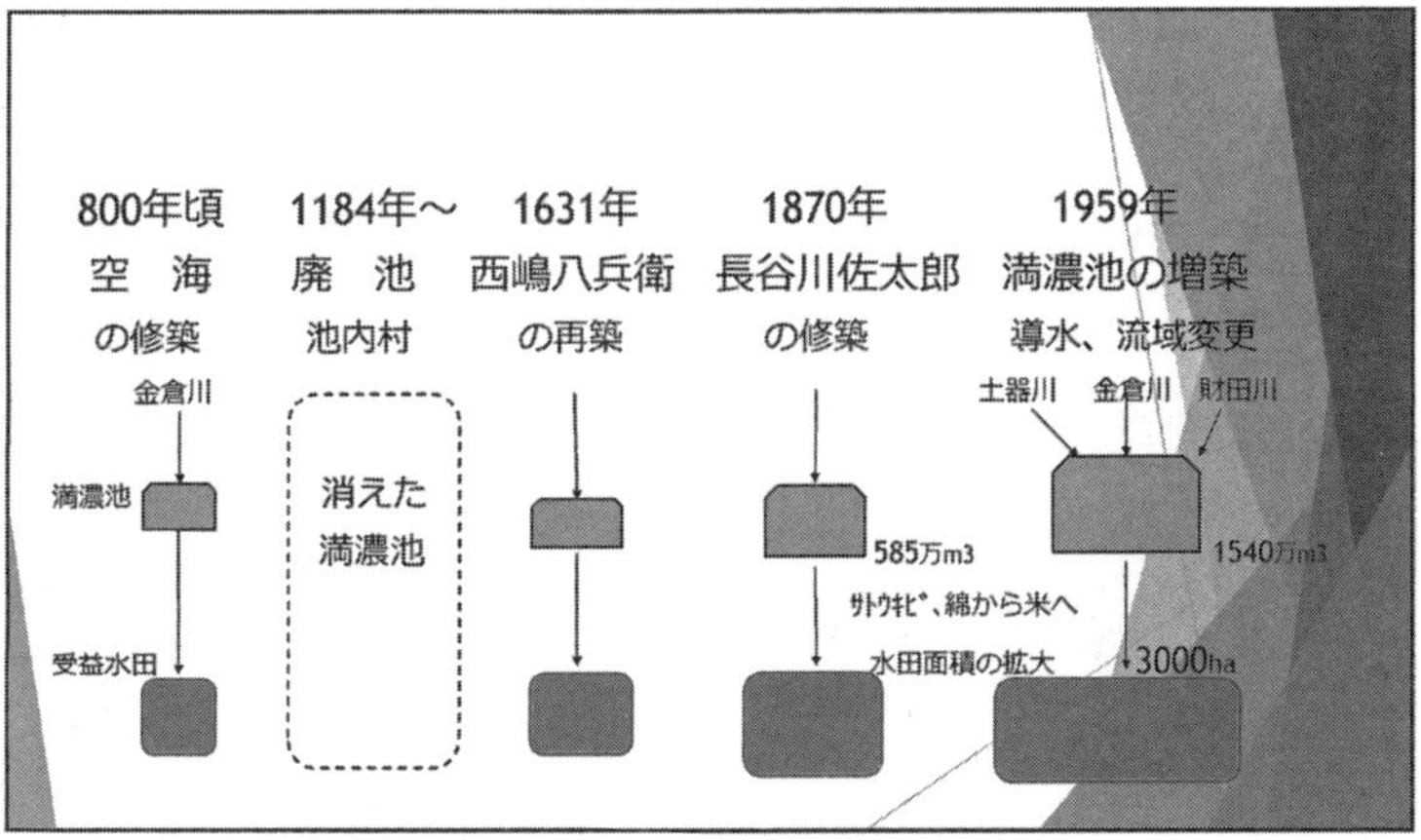

図 7　満濃池の灌漑システムの成立過程

小さな溜池を統合し、水源を香東川に求めて井堰や水路を設け溜池に送水したが、井堰間では取水をめぐって対立し水利紛争もあった。一九五三年の内場ダム建設を機に、井堰を統合し幹線水路を整備した。

ここで満濃池に眼を向けてみよう。満濃池は丸亀平野の水田三〇〇〇ヘクタールを灌漑するが、現在の灌漑システムの成立には一〇〇〇年以上の歴史がある（図7）。

満濃池は金倉川上流に七〇〇年頃創築され、八〇〇年頃空海（弘法大師）によって修築された。十二世紀末には洪水で堤防が決壊し約四五〇年間、池は廃止され池敷に村が存在した。江戸時代に新田開発が進み、十七世紀西嶋八兵衛によって再築された。十九世紀後半に長谷川佐太郎らが修築し、貯水規模は五八五万㎥に増加した。サトウキビや綿花から水田稲作に転換し、一九三九年の大干ばつを契機に貯水量の増強が求められた。一九五九年に満濃池は現在の姿となったが、これは堤防の嵩上げと、隣接する土器川・財田川からの導水で可能となった。貯水量は一挙に一五四〇万㎥に増加した。丸亀平野では、満濃池をはじめ大小無数の溜池を築造し、出水を併用することによって大規模な灌漑システムを構築し、広大な水田、溜池、散村という美しい讃岐平野の景観がつくられた。

香東川下流域

再び、香東川流域に眼を向けてみよう。溜池から水田に続く水路では、水車を設置して動力源とした。旧版の地形図には、水車記号のほか、多くの出水（泉）が見られる。

写真3　香東川中流域・奈良須池の堰堤
奈良須四郎とよばれる讃岐を代表する溜池。江戸初期に香東川に水源を求めて長い水路を設け築造された。

写真4　香東川中流域・香東川の鉄道橋を走る琴電
扇状地を流れる香東川の河床には流水のないことが多い。古い昭和の電車は鉄道ファンに人気がある。

動力水車は明治後期から昭和初期に最盛期を迎え、精米、製粉、製麺、製材など用途は多様であった（新見・大西、一九八七）。「製粉所のないところにはうどんはない。そして水のないところには製粉所もない」との山田竹系氏のことばには、讃岐の郷土食「うどん」と水車・水との深い関係が簡明に語られている。

出水や井戸による地下水の利用は、溜池灌漑を補完し重要であった。筆者は一九八〇年代から出水を調査しており、その概要を紹介する（新見、一九八九）。

出水湧出部は池状、溝状、堀状を呈し、自然の泉もあるが多くは人工的な施設である。いつも水が湧く不断泉は河道付近と扇端に限られ、多くの出水は灌漑期に湧出する一時泉であった（図8）。一〇〇を数えた出水からの湧出量は年間一〇〇〇万㎥を下らないと推定され、これは内場ダムの貯水量七二〇万㎥に匹敵する。出水の湧出量は近傍の井戸水位と対応して変化し、周囲の水田が湛水されると地下水位が上昇し出水湧出量は増大する。香東川の水が直接湧出するのは河道付近に限られ、扇央から扇端に分布する多くの出水は、出水近くの地下水を集めて湧いている。

水田に灌漑された水が地下水を養い出水から地表に湧出し、下流の水田を灌漑するという、出水の灌漑システムは水資源の再利用システムでもある。出水灌漑の進展は土地と水の高度利用につながり、豊かな水利社会の成立に大きく貢献した。出水の水路の各所には洗い場が設けられ、野菜洗いや洗濯に利用された。また、子どもたちには水浴びやザリガニ釣りなど、絶好の遊び場であった。このように、出水は水田灌漑の水源であると同時に、地域の人々の生活に不可欠の地域用水でもあった。

ここ数十年間に近郊農村では市街地が拡大し、水田は虫食い的に減少した。水田の減少は出水の湧出を減少させ、出水は排水やゴミで著しく荒廃した（山本ほか、二〇〇八）。消滅が危惧された出水ではあるが、環境省の名水百選の選定など身近な水辺への関心の高まりもあって、出水は小学校の地域学習・総合学習で取り上げられるなど、地域資産として再評価されるようになった。出水を活かしたホタルの里づくり、親水空間としての出水の整備だけでなく、出水の調査研究に取り組む活動も増えてきた（太田郷土史誌研究会、二〇二〇など）。出水の歴史、環境、文化的な価値が評価されるとは思いもしなかったので、地域の水について研究してき

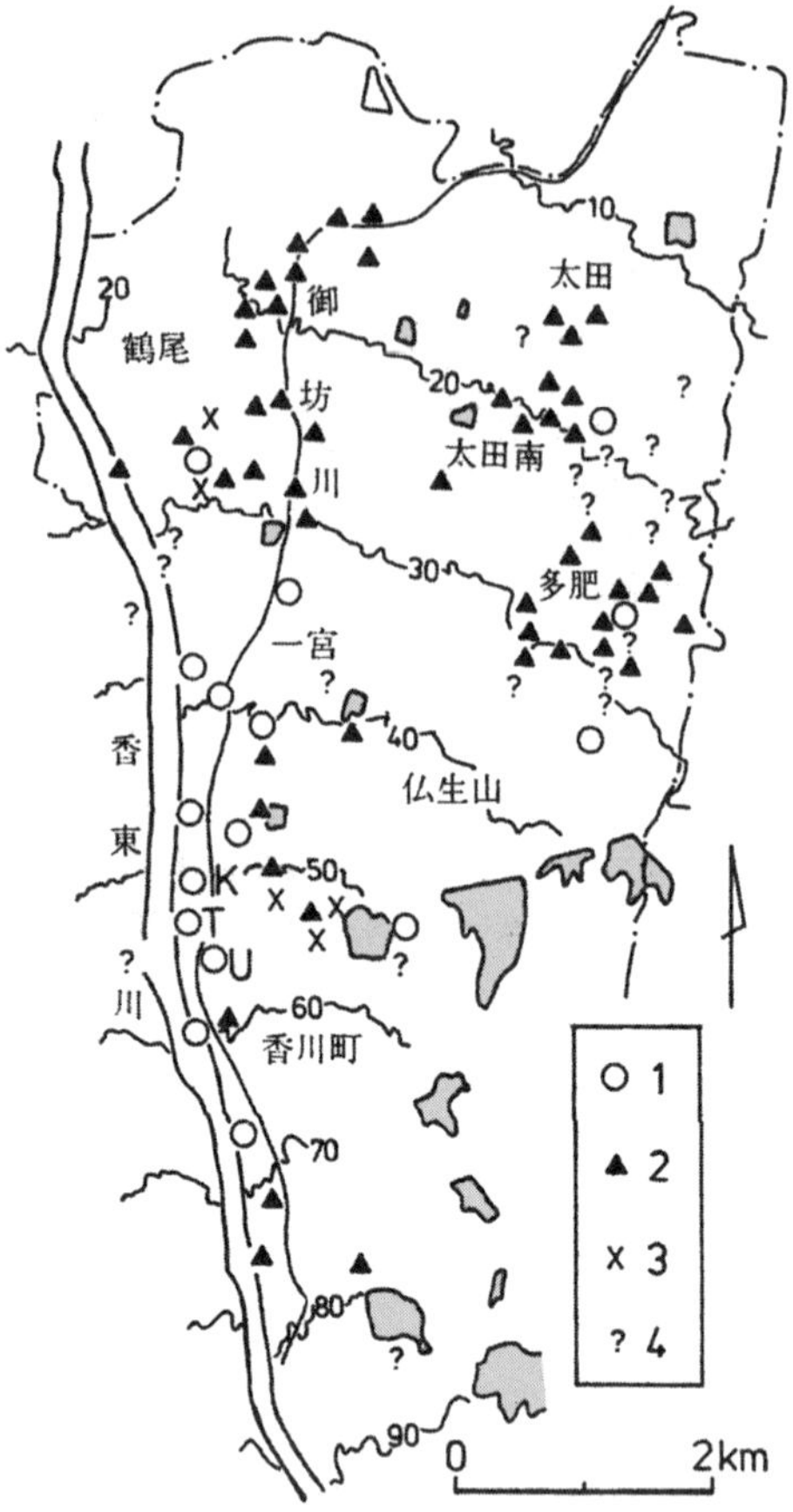

図 8　高松平野の出水分布と湧出状況（新見、1989）
1：不断泉　2：一時泉　3：埋立・枯渇　4：不明・測定不能ほか
U: 上井出水　T: 竹林出水　K: 香水出水

写真 6　香東川下流域・太田の上免出水（一時泉）
池状の出水で、地表から水面までの深さは1m と浅い。夏は湧出するが冬は枯渇する。

写真 5　香東川下流域・一宮の下井出水（不断泉）
池状の出水で、地表から水面までの深さは3-4m と深い。年間を通して湧出がある。

た筆者にとって望外の喜びであった。

高松のまちを支える水——城下町水道と近代水道

高松のまちの起源は中世に遡るというが、江戸期の近世城下町を基盤として、明治以降は県庁所在都市、四国の中心都市として発展した。高松の都市的発展と水の関わりの足跡を市街地に訪ねてみよう。

日本一長いアーケードと新しい再開発で有名な中心商店街の近くには、江戸初期創設の城下町水道の遺構が多数存在する。今井戸跡（藤森神社）、亀井戸跡（亀井戸水神社）、亀井戸遺構の移築復元（四番丁スクエア）、大井戸（瓦町の大井戸水神社）などである。高松城下町ではこれらの井戸を水源として木樋や木管で各所に配水したが、その様子が「高松城下図屏風」（香川県立ミュージアム）に丁寧に描かれている。

日本の近代水道は横浜水道（一八八七年創設）に始まるが、全国で約三〇万人もの死者を出したコレラの流行が水道誕生の契機であった。高松では一九二一年に、水源を香東川下流の伏流水に求めて水道事業を始めた。旧御殿水源地（御殿浄水場）には、創設時の面影を残す西洋風の木造建築物（国登録有形文化財）が保存され、高松市水道資料館として城下町水道や近代水道に関する資料を展示している。

この他にも、訪ねたい水の資料館がある。高松市立歴史資料館には溜池や水利慣行、城下町水道などの展示がある。香川用水資料館（一九七五年開館、二〇一七

写真7　香東川下流域・城下町水道の水源「大井戸」
江戸初期に井戸を設けて城下町水道が建設されたが、高松市瓦町には当時の井戸の一部が残っている。

写真8　香東川下流域・高松市水道資料館
香東川東岸の御殿浄水場には近代水道創設時の西洋風の木造建築が保存され、水道の歩みを伝える展示がある。

年移設）には、香川の水事情と水利用の歴史に関するパネルのほか、出水の水利紛争文書、木樋、線香水などに関する資料展示がある。由佐城を模した高松市香南歴史民俗郷土館（一九八八年開館）の民俗展示室には、溜池の揺《ゆる》、水車の模型、農具・民具が展示され、水を活かした先人の知恵をモノを通して具体的に知ることができる。また、前述したように、内場ダム建設によって水没した内場集落の写真やダム建設の経緯が紹介されている。この施設は小規模ながら、讃岐平野の水について学べ、発見の多い魅力的な地域博物館である。

おわりに

これまで概説したことは、筆者がこの地でのフィールド研究から学んだことである。当初は「讃岐平野は少雨だが、なぜか溜池が多い」という程度の認識であったが、現在では「有限の自然資源（土地と水）を最大限に活用し持続可能な水利社会を構築してきた、水の豊かな地域」と理解するようになった。水と人間の関係を、水の需要と供給に限らずに、水を活かした流域社会のあり方という広い視角から捉えることが大切と考えている。とはいえ、こうした考えを講義や書物で伝えるのは難しく、読者にはフィールドで現物に直に触れて感じて欲しい。便利だが不確実な情報が溢れる現代社会を楽しく生きるには、自らの体験を通して獲得した確かなフィールドの知（生活の地理）をもっと大切にしたい。

読者には、ガイドブックを持たないひとり旅を経験してほしい。情報の少ない土地を訪ねるのは不安で緊張を伴うが、その時ナビケーターとして地形図を活用したい。ひとり旅ではトラブルもあり、自分の限界を知ることもあるが、一方で感性は高まり思わぬ発見をすることも多い。「可愛い子には旅をさせろ」「犬も歩けば棒に当たる」「旅はええもんじゃ」など、先人のことばの意味を自ら感じてみたい。

〔参考文献〕

位野木寿一「丸亀平野における灌漑の地理学的研究」『大塚地理学会論文集』五、大塚地理学会、一九四一年

太田郷土史誌研究会『太田南地区出水ガイドブック』二〇二〇年

香川大学『香川大学平成一六年台風災害調査団報告書』二〇〇五年

斉藤享治『日本の扇状地』古今書院、一九八八年

重見之雄「塩田の町から臨海工業都市へ」『中国・四国 地図で読む一〇〇年』古今書院、一九八九年

新見治「泉と地下水」『地学雑誌』九八（二）、一九八九年

新見治「乏しい水を活かす―備讃地域の水事情―」『日本の自然地域編―中国四国』岩波書店、一九九五年

新見治「讃岐の自然と生活を知る―地図を片手にフィールドへ―」『歴史環境を考える』美巧社、二〇〇三年

新見治「水文誌と水のエコミュージアム―讃岐平野の巡検―」『日本水文科学会誌』四七（三）、二〇一七年

新見治「讃岐平野の出水研究誌」『香川地理学会会報』四〇、二〇二〇年

新見治・大西和美「地理教育と香川県の水車」『香川大学教育実践研究』八、一九八七年

竹内常行「香川県に於ける灌漑状況の地理学的研究（1）（2）」『地理学評論』一七、一九四一年

山本博ほか「土器川扇状地における湧水利用の変化」『日本土壌肥料学雑誌』七九（五）、二〇〇八年

column

香川の海岸線と干潟

一見和彦

香川県は我が国で最も面積の小さい都道府県であるが、海岸線の総延長距離（七三七キロメートル）は海に面した三九都道府県の中で一六番目に長く、この距離を県の面積（平方キロメートル）で割った比率（キロメートル／平方キロメートル）は、長崎県、沖縄県に次ぐ三番目に位置する。[1] 香川県民は、海を目にする、ふれる、様々な局面で利用する機会が多く、意識的にも無意識のうちにも海を身近に感じていると考えて間違いないだろう。香川県の海岸線は、港湾や埋立等により人工的に作られた海岸の割合が三五％に留まり、自然海岸が全海岸線の四七％を占めている。[2] 瀬戸内地方の都市部では海岸線の多くが人工海岸に作り変えられてしまったが（例えば、大阪府は九三％が人工海岸。同様に広島県は六三％、福岡県は七八％）、香川県には依然として多くの自然海岸が残されていることがわかる。

陸と海の境界線でもある海岸は短時間でその様相が大きく変化する場である。海面は太陽と月の引力にひっぱられることで大きな波となって潮位差が生まれ、一日（正しくは二四時間五〇分）に二回の干満周期が繰り返される。干潟は、この干満周期によって干出したり冠水したりする特殊な環境である。なお瀬戸内側に位置する香川県の海岸では、太平洋側との間に狭い海峡部（鳴門海峡など）が存在するため、徳島県や和歌山県の海岸と比べて五〜六時間遅れて干潮ないし満潮をむかえる。

干潟は形成過程の違いによって「河口干潟」と「前浜干潟」に大別されている。河口干潟は河川によって運ばれてきた土砂が文字通り河口部に堆積することで形成された場であり、河川と海が出会う場所では、規模の差こそあれ必ず河口干潟が存在する。前浜干潟は潮流によって流入出する砂泥が量的に釣り合った場で、遠浅の広大

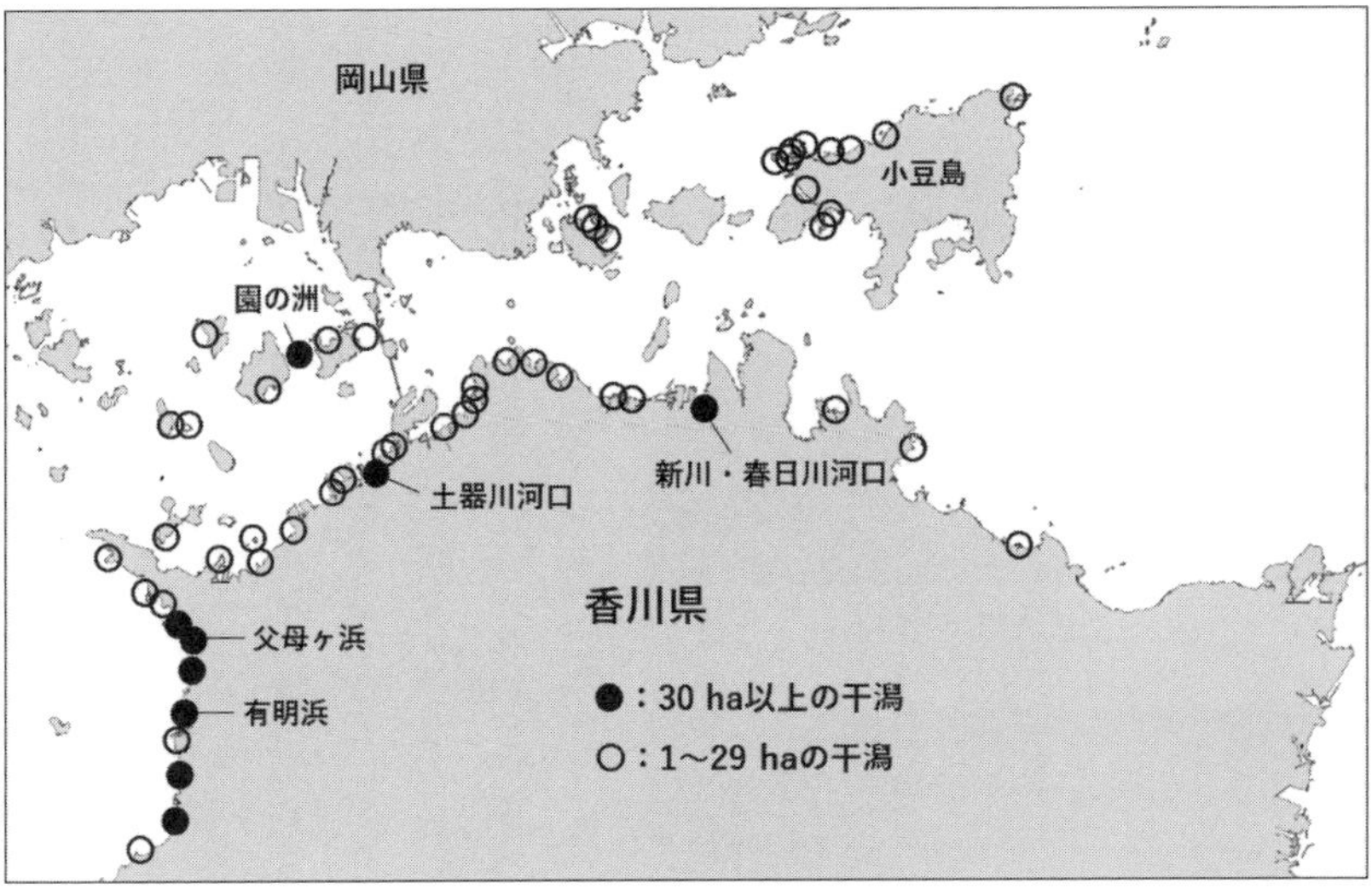

図1　香川県に現存する干潟

な砂浜といった様相を呈することが多い。香川県には干出幅が一〇〇メートル以上ないし干出面積が一ヘクタール以上の広さをもった干潟が五五ヵ所、総面積として九七七ヘクタールが現存しており（図1）[3]、前浜干潟が四〇ヵ所で最も多く（総面積の六四％）、河口干潟は一一ヵ所（同二八％）存在している。これらの干潟の他に、低潮時になると沖合に出現する「洲」と呼ばれる低地帯が四ヵ所（八〇ヘクタール）存在する。前浜干潟には、日本のウユニ塩湖と呼ばれ親しまれている三豊市の父母ヶ浜や、一キロメートル以上にわたって希少な海浜植物が生育している観音寺市の有明浜（図2）があり、丸亀市の土器川、坂出市の綾川、高松市の新川・春日川の各河口部（図3）には広く河口干潟が形成されている。また、お園さんの悲しい伝説[4]が名前の由来と言われる丸亀市沖の園の洲は、周囲が海草のアマモで囲まれた巨大な洲である（図4）。

　干潟は以下の点で重要な環境である。①藻場と共に「海のゆりかご」と称されるように、様々な魚介類の産卵場、幼稚魚が生育する場であり[5]、②生物生産性が非常に高く、多くの希少種の生息地になっていることに加え、③漁場であり、市民のリクリエーション（潮干狩りなど）の場となる。川と海を往来する淡水産・海産魚類はもちろん、生活史の一時期に訪れる生物にとっても干潟はエネルギーの補給地であり、稚魚にとっては大型魚の捕食を免れるための大切な場である。干潟ではハゼやカレイなどの他、成魚としては沖合海域に生息しているイワシ類や青物類、イシダイやトラフグなどの幼稚魚も頻繁に観察される事実は、水産生物資源の維持に干潟がいかに重要な役割を担っているかを示すものである。その一方で干潟は、④高い分解作用を持ち「自然の浄化槽」として機能している。干潟には多種多様な生物が見られることから、干潟が生物の生息地として重要であることは感覚的に理解しやすい。しかし、干潟がもつ浄化機能については実感するすべがなく、事実、我が国では干潟の分解作用について定量的に示した研究例はほぼ皆無であった。

　干潟の浄化機能を定量的に示す初めての調査結果が得られた場所が、香川県高松市の新川・春日川河口干潟である。[6] 本河口干潟は屋島の南西部に干出する八〇ヘクタールほどの砂質干潟で、干潮時には屋島の頂上からその

図2　観音寺市の有明浜

図3　高松市の新川・春日川河口干潟
（屋島山頂より撮影）

図4　丸亀市沖の園の洲

全様を見下ろすことが出来る（図3）。本干潟において、海の富栄養化をもたらすリンについて、河川から流入する量と、干潟を通過して海へ流出する量を調査した結果、リンは河川から一年間に一一・一トンが流入し、海へ流出する量は一〇・九トンと算出された。河川から流入した量とほぼ同じ量が海へ流出しており、これは当然の結果といえる。ところがその内訳を眺めてみると、河川から流入するリンは無機物質のリンが四・七トン、有機物質を主体とした粒子状のリンが六・四トンで後者の方が幾分多い。一方で干潟を通って海へ流出したリンは、無機物質が一〇・六トン、粒子状のリンがわずかに一・三トンで、その大部分が分解物である無機物質であった。調査結果は、干潟が「自然の浄化槽」として機能していることを明確に示すものであった。

浅場の代表格である干潟は埋め立てられ易く、瀬戸内海ではこの一〇〇年間で半分以上の面積が消失してしまった。(7) 干潟は下水処理場と同じ機能を持っているだけでなく、海洋生物のゆりかごとして、漁場あるいは市民のリクリエーションの場としても機能することを考慮すれば、やはり残されるべき重要な環境である。

〔注〕

（1）国土交通省、海岸統計（平成二八年度版）
（2）環境省第四回自然環境保全基礎調査海岸調査報告書、一九九四年
（3）環境省第四回自然環境保全基礎調査海域生物環境調査報告書第一巻　干潟、一九九四年
（4）北条令子「お園の州哀傷」武田明・北条令子著『讃岐の伝説』角川書店、一九七六年
（5）小路淳『藻場とさかな』成山堂書店、二〇〇九年
（6）一見和彦「沿岸域における河口干潟の機能的役割」「水環境学会誌」三九巻第四号、二〇二一年
（7）環境省（せとうちネット）、瀬戸内海の環境情報、自然環境に関する情報、藻場・干潟の状況、http://www.env.go.jp/water/heisa/heisa_net/setouchiNet/seto/g2/g2cat01/mobahigata/index.html、（二〇二二年七月一五日閲覧）

第2部

香川県の歴史的景観といま

讃岐の港町を歩く

佐藤竜馬

1　港町への招待

瀬戸大橋開通以前の昭和の時代、高松はまぎれもなく「港町」であったように思う。宇高連絡船など旅客船の発着場が並び、寄り添って建つ先代高松駅で列車を降りた本州行の乗客たちは、ダッシュして連絡船へと向っていた。岡山市と高松市間の国道30号をつなぐ「国道フェリー」もあった。港から栗林公園に至る「中央通り」には、企業の支店や国機関の出先のビルが櫛比し、出入りするサラリーマンたちの言葉遣いは、まだ見ぬ東京を感じさせた。市街地の喫茶店は、瀬戸内海を往来する船の出航を待つ人々で夜遅くまで賑わった。東京への強い求心力を原動力とした「四国の玄関口」の活気は、地方都市としての高松に人や経済の流れを生み出していた。今では信じられない昔話である。

高松という場がもつ特性は、江戸時代の城下町やもっと古い平安時代の皇室領野原《のはら》庄の頃からの蓄積の結果であり、昭和や近代固有の現象ではない、ということが最近の地域史研究で改めて強調されている（文献①〜⑤）。ところで、他地域とのネットワークをもつ「海に開かれたまち」は、高松以外の多くの讃岐の沿岸部や島嶼部にかつて存在していた（文献③〜⑥）。江戸末期の一九世紀には、讃岐国内の町場人口の上位は、金毘羅村を例外として、高松・丸亀・観音寺・志度・香西《こうざい》・宇多津・坂出・多度津のような沿岸部の町場で占められていた。これらは、中世の港町(1)に起源をもち、海上交通の要であった讃岐の地政的個性を表している。

しかし、今の高松のどこを見たら、江戸時代以前の港町の面影を見つけられるのか。また、古い町並みが残る引田《ひけた》や宇多津《うたづ》・仁尾に行けば、そこでは前近代の風景を見ることができるのか。残念ながら、話はそんなに単純ではない。近代化や戦災復興を経て今日がある港町を歩くのには、コツが要るのである。

詳しいことは、後に譲るとして、歩く時の心がけは二つある。一つは、人々の自然との付き合い方や技術のあり方、また経済システムが常に変化していて、それによって港町が姿（景観）を変えてきた、ということを意識すること。もう一つは、それとは逆に変化をこえて持続し続ける場の役割や人々の知恵が、必ずあるのを忘れないこと。前者のミクロ、後者のマクロな視点を組み合わせることで、生き物のように成長と衰退、新生をたどる港町の活動的な姿が見えてくるはずである。

早速、港町を歩いてみよう。なるべく大縮尺(2)の地図を持って行くのもお忘れなく。

（1）ここでは「港町」を、「港湾とそこに従事する人々の職場と居住域が不可分な空間構成をもつ集落（町場）」ととらえておく。日本では、古代の那大津（博多）や難波などを例外とすると、このような定義は中世〜近代初頭、概ね一三〜一九世紀に適用できる。

（2）二五〇〇分の一〜一万分の一の地図が望ましい。

2　港に立ってみる

最初に訪れてほしいのは、現在の港湾空間である。高松なら島々に向う埠頭、丸亀なら「太助灯籠」のある船溜まり、引田《ひけた》なら「湾岸アート」のある漁港を目指そう。中には宇多津のように、港を見つけるのに苦労する場所もある。それぞれの港が今、どのような役割を果しているかが実感できる。

たどり着いたら、沖の方角を見渡そう。やっと見つけた宇多津港からは、黒々見える本島を中心に、塩飽の島々のパノラマが広がる。背後には、児島《こじま》半島も見える。高松港からは、眼前の女木《めぎ》島を中心に大槌《おおづち》・小槌《こづち》島、児島半島、男木《おぎ》島、豊《てし》島、小豆《しょうど》島、そして屋島が見渡せる。引田港では目の前に迫ってくる島はなく、視界良好なら右手に淡路島と、その背後の姫路・加古川あたりの陸地がかすかに見えるはずである。海への眺望は、その港がもっていた他地域との関係性を物語り、沿岸部を航行する「地乗《じの》り」(3)が多かった近世以前を考える時に、特に重要な見方となる。

今度は向きを変え、陸地側を見てみよう。高松港では近代的なビルばかりだが、合間に高松城の石垣や、運が良ければ市街地背後にそびえる紫雲山も見える。宇多津港からは、正面の工場の合間に青ノ山が少しだけ見える。引田港では、目の前にいくつかの神社が建ち並び、路地の向う側に戦前の町家も見えて、気持ちがほっとする。陸地側へのながめには、中世から現代までの約七〇〇年間の港湾空間の位置の変化が反映されている。引田で

(3)　近代以前の航海には、沿岸に沿って進む「地乗り」と、沖合を進む「沖乗り」があった。瀬戸内海では、全てが「地乗り」とも言えるが、あくまで相対的なイメージとして捉えた方が実態的である。

は港湾空間が中世からほぼ変わっていないのに対し、高松では高速艇乗場から約四〇〇メートルの位置で中世の港湾施設が発掘されているし、宇多津に至っては現在の港と発掘された中世の港湾施設との距離は一キロにも及ぶ。こうした違いの背景に、自然地形の変化も考えるべきではあるが、やはり人工的な埋め立てが主な原因である。宇多津の場合、一八世紀以降に造成を繰り返した塩田《えんでん》が、港の位置を沖へと押しやったのである。

3　地面の起伏と人工構造物をとらえる

引田港は海岸線に沿って長く延びる空間をもつので、古い佇《たたず》まいを残す戎《えびす》神社横の路地から町に入ってみよう。路地はしばらくすると緩い上り坂になり、最も高いところで道幅が広く町家が軒を連ねるメイン・ストリート（本町筋）になっている。ここからさらに奥を見ると、今度は地面が下がっていく。メイン・ストリート沿いに細長く延びる小高い地形がある（写真1）。もとの地形をイメージするのは難しいが、細長く延びる小高い砂州《さす》（砂堆《さたい》）の上に建物が密集している坂出市大屋冨《おおやぶ》町の状況が参考になる（写真2）。

標高の低い沿岸部では、砂州が相対的に標高も高く（標高二〜三メートル程度だが）、中心部に饅頭のアンコのように礫層を抱えて安定した地盤となっている。讃岐の港町では、古い町場と砂州の位置が重なることが一般的である。既に述べた引田をはじめ、三本松・志度・香西《こうざい》・坂出《さかいで》・宇多津・多度津・仁尾《にお》といった中世〜近世の主立った港町は砂州を中心に成立しているといってよい。また現状では分かりづらいが、高松（中世には「野原《のはら》」と呼

写真１　引田の砂州の盛り上がり

ばれた）でも扇町から錦町にかけて砂州の存在を示唆する起伏が見られ、丸亀でも城下町としては起源の古い御供所《ごぶしょ》・北平山・西平山の三町にまたがる砂州がある。なお、砂州は「須賀《すが》」「洲加《すか》」などとも呼ばれ、香西・坂出・多度津・仁尾などの小地名として残っている場合がある。

砂州より内陸側の地面は、なぜ低いのか。鎌倉時代後期〜南北朝時代に描かれたとされる「志度寺縁起絵」には、砂州の背後（南側）に大きく湾入する潟湖《せきこ》（潟《かた》・ラグーン）が描かれている。白方《しらかた》（多度津町）は、沿岸の砂州でふさがれた弘田川河口部に、潟湖が存在したことを地名と地形が示している。潟元《かたもと》（高松市屋島西町）は、中世文書にも見える地名（方本）であるが、屋島南麓の八坂神社から琴電潟元駅付近まで延びる砂州は水域をふさぎ切るところまでは至らず、地名は遠浅の干潟に由来するのかもしれない。潟湖は、引田・野原・坂出・宇多津・多度津・仁尾・直島積浦《つむうら》にも存在していた。砂州によって外海から遮断された潟湖は、波が穏やかで古代〜中世前半の船着場・荷上場・船溜りとして利用されたと思われる。しかし、そこに流れ込む河川が潟湖を埋没させ、中世後半以降は塩田や耕地として利用されていったであろうことは、「志度寺縁起絵」の描写からもうかがえる（文献③・④・⑥）。したがって中世後半以降は、砂州の前面（海側）が港湾空間の中心をなしていくようであるが、砂州の途切れる潟湖の出口付近（水門《みと》・水戸）は引き続き港湾として利用された可能性もあり、それぞれの港町での微地形の変化から考えていくことが肝要である。

ところで発掘された中世の港湾施設には、砂州や潟湖の水際（汀線《ていせん》）に

写真２　大屋冨の砂州（国土地理院空中写真MSI624-C4A-4）

小さな礫を敷詰めたものが発見されている（高松城下層遺跡、写真3）。礫敷遺構は博多・尾道・兵庫津・十三湊《とさみなと》など、全国を代表する中世港町でも見つかっており、荷上などの作業をしやすくするためのスタンダードな施設だったと推測される。さらに進んで、沖の海域を囲い込むような石波止《はと》（防波堤）は、城郭建設により石積み技術が飛躍的に向上する近世に出現し、急速に普及していく（文献⑥）。箕浦《みのうら》（観音寺市豊浜町）では、元禄期（一六八八～一七〇四年）に燧灘《ひうちなだ》に面した小規模な砂州の内陸側を堀割状に加工して荷上場を作り、砂州の先端部に短い石波止を築いている（写真4）。また多度津では、桜川河口部に砂州が二条形成されていて、多聞院や摩尼院のある南側の砂州が中世港町の主体と推測される。中世～近世には北側の砂州との間（桜川河口）が港湾空間だったと推測されるが、一八三八（天保九）年には桜川河口西側の多度津山北麓に長大な石波止が築かれ、新たな港湾空間（多度津湛甫《たんぽ》）と市街地が作り出された。これにより多度津は、水深の浅い河口港から大型船が出入りできる港へと転換し、金毘羅参詣や北前船の寄港地として繁栄していく（写真5）。なお天保の石波止は、近年まで多度津港内港の護岸として遺されていたが、高潮対策の防災工事でコンクリート化されてしまったのは惜しまれる。

中世の港湾施設は地下に埋もれているため、わずかな地面の起伏から砂州の位置を探り、そこからイメージするしかない。また近世の港湾施設は、現在の港と位置が重なることが多いため施設が撤去・更新されていて、痕跡を見つけることすら難しい。一八三二（天保三）年に建設された丸亀の新堀湛甫は、港の形と一部残された雁木《がんぎ》（荷上場の石段）、港口に建てられた灯台としての江戸講中寄進灯籠（太助灯籠）に往時の姿をとどめる貴重な遺産である。

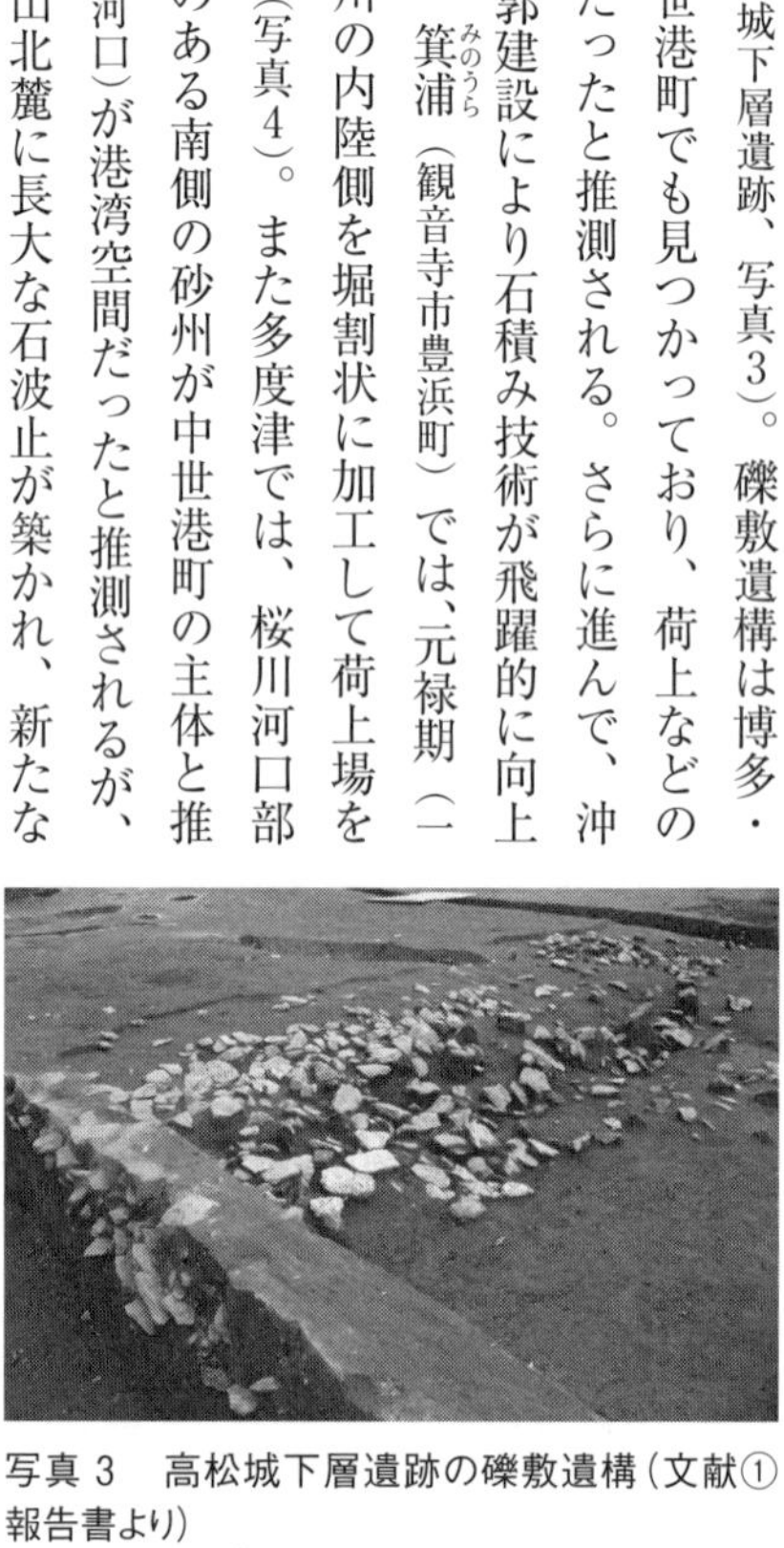
写真 3　高松城下層遺跡の礫敷遺構（文献①報告書より）

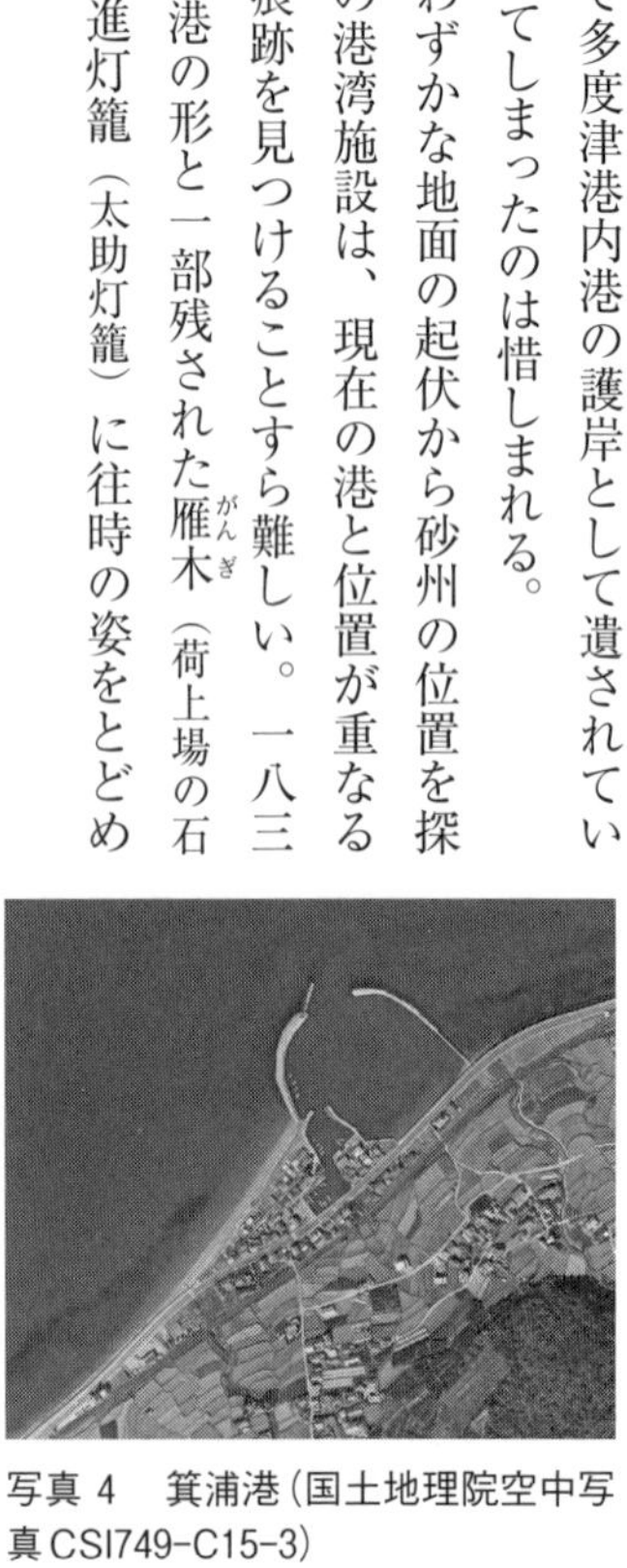
写真 4　箕浦港（国土地理院空中写真 CSI749-C15-3）

写真５　多度津港と市街地（国土地理院空中写真USA-R517-4-80）

写真６　坂出（国土地理院空中写真USA-R517-4-72）

4　街路・路地を歩き、建物の顔付きを観察する

港から町なかに入ったら、まずは路地や街路に注目しよう。引田では、砂州の上を縦走する一本のメイン・ストリートを基軸にしていた。同様な街路の設定方式は、中世の志度・香西・宇多津・多度津・仁尾でも採用されていたと思われるし、港町としては後発組の近世の坂出も同様であろう。坂出では、幕末〜近代に急成長した碁盤の目のような市街地の中に、砂州を縦走して曲りくねる街路と路地が見出せる（写真６）し、より遡ると一八二

写真 7　引田（国土地理院空中写真USA-R517-4-14）

写真 8　宇多津（国土地理院空中写真USA-R91-1-100）

九（文政一二）年に描かれた「坂出墾田図」に家並みとして描写されている。

近世になると、おそらく人口増加を要因とした町場の範囲の拡大が見られ、シンプルな線状の街路構成から複数の街路を組み合わせた格子状（実際には長方形が多い）の街区が広がるようになる。引田の砂州の西側にある街区は、近世段階での整備と推測され、メイン・ストリートに面した本町が海側に拡大して路地を増やしたのもこの頃のことであろう（写真7）。宇多津・多度津では、砂州上を東西方向に延びる街路に加えて、港から内陸へ向かう街路が複数設定され、その間を埋めるように長方形街区が形成される（写真8）。これらをはるかにしのぐ規模で、格子状の都市域を生み出したのが高松・丸亀の二つの城下町であるが、面白いことに一六四四（正保元）年の「讃岐国丸亀城絵図」で「古町」と表記されている御供所町以下三町は、砂州に沿った町割りを維持した（写真9）。高松でも中世まで遡る砂州上の扇町・錦町付近（中世には「西浜」と呼ばれた地域に該当）は、当初は格子状街区に組み込まれていなかったことが、慶安・承応年間（一六四八〜一六五五年）制作の「高松城下図屏風」の描写から読み取れる。いずれも港町のオールド・タウンとしての役割を果たし、新たな市街地化を拒むような伝統的な利権が錯綜していたのであろうか。

どこも同じように見える格子状街区にも質的な秩序があり、町の運営に関わる庄屋クラスの有力者たちが住まうストリートに「本町」の名が付けられることがある。なお、港町の内部には、中世から複数の町＝コミュニティがあったことが分かっているが、ほとんどの町名は近世の再整備で失われた。一四四五（文安二）年、宇多津には少なくとも「中丁」「奥浜」「西」の地名があったことが「兵庫《ひょうご》北関《きたせき》入船《いりふね》納帳《のうちょう》」という

写真９　御供所町以下三町（国土地理院空中写真USA-R517-4-76）

（４）中世〜近世の地名の断絶は、町割り等の都市プランの大幅な変更等をその原因としているのであろう。

文書から分かるが、前二者は近世には引き継がれなかった[4]（文献⑦）。宇多津では、江戸時代の町名は現在の自治会名に継承されている。かつての町名は、神社の玉垣や社殿の台座にも彫られていることがあるし、年輩の住民には記憶している方もいる。町なかで行き違うことがあったら、ご挨拶して教えていただく体験をお勧めする。

　次に、街路に沿って並ぶ建物の表情を観察してみよう。港町には町家《まちや》がつきものである。町家が生み出す歴史的な景観こそが、港町の風情を確かなものにしている。引田・志度・高松扇町・坂出・宇多津・多度津・仁尾・観音寺には、まだ多くの町家が軒を連ねている。しかし、今見る町家で中世に建てられたものは全くなく、多くが明治〜昭和初期のものである。例えば宇多津に現存する一〇〇軒余りの町家のうち、確実に江戸時代まで遡るものは二軒しかない。敷地の間口は三間《けん》（約五・四メートル）〜五間（約九メートル）の家が多く、奥行は一〇〜三〇間にもなる。「鰻《うなぎ》の寝床」といわれる所以である。

　街路に面した主屋の表構えを見ると、街路に面した主屋の二階が低い中二階（つし二階）のものが江戸〜明治期で、二階が一階と同じ高さの総二階が大正期〜昭和初期（昭和二〇年代まで）、という大雑把な傾向にある。ただし、二階部分をフル活用する旅籠や料理屋では江戸時代から総二階があるし、明らかに近代だが平屋の町家が点在する地域もあり、個別の検証は必要である。一階の建具はアルミサッシュに取り替えられていることが多いが、まれに玄関幅いっぱいの板の大戸《おおど》と、そこに開けられたくぐり戸といった古い形式が残されていることがある。また窓の外側の出格子は、比較的よく保たれており、出格子を支える持ち送りに様々な意匠が凝らされる（写真10・11）。中二階には小さな虫籠窓《むしこまど》が開けられ、漆喰による縁取りにも細かな装飾が施される。また中二階外壁には、平瓦を貼り付

写真10　出格子の持ち送り（1）

けて目地に漆喰を盛り上げて塗り込んだ海鼠《なまこ》壁が見られることもあり、中には装飾的な花柄の意匠を表現するものもある。さらに屋根の軒裏を厚く漆喰で塗り、複数の段を付けた軒蛇腹《のきじゃばら》に仕上げる土蔵造のものや、一階の両端に石柱を立て、その上の二階に屋根付の二層の卯建《うだつ》を立ち上げるものなどがある。全体としては讃岐の町家は落ち着いた雰囲気のものが多いが、既に述べたような装飾の取り入れ方に地域性が表れる。装飾的な海鼠壁は多度津や丸亀、石柱付の二層卯建は志度に複数事例があるが、まだ細かな地域性については本格的な研究がなく、アプローチ次第では第一人者になれるテーマである。

町家の敷地の奥も見てみよう。多度津では、桜川に向って出入口をもつ大型の土蔵が二棟遺っており、かつては江戸の河岸《かし》のような役割を担っていたことを示す。この土蔵は、明治〜昭和初期に「多度津の七福神」と呼ばれた豪商・豪農たちの屋敷の裏側であり、屋敷の表《おもて》はメイン・ストリートの中ノ丁に面していた。土蔵の出入口や窓に架けられた庇を見上げると、そこには漆喰による唐草の造形があり、さりげない見栄を見る思いがする。また、宇多津の庄屋を務めた豊嶋家は、明治期には材木商を営んでおり、浦町の屋敷は街路に面して主屋を構え、背後の鴨田《かもでん》川に面した荷上場「大浦」へとつながっていた（文献⑨）。このように町家は職住兼用の場であり、特に大型の町屋敷は経済活動の拠点でもあった。

港町によっては、町家ではない形式の住まいも見られる。直島の本村は、江戸時代に廻船業の拠点として形成された町場であり、アートの島を代表する「家プロジェクト」が展開する場所でもある。ここでは周囲に塀を巡らせて敷地の中央に主屋を置く、「農家的」な構えをもつ屋敷が集まっている。同じタイプは直島の積浦や女木島・男木島・与島・櫃石島・粟島など島嶼部に多く、近代以前に陸路の往来が困難だった坂出市乃生《のう》のような半

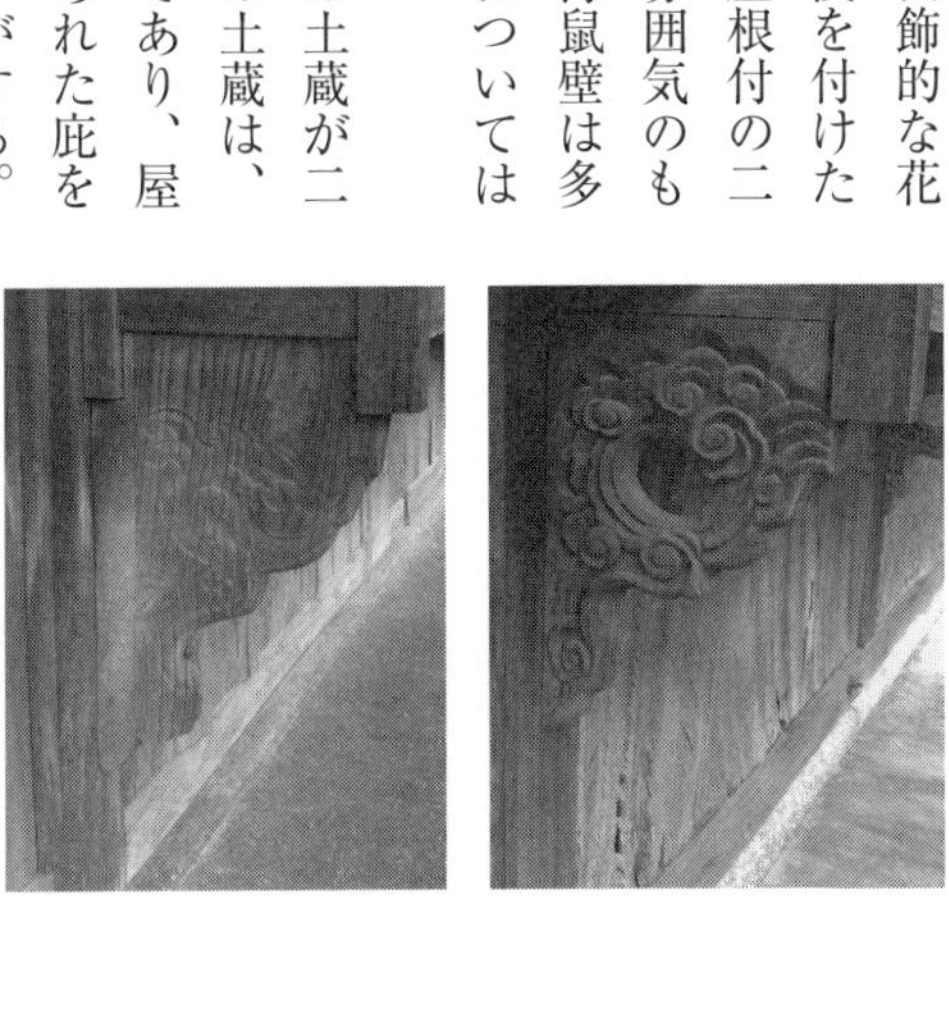

写真11　出格子の持ち送り（2）

島部の集落もある。ところが近年の発掘成果では、初期城下町の町人地でも周囲に塀や柵などの区画施設を巡らせる屋敷地が見られ、それが順次、町家形式に変わることが分かってきた。廻船業や漁業、農業といった多様な生業のために必要な作業スペース（庭）や収納場所（納屋・土蔵）を必要とした事情を考えた方がよい。町家を必要とした港町もあれば、町家とは異なる住まいを必要とした港町もあったというのが、実情であろう。

5　神社と寺はどこにあるか

町なかを一通り歩いたら、住民たちの心の拠り所の寺社がある場所を確認してみよう。志度では、東西に延びる長い砂州の先端に志度寺があり、メイン・ストリートの起点となっている（写真12）。引田の誉田《ほんだ》八幡宮、香西の中須賀恵比須《えびす》神社、宇多津の宇夫階《うぶしな》神社と西光寺、多度津の多聞院・摩尼院《まにいん》と宝性寺・法輪寺、仁尾の賀茂神社も同様で、寺社をランドマークあるいはシンボルとした町割の成り立ちがうかがえる（文献③〜⑥）。祭りの行列や、門前の縁日に接すると、その意味が実感できる。

町なかに恵比須（戎・蛭子）神を祀る神社や祠が多いのも、港町の特徴であろう。恵比須神の性格は複雑であるが、港町の生業に深く関わる祭神といってよい。高松城下の東浜舟入に面した北浜町と湊町（現・城東町）にはそれぞれ恵比寿社があり、かつて十日戎の際に両神社の間の舟入に舟橋が架けられていたという。

賀茂・八幡の各神社は、近世民間信仰の恵比須神よりも古く、中世にまで遡る。これら

写真12　志度の中心街路
（最奥に志度寺仁王門）

は、京都・賀茂社の供御人や石清水八幡宮の神人《じにん》による商業ネットワークの拠点が置かれたことをうかがわせる。潟湖をはさんで両社が見られる仁尾のあり方は、港湾の権益をめぐる対抗関係を示すようで興味深い。しかし全体としては八幡宮勢力が優勢だったようで、引田（誉田八幡宮）・野原（石清尾八幡宮）・香西（宇佐八幡宮）・観音寺（琴弾《ことひき》八幡宮）では中心的な位置を占める。地域の有力な氏神（延喜式内社）が強い影響力をもつ志度（多和神社）や宇多津（宇夫階神社）のような事例もある。また、高松・扇町の若《にゃく》一王子神社は、中世における熊野信仰の広がりを示す。

寺院が多いのも、港町の特徴の一つであるが、檀家として寺を支えた人々の存在を読み取ることができる。中でも注目されるのは真言宗・法華宗・浄土真宗の寺院で、真言宗寺院は無量寿院（野原）や志度寺（志度）のように地域の中核的存在であった。法華宗寺院は有力商人等を支持層としており、本妙寺（宇多津）は中世の法華宗ネットワークの拠点であった。浄土真宗寺院は、これらよりも遅れて戦国期の一六世紀に多数成立しており、織田信長と戦う大坂・石山本願寺へ多量の物資を送り支援した西光寺（宇多津）のような事例もある。

宇多津では西光寺を除いて、多くの寺院が町場の背後になる青ノ山北麓の高台に寺域を構えている。こうした景観は中世も同じだったようで、一三八九（康応元）年に室町幕府三代将軍・足利義満に従い宇多津を訪れた今川了俊は、宇多津の景色を次のように書く（「鹿苑院殿厳島詣記」）。

此処のかたちは、北に向かひて渚に沿ひて海人の家々並べり。東は野山のおのへ北ざまに長く見えたり。磯際に続きて古たる松が枝など群の木に並びたり。寺々の軒端

ほのかに見ゆ。（一部仮名を漢字表記に改めた）

地形と町場、寺社の位置を頭に入れて読むと、何ともリアルな情景が迫ってくるではないか。

6 城や館との関係を読み解く

多くの港町では、町なかを歩いても石垣や堀を巡らせた城跡を見かけない。高松や丸亀・引田には城跡があり、多度津にも陣屋があるが、これらは近世に入って港町を再整備した時に建設されたものである。港町が各地で登場する中世はどうだったのか。

町場の背後の丘陵上に城郭を構える事例は、仁保城（仁尾）・九十九山《つくもやま》城（室本）・聖通寺《しょうつうじ》山《やま》城（宇多津）などがあるが、いずれも遠巻きに町場をうかがうような位置にあり、城を中心に町場を再編したような近世城下町には程遠い姿である。また砂州上に館を造った志度城（志度）や岡田氏館（野原）も、ランドマークの寺社には及ばない、目立たない存在である。どうも中世港町は、城館を嫌う、つまり領主権力の直接的な支配を拒んでいたように見える。堺や博多ほどではないにしても、ある程度の「自治」が行われていた可能性はあるだろう。

これに対し、直島や本島では港と町場を見下ろす丘の上に小規模な城がある（直島・高原城、本島・笠島城）。水軍とも海賊とも呼ばれる海上勢力の根拠地で、彼らの「自治」のシンボルとして、城を構えたのかもしれない。

また香西は、讃岐中央部を支配した戦国領主・香西氏の最後の本拠であり、家臣の屋敷を造作したとの記録（『南海通記』）もあることから、藤尾城を中心とした城下町として港町が再編された可能性がある。しかし藤尾城は、もともとそこに鎮座していた宇佐八幡宮の境内に築城されていることからすれば、その場所がもつ地域の伝統的な力関係に頼らざるを得なかった、とも解釈できる（文献⑩）。

町場と城との関係に、「自力救済」原理の働いた中世と、領民支配を徹底させた近世とのギャップを見ることができるようである。

7　風の道、水の道を感じる

実はこの原稿は、宇多津の町家の土間で書いている。オモテとウラの戸を開け放つと、午前は青ノ山からの西風が、午後には海からの東風が吹いてくる。二〇一一（平成二三）年の東日本大震災後の全国的な計画停電の夏季、窓全開で外からの風と扇風機だけでほぼ過ごせた。直島の本村では、谷筋の棚田で冷やされた風が町場までやって来るが、主屋の向きはその風を受けやすく作られている、ということを建築家の三分一博志さんが発見し、そのエコシステムを自らが手がけた直島ホール（二〇一五年竣工）に活かした。

しかし風も暴風となっては、その限りではない。女木島東浦集落は、眼の前に高松港が見え、昔は手漕ぎの伝馬舟《てんません》で往来していた場所(5)であるが、冬場の季節風「オトシ」は台風並みの烈風で知られる。海から吹き付けるオトシから集落を守るために作られたのが、高

（5）住民の方からの聞き取りによる。

さ四〜五メートルにも及ぶ石積み防風壁「オオテ」である。

風の道があれば、水の道もある。宇多津ではかつて、町場の上側の谷筋と下側の低地に水田があった。水田に必要な水は、谷筋の田から町場を通過して低地の田へと至る。しかし町場に水が溜まると生活しづらいため、町場を通過する用水路は早く低地へと抜けるように工夫されていた。また、谷筋の棚田と町場が接する場所には、いくつか井戸が掘られていて、水道の普及前はそこで汲まれた水を売り歩く「水売り」の姿が見られたという。

その土地ごとの自然条件を活かして、人々は町を造ってきたのである（文献⑪）。陸地と海、真水と塩水のはざまに成り立った港町から我々が学ぶことは、まだまだ多い。

8　イメージを図にしてみる

研究室や家に戻ったら、記憶が鮮明なうちに情報を整理しよう。撮影した画像データにコメントを添えることも大事だが、自分が体感し考えたことを書き込み、オリジナルマップを作ることはもっと大事である。イメージを整理し、他者と

図１　近世初頭の宇多津のイメージ図

共有できるからだ。イメージをよりビジュアルに示すために、鳥観図などのイラストにしてみるのもよい。図1は二〇〇四年頃に筆者が作った江戸時代初め頃（一七世紀）の宇多津の想像図で、今から見ると恥ずかしい限りだが、この作業を経て再び港町を歩き、イメージを追加した「推定復元図」を目指そう。最初に述べた二つの心がけを忘れずに。

また、フィールドワークは、様々な視点をもつ人たちとの共働が楽しい。筆者も四国村落遺跡研究会の多様なメンバーから多くの刺激を受けており、この原稿も共働の成果である。楽しい共働を推奨したい。

〔主要参考文献〕
①佐藤竜馬「中世礫敷き遺構と野原郷」『サンポート高松総合整備事業に伴う埋蔵文化財発掘調査報告　第4冊　高松城跡（西の丸町地区）Ⅱ』香川県教育委員会ほか、二〇〇三年
②上野進・佐藤竜馬「中世港町・野原について」『歴史に見る四国―その内と外と―』雄山閣、二〇〇八年（発表は二〇〇七年）
③四国村落遺跡研究会『港町の原像―中世港町・野原と讃岐の港町』二〇〇七年
④上野進・松本和彦・御厨義道編『海に開かれた都市　高松―港湾都市九〇〇年のあゆみ』香川県歴史博物館、二〇〇七年
⑤市村高男・上野進・渋谷啓一・松本和彦編『港町の原像　上　中世讃岐と瀬戸内世界』岩田書院、二〇〇九年
⑥市村高男・上野進・渋谷啓一・松本和彦編『港町の原像　下　中世港町論の射程』岩田書院、二〇一六年
⑦市村高男「文献史料から見た宇多津」『宇多津の歴史的建造物と景観』宇多津町教育委員会、二〇〇五年
⑧佐藤竜馬「歴史」『続宇多津町誌』宇多津町、二〇一〇年
⑨玉井幸絵『古街好景』co-machi.net、二〇二一年
⑩佐藤竜馬「讃岐における一三～一六世紀の政治的拠点」『新・清須会議　資料集』新・清須会議実行委員会、二〇一四年
⑪佐藤竜馬・信里芳紀ほか『日本建築の自画像　探求者たちのもの語り』香川県ミュージアム、二〇一九年

中世善通寺領の史実と伝承をあるく
——「空海生誕地」の領域空間——

守田逸人

はじめに

どのような地域であれ、一見しただけでは他所と同じような風景にみえても、それぞれの地域は、かけがえのない独自の歴史過程を経て現代に至っている。

地域の歴史過程について具体的に知ろうとするとき、ある程度の歴史を持つ地域であれば、多くの場合江戸時代くらいまでは遡ることができるだろう。しかし、室町時代、鎌倉時代など中世以前に遡って知りたいと思った場合、それが可能な地域は日本列島全体を見渡してみても、ごく限られてしまう。さらには、古文書など文字史料からでは得ることが難しい歴史的な景観をイメージするとなると、さらにそのハードルは上がってしまう。

中世の歴史的景観を考えるための重要な史料として、荘園絵図と呼ばれる史料がある。多くの場合、荘園領主などが支配領域を明確にするために作成した地図であり、そのあり方は、彩色を施して繊細な絵画表現を伴うものや、墨線のみで描いた簡単な略図など多様である。
日本列島には、おおよそ三〇〇点弱におよぶ中世以前の荘園絵図が残されている。近年、歴史的景観の保全等が叫ばれるなか、歴史学のみならず考古学・民俗学など、隣接諸学との協業によって荘園絵図の分析や、そこに描かれた歴史的景観の復元研究が深まりつつある。(1)

香川県下の地域を描いた中世以前の荘園絵図は、二点しか存在しない。そのうちの一点である鎌倉時代作成の「善通寺伽藍并寺領絵図」(以下「絵図」と略記。(写真1)・(図1))は、ある程度現況との比較検討が可能なものであり、地域一帯の豊かな歴史像を提供してくれる。本稿では「絵図」を題材としてその故地をあるき、香川県下に残された貴重な「中世」を探し求めてみたい。

ところで、善通寺は空海が自身の生誕地に建立した寺院として広く知られている。無論こうした由緒は現代にはじまった訳ではなく、古くから伝えられてきた。史料を頼りに空海生誕地、あるいは空海建立寺院としての由緒を紐解いてみると、確認できる限り最古の善通寺関係史料のひとつである寛仁二(一〇一八)年時点で、すでに善通寺は自ら「弘法大師御建立、其霊感尤も掲焉《けちえん》なり」とし、空海ゆかりの寺院としての由緒と伝統を強く掲げている。(2) そして、こうした善通寺の歴史認識・自己認識と、それをもとにした善通寺の活動はその後も絶え間なく繰り返され、広く国家や社会からの信仰と支持を集め、中世になると国家的な認定によって善通寺領荘園(「絵図」に相当する荘園で、「一円保」ともいう)が形成されていく。

それ故、善通寺のみならず一帯の地域社会においても、空海にまつわる由緒・伝承をは

(1) 荘園絵図研究は、一九九〇年代以降に飛躍的に深化すると共に、東京大学史料編纂所編『日本荘園絵図聚影』(東京大学出版会、全六冊、一九九五―二〇〇二年)が編纂されるなど史料集の充実もみた。また、最近同史料集の「釈文編」の刊行がはじまり、荘園絵図の史料学はもう一つ次の段階へと突き進もうとしている。『日本荘園絵図聚影　釈文編二　中世1』(東京大学史料編纂所編、東京大学出版会、二〇一六年)参照。

(2) 寛仁二(一〇一八)年五月十三日讃岐国善通寺司解案(東寺百合文書り、『平安遺文』四八一号)

じめ、諸々の由緒・伝承がそこに生きる人々によって語り伝えられてきた。この地域に限った話しではないが、地域に伝えられる由緒や伝承は、その地域に生きる人々の歴史認識や自己認識を形成し、それらの歴史認識や自己認識を共有することで、持続可能な地域社会を形成してきた。

こうした点をふまえ、本稿では「絵図」に関わる範囲内において地域に刻み込まれた由緒・伝承にも注視し、それらの由緒・伝承の類と史料とを照らし合わせつつ、「絵図」に描かれたポイントを確認し、現代に生きる「中世」について考えてみたい。なお、紙幅の都合上、ここでは寺領を形作る境界に重きを置いてあるいてみたい。

1　善通寺一帯地域の歴史的位置

善通寺一帯地域は、香川県中央からやや西よりに位置し、丸亀市や琴平町とともに、いわゆる丸亀平野と呼ばれる一帯に位置する。南に上れば象頭山《ぞうずざん》金刀比羅宮や満濃池《まんのういけ》に行き着き、善通寺一帯はそこから流れる金倉川《かなくらがわ》がつくり出した大型の扇状地真中に位置している。本書64頁で、新見治氏が論じているように、讃岐平野の治水は、河川水と地下水を組み合わせて活用することで成立するという特徴を持つが、まさに善通寺一帯地域は、現在も「出水」と呼ばれる湧水池点が多く確認できる地下水脈の豊富な地域である。

こうした恵まれた自然条件を背景として、善通寺一帯地域では早くから人々の文化的な営みが広がっていた。六世紀以降には、大小四〇〇にも及ぶ古墳が展開したり（有岡古墳

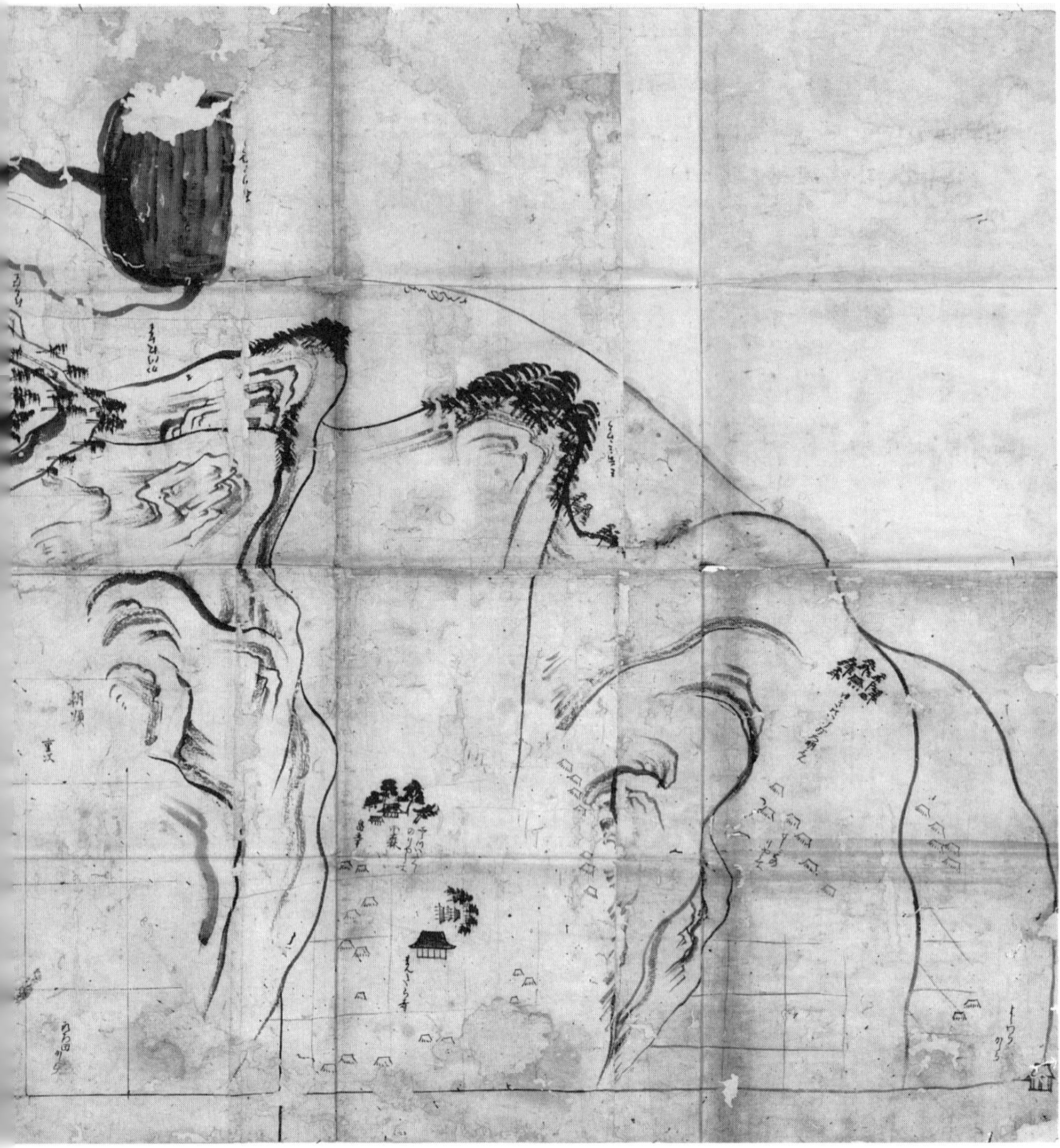

写真1　善通寺伽藍并寺領絵図（善通寺宝物館所蔵〈重要文化財〉史料名は重要文化財登録名称に倣った）

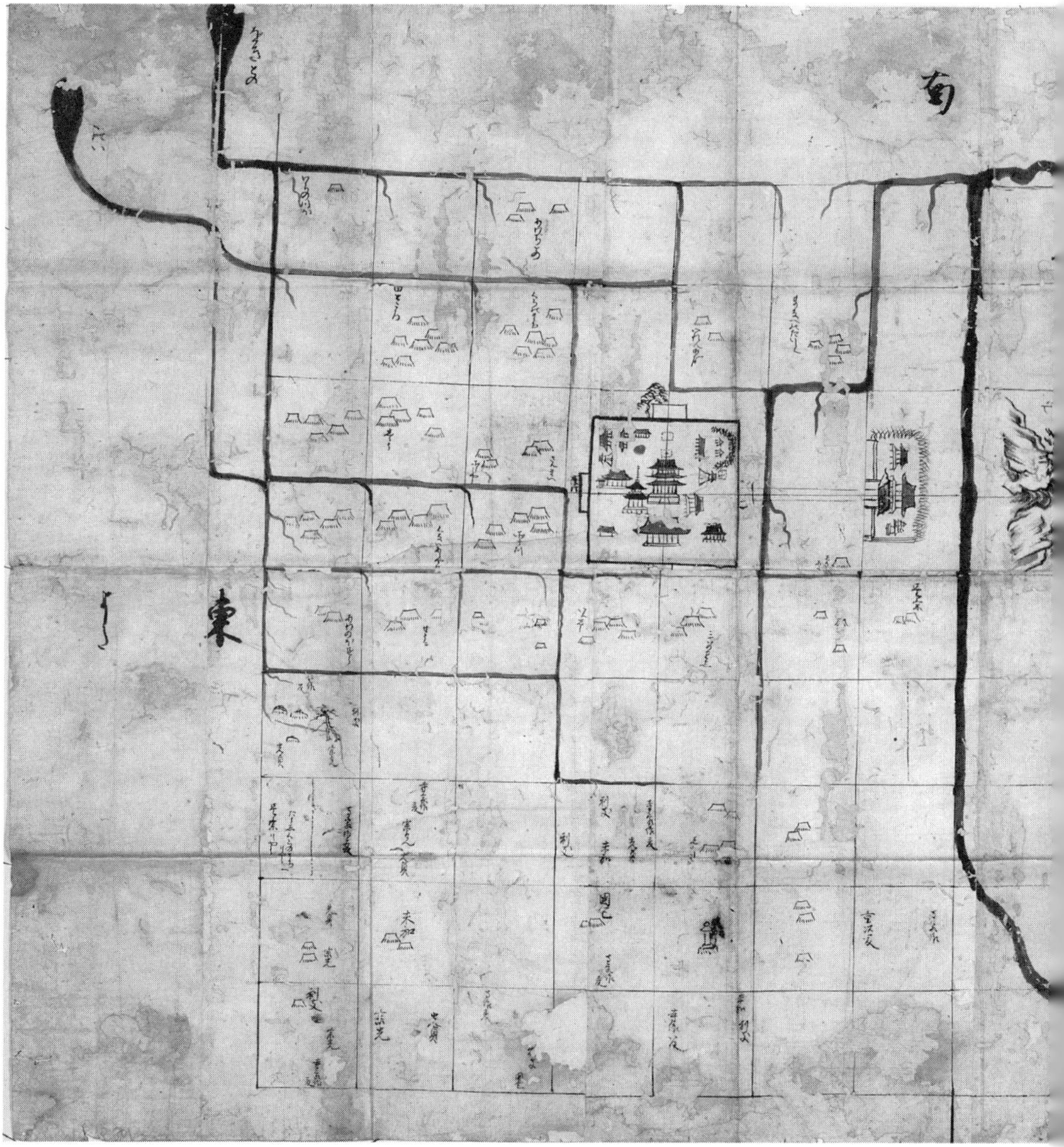
南
東

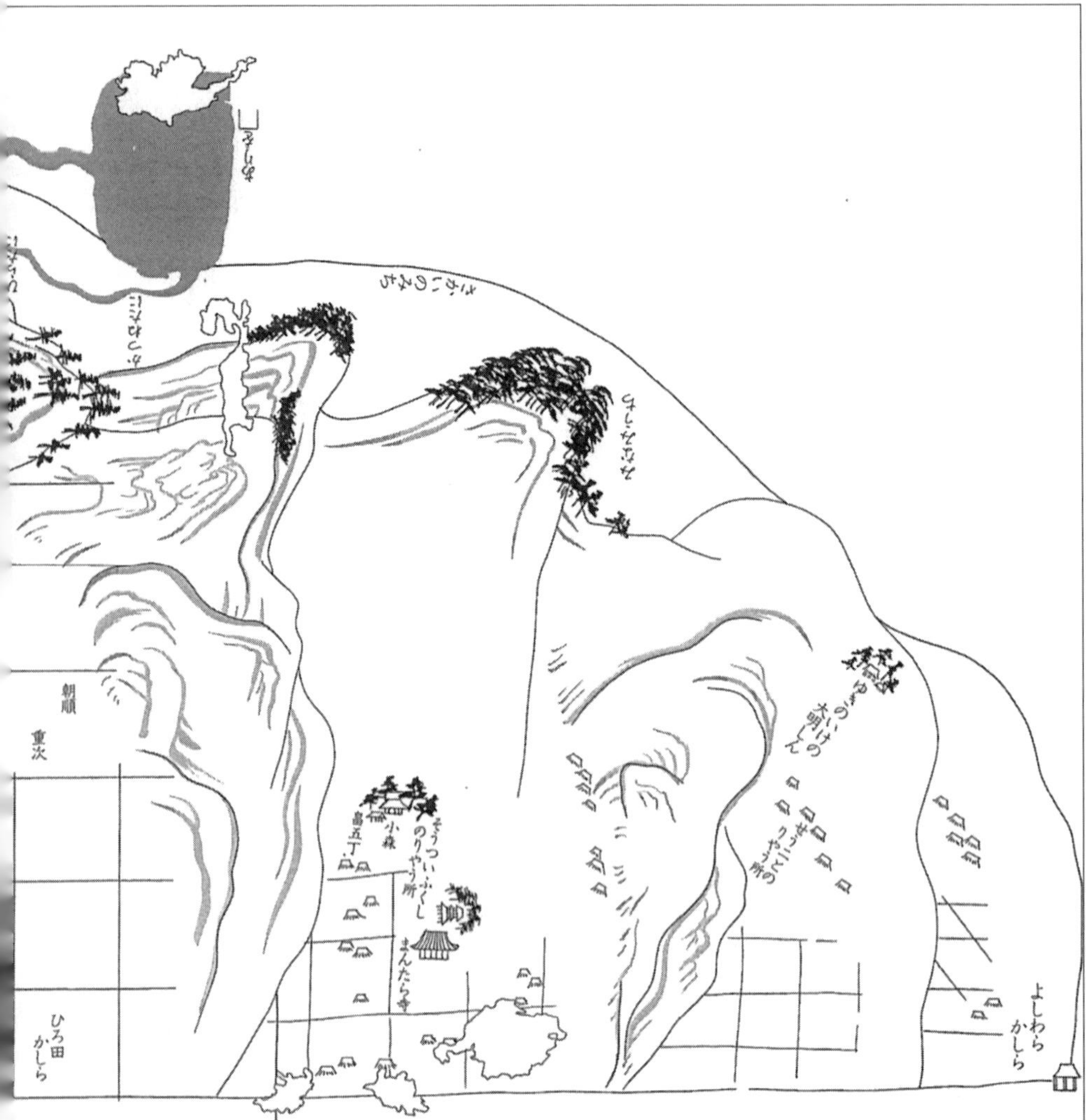

図1　善通寺絵図トレース（注（3）所引『荘園絵図絵図大成』より）※一部補訂

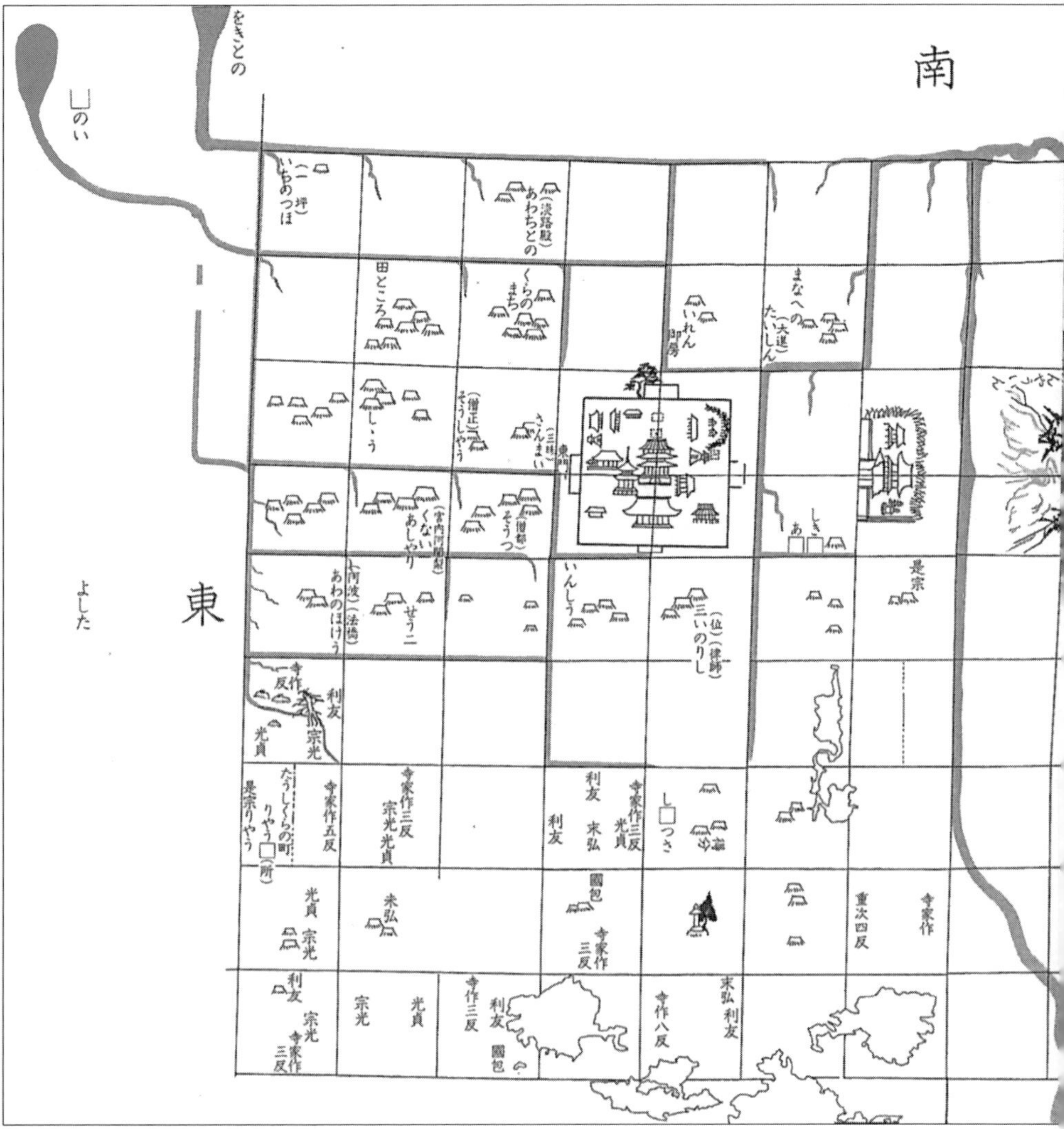
南
東
をきとの
□のい
よした
(一坪)いちのつぼ
(淡路殿)あわちとの
田ところ
くらのまち
いれん
御房
まなへの
(大進)たいしん
しゝう
(僧正)そうしやう
(三昧)さんまい
(宮内阿闍梨)くないあしやり
(僧都)そうつ
(河渡)あわのほけう
(法橋)せう二
いんしう
(位)三いのりし(律師)
しき
是宗
寺作一反
利友
光貞
宗光
たうしくらの町
是宗りやう
りやう□(所)
寺家作五反
寺家作三反
宗光光貞
寺家作三反
光貞
利友
末弘
し□つさ
圓包
寺家作三反
重次四反
寺家作
寺作三反
寺作八反
末弘利友
寺家作三反

群）、善通寺自体、白鳳期にはその前身と考えられる仏教寺院の存在が想定されている。その他一帯には平安期以降、曼荼羅寺《まんだらじ》や施坂寺、大窪寺、七仏寺《しちぶつじ》、そして少し北に行けば円珍ゆかりの金倉寺《こんぞうじ》など、さまざまな歴史的仏教寺院がつくられていった。また、早くから条里地割が広がり、出水を利用した水田経営が展開していた。

善通寺門前町には、南海道も貫通していた（後述）。善通寺一帯地域から北に下ると、中世讃岐国の主要な港町の一つである多度津に行き着き、そこは京都など「首都圏」へのアクセスへと繋がる。善通寺一帯地域は、古くから持続的な生産・再生産活動が展開し、人々の往来で賑わい、文化や技術が集まる都市的な場であった。この地において善通寺をはじめとした歴史的仏教寺院が並び立った背景には、それなりの条件が備わっていたのである。

2　「絵図」について

「絵図」について、簡単に触れておきたい。「絵図」は、善通寺領一円保とも呼ばれた中世の善通寺領（現善通寺市善通寺・仲村・弘田・吉原地区一帯）が定着していく過程で作成されたと考えられるもので、中世前期の景観を示す香川県を代表する史料であり、国の重要文化財に指定されている[3]。

「絵図」の描写は、南を天（上）にして墨書のみで描き、三つの水源とそこから延びる水路の一部を除いて寺領領域を示す境界線で囲まれている。

（3）　以下の「絵図」の概要や書誌的な点については、吉田敏弘「讃岐国善通寺一円保差図」（小山靖憲・下坂守・吉田敏弘編『中世荘園絵図大成』河出書房、一九九七年）、拙稿「「讃岐国善通寺領絵図」調査ノート」（『よみがえる荘園』勉誠出版、二〇一九年）、同「善通寺伽藍幷寺領絵図」（『香川県の文化財』香川県、二〇二一年）など参照。

描写の内容は東西で大きく二分している。東側には一町（約一〇九メートル四方）の坪単位で区画された条里方格線が描写の基礎をなす。中心部には善通寺伽藍とその西側の通路の先に誕生所を描いている。条里方格線内には在家の描写が広がり、とくに伽藍東門前一帯の在家の描写には「そうしやう《（僧正）》」等、善通寺僧等と思しき文字表記が伴うものが広がっている。この区域には、おもに寺僧の在家が広がっていたと考えられる。

西側は、五岳山が描写の中心となっている。五岳山とは、善通寺誕生院の西側に、香色《こうしき》山《ざん》・筆ノ山《ふでのやま》・我拝師山《がはいしさん》・中山・火上山《ひあげやま》と連なって展開する山々である。香色山は「絵図」では麓に「あんやういん」と記されている山に相当し、現在の善通寺駐車場背面に位置する。なお、「絵図」に描かれた善通寺誕生院すぐ背後の「八幡山」については、現在削平されて善通寺駐車場となっており、存在しない。

3　善通寺領の境界をあるく

南堺をあるく

図2は、寺領東側半分（条里方格線内に相当）の各境界（枠線内が寺領）と南海道（推定）を示したものである。また、以降掲げる写真のうち、この範囲に入るものについては、「写真」＋対応する番号で大まかな撮影地点を示した。

「絵図」五岳山南側に塗りつぶすような筆致で描かれた大池辺りからみていこう（写真2）。この池は、現在も同位置に存在する有岡大池に相当する。「絵図」では、そこから条里

図2　善通寺周辺部の寺領堺線と推定南海道
（Google mapより作成）

写真3　南堺の用水路
（2016年10月9日　筆者撮影）

写真2　有岡大池と我拝師山
（2021年8月5日　筆者撮影）

方格線に入り込み、善通寺誕生院裏を通って北へ通貫する水路を描いている。この水路は現在の弘田川に相当する。なお、善通寺誕生院から大池までの距離は、直線距離にしても一・五キロメートル程度離れているが、「絵図」では現実よりもやや短めにディフォルメされている。

有岡大池の北端、および五岳山南淵を東西に引く寺領の境界「さかい《堺》の道」は、中世から「大道」と呼ばれる幹線道路で、四国を循環する最も主要な幹線道路である南海道に比定されている[4]。この道に沿って五岳山の山裾を北東に進み、絵図が表現するところの条里方格線の領域に入ると、南海道から離れて境界線は東に一直線に延びていく[5]。

そのラインは、ちょうど善通寺伽藍から二坪分南にあたるラインである。これはおおよそ現在の陸上自衛隊善通寺駐屯地敷地の北側に隣接する道に相当する。なお、この道から約一〇メートル程北側には、若干蛇行しながら南堺の道に平行する形で東から西に流れ弘田川に落ちる用水路がある(写真3)。これは「絵図」にも描かれた条里堺線上の水路と想定される。無論「絵図」作成段階以降、現代に至る過程で、破壊と再掘削を繰り返したであろうが、現在コンクリートで補強されているこの用水路の起源は少なくとも「絵図」段階に遡る歴史的な用水路である。

一方、南堺に相当するこの道を東側に進んでいくと、善通寺南大門から南に延びる道と交差する。この南大門から南に延びる道は中世史料に「南大門作道」として現れる道である(写真4)。鎌倉時代、善通寺領(一円保)の領域から南側には国衙領(公領)生野郷が広がっていたが、宝治三(一二四九)年には生野郷のうち「南大門作道」から延びるラインの西側が「生野郷西畔」として区切られ、新たに善通寺修造料所として讃岐国から善通寺

(4) 『讃岐の南海道を歩く』(ミステリーハンター『讃岐の南海道を歩く』編集委員・香川県埋蔵文化センター編、二〇一七年)

(5) 善通寺一帯地域の条里地割に関する復元研究については、金田章裕「土地利用と微細微地形」(『微地形と中世村落』吉川弘文館、一九九三年所収、初出一九八九年)、木下晴一「「善通寺□□絵図」の再検討」(『条里制・古代都市研究』二七、二〇一二年)など参照されたい。なお、東西に延びる南海道は、寺領の南界ラインから、一坪分(約一〇九メートル)北側の坪堺線を東に進むことが想定されている。前掲注(4)『讃岐の南海道を歩く』参照。

写真4　「南大門作道」のいま（南堺地点から南大門を眺める）（2021年8月5日　筆者撮影）

写真5　毘沙門堂と南堺の用水路（2016年10月9日　筆者撮影）

に与えられている。[6]この道は、現在でも生野町と南町の町界となる道で、歴史的に重要な役割を果たしてきた道である。

南堺に相当する道と「南大門作道」の交差する地点のやや北側、それもさきに言及した「絵図」段階の用水路のすぐ脇には、現在毘沙門天を祀る祠がある（写真5）。まさに南大門へと向かう善通寺（一円保）の境界に位置するこの祠も元々はそのランドマークとしての役割を果たしてきたのかもしれない。

これまで歩いてきたおおよその南堺に相当する道は、「南大門作道」を東に超えると、現在は善通寺市立中央小学校や香川県護国神社にぶつかり、残念ながら途切れてしまう。

（6）　宝治三（一二四九）年三月日讃岐国司庁宣（善通寺文書、『鎌倉遺文』七〇六〇号）。ところで、「絵図」に表記された条里方格線には、実際とのズレの存在が指摘されている。木下晴一氏前掲注（5）「「善通寺□□絵図」の再検討」によると、「南大門作道」は実際には方格線上には位置しないにもかかわらず、「絵図」上では条里方格線上に描いたため、「絵図」の方格線は実際より四五メートル程東にズレていることを明らかにしている。本稿との関わりでは、「南大門作道」が条里方格線上に位置しないことを確認しておきたい。

迂回して東に進み、寺領の東南界へと向かってみよう。

東堺をあるく

東堺線について確認しておきたい。「絵図」によると、寺領の東堺は伽藍東門から三坪東に相当する。当然中世以来の誤差が生じるため、寺領結界線に相当するラインが伽藍東門から三坪分（約三二七メートル）ちょうどという訳にはいかないこともあるが、このラインを探すと、県道24号線（県道善通寺大野原線）のラインが目に付く。ところがこの道は近代以降になって作られた道であり、ふさわしくない。

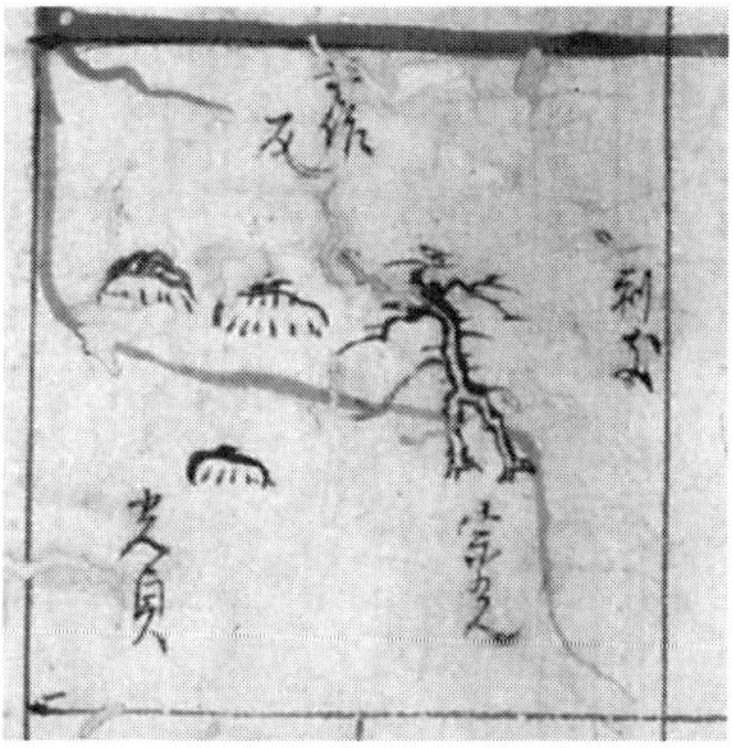
写真6　仲村廃寺（前掲「絵図」部分）

現在南堺のラインを県道24号線から東側に進もうとすると、四国学院大学のキャンパスにぶつかるが、キャンパス北側には、県道24号線のラインから一五メートル程東に、北に延びる小道がある。この道はもともと直線的に南にも延びて現四国学院大学敷地内を通り、金刀比羅宮へと通じており、古くから金毘羅道としても親しまれた歴史的な道である[7]。このラインが寺領の東堺となる条里方格線であったと想定される。

東堺のこの道を一直線に北側に向かうと、県道48号線（県道善通寺詫間線）につながっていくが、その県道48号線が南北ラインから西に折れる地点のやや南側には、「絵図」で表記されるところの枯れた樹木が描かれた地点（多度郡条里三条七里三

（7）香川県教育委員会『金毘羅参詣道Ⅰ』（香川県歴史の道調査報告書第五集、瀬戸内海歴史民俗資料館編、一九九一年）

写真7　仲村廃寺礎石（2021年8月5日　筆者撮影）

写真8　仙遊寺（2021年8月5日　筆者撮影）

十五坪に相当）に辿り着く（写真6）。この地点は、現在墓地となっている一角で、奈良期の瓦が出土しており、また礎石らしき大型の石が残されている（写真7）。ここは現在仲村廃寺と呼ばれ、その遺構は善通寺の前身の寺院である可能性も指摘されている。[8] この廃寺跡は、中世段階でも何らかの遺跡地として存在したことから、「絵図」でもランドマークとして描かれたのかもしれない。東堺のみちに戻り、北に進むと北堺まではあと三坪分と少しである。

（8）『仲村廃寺発掘調査報告』（善通寺市教育委員会、一九八四年）

北堺をあるく（1）

東南堺から九坪北上し、瓢簞池にさしかかったところから東に向かうラインが北堺線に相当する。そこを進んでいくと、北堺ラインの内側には空海が幼少の折りに泥で仏像を造ったとの伝承を持つ仙遊寺がある（多度郡条里三条八里十八坪に相当）（写真8）。

平安時代末期の久安元（一一四五）年一二月に作成された「絵図」領域に対応する土地帳簿をみると、善通寺領の北界に相当するこの地（多度郡条里三条八里十八坪に相当）は「大師遊墓」と記されている。[9]「遊墓」が何を指す

（9）久安元（一一四五）年十二月日讃岐国善通・曼荼羅寺領注進状（宮内庁書陵部所蔵、『平安遺文』二五六九号）以下、「久安の注進状」と略す。

写真10　犬塚（前掲「絵図」部分）

写真9　犬塚ヵ
（2016年10月9日　筆者撮影）

かは詳らかでない。しかし、久安元年の時点で北堺地点に相当するこの場が空海ゆかりの場として記憶されていることは大変興味深い。

前近代の支配領域の境界は、山の尾根線や河川など自然地形の区切りが当てられたり、一方で平坦地が続くような場所には、石や木でできた牓示《ぼうじ》と呼ばれるランドマークなど、何らかの人工的なランドマークが設定される場合が多い。今のところ、明確な根拠には欠けるが、中世には「大師遊墓」が善通寺領の境界を示すランドマークの役割を果たしており、そして中世善通寺領の領域区分が消滅して境界ランドマークとしての役割がなくなっても、何らかの形でその存在が後世に伝わり、「仙遊寺」へと繋がったのかもしれない。

ここから五〇メートルほど南に

は、鎌倉時代作と想定されている高さ二・五メートル程度、四方に梵字《ぼんじ》「バン」が刻まれた凝灰角礫岩製の卒塔婆《そとば》(「犬塚」と呼ばれる)がある(写真9)。一方、「絵図」には、条里方格線北側から二列目、東側から五列目の方格線(三条八里七坪)に笠塔婆様の構造物が描かれている(写真10)。両者の様相から、「犬塚」と「絵図」の卒塔婆を結びつける見解があるが[10]、現在の「犬塚」の位置は、「絵図」に描かれた構造物の位置(三条八里七坪)から一坪北(三条八里十八坪)に位置している。これは書き誤りであろうか。絵図がこの卒塔婆を描いたとすると、一坪分南に描いたことになる。ちなみに、この周辺一帯は明治期に陸軍練兵場となり、一時この卒塔婆は他の場所に移設されていたとの伝承が残っている。もともと仙遊寺と卒塔婆は一体のものであったのかもしれない。この卒塔婆が先の「遊墓」に相当するという見解もある[11]。

(10) 高橋昌明・吉田敏弘「善通寺近傍絵図現地調査報告」(昭和五九年度科学研究費総合研究(A)研究成果報告書『荘園絵図の史料学および解説に関する総合的研究』滋賀大学教育学部、一九八五年)など。
(11) 前掲注(10)に同じ。

北堺をあるく(2)

さて、引き続き西に進み、筆の山の山麓を辿るようにさらに進んでいくと、独特な山容が印象的な筆の山・我拝師山・中山に囲まれた一帯に出る。

曼荼羅寺が所在するこの一帯は、各山の山麓部のため傾斜を伴う。なかでも、とくに南の我拝師山・中山からの傾斜が支配的である。そして、航空写真でみると一目瞭然なように、この一帯の地割はこれまでみてきた五岳山東側など他の平地部分の整備された方格地割のあり方とは明らかに異なっており、東西ラインでいうと正方位に対する傾斜度が他の平地部分よりも明らかに低くなっている。それはこの一帯が、南の我拝師山の傾斜の影響を受けるため、傾斜に即した地割りとなっていると考えられている。

一方「絵図」には、五岳山東側との地割のあり方の違いを明確に反映させた描写は見られず、北堺線は五岳山東側から直線上に延びるように描いている。ただし、五岳山東側の条里堺線は、定規等を使用して描いているのに対し、この一帯の条里堺線は、フリーハンドで描かれている。この違いが、地割のあり方の差異を示すとの指摘もある。(12)

いずれにしても、「絵図」ではこの一帯の北堺線は香色山東側のラインから連続的に直線で描かれているものの、実際には地割のラインに沿って北側に向かって湾曲していたと考えられる。それは寺領の北西堺の地点が、北東堺の地点よりもかなり北側である中山・火上山の尾根先の麓に位置していることからも明白である。

いま、この部分から西堺に至る北堺線の正確なラインを見出すことは難しいが、ディフォルメされた部分があるにしても曼荼羅寺から一坪分北を北堺線とする「絵図」の記載に倣っておきたい。

さらに北堺線を西にあるいていくと、もう一つ問題にぶつかる。「絵図」の北西堺には、火上山尾根先山麓にランドマークとして明確に堂の類の建造物を描いている。これは一体何を示したのか(写真11)。

現在、ちょうど善通寺領北西堺の位置にあたる火上山尾根先北麓には、吉原大池が存在する。この池自体は承応元(一六五二)年に築造された池であるが、その吉原大池東南の

写真11　北西堺の堂(前掲「絵図」部分)

(12) 前掲注(10)に同じ。

写真12　七仏薬師堂（2021年8月5日　筆者撮影）

畔に現在七仏薬師堂という堂がある（写真12）。現在の堂は、昭和二九年の焼失後のものであるが、伝承によるとかつては「七仏寺」として中世以前から存在し、戦国期に兵火で失われるまでは、とても大きな伽藍を誇っていたという。近世以降再建されるにあたり、吉原大池が築造されたために七仏寺はその場所も移転したという伝承もある。

　この地域に暮らす人々と七仏寺との関わりも興味深い。七仏寺から南側に位置し、中世には明らかに善通寺領域内に存在した火上山傾斜地の集落「三井之江」の人々は、古くから七仏寺と深く関わりをもってきたという。旧暦六月一七日には法要を行い、現在でも六六軒ある三井之江集落に暮らす人々が参加している。法要には、現在善通寺僧・牛額寺僧・万福寺僧が読経を勤めているが、かつては弥谷寺僧や曼荼羅寺僧が勤めるなど、現在この集落に暮らす人々が記憶する範囲でも、周辺の諸々の寺僧が関わってきたようである。この法要の日は、一九六〇年代前半ころまでは芝居が行われたり、露店も並ぶ賑やかな一日となったという[13]。そして、三井之江集落に暮らす人々が七仏薬師堂と関わるのは旧暦六月一七日のみならず、現在でも日常的に掃除などの世話をも行っているという。

　七仏寺に関する中世以前の史料はほとんど存在しない。「絵図」作成段階でも七仏寺は存在し、三井之江集落の人々が身を寄せていたのであろうか。現時点で明確な判断は難し

（13）　以上の三井之江地区に関する情報は、香川恒夫さん（一九四四年一月一〇日生）、村井学さん（一九四八年四月一日生）をはじめ、現在三井之江集落に暮らす方々から聞くことができた（二〇二一年八月五日聞き取り）。この場を借り、お礼申し上げます。なお、念のために記録しておくと、現在七仏寺薬師堂周辺には、中世に遡ると考えられる五輪塔がいくつか並んでいる。それらは、区画整理の際に周辺地域から出土したものがここへ移されたとのことである。

く、この堂庵の前身となる「七仏寺」と、「絵図」に示された善通寺領西北堺ランドマークの関係については、今後の課題としたい。

西堺をあるく

「絵図」では、火上山と中山の尾根線を西堺線として描き、そして中山の山頂あたりから、山の南側を東に湾曲しながら描き、有岡大池北辺に続いていく。山頂付近の尾根線は明白であるが、堺線が具体的にどのように中山の山中を経て南側を下っていくのか、明確でない。いずれにしても、いずれかの箇所で堺線は「大道」（南海道）に繋がると考えるのが自然である。

その途中、西堺線となる火上山の尾根線近く「大窪」と呼ばれる地に、大窪寺跡という寺院跡がある。大窪寺跡については漠然と平安期に遡るとされているものの、発掘調査等も行われていないため、詳細は不明である。(14)

五岳山全体は、空海が修行した地という伝承をもつことから、多くの僧の修行の場となってきた。この点に関連して、もう少しリアルタイムに作成された具体的な史料をみてみると、延久年間（一〇六九―七四）頃、善範という曼荼羅寺僧が、曼荼羅寺や近隣山中の「大師（空海）以下同御行道所字施坂御堂」（施坂寺、現出釈迦寺に比定されている）などで様々な修行や諸堂修造などを行い、延久元（一〇六九）年には「曼荼羅寺ならびに同大師御前跡大窪御寺において、一千日法華講の勤行を演」じたという。(15)

「施坂寺」は、もともと三険山「香色・皮志・髪山」の山中の「有験霊地」を空海が点じたものとされ、(16)「大窪寺」も「大師御前跡」とされるように、少なくとも延久元（一〇

（14）『善通寺市史　第一巻』（善通寺市、一九七七年）七九六頁、「大窪経塚古墳」（善通寺市教育委員会）など参照。なお、大窪寺跡については、その場所もややわかりづらい。地域の郷土史家による冊子『よしはら』（善通寺市吉原郷土研究会、一九九〇年）には、現地の略図等が示されている。

（15）延久三（一〇七一）年八月十三日讃岐国曼荼羅寺僧善範解案（東寺百合文書ユ、『平安遺文』四六四一号）

（16）治暦二（一〇六六）年七月六日讃岐国曼荼羅寺僧善芳解案（東寺百合文書ユ、『平安遺文』一〇〇八号）

六九）年には空海ゆかりの寺院として存在していた。史料に現れる「大窪御寺」と大窪寺跡とには関わりがあるのか、今後の発掘調査等、研究の進展が期待される。

4　善通寺領をあるく

その他、簡単に「絵図」に現れるポイントを整理しておきたい(17)。

門前町

一見して市街地化している善通寺門前町にも、「絵図」の条里方格線に相当する多くのライン（道・水路）を確認することができ、したがって「絵図」中に示された寺僧在家の跡地は、ほぼピンポイントで現在の位置を確認することができる。

五岳山

「絵図」の概要を論じたなかで触れたが、若干補足しておく。香色山・筆ノ山・我拝師山・中山・火上山と続く五岳山は、現在香色山山頂から西へ尾根づたいにつづく五岳山縦走ルートがある。山道はとても険しい。なかでも、「絵図」にも五岳山の中心として描かれている我拝師山は、五岳山のなかで最も高く険しく、空海が幼少時に飛び降りたという伝承を持つ「捨身ヶ岳」がある。険しい岩肌を背にして視界の広がる西方を眺めていると、たしかに足がすくみ、空中に引き込まれそうになる。

（17）以下で紹介する各ポイントは、前掲注（3）拙稿「「讃岐国善通寺領絵図」調査ノート」付録【現地ガイド】でも採り上げた。

曼荼羅寺

「絵図」には、五岳山の北側にやや大ぶりに描かれている。平安後期には善通寺と共に東寺末寺となっていたが、鎌倉期にはこれまた善通寺と共に随心院末寺となった。平安後期から鎌倉前期にかけての東寺関係文書において、善通寺・曼荼羅寺はひとくくりにされており、両寺は一体のものとして把握されていた。

水分神社

曼荼羅寺東南に位置する神社で、「絵図」に現れる「小森」に該当する。現在でも「小森さん」なる通称名は、この地区の住民から聞き取ることができる。曼荼羅寺の所在する谷間一帯の鎮守であり、谷間一帯が氏子圏となっている。信仰圏のあり方は、前近代に遡る可能性が高い。

生ノ木《いきのき》大明神

「絵図」曼荼羅寺の西側の谷をひとつ隔てた「ゆきのいけ大明しん」と表記された地点に現在存在する祠である。「ゆきのいけ大明しん」は生ノ木大明神を指すと考えられている。現出釈迦寺すぐ脇の尾根を西側の谷へ出て、その谷の西側傾斜部にある。ここから近くの北西の地点には、西行が逗留したと伝えられる「西行庵」がある。

おわりに

以上、地域に残された伝承や、史料から得られる情報などと照らし合わせながら、「絵図」に描かれた寺領の境界をあるき、諸々のポイントについてみてきた。

中世善通寺領の境界には幹線道路である南海道や、金毘羅道として利用されていく歴史的な道、山稜の尾根線などの自然地形など、いつの時代にも境界となりやすいラインがある一方で、局地的には空海ゆかりの地として境界地点が設定されたと考えられるポイントもみられた。その他にも、寺領の境界との関係を思わせる伝承や寺跡・祠などもみられた。それらのなかには、さらに実証的な裏付けが必要なものもあるが、全体として中世の人々が境界に対して持った心性は、充分に感じ取ることができたといえよう。

なお、本稿で紹介した地域に残る伝承は、現地に残る伝承のごく一部で、「絵図」をあるくにあたって直接関係するものを紹介したに過ぎない。地域一帯で耳にすることのできる中世に繋がる伝承は、空海にまつわる伝承をはじめとしてとても多く、明らかに後世の創作と判断されるものを含めると、膨大な数にのぼる。この地域に限らず、そうした地域で生み出される「創作」自体、地域に生きる人々の歴史認識や自己認識の表現でもある。

最後に、本稿では中世善通寺領の境界地と地域に残された伝承との関係を紹介することで、結果的に「絵図」を覆う地域に暮らす人々の歴史認識や自己認識が、すべて善通寺や空海への信仰に直結しているかのようにみえてしまったかもしれない。しかし、例えば曼茶羅寺近辺の「小森さん」が善通寺や空海への信仰とは一線を画して存在し、現在でも地域に暮らす人々が結集しているように、一帯地域の歴史認識や自己認識は、必ずしも善通寺や空海だけに直結するのではなく、各地区に独自なものもあり、多様である。この点、本稿では描ききれなかったことを、念を押して付け加えておきたい。

〔参考文献〕

京都府立京都学・歴彩館「東寺百合文書WEB」
善通寺市『善通寺市史　第一巻』一九七七年
東京大学史料編纂所編『日本荘園絵図聚影　五上　西日本一』東京大学出版会、二〇〇一年
高橋昌明・吉田敏弘「善通寺近傍絵図現地調査報告」（昭和五九年度科学研究費総合研究（A）研究成果報告書『荘園絵図の史料学および解説に関する総合的研究』滋賀大学教育学部、一九八五年）
守田逸人「「讃岐国善通寺領絵図」調査ノート」『よみがえる荘園』勉誠出版、二〇一九年
同「善通寺伽藍幷寺領絵図」『香川県の文化財』香川県、二〇二一年
吉田敏弘「讃岐国善通寺一円保差図」小山靖憲・下坂守・吉田敏弘編『中世荘園絵図大成』河出書房、一九九七年
『香川県の地名　日本歴史地名大系38』平凡社、一九八九年

［付記］本稿は、科学研究費基盤研究（C）研究課題18K00929「荘園景観の歴史過程に関する復元研究」の成果の一部である。

column

弘法大師空海の幼少期の伝説について――

渋谷啓一

空海は讃岐で生まれた。香川県では、そして多くの人にとっては当たり前のように思われる。しかし、その実像を問われると、怪しくなる。足跡とそれらを物語る宝物はあるが、実際はどうであろうか。

誰もが功成り名をあげた後の生涯は公に明らかになるが、それ以前は、自己申告によるところが大きい。ましてや一二〇〇年前に生きた空海も同様である。そして「自己申告」として語ったとされる内容から、伝承・伝説が生み出されていった。そうした幼少期を物語る足跡がこの地に伝わっている。物語られる空海の幼少期が形成されていった背景をみていきたい（なお、私は讃岐誕生説を支持している）。

空海の伝記

数々ある空海の伝記のなかで、政府公認のものに『続日本後紀《しょくにほんこうき》』承和《じょうわ》二（八三五）年三月庚申（二十五日）条の卒伝がある。空海の死は直前の三月二十一日条に書かれているが、この二十五日条は公式記録といえる。その冒頭部を紹介しよう。

「法師は讃岐国多度郡の人なり。俗姓は佐伯直《さえきのあたい》。年十五にして舅の従五位下阿刀宿禰大足《あとのすくねおおたり》に就いて文書を読習し、十八にて槐市に遊学す。（後略）」（原文は漢文）。

この記述の後、「虚空蔵求聞持法《こくうぞうぐもんじほう》」と出会い、大学を去り山林修行者として四国等で修行し、最初の著作『三教指帰《さんごうしいき》』（その原形の『聾瞽指帰《ろうこしいき》』）を執筆（二十四歳）、三十一歳で得度、延暦《えんりゃく》二十三（八〇四）年に入唐留学と続き、紀伊国の金剛峯寺に隠居し、年六十三歳で亡くなった、と伝えている。亡くなった年齢は、他の資料から「六十二」の誤写の可能性が高いとされ、この没年から逆算し宝亀《ほうき》五（七七四）年生まれと判明する。

公式記録には幼少時の記録は記されていない。十五歳で母方の伯父、阿刀宿禰大足に学問の指導を受けるが、大足は後に伊予親王（桓武天皇の皇子）の家庭教師「侍講」となることから、当時より在京していたと考えられ、空海（出家前の佐伯直《さえきのあたい》真魚《まお》）も、彼の教えを受けるため讃岐の地を出て平城京または長岡京で学んでいた可能性がある。そして十八歳で都の官吏養成機関である大学に入った。つまり、十五歳の記事の解釈によっては、幼少期の記録は公式には全く採られていないことになる。この十五歳と十八歳の記述は、続く「虚空蔵求聞持法」との出会いや四国等での修行の様子を記す箇所と同様に、『三教指帰』序に「余《わ》れ年志学（＝十五歳）にして外氏（＝母方）の阿二千石（＝親王の侍講となる阿刀大足を指す）、文学の舅に就いて伏膺鑽仰《ふくようさんぎょう》し」、「二九（＝十八歳）にして槐市（＝大学）に遊聴す」と書かれる記載に相応している。つまり、卒伝の前半部は、空海が自ら著作で語った内容を反映した記事といえる。

空海が自ら語った言葉で幼少期に関わるものは、『聾瞽指帰』中で自身の姿を投影した「仮名乞児《かめいこつじ》」が出身を名乗るシーンがある。その割注に、「讃岐」「多度」「屏風浦」と書かれているのみである。空海存命中に判明していた、彼の幼少期、讃岐在住時の記録は以上である。やはり名が知れ渡るようになるまでの事績は、記録に残されていないのである。

幼少期の物語の生成

空海の死後、弟子たちが師の生涯について、信仰の対象となる教祖としてのものに整えていく。まず、空海自身の言葉の形をとった『遺告《ゆいごう》』の類においてである。これらは多くの系統が伝わるが、その原形は大師号を賜ったこと（九二一年）を契機に、遅くとも十世紀末には成立していたと考えられている。

自身の生涯を回想する形をとり、十二歳ごろの話として、両親が彼を将来仏弟子に、と考えていたことを述べている。その時、阿刀大足が「たとえ仏弟子にならんも、大学に出て文章を習わしむるにしかず」と話したという。ここで両親の願いがストーリーに加わったことになり、空海の仏教への接近時期が早められている。

空海の出身地とされる善通寺周辺では、七世紀代の寺院跡（仲村廃寺）や、善通寺からも八世紀前半とみられる瓦が出土している。空海（真魚）が仏教への関心を持ったであろうことは想像しうるが、この『遺告』生成段階で、両親の願望が発露されたことになる。

さらに、十二世紀には弘法大師信仰を真言教団が流布させる中で、弘法大師の生涯―生誕から入定、その後の奇跡まで―をとりまとめる「行状記《ぎょうじょうき》」、そして物語を絵画化した「行状図絵《ぎょうじょうずえ》」が制作され、幼少期についての物語が形成され定着していくようになる。

幼少期の場面の確定

弘法大師の生涯を描いた「大師行状絵伝」のなかで、現存する一番古いものは、十三世紀後半の制作とされる『高野大師行状図画』六巻本（重要文化財・地蔵院所蔵）である。ここには、誕生してから幼少期の「弘法大師」（空海・真魚）について四つの場面のエピソードが描かれている。

大師誕生：天竺の僧が自らの胎内に入る夢を母親が見る。そして生まれたのが真魚（空海）。

幼稚遊戯：幼児となった真魚は、泥遊びで仏や塔を作り、それらを拝んでいた。

四王執蓋：国司が真魚を拝謁した。国司には真魚の周囲に彼を守護する四天王が見えた。

誓願捨身：真魚七歳の時、この世を救う願いをかけて山頂から投身したが、釈迦如来が現れるとともに天女が彼を受け止めた。

これらの場面は、宗祖・弘法大師が、既に仏弟子として選ばれて誕生したことを物語るエピソードであり、幼少期の大師の姿として信仰上確定することとなった。

場面イメージの継承と伝説の具体化

やがて、この物語の場面に応じて伝説を語る地が設定されていく。すでに、鎌倉時代ごろに作成された「善通寺領一円保絵図」（重要文化財・善通寺所蔵）には、大師が作ったと言われる泥の塔を示す傘塔婆《かさとうば》らしきものが描かれ、その地「仙遊が原」は、幼少期の大師への信仰の対象となる場所となった。また、十一世紀まで「施坂寺」と称されていた寺院が「出釈迦寺」となり、背後の山頂にある奥の院が「捨身が嶽禅定院」となり、大師ゆかりの修行地、霊場となる。

図1　高野大師行状図画（写本）四天執蓋の場面（善通寺所蔵）

図2　四天王立像（善通寺所蔵、右から持国天、多聞天、広目天、増長天）

大師誕生の寺と認定された善通寺には、こうした幼少期のエピソードに基づいて作られた宝物が伝わっている。大師誕生地として幼少期の姿を表現した「稚児大師像」、そして「四王執蓋」の場面さながら守護するように、稚児大師像とサイズを合わせて作られたと思われる「四天王像」、また父母（佐伯善通、玉依御前）の像などなど。

これらは、誕生地ならではの宝物として尊ばれ、そして江戸時代における善通寺諸堂宇復興のための出開帳では、メインとなる宝物として出品された。元禄年間の江戸・上方での出開帳は好評であり、その収益のいくばくかによって、元禄十三（一七〇〇）年に金堂本尊の薬師如来坐像（香川県指定文化財）が完成した。

さらに塔の再建を目指し、元文五（一七四〇）年以降、再び「大師誕生の寺」をテーマに出開帳が企画・開催される。元禄年間の出開帳には大師両親の像の表記は見えないが、この期の出開帳目録には表記が確認でき、出品されたことがわかる。現在、善通寺に伝わる両親像を納める厨子には「明和八年」（一七七一年）という年紀が記されており、開帳後に収納するために厨子が作られたと考えられる。また像本体も江戸時代中期以降の制作と考えられている。これらの状況証拠から、第二期出開帳のため、大師誕生の寺をさらにアピールする必要によって、大師の両親の像が制作された可能性もあろう。

こうして、大師幼少期の物語を補強するような作品が、信仰、そしてそれを梃子にした善通寺の復興の動きを通じて制作され、伝説が肉付けされてきたのである。

おわりに

以上、見てきたように香川県内に伝わる幼少期の空海の足跡は、伝説、または「宗祖の物語」から生成されたものがほとんどではある。ただし、伝説や伝承には、それらの元となる痕跡や記憶と、それらが生成されるべき時代の要請がある。その要請もまた貴重な歴史の一コマであり、伝説、伝承の中から史実を見出していくだけでなく、歴史の動きを掬い取っていく姿勢が重要であろう。

〔参考文献〕

高木訷元『空海　生涯とその周辺』吉川弘文館、一九九七年

高松城下町の絵図に見るいま・むかし

——田中健二

はじめに

高松市の市街地中心部は、もともと野原郷（庄）とよばれていたが、一五八七（天正一五）年、羽柴秀吉より、生駒親正《いこまちかまさ》が讃岐一国を与えられ、その翌年、領国支配の拠点として、この地に城郭を築き、屋島に近い高松郷の名を取り高松城と名付けたことにより、その城下町も高松と呼ばれることになった。

城下町高松を描いた絵図は、史跡高松城跡整備報告書第四冊『高松城史料調査報告書』（高松市・高松市教育委員会　二〇〇九年）[1]に網羅されている。高松城を中心に描いた城図と城下町全体を合わせて描いた城下図があり、その呼称も様々であるから、本文では、高松城下図に統一する。

絵図を用いることにより、高松城下町の範囲と変遷、高松市街地への変貌を視覚的に理解することができよう。なお、本章では、理解の便宜を図るため、城下図については、原

（1）　本報告書は、奈良文化財研究所の全国遺跡報告総覧で閲覧できる。

図の写真から作成した写図を用いる。この手法は、森下友子「高松城下の絵図と城下の変遷」『財団法人香川県埋蔵文化財調査センター紀要Ⅳ』（同センター　一九九六年三月）に学んだ。

1　高松城及び城下町の立地

高松城築城当時の周辺地形は、高松市歴史資料館所蔵「讃岐国絵図」（部分写図、図1）がよく示している。

本図は、記載された情報から、慶長年間（一五九六―一六一五）ごろの讃岐国の姿を描いたものと判断される。(2) 高松城は瀬戸内海に突き出た舌状の土地の先端に築かれ、その東は屋島まで続く入江であった。また西は石清尾山《いわせおやま》から北へ延びる尾根が海に落ちこむ郷東の端《はな》のところまでの間、同じく入江となっている。平地は南の方へ広がっているだけである。この三方を海に囲まれた場所が築城地の候補となった理由は防衛上の利点のほかに、もう一つあった。この地の東側は「東浜」、西側は「西浜」と呼ばれて、それぞれに港があった。野原には港があり、室町・戦国期の史料からはそれほど規模は大きくないが、寺社などもあって繁栄していたことが知られている。(3)

（2）田中健二「生駒時代の讃岐国絵図」（科学研究費補助金（基盤研究（C））研究成果報告書『近世初期讃岐国における城下町建設と開発・治水に関する研究』研究代表者田中健二　美巧社、二〇一七年）。本報告書には、田中の城下町関係の諸論文を収めている。なお、科学研究費の報告書であるため、市販はしていないが、香川大学図書館・香川県立図書館・高松市立図書館などで閲覧できる。

（3）香川県歴史博物館特別展図録『海に開かれた都市～高松―港湾都市九〇〇年のあゆみ～』香川県歴史博物館、二〇〇七年

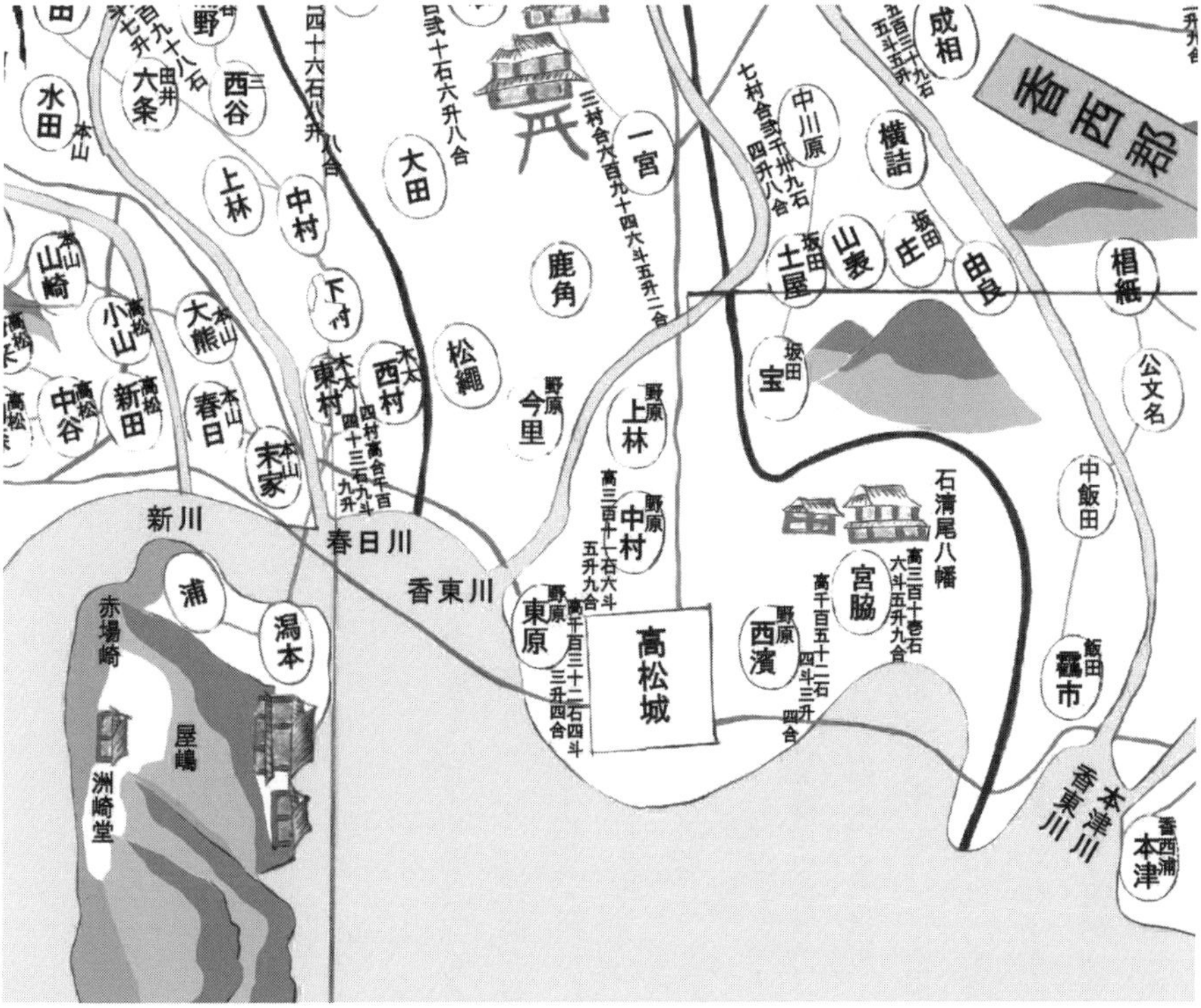

図１　高松市歴史資料館所蔵「讃岐国絵図」（部分写図、筆者作図）　河川名は筆者による書き込み

2 生駒時代の高松城下町

右に述べたような地形を活かして高松城とその城下町は建設された。高松市歴史資料館所蔵「生駒時代讃岐高松城屋敷割図」（写図）は、生駒時代の様子を描いたものである（図2）。

岬状の土地の先端部分に内堀・中堀・外堀と三重の堀に守られた高松城があり、その東西の外堀にはそれぞれ「東浜舟入」・「西浜舟入」との注記が見え、東西の外堀は防衛のためだけではなく、港の機能を合わせ持っていたことが知られる。海に突き出して「波《は》止《と》」（防波堤）が設けられているのは、出入りする船舶を波濤から守るためである。

城下への出入り口は三か所で、それぞれ門が設けられ、一六四三（寛永二〇）年には東浜出口御門・丸亀町出口御門・西御門と呼ばれていた[4]。

城下町へ目を転じると、南限は「けいざん寺」（慶山寺のちの法泉寺）、丸亀町、通町をつなぐ線であり、現在の高松市役所の北側から鍛冶屋町、丸亀町、古馬場町の通りに当たる。本図には見えないが、広島県立図書館所蔵「諸国当城之図」・前田育徳会尊経閣文庫所蔵「讃岐高松丸亀両城図高松城下図」など初期の高松城下図には、城下町の西のはずれに、初代親正の菩提寺弘憲寺をはじめとする寺院が集中している様子が描かれている[5]。法泉寺付近をのちに「寺町」といい、東側の御坊町とともに、城下町の南端に位置していた。これらの寺院群は、南方と西方からの城下町への入り口に位置しているから、その防衛線を形作っ

（4）「源英様御代御令條之内書抜」寛永二〇年五月一四日条『高松藩御令條之内書抜』香川県立文書館、一九九九年

（5）前出の『高松城史料調査報告書』に写真が掲載されている。

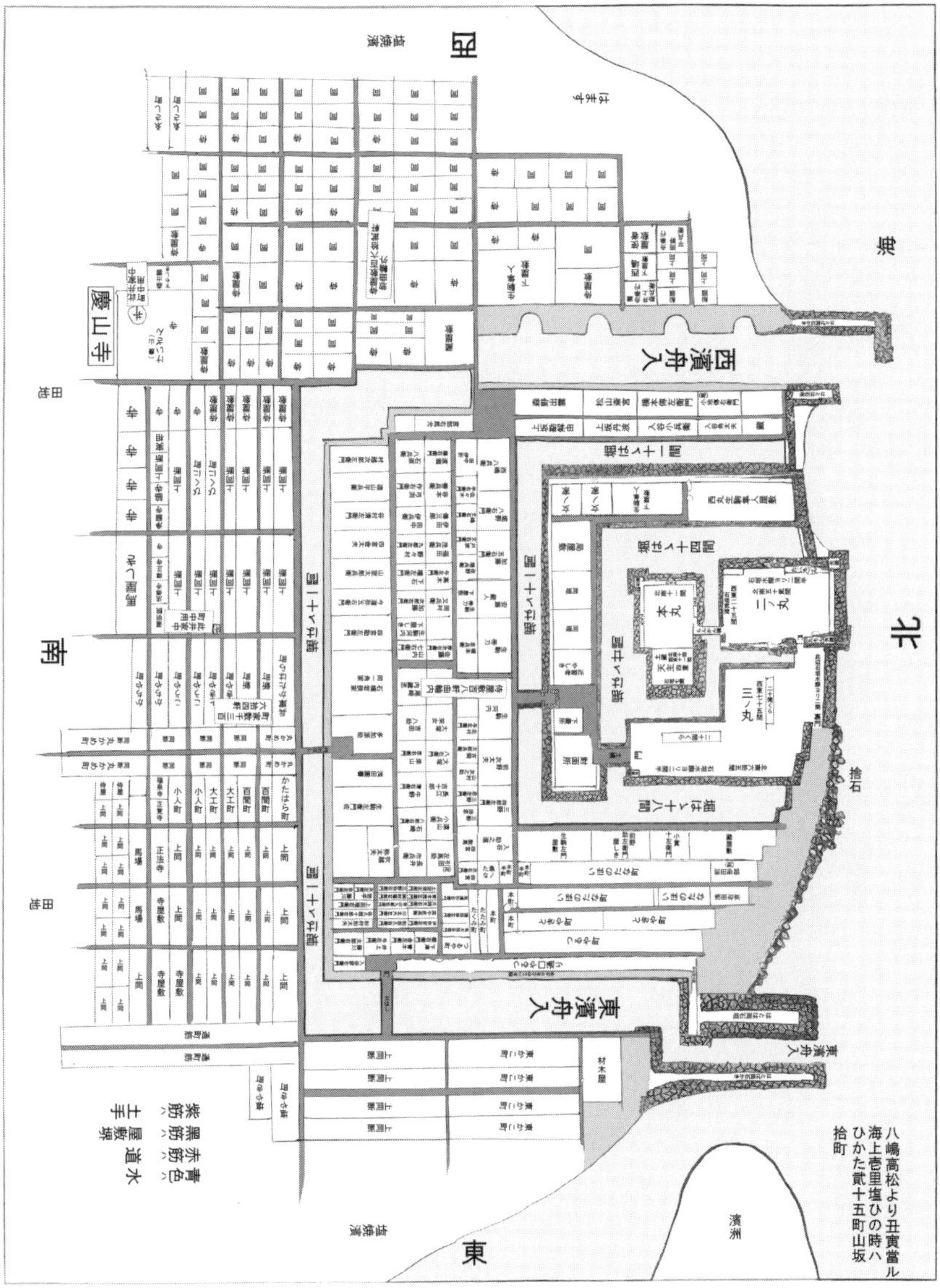

図2　高松市歴史資料館所蔵「生駒時代讃岐高松城屋敷割図」（写図、筆者作図）慶山寺は筆者による書き込み

ていたとみてよい。

東西の城下はずれには「塩焼浜」があり、製塩が行われていた。市街地東部の塩屋町はその名残である。外堀の海側には「東かこ（水主）町」・「船頭」町があり、船頭や水夫が集まって住んでいた。築城後も東西の入江は残っていたのである。

藩主一族や重臣たちの住居は、一部をのぞいて城内にあったが、中下級の家臣たちの住居は、古馬場町付近を例外として番町に代表される西部地区に集中している。なお、のちには古馬場町付近の侍屋敷は撤去され、町人地となった。

これらの地域を除いたところに商人や職人の住む町人地があった。南側の丸亀町は、三代正俊のとき、丸亀城が廃止され、その地の町人が移住して開かれた町と伝えられている。注目されるのは、外堀内の東側に位置する、のちに内町五町と呼ばれた本町をはじめとする町人地である。ここには魚の棚町、磨屋町、匠《たくみ》町などがあり、御用商人や城内での営繕に当たる職人たちが住んでいた。高松城の創建当時の城下町である。

3　松平頼重期の高松城下町

生駒家は四代で家臣間の対立（生駒騒動）により封地を没収され、一六四〇（寛永一七）年、水戸徳川家より光圀の兄松平頼重が高松一二万石の領主として入封する。高松市歴史資料館所蔵「讃岐高松之城図」（写図）は、頼重期のものである（図3）。城内に頼重のとき肥田和泉とともに大老を務めた彦坂織部の屋敷が記されているが、彼が死去するのは一六五

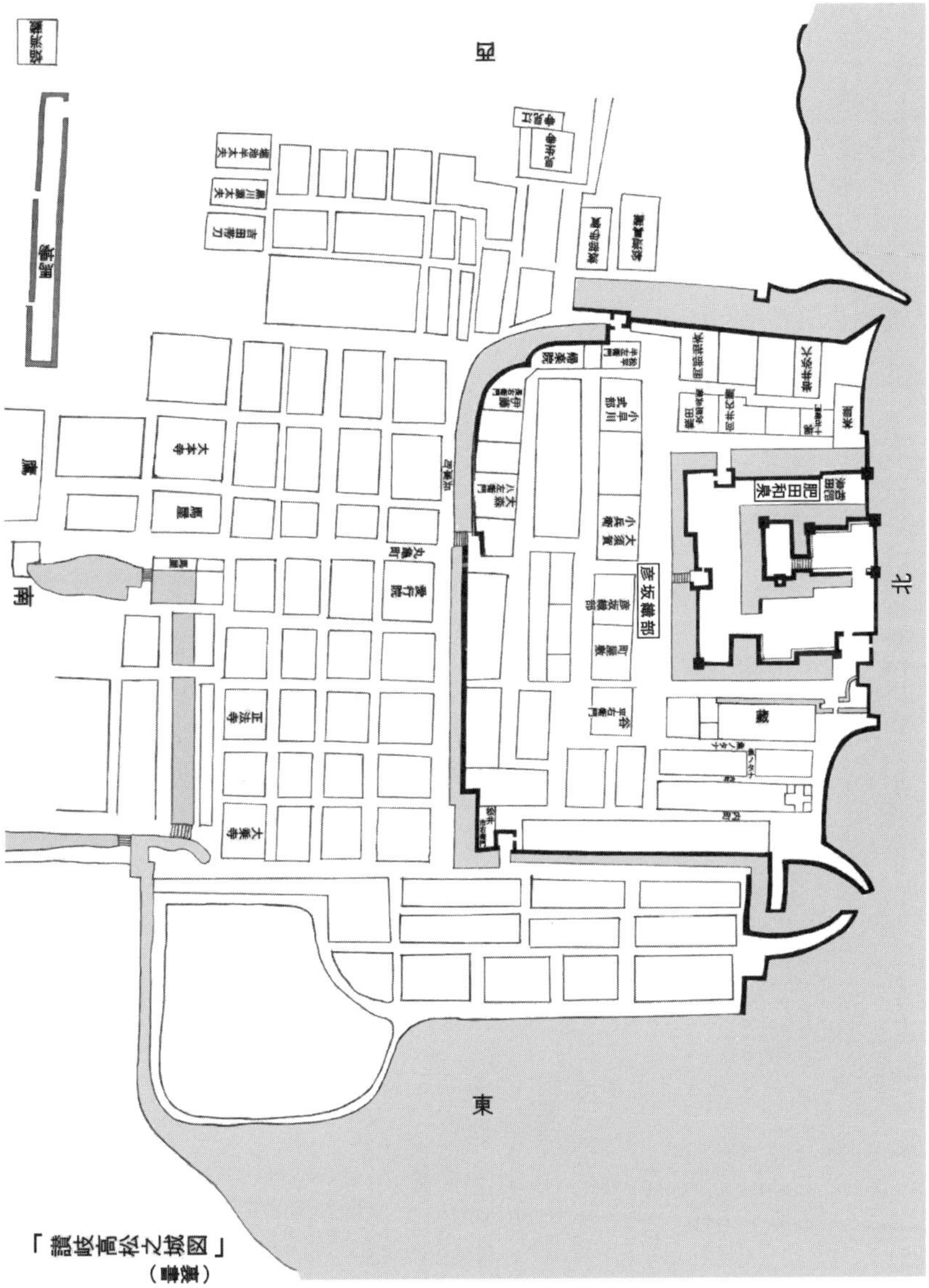

図 3　高松市歴史資料館所蔵「讃岐高松之城図」（写図、筆者作図）□は、筆者による書き込み

六（明暦二）年のことで、頼重が藩主であった時期である。

本図で図2と大きく異なっている点は、馬場が城下南西の地に移されていること、のち、この馬場の跡地は町となり古馬場と呼ばれた。もとの馬場付近に東西方向の堀が見えることである。この堀は、頼重期に製作されたとみられる「高松城下図屏風」(6)で御坊町の南にある馬場に隣接して東西方向に描かれている水路に当たっていよう。先に、御坊町の東西の寺院群は城下町の南の防衛線の一部であったと指摘したが、その南には堀があったのである。これは、『高松城史料調査報告書』で指摘されているとおり、防衛のために城下町を取り囲む総構《そうがまえ》である。ただし、丸亀町の通りより西へは伸びることなく、途中で建設は放棄されている。その時期は明らかではないが、おそらく生駒時代であろう。なお、この水源は、高松上水道の水源の一つ亀井戸（新井戸）である。(7)

4　高松城下町の拡大

「高松城下図屏風」には、総構のラインを越えて南方に城下町が拡大している様子が描かれている。南端部分は切れているので詳細をうかがうことはできないが、生駒時代の城下図に描かれた範囲より城下町が広がりつつあったことは間違いない。城下町の全貌が明らかになるのは、一七一八（享保三）年から一七三〇年の間に製作されたとみられる高松市歴史資料館所蔵「享保年間高松城下図」（写図）である（図4）。

本図には、東は杣場《せんば》川、南は「御林《おはやし》」（栗林公園）、西は石清尾山と摺鉢谷川に囲まれた

(6) 香川県所有の県指定有形文化財「高松城下図」（香川県立ミュージアム保管）の製作時期や詳細については、香川県歴史博物館『調査研究報告』二〇〇七年の高松城下図屏風の総合研究に詳しい。

(7) 高松城下の上水道は、松平頼重の入封以後の一六四四（正保元）年に地下に水路を設けて整備されるが、生駒時代の城下図や「高松城下図屏風」には、井戸が描かれており、人々の生活を支えていたことが知られる。

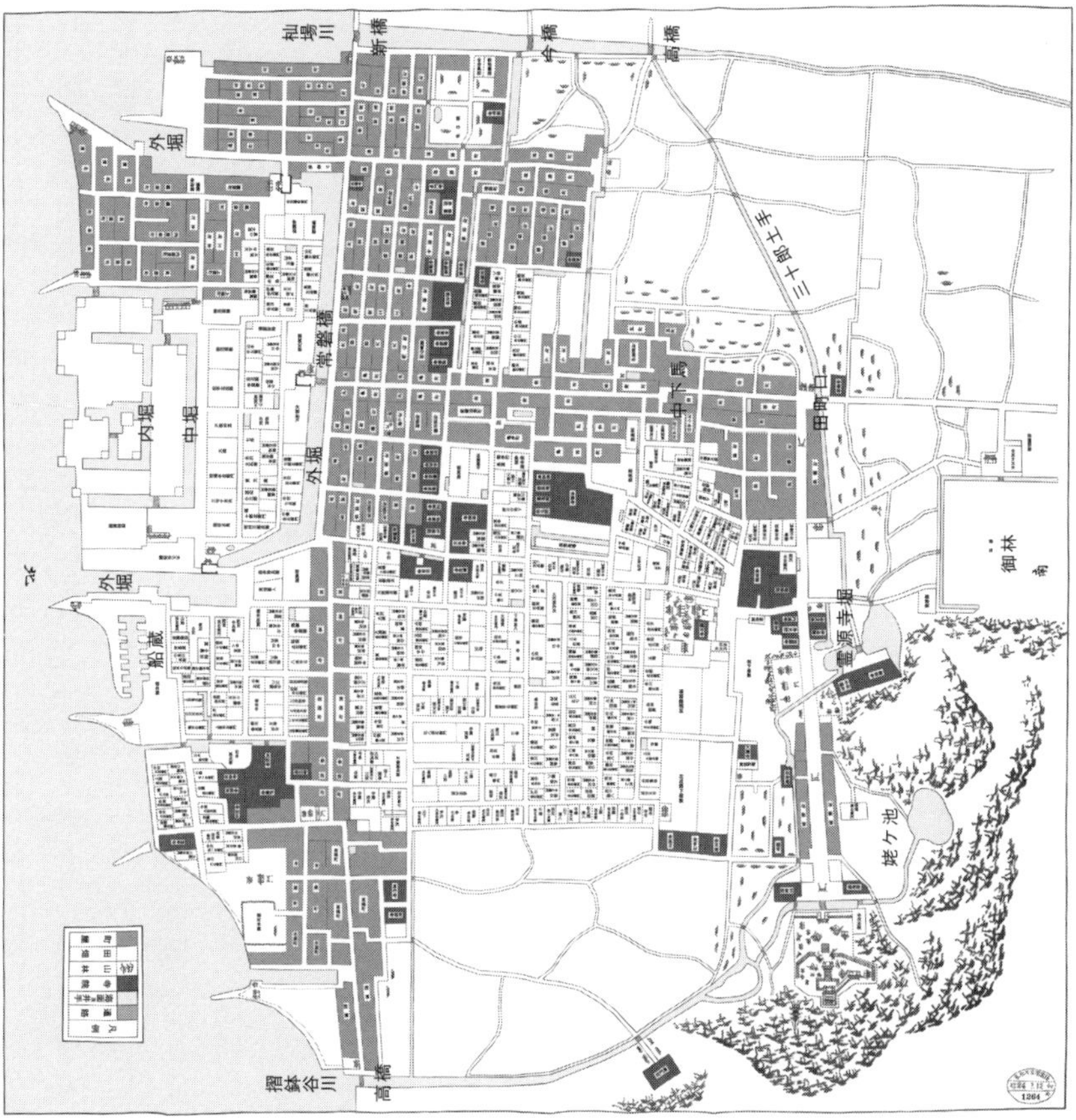

図４　高松市歴史資料館所蔵「享保年間高松城下図」（写図、筆者作図）　地名・用語を加筆。

地域が描かれている。図の左側、摺鉢谷《すりばちたに》川の流域の北半部は西浜村、南半部は宮脇村に属し、同じく下側の田町口から杣場川にかけては、中ノ村、今里村に属するから、藩による支配は町方（城下）ではなく郷方（村）で行われた。なお、のちに田町口の南、藤塚が中ノ村から分かれて城下町に加えられる。図の右側の杣場川の東側は切れているが、北半部は松島村、南半部は花園村に属していた。これら郷方に属する村々は近代において高松市の一部となり、「村」を「町」と変更したが、その読みは「ちょう」であって、城下に属した商人町・職人町・寺町の「町」を「まち」と読むのとは区別されている。なお、武家町は「丁」・「町」と書いて、いずれも「ちょう」と呼んでいた。

本図以降に製作された高松城下図は、基本的に右に示した範囲を描いている。この範囲が現在、県内の人々から「たかまつ」と汎称される地域となるのである。

5　高松城下図に描かれた河川・水路

前節で述べたように、享保年間以降に製作された高松城下図は、杣場川・三十郎土手・摺鉢谷川で囲まれた地域を描いている。これらの河川と水路についてその由来を述べる。第一節で述べたように、高松城およびその城下町の東と西は入江となっていた。生駒時代の寛永年間（一六二四―四四）と松平頼重期の万治・寛文年間（一六五八―七三）は周辺地域の開発が大規模に行われ、地形が大きく変えられた時期である。(8)

まず、城下町南方で東西に分流していた香東川は、寛永年間に城下の西部を流れる河道

（8）　田中健二「生駒時代・高松城下周辺の地形について」（『香川県立文書館紀要』第一二号、二〇〇八年）・同「続　生駒時代・高松城下周辺の地形について」（『香川県立文書館紀要』第一四号、二〇一〇年）で詳細に論じている。なお、両論文については、修正を加えたうえで、田中健二教授香川大学教育学部退職記念誌『彰往考来』美巧社二〇一五年刊に収録している。記念誌であるため、市販していないが、香川大学図書館・香川県立図書館・高松市立図書館で閲覧できる。

に一本化され現在の流れとなった。東側の流れはさらに東西に分流していたが、その東側の流れは御坊川となり、西側の流れは摺鉢谷川となった。いずれも一本化以前より流量は激減した。また東部の入江は干拓が進められ、高松と屋島の間は陸続きとなった。現在の福岡町・松島町・木太町北部・春日町・新田町一帯は、生駒時代と頼重期の両度の新田開発によって作り出された土地である。その城下町との境となった川が杣場川である。その名前は、当時の東浜、ほぼ現在の城東町には材木町があったため、河口に杣場（貯木場）が設けられていたことによる。

　城下西部の入江は頼重の入封時点では塩田があり、製塩が行われていたことが知られている。のち、元禄年間（一六八八―一七〇四）には、干拓されて陸地化するが、低湿地であるため、住宅を建てるには適さず畑地として利用された。城下町を含む内陸部の排水と灌漑のために設けられた川が摺鉢谷川である。その水源は石清尾山の姥ケ池《ばあがいけ》と御林（栗林公園）の湧水である。御林は頼重期に築造された池を中心とする大名庭園である。この地はもともと香東川の支流の跡であるから、その豊かな伏流水を利用して池が築造されたのである。ただし、洪水時には摺鉢谷川が氾濫して城下

図５　栗林公園の分水桝

町が浸水することが想定されるため、御林の北に霊源寺池を築き、この池から杣場川の高橋へ向けて放水路を設けた。これが三十郎土手（長土手）である。また、霊源寺堀は戦後埋め立てられたので、現在は、図5の栗林公園の分水桝に見るように、栗林公園北口の水路に分水のための桝が設けられ、上下二本の導水管がある。摺鉢谷川は流域の宅地化により灌漑用水としての使途がなくなったため、普段は下の管を通じて三十郎土手へ水は流れている。

これらの河川・水路に掛かる橋のたもとに城下町の出入り口が設けられた。東から時計回りに、杣場川の新橋・今橋（志度街道）・高橋（長尾街道）、三十郎土手の田町口の橋（仏生山塩江街道・琴平街道）、摺鉢谷川の高橋（丸亀街道）の五か所である。それぞれに番所が設けられ、城下への出入りを監視していた。(9)

(9)「源恵様御代御令條之内書抜」享保二〇年一〇月二八日条『高松藩御令條之内書抜』香川県立文書館、一九九九年

6 戦前高松の市街地と城下町

現在、高松市街地は江戸時代の城下町の範囲を大きく越えて周辺地域へ広がり、城下町の姿を復元することはむずかしい。そこで、太平洋戦争敗戦前の一九二七（昭和三）年測図の二万五千分一地形図に高松城下図から知られる情報を上書きして、高松城下町と市街地を作成した（図6）。

当時の高松市街地は、それほど広がっておらず、城下図に記された高松城の堀、城下町を取り囲む河川・水路を容易に復元することができる。近代高松の都市としての発展が江

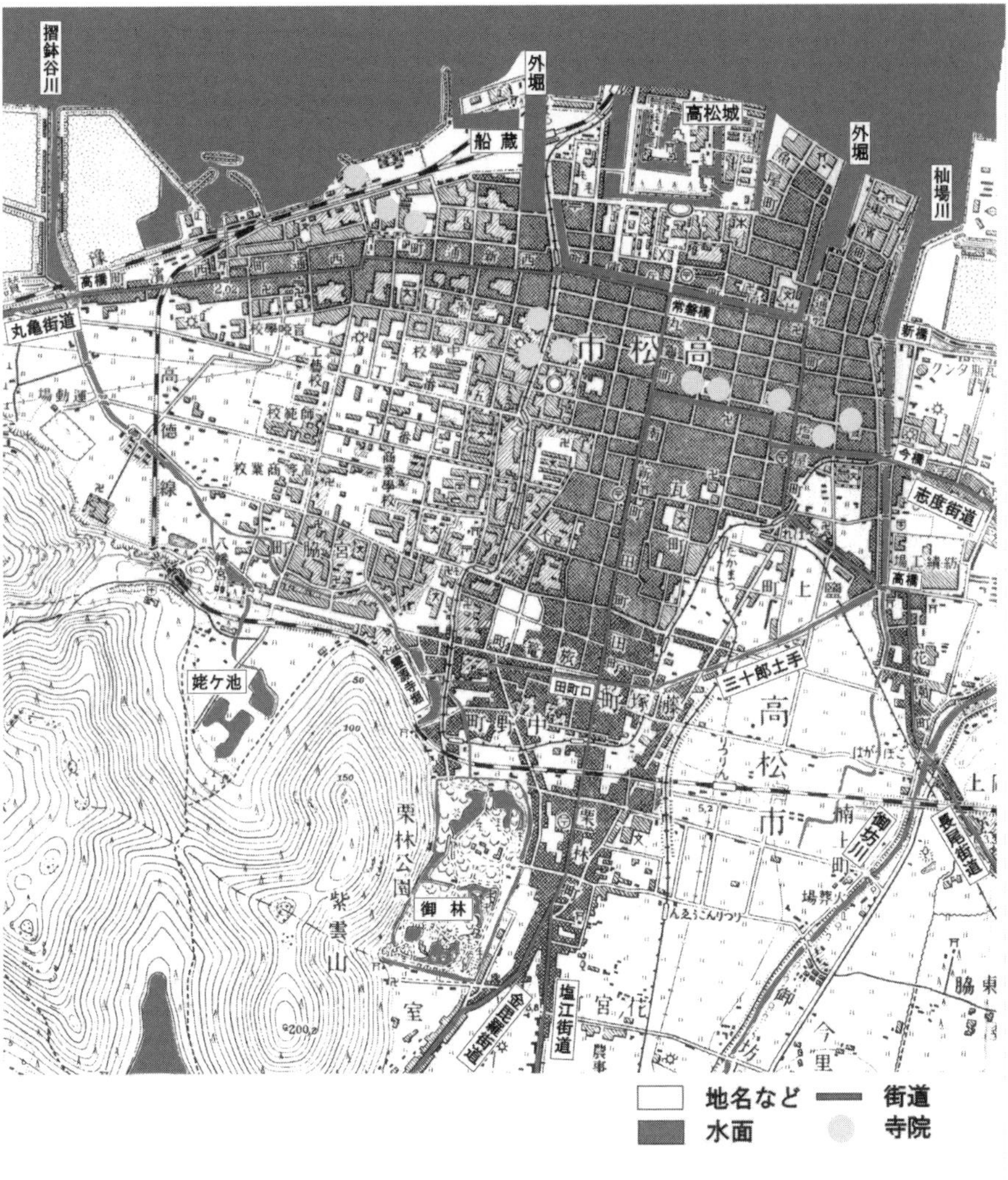

図 6　高松城下町と市街地　二万五千分一地形図　高松　昭和 3 年測図を用いて筆者作成

図7　杣場川の現状

図8　栗林公園の東口

戸時代の城下町を基礎としていたことがみてとれる。

一九七〇年代には、杣場川の新橋より今橋にかけては杣場川緑道がつくられ暗渠《あんきょ》となった。図7の杣場川の現状は新橋から南方（上流側）を見た景観である。三十郎土手も現在は暗渠となり、道路として用いられている。摺鉢谷川は栗林公園からの水路は亀岡町の亀阜《かめおか》公園を経て宮脇町の石清尾八幡宮の北側まで暗渠となり、姥ケ池跡地からの水路と合流してから高橋までの間は、流れを見ることができる。総構の水路も市街地の街路の下にうずまり姿を消した。

高松城の内堀と中堀の一部は現存しているが、外堀は西側と南側が、一九〇〇（明治三三）年の高松築港拡張第一次工事の完成とともに埋め立てられ、その埋立地に民家ができ、片原町・兵庫町とも両側に家が並ぶようになった。東の外堀は、商船の出入りする港であったため存続し、東浜港として発展した。ただし、一九七二（昭和四七）年ごろ、その南半部が埋め立てられ、現在の姿となった。[10]

南の外堀の中央に掛かっていた常盤橋《ときわ》は埋め立て当時は石造りとなっていたが、埋め立てとともに撤去され、現在は図8の栗林公園の東口に見るように、栗林公園の東口に欄干が移設されている。

（10）『角川日本地名大辞典三七香川県』角川書店、一九八五年「内町」の項による。

7　城下町の名残り

戦後、大きく姿を変えた高松の町であるが、各所に城下町の名残りが残っている。(11) 以下、文化年間（一八〇四―一八）製作の高松市歴史資料館所蔵「高松市街古図」（写図）から三か所を選び、写真で現状を示す。

図9の西側の外堀跡は、兵庫町の広場で南と西の外堀が接続する場所で、写真は北方に位置するサンポートのシンボルタワーを遠望している。右側の民家が並んでいるところが埋め立てられた堀跡である。

この写真の右方向が兵庫町のアーケードであり、入ってすぐのところにある北側の路地がL字形になっている場所が西側と南側の堀が接続していた箇所である。この路地は北方と東方に伸びているが、北方は西の堀の城内側、東方は南の堀の同じく城内側のラインである。東方の路地は三越高松店の南側を経て、フェリー通りを越え、一旦、片原町駅でさえぎられるが、その先へ続き、片原町のアーケードの東端の北側へ続いている。ここが東の外堀との接続箇所であり、そこから北方が東の外堀の跡である。

城下町の街路は、一九二五（大正一四）年、高松城内を貫通して整備された昭和天皇の御成婚記念式典道路に始まる中央通りの戦時中の中新町までの延伸、一九五四（昭和二九）年の栗林公園までの完成、戦後の戦災都市復興計画による道路整備などで、大きく姿を変えた。(12) それでも今も城下町の名残りを示すものに、旧城下に残るクランク状の「鍵の手」

(11)　高松城下町の遺構については、井上正夫『古地図で歩く香川の歴史』同成社、二〇〇八年に詳しい。

(12)　明治から戦後にかけての高松市街地の変貌については、平成二五年度高松市歴史資料館第六五回企画展　香川大学図書館神原文庫資料展図録『MAPS～古地図の楽しみ方～』二〇一四年の武重雅文執筆の解説「讃岐高松市街細見図」・「高松復興都市計画図」・「高松都市計画図　昭和一一年修正」に詳しい。

道、T字路を組み合わせた「当て回り」交差点がある。いずれも城下町特有のもので、攻め込む側の見通しを悪くするための防御上の工夫である。

街路が直角に二度折れ曲がる「鍵の手」道の一例として、中下馬跡を掲げる（図10）。現在の南新町・常磐町・田町三町の商店街の交差点である。写真は田町側からで前方は南新町、右側は常磐町の商店街である。

この場所は、城下町の幹線道路の一つである丸亀町・南新町・田町をつなぐ街路の途中にあり、ここで南北方向の道が東西にずれている。田町口から北上した場合、高松城の南の大手口に掛けられた常磐橋を見通せなくなっている。この街路は、高松城を先端とする舌状の地形の最高所を南北に直線状に通って、城下町の街路の基準線の一つとなっている。[13]この箇所で道路と最高所とのずれの調整が行われ、「鍵の手」道となったのである。

T字路が複数連続し変則交差点を作り出す「当て回り」交差点の一例として、淨願寺西の「当て回り」交差点を掲げる（図11）。

城下図の淨願寺は頼重により再興され高松松平家の菩提寺の一つとなった寺院であり、現在は番町へ移転し、跡地は高松市中央公園となっている。同寺の南側の通りは現在の菊池寛通に当たり、道路南側に面してその生家跡がある。写真は県庁通を北方から撮影したもので、右側の奥が香川県庁である。その手前左側が菊池寛通で瓦町へ通じる。手前右側は県庁に隣接する高松赤十字病院で、北側の香川県立高松高等学校との間の街路の西端に香川大学の正門がある。この箇所は「当て回り」交差点を継承した変則交差点となっており、交通安全上の配慮から歩車分離方式の信号が設置されている。

この交差点の北方には番町一丁目交差点、南方には天神前交差点（六ツ辻原）があり、

（13）『高松百年史』高松市、一九八八年　付図「城下町等高線図」（坂口良昭作図）

図 9　西側の外堀跡

□ は田中による書き込み

図10　中下馬跡

菊地直蔵 が菊池寛の生家。

図11　浄願寺西の「当て回り」交差点

変則交差点となっている。城下図には、いずれも「当て回り」の交差点として描かれており、県庁通に当たる南北に通じる街路は、高松城防衛の一翼を担っていたことがわかる。

おわりに

紙数の制限と版型の制約があり、詳細な図版を掲げられなかったが、『高松城史料調査報告書』のようにインターネット上で閲覧できるものもあり、筆者が紀要などに掲載したものもある。本稿を手掛かりとして、ぜひとも高松の街歩きを試みてほしい。現代と江戸時代をつなぐ様々な発見が期待できよう。

金毘羅参詣と門前町・こんぴら歌舞伎

――時岡晴美

はじめに

門前町は、寺社の繁栄のためや不時の備えとして、職人や浪人を集めて門前に移住・営業させることによって形成されてきたと考えられる（河村 二〇〇七）。寺社の勢力が拡大すれば参詣者が増大して門前町も繁栄するが、寺社の勢力が減退すれば参詣者も減少して門前町は衰退し、寺社が荒廃すれば門前町も消滅に至る。すなわち参詣者の増減が門前町の栄枯盛衰をもたらすといえよう。現代では参詣というより観光客を誘致して門前町を活性化する傾向もみられる。金毘羅門前町もこの例外ではない（図1）。

「金毘羅参り」は、近世の民衆信仰としては「伊勢参り」に次いで盛んであったといわれ、当初の大名による信仰と保護に始まり、十八世紀には全国の民衆による参詣が中心となった。門前町も大変な賑わいで、宿所や土産物店をはじ

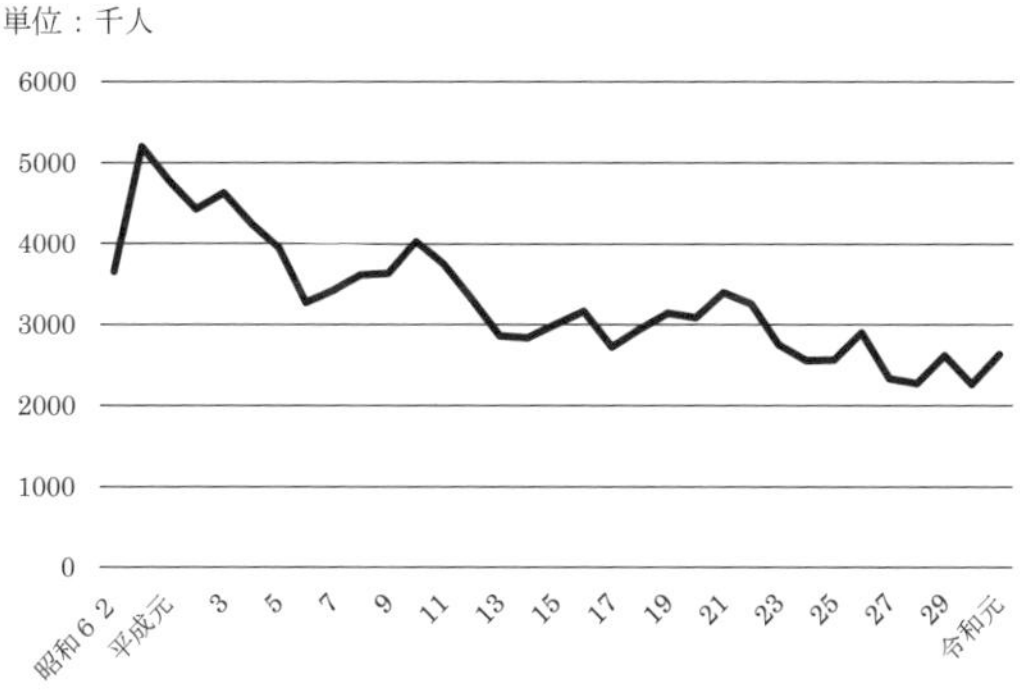

図1　琴平の観光地入込客数の推移

香川県『令和元（2019）年香川県観光客動態調査報告（確定版）』(2020年）より作成

め「精進落とし」のための遊興施設などを中心に繁栄し、「金毘羅なら食べて行ける」と言われた。本章では、こうした金毘羅門前町について、参詣や観光の変遷、街道と交通網の発達による影響に注目しながら辿る。

なお、「金刀比羅宮」は初期には「金毘羅宮」と表記され、明治の一時期は「事比羅」、現在の町制では「琴平」であり、現在に至るまで併用されている。本章でも内容に合わせて用いるため混在しているところがある。

1 金毘羅宮門前町の成立

金毘羅宮門前町は十五世紀から形成されたと考えられ（松原・山崎一九八八）、十七世紀半ば頃までに金毘羅宮に関わる塗師・大工・瓦師・鍛冶・砥氏・藍屋などの職人が近隣諸国から移住して門前に住まい、「百工千職居住の集所」と表された。多数の浪人も諸国から集まり、商家や売店が連なって賑わいのある門前町の様相を呈して「五百長市《いおのちょうし》」と称されていた。(1)

十七世紀、高松藩では生駒家寄進の金毘羅領三三〇石を幕府へ申し出て朱印地とし、一定の土地・山林・町家敷などの支配権と年貢課役の徴収権が認められた。金毘羅宮の裁量で年貢徴収を行うため、門前の町家敷に対する諸課税を免除し、希望者には家を建て店を営業させた。こうして門前町の基礎が整えられてきたといえよう。加えて、金毘羅宮の行事の際に開催される相撲、芝居、農具市なども、門前町の発展に多大な影響を与えたと考

（1）絵図『象頭山金毘羅全圖』一七二一（享保一〇）年頃、金刀比羅宮図書館所蔵による。

えられる。

宿所や土産物店は早期から存在していたとみられ、一七四二（寛保二）年の「金光院日帳」に「町宿」の表記があり、参詣する庶民の宿所があったことがわかる。町宿の虎屋兵次郎は大阪船宿と特約を結んで船客を全て虎屋へ宿泊させて大いに繁盛し、一七五八（宝暦八）年には高松藩主の代参人も虎屋を宿所としている。一七八四（天明四）年、隣接の高松から支店を出す料理屋も現れるなど、十八世紀末には街道沿いに商家が建ち並んで繁栄していたとみられる。

社領内の人口は、十八世紀には二五〇〇人規模となり、庶民は町方と地方に二分され格付けされていた。『香川県史4　通史編　近世Ⅲ』（香川県、一九八九年、一三一頁）によれば、町方重立《まちかたおもだち》、御用聴《ごようきき》、地方組頭、町方組頭、五人百姓、御用職人などがあり、町方重立（十五世紀半ばに金毘羅宮住職に招かれて、讃岐各地や瀬戸内海対岸の備前から移住した人々）の中から互選で町年寄となった。公事歩役御免《くじぶやくごめん》で二人扶持が給され、家名を有し「ただの商売人ではない」との心意気が強かったようである。一七五〇年代（寛延年間）には帯刀を許されたが、時代が下がるにつれて家業が衰退するところがあり町年寄が勤められなくなった。なお、「五人百姓」は、現在も境内で飴の販売を許される唯一の存在で、形成過程には諸説あるが、一六九〇年頃（元禄年間）には既に大門内で飴を販売していたと言われる。現在も、元旦からの金毘羅宮の神事に参加して重要な役割を果たしており、大門内の広場に白の大傘を並べて飴を売る光景は、金毘羅宮を特徴づける要素の一つである。

一六八九（元禄二）年には、町年寄、組頭、五人組頭の制度が整っており、町の組織の完成度は高かったと推測される。茶屋・旅籠一〇三軒が建ち並び、大門前には七軒の土産

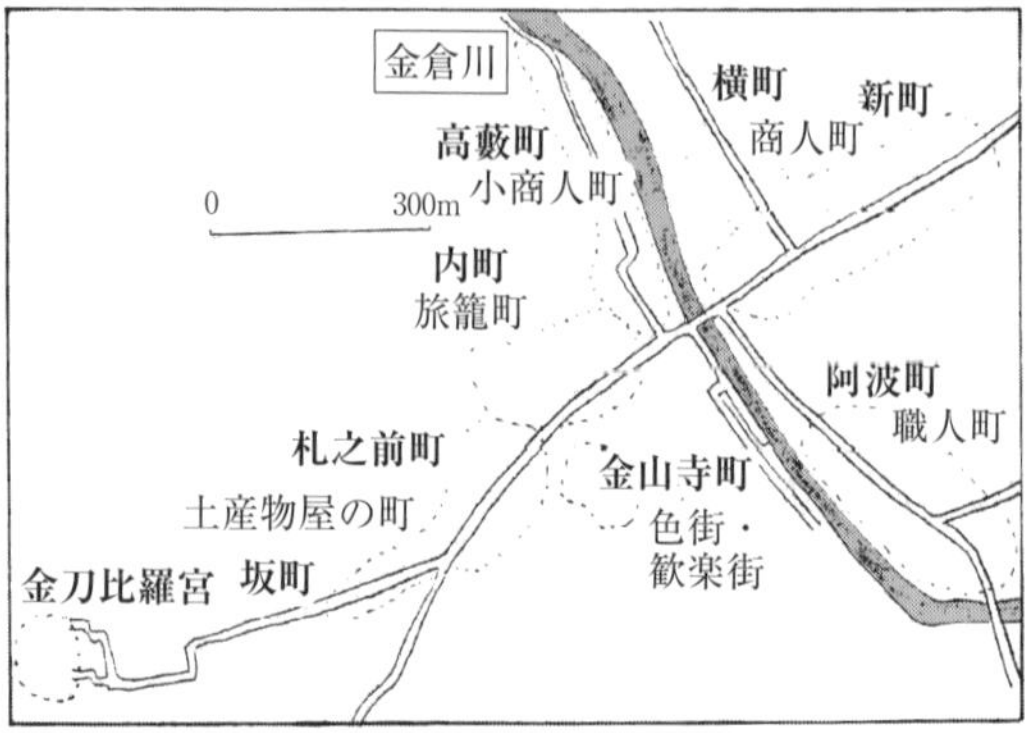

図2　江戸時代金毘羅門前町の機能分化

物屋が営業している。その他、米屋一四軒、酒屋一二軒などの生活関連業や、門前町ならではの石工・大工・土木請負業など七軒、彫物師と檜皮師各一軒など、少なくとも一六七軒が営業して相当な賑わいであったと推察できる。十九世紀、文政年間には遊興施設を中心として隆盛を極め、門前町の機能分化が進んだとみられ、茶屋・旅籠の集積は大門前から少し下がって表参道から路地を入った辺り（内町・金山寺町）に集中していた（図2）。

金毘羅宮は元々ヒンドゥー教の神、クンピーラ（ワニを神格化したもの）に由来すると言われ、水を司る神、水運の神として祀られていた。そこで、航海安全を祈願する参詣も多く、日清戦争から日露戦争へと続く時期には、軍部も航海の安全祈願として頻繁に参詣し、その度に遊興施設を利用したことで門前町に好景気をもたらした。以後、昭和初期まで隆盛を極めることになる。一九二〇（大正九）年の第一回国勢調査報告によれば、琴平町の人口は六〇八七人で、周辺町村の二―三倍に上っている。

2　金毘羅参詣と観光の変遷

「金毘羅参り」は、近世の民衆信仰としては「伊勢参り」に次いで盛んであったといわれ、大名による信仰と保護に始まり、十八世紀には全国の民衆による金毘羅参詣が中心となった。江戸時代の庶民は一生一度の願いとして、講を組んだり村の代表として金毘羅参詣に出かけた。当時、地元大名や代参人の参詣には院内の前屋敷や塔中寺院で宿泊しており、おもに四国・中国・九州地方から庶民が参詣する際の宿所は門前町にあった。

一七四四（延享二）年には、大坂の多田屋新右衛門（讃岐出身）が金毘羅宮から「金毘羅参詣船」の運行を初めて許され、金毘羅参りは関西から関東さらに全国規模に拡大し、以後、伊勢参りと並ぶ全国有数の観光地となる。一八〇〇年代初頭からの地誌・紀行には金毘羅が数多く登場し、十返舎一九は『東海道中膝栗毛』の続編として『金毘羅参詣続膝栗毛』を著わしている（十返舎一九　一八一〇、写真1）。主人公の弥次郎兵衛と北八は、当時のベストセラー『東海道中膝栗毛』の終点である大坂から、参詣船に乗って金毘羅参りに旅立つ。本文には、金毘羅船の出所が道頓堀、大川筋、西横堀と長堀の川口などにあり、「讃州金毘羅船」と染め抜いた幟を掲げた船があちこちの川岸に並ぶと描かれている。二人が道頓堀で讃州船に乗り、瀬戸内海を五〇里（約二〇〇キロメートル）航行して丸亀港に着くまでが上巻、下巻では丸亀から船頭を案内人として陸路三里（約一二キロメートル）の丸亀街道を歩いて金毘羅に入り、参詣の後、多度津街道を善通寺経由で多度津まで行くも

写真１　金毘羅参詣　続膝栗毛（十返舎一九）表紙

のの、トラブルに見舞われて丸亀の宿に戻るまでが描かれる。

当時の参詣ルートとして、関西方面は大坂から船に乗って下津井経由で丸亀港に着き、丸亀街道を金毘羅まで徒歩で行くのが主流であり、街道両側には灯籠が配置され、その明かりが丸亀から金毘羅まで続いていた。

筆者らは二〇〇一年、現在の丸亀港にある太助灯籠（一八三二年、塩原太助の寄付などにより建立）から丸亀街道を歩いてみた。随所に灯籠や丁石《ちょうせき》、あるいは丁石灯籠があり、象頭山《ぞうずさん》が見えるとまもなく金毘羅側の起点となる高灯籠（一八六〇年建造）に到着した。江戸時代には早朝に丸亀を出発して午前中には参詣を済ませたが、現代の筆者らは正午に集合して飲み物など調達しながら出発し、途中何度も見学や休憩を繰り返して金毘羅到着は午後六時過ぎの日暮れ時となった。往時を彷彿とさせる景観が随所にみられ、讃岐平野の彼方に讃岐富士（飯野山）の緩やかな稜線を臨みながらの行程は格別であった。

3　街道と交通網の発達

関西からの参詣ルートは、丸亀街道の他、中国から船で多度津港に着き、四国八十八か寺巡礼の道と重なる多度津街道を歩くものがあった。他方、主に地元民が利用したのは、高松の城下町を起点として金毘羅に至る高松街道で、その他、阿波から阿讃の山並みを超える阿波街道、松山・高知から川之江を経由して金毘羅に至る伊予・土佐街道、これらの五街道が近代に入るまでの中心的な参詣ルートである（図3）。

近代には交通網の整備が進み（表1）、一八八九（明治二二）年に讃岐鉄道株式会社によって多度津を起点とする丸亀・琴平間に汽車が開通し、一八九七（明治三〇）年には延長線の丸亀・高松間が開通する。当時は馬車や乗合自動車の営業も盛んに始まり、その後は更に鉄道網の整備が進み、讃岐電気軌道（のち琴平参宮電鉄に社名変更）、琴平電鉄が相次いで開通した。一九二二（大正一一）年には国有化された旧讃岐鉄道の新琴平駅ができ、現在の大宮通りが完成して金毘羅宮への道順が定着する。なお、一九三〇（昭和五）年、琴平急行電鉄により坂出・琴平間が開通したが、その後レールなどの軍隊供出で運休し、一九五四（昭和二九）年には廃止された。一九六三（昭和三八）年には琴平参宮電鉄が全線廃止、バス路線となった。

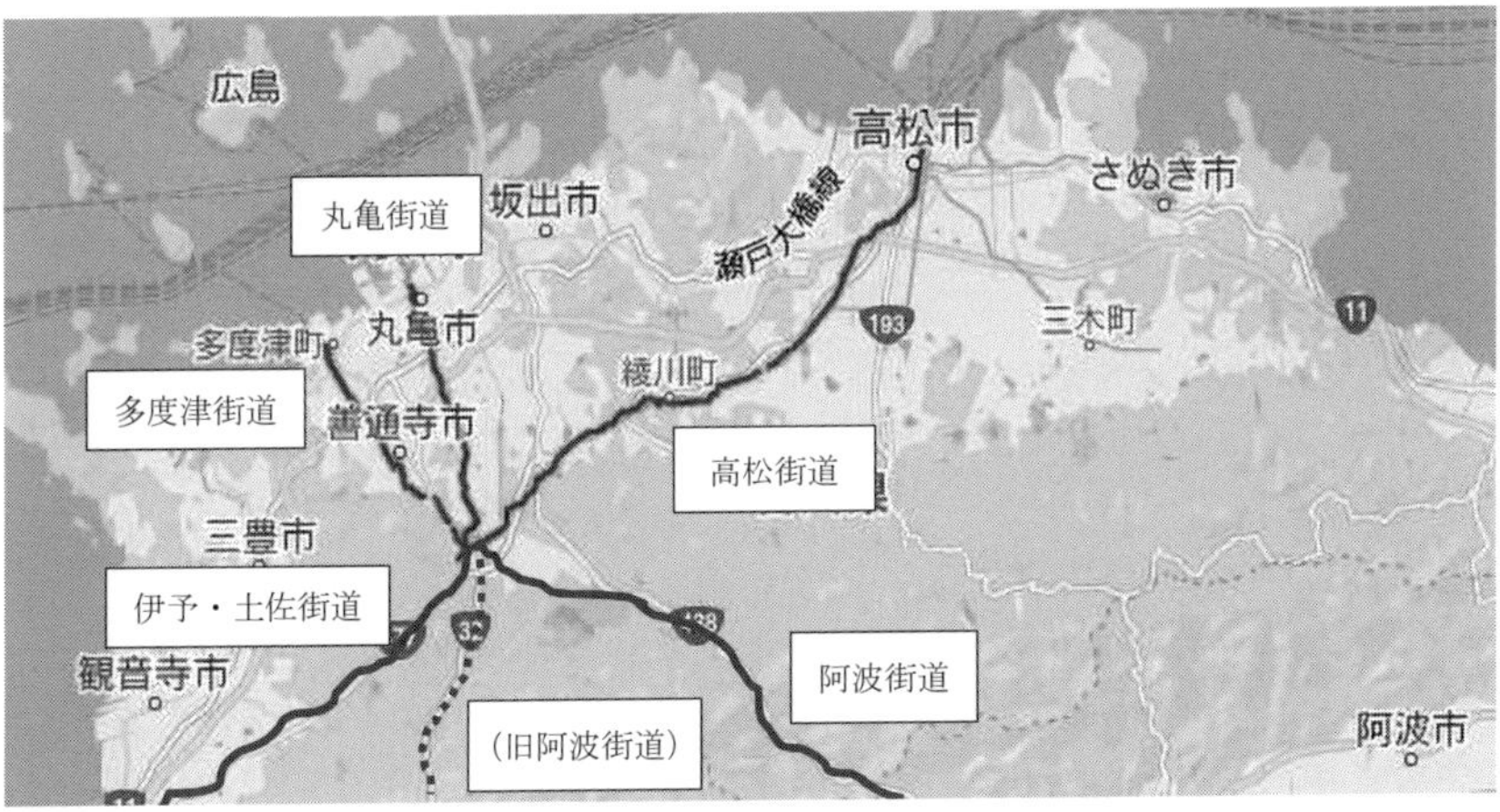

図3　金毘羅の五街道

表1　金毘羅における近代の交通網整備と観光の変遷

西暦	和暦	交通と観光関連の事象
1889	明治22	丸亀・琴平間に汽車開通（讃岐鉄道株式会社）
1892	25	丸亀・多度津街道二か所の交通量調査実施 1日に人力車574台、徒歩大人1,469人、徒歩小人121人、 行商人180人、荷車176台、馬車21両
1894	27	【日清戦争】 四国新道開通式を琴平町で挙行
1897	30	讃岐鉄道会社線延長、丸亀・高松間開業
1902	35	琴平・丸亀間に乗合馬車運行
1904	37	【日露戦争】（このころ戦争による好景気） 山陽鉄道会社が讃岐鉄道株式会社を吸収合併
1906	39	鉄道国有法により高松・琴平間の私鉄を通信省鉄道局に移管
1907	40	宇高連絡船開通（高松が交通の主流となる、半年の好景気） 琴平・善通寺間に馬車営業開始 琴平・丸亀・多度津間乗合馬車運行
1908	41	琴平・丸亀・多度津間乗合自動車運行 琴平・財田間に乗合馬車運行
1909	42	琴平・多度津・詫間間に乗合馬車運行
1910	43	金毘羅宮300年祭、以後、昭和初期まで隆盛を極める
1913	大正2	琴平・徳島間に乗合自動車運行開始 琴平商工会設立、内町に琴平芸奴検番（西検番）できる
1914	3	【第一次世界大戦開戦】 琴平・高知間に乗合自動車運行開始
1917	6	国鉄琴平駅乗車人員676,594名、降車人員65,616名
1919	8	新町に琴平東検番できる
1920	9	国勢調査、琴平町人口6,087（男2,238、女3,279）人、世帯数1,426
1922	11	琴平参宮電鉄（旧讃岐電気軌道）が坂出・丸亀・琴平間開通、善通寺・琴平間複線化 国鉄琴平駅を現在地に移転、大宮通りができる
1923	12	国鉄土讃線、琴平・讃岐財田間開通
1927	昭和2	琴平電鉄、高松・琴平間が全線開通 国鉄予讃線、高松・松山間全線開通 芸奴検番が合同し金沢町に移転、遊郭27軒（全盛期）
1929	4	国鉄予讃線と土讃線がつながる鉄道団体旅行の隆盛
1930	5	琴平急行電鉄、坂出・琴平間が開通（13年後に廃止）
1931	6	新聞に当宮へ一年に300万人と報じられる
1938	13	高松・琴平間の新道（国道32号）建設、竣工
1945	20	【第二次世界大戦終戦】 団体旅行の復活、400人規模の団体、旅館が増える
1947	22	参詣者360万人、宿泊者21.5万人
1948	23	旅館40軒余り（収容人員規模最大54名）
1950	25	芸妓学校開設（昭和33年まで続く、最盛期60余名在籍）
1955	30	国勢調査、琴平町人口12,234（男5,565、女6,669）人、世帯数2,983
1959	34	不景気が深刻、団体旅行にエージェントが入る、客引きがなくなる
1963	38	琴平参宮電鉄、全線廃止、バス路線となる
1988	63	瀬戸大橋開通、観光客増加

この間、門前町には複数の鉄道路線の駅が造られ、さらに移転や廃止が相次ぐなど、町並み形成にも大きく影響したと考えられる（図4、図5）。

昭和に入ると鉄道団体旅行が全盛となり、金毘羅宮へも鉄道利用の団体客が続いて門前町は活気が溢れる。第二次世界大戦後には鉄道団体旅行による四〇〇人規模の宿泊が続いて旅館軒数が増加し、一九四七（昭和二二）年には参詣者三六〇万人、宿泊者二一万五千人、旅館四〇軒余りを数えた。数百人規模の団体旅行客を一軒の宿では収容できないため、門前町全体で協力体制を取っていた時期もある。高度経済成長期にはレ

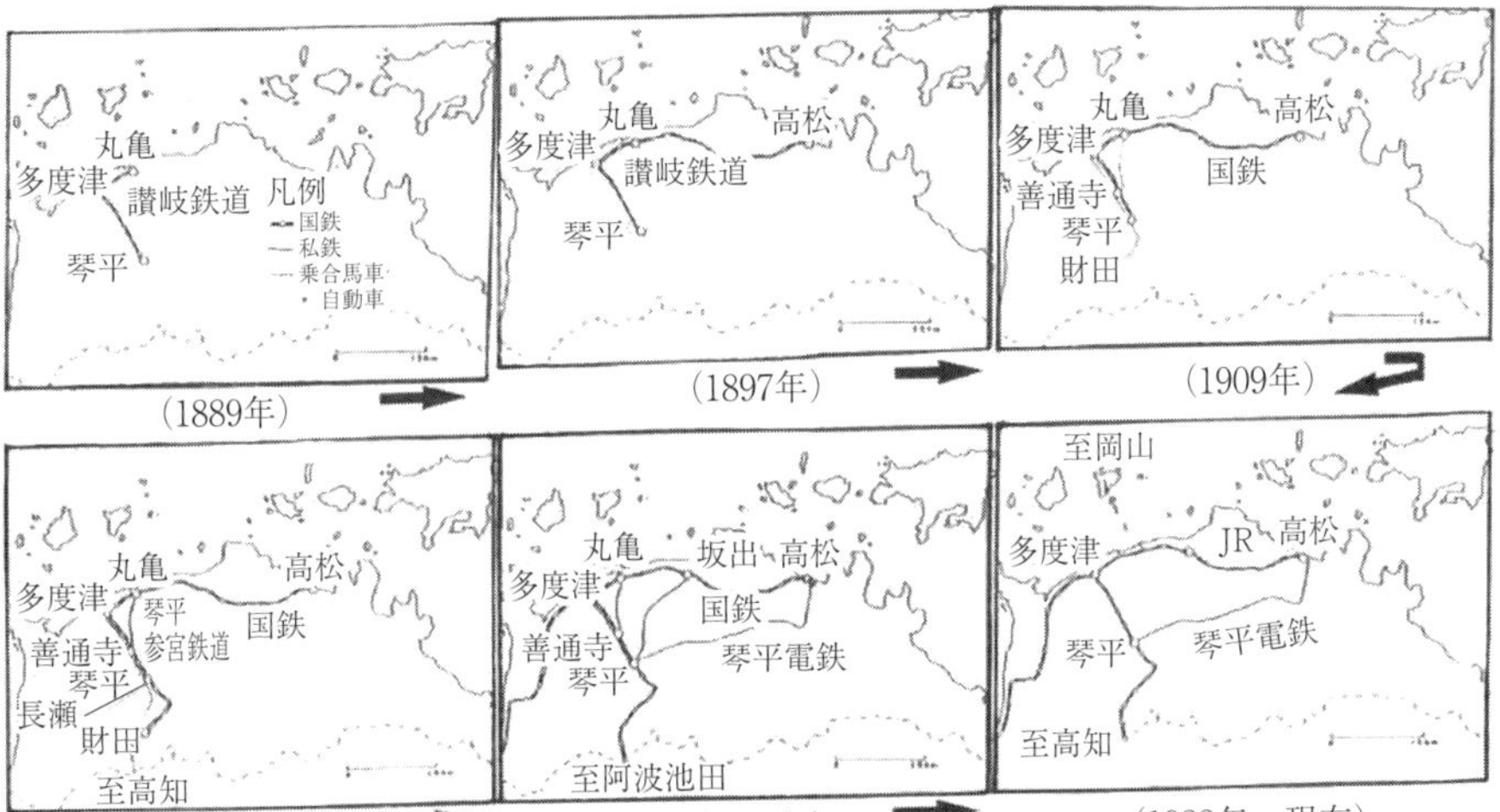

図4　交通網の変遷

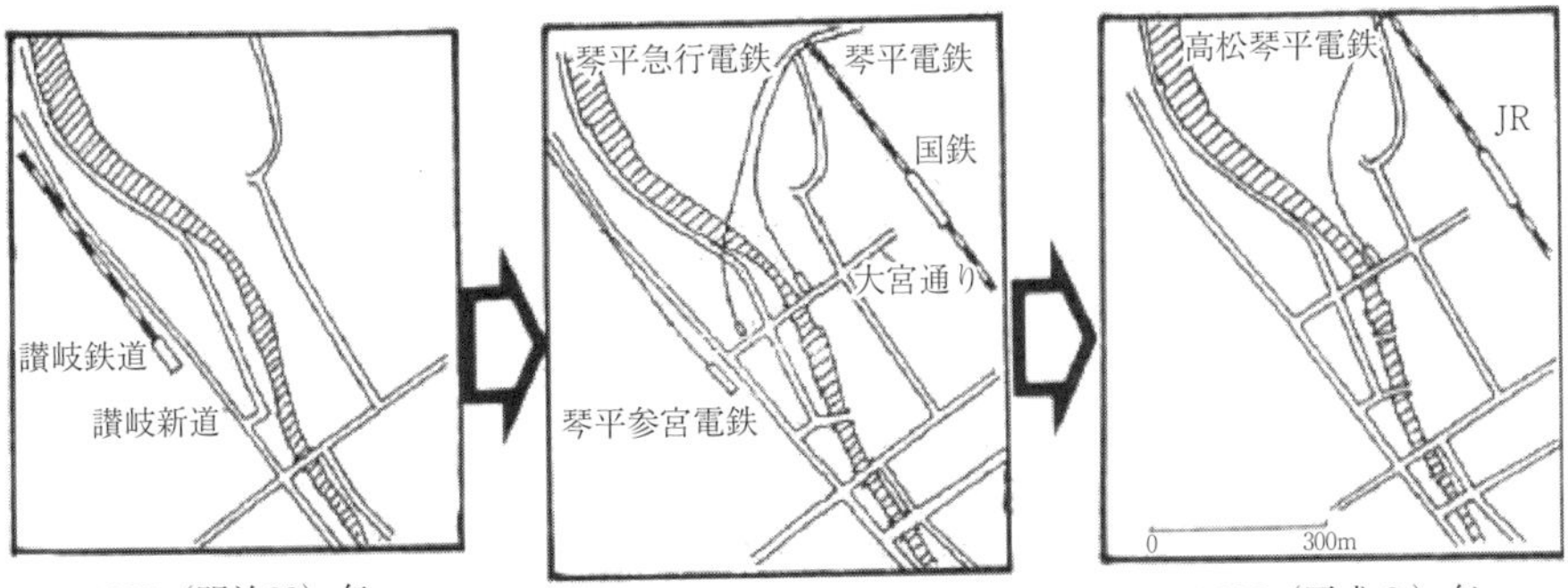

図5　駅の移転による門前町の変遷

ジャーブームもあって観光中心の参詣客が増加し、参詣と観光地を巡る旅行が人気となり、交通手段が鉄道からバスへ転換した。団体規模が数十人までになり、旅館は規模を拡大して土産物店やバーなどを併設したことから、滞在客は旅館内だけに留まるようになり、門前町の賑わいは大きく様変わりした。一九八八（昭和六三）年、瀬戸大橋が開通し、関西方面からのバス旅行に加えて、中国地方からの自家用車による観光が増え、少人数のグループ旅行へと転換する。門前町には駐車場が整備され、観光客の姿は表参道を象徴する石段沿いとその近辺だけに限られるようになった。

このように、金刀比羅宮に通じる交通網は近代以降目覚ましい発達と変化を遂げてきた。時代背景を象徴するように、特に明治以降の交通の変遷は目まぐるしく、これに伴って道路や鉄道、駅の移転も相次ぎ、門前町も大きく変容してきた。交通手段が徒歩から乗合馬車・自動車、鉄道から観光バス、そして自家用車へと転換してきたことが、門前町の町並みや賑わいの変容をもたらした。「金毘羅参り」から物見遊山へ、そして観光の全盛へと変化してきたことが門前町を特徴づけたのである。また、「精進落とし」から遊興施設の繁栄へ、そして歓楽街の町並みへとの変遷がみられたといえる。

4　門前町の町並み

十九世紀の金毘羅門前町の町並みは、大門前の石段に沿って土産物店が並び、その先には旅籠街、路地を入ると色町・歓楽街であった。当時の参詣は、まず金倉川で身を清めてから参詣し、その後に土産物を眺めながら石段を下って旅籠に到着して、歓楽街で精進落としをするのが定石で、これに即して町並みが形成されたことがうかがえる（図6）。阿波街道には、阿波出身で鍛冶などの高度な技術を持つ職人が連なって職人町を形成しており、阿波からの参詣に際して、鉄製の農具や刃物などを持参して砥ぎを頼み、参詣後に受け取って持ち帰るという習わしがあったという。

　では、現代の門前町を歩いてみよう。JR琴平駅（写真2）を背にして象頭山を臨みながら通りを進むと、右手に高灯籠（写真3）があり、高松琴平電鉄（コトデン）の琴平駅（写真4）を過ぎて大きな鳥居を潜り大宮橋（写真5）を渡ると旅館や土産物店が並ぶ通りに突き当たる。左に曲がってしばらく進むと右手に整備された町並みが現れ、通りを折れ曲がる度に異なる特徴の町並みとなる（写真6）。往時を偲ばせる木造建築を眺めて進むと石段があり（写真7）、土産物店で借りた杖に助けられて一段一段と登っていく。左手に金丸座へ続く道路が見えるが、石段の方を更に登れば備前焼の狛犬に迎えられてさらに進むと（写真8）、左手には斜面に沿った切妻造・瓦葺の燈明堂があり（写真9）、鑑賞しながら小休憩。両側の土産物店に目を向けつつ徐々に急勾配となる石段を進めば（写真10）、やがて大門が見えてくる。

　この町並みについて筆者は一九九四（平成六）年に実態調査し、昭和初期の町並みが描かれた『金毘羅図鑑』(2)と比較して、人と建物の変容状況から大きく四つの街区に分類されることを明らかにした（図7、時岡二〇〇三）。石段沿いの土産物店は建物の変化が少ないが（図8）、これらは一階の店舗が隣家の居住空間である二階と接する構造で（図9、写真11・12、写真は一九九六年筆者撮影のもの、以下同様）、この伝統的建

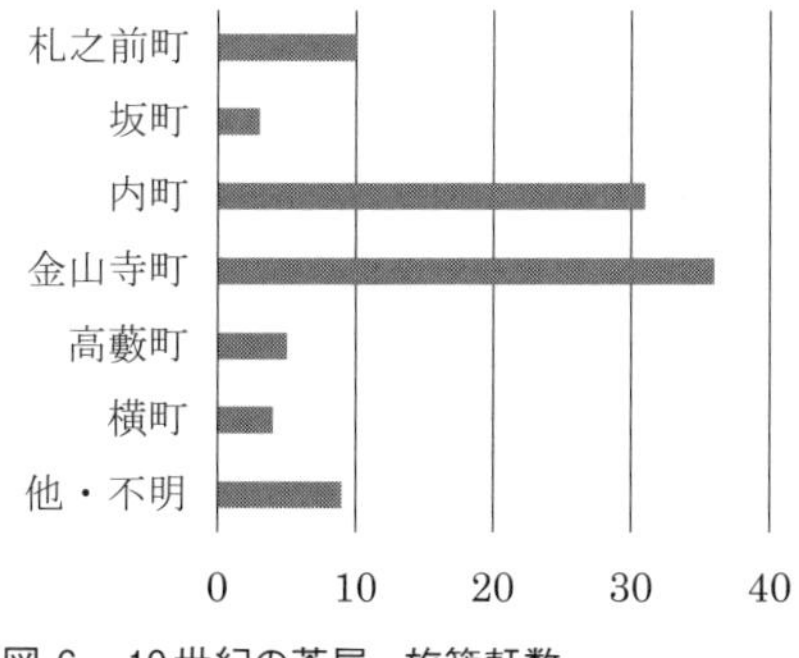

図6　19世紀の茶屋・旅籠軒数

（2）『金毘羅図鑑』は一九四〇（昭和一五）年製作の絵巻物で、当時の国鉄琴平駅から大門までの通りに面した建物のファサードを精緻に描写し、全店の種類や屋号も記されている。

写真 2　現在のJR琴平駅

写真 3　高灯籠

写真 4　コトデン琴平駅

写真 5　大宮橋と大鳥居

写真 6　現在の門前町

写真 7　石段の町並み

写真 8　備前焼の狛犬

写真 9　燈明堂

写真10　大門前の町並み

物の形式を崩さない限り生活環境は守られると指摘されており（町並み研究会編一九八二）、こうした土産物店の多くは伝統的な家族経営による継承で維持されている（時岡一九九六）。宿泊施設街はビルや比較的大きな観光客向け商店などが増えた他、駐車場が目立つ（写真13・14）。中規模土産物店街Aは、警察署、郵便局、銭湯など生活関連の店舗や諸機関が移転して、観光旅館や土産物店のビルが建ち並ぶ（写真15・16）。中規模土産物店街Bは最も変化が著しい街区で、劇場や牛市場などの大規模施設が移転・廃止され、電報電話局や郵便局、交番、アパートも増え、観光案内所が三軒あるが空地も多い（写真17・18）。前述したように、交通網の変遷や駅の移転等による影響が伺える。

二〇二一（令和三）年五月現在に目を向けると、コロナ禍の影響もあって参拝者は激減、この四半世紀の間に町並みも変容した。石段沿いは伝統的特徴を維持しつつも、休業・閉店のためシャッターが点在する（写真19・20）。宿泊施設街は観光客向けの整備が進み、廃業していた旅館の木造建築が復元改修して利用される他、若年世代向けの店舗や飲食店などで賑わっている（写真21）。参道入り口にはマイカー用の駐車場が目立ち、この界隈は客引きで活気に満ちる（写真22）。中規模土産物店街Aでは半数近くの建物に変化がみられ、広い駐車場が目を引き、かつて宿泊地の風情を醸していたビルの連坦はなく、駐車場越しに門前町の「裏の顔」を覗かせる（写真23・24）。中規模土産物店街Bは更に変化が著しく、大宮橋と大鳥居が門前町を象徴するのみである。昨今の自家用車を利用した観光客は、参道に最も近い駐車場から参道を行き、参拝して同じ経路で戻るのみで、裏参道や駅方面に立ち寄ることはあまりみられず、宿泊や長時間滞在は多くない。こうした観光客の行動変容が、街区とその町並みの変容をもたらしているといえよう。

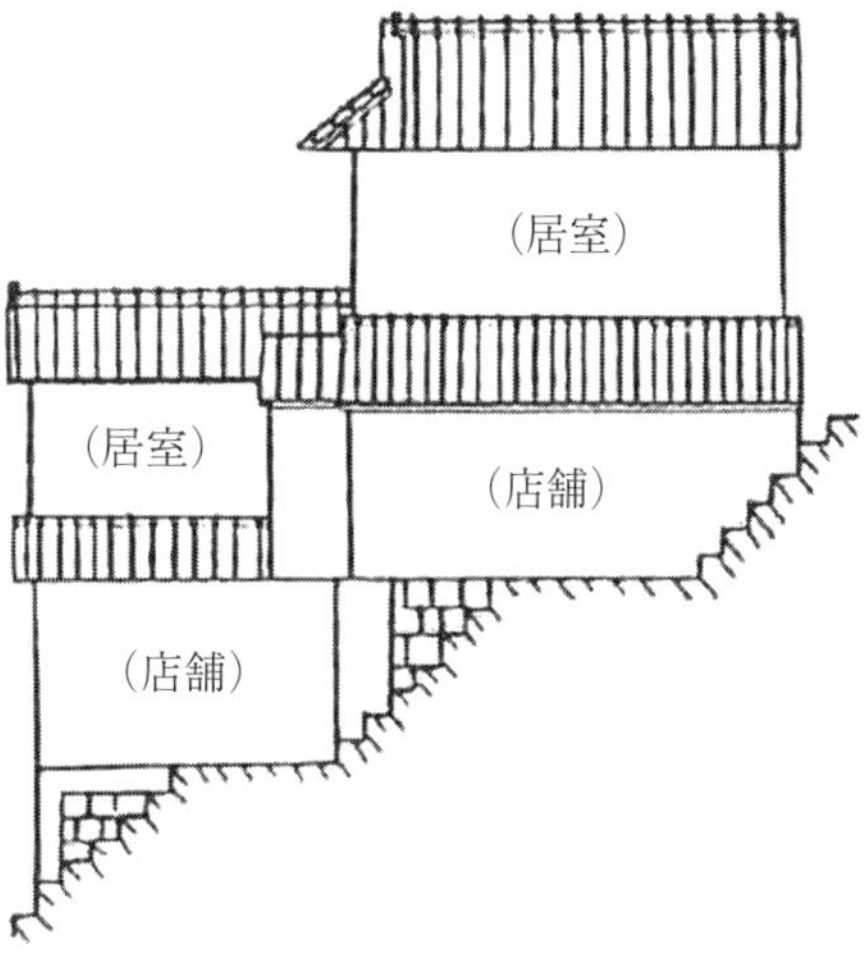

図 9　石段沿いの住居

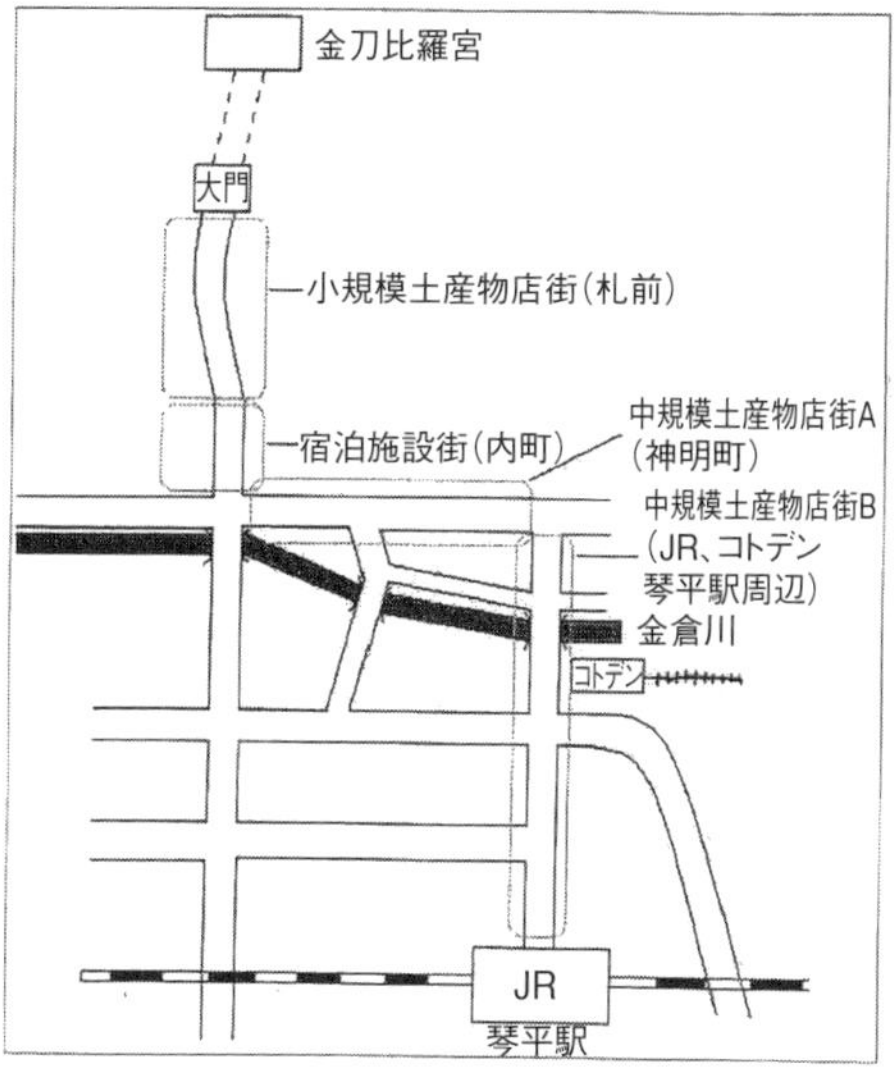

図 7　現在の門前町の街区

写真11　1996年の小規模土産物店街

写真12　1996年の小規模土産物店街

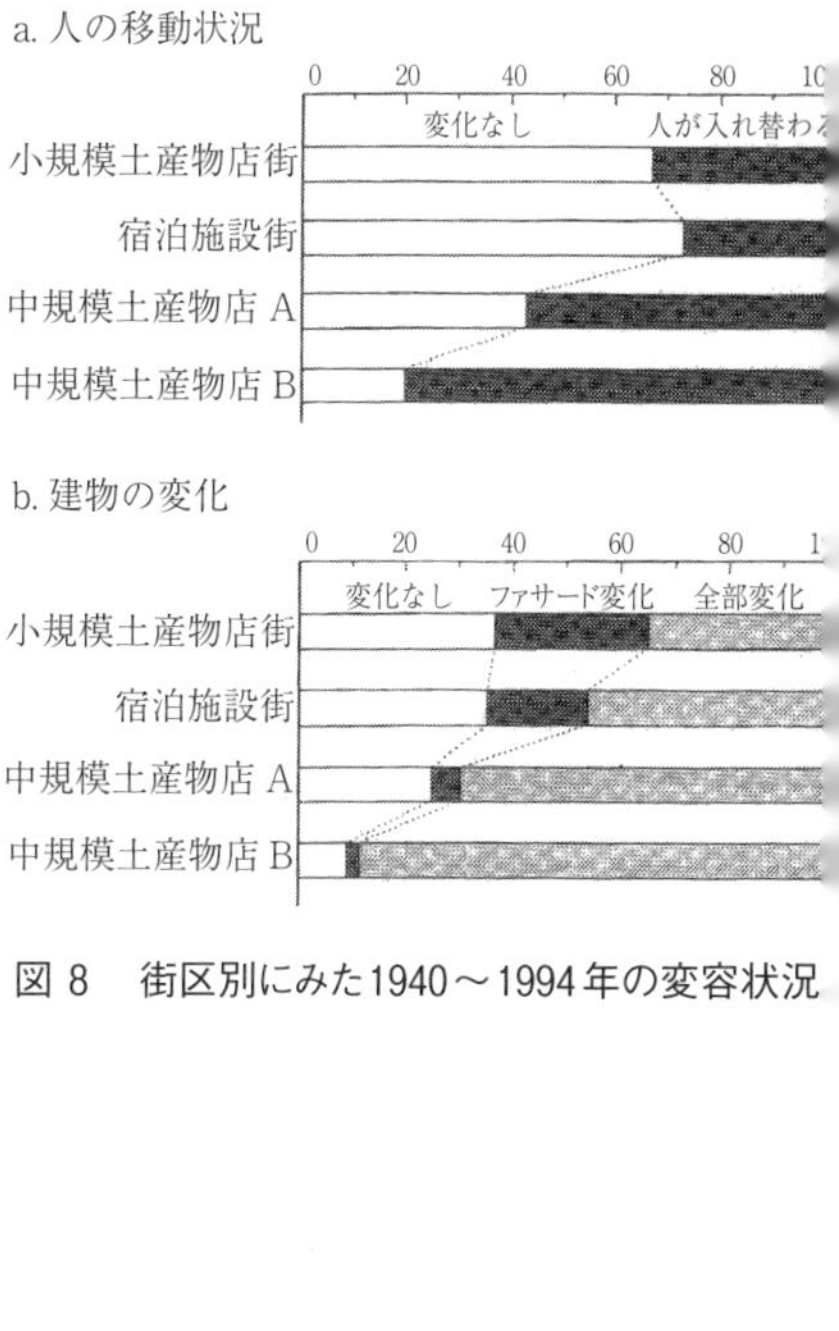

図 8　街区別にみた1940～1994年の変容状況

写真13・14　1996年の宿泊施設街

写真15・16　1996年の中規模土産物店街A

写真17・18　1996年の中規模土産物店街B

「現在の町並み（2021年5月筆者撮影）」

写真20　石段沿いのシャッター通り

写真19　石段沿いの土産物店

写真22　宿泊施設街入口界隈

写真21　宿泊施設街

写真24　中規模土産物街

写真23　旅館跡地が駐車場に

5　金毘羅歌舞伎による賑わい創出

かつて多くの門前町では、芝居や相撲などの興行が行われた。金毘羅門前町は朱印地であったために取り締まりが寛大で、多彩な催しが開催されていた。年三回（三月、六月、一〇月）の会式の際は市が建ち、芝居、相撲、軽業、操り人形などを仮設小屋で催していたが、一八三六（天保七）年に常設の芝居小屋として「金毘羅大芝居」が完成した。当初、芝居は金毘羅宮の行事の際に上演されたが、参詣客の増加に伴って定小屋となり、芝居小屋や見世物小屋が賑わいを創出していた。庶民が参加できる公認ギャンブルの「富くじ」も盛んで、逗留者も多く活気があったと思われる。芝居興行では、江戸、大阪などの千両役者が登場するなど、全国に知られる芝居小屋であった。

明治初頭には、稲荷座、千歳座、金丸座と名称が変わり、地回りの芝居小屋や映画館として利用されるようになる。戦後しばらくは映画館として営業していたが、やがて廃館し荒廃した状態になっていた。一九五三（昭和二八）年、香川県の重要文化財に指定されたが、一九六四（昭和三九）年には指定を解除された。しかし、芝居小屋として、江戸末期の劇場建築として重要な建築物と再評価され、一九七〇（昭和四五）年に国の重要文化財に指定され、名称が「旧金毘羅大芝居」となる。翌々年には移築しての復元工事を開始、一九七六（昭和五一）年に現在地で竣工した。これを契機に、二代目中村吉右衛門、五代目

写真25　旧金毘羅大芝居（金丸座）へ続く道

写真26　旧金毘羅大芝居（金丸座）外観

中村勘九郎などが民放テレビの対談番組を中継して上演を熱望し、一九八三（昭和五八）年に特別企画「金毘羅歌舞伎大芝居」が興行されることとなった。これが大変な好評を博したことから、澤村藤十郎も尽力して一九八五（昭和六〇）年には「四国こんぴら歌舞伎大芝居」が公演され、以後、毎年の定期公演開催に至っている（写真25—28）。

二〇〇二（平成一四）年に仕掛けを復元、鉄柱を撤去してほぼ天保時代の内装となった。二〇〇四（平成一六）年には復元した宙乗り装置を使っての歌舞伎公演も行われた。現在の一般開設日には、舞台、花道、升席や二階席の客席のほか、舞台下の奈落、から井戸、花道七三のスッポン、楽屋（女形部屋、大部屋、楽屋番控）など全て見学できるが、二〇二二（令和四）年三月まで耐震対策工事のため休館中で、外観にも覆いが施されている。

現在では毎年、春の定期公演「四国こんぴら歌舞伎大芝居」は、チケットを完売する盛況ぶりである。観客は江戸時代の娯楽や生活体験を味わい、出演する役者は当時のままの小屋を使って歌舞伎の原点に触れる貴重な体験となる。地元の琴平町商工会青年部や住民ボランティアなども運営に参画し、地域一体となって開催している。公演前の通し稽古から舞台装置を操作し、上演には回り舞台・セ

写真27　旧金毘羅大芝居（金丸座）内部、舞台と花道

写真28　旧金毘羅大芝居（金丸座）内部、客席

写真25～28　撮影2018年10月13日、撮影者 竹本雪乃（当時、香川大学人間環境教育コース学生）

リ・スッポンなど全て人力で操り、照明は自然光のみで各階の明かり窓を窓番が三段階に開閉する。また、プログラム販売や席案内、掃除などを担当する「お茶子」は絣の着物姿の女性たちで、最近は人気が高く全国から応募者があり宿泊して参加するほどである。住民の中には、一年間を費やして大量の紙吹雪製作を楽しむ人もあり、開演前のお練り行列では人力車の歌舞伎役者の行列に紙吹雪が舞い、掛け声は引きも切らず大変な賑わいとなる。通りには沢山の幟がはためき、街全体がハレの日を呈して、かつての門前町の賑わいを思わせるのである。

おわりに

寺社の例大祭には門前町は最も多くの参詣客で賑わうが、現代では滞在客は多くない。金毘羅宮の例大祭は、一〇月一〇日午後八時ごろから、奴行列、馬や籠に乗った頭人行列、御輿行列があり深夜まで神事が続くが、昨今では宿泊しての参列者は少数に過ぎない。現在の金毘羅門前町は、金丸座の催しによって維持されるといっても過言ではない。歌舞伎やイベントがない日は、参道が参詣客で溢れることはないが、静かな門前町にも特有の趣がある。中高年層には懐かしい町並みやその光景であり、建物や店頭の商品までもが郷愁を呼び起こす。地域活性化が叫ばれる昨今であるが、このように静かにゆったり過ごせる門前町は、ちょっとした賑わいで留まっているのが贅沢な時間をもたらすのかもしれない。

本章では門前町成立からの経緯を辿り、交通の発達や観光の変遷を追いながら、門前町の変容に注目してきた。町並み景観や街区毎の特徴は、これまでの歴史と文化を物語る。現在は残念ながらコロナ禍のため参詣客は激減し、門前町は今まさに大きな変容を遂げている。訪れる人々の変化が、門前町の変化を後押しするため、今後も注目したいところである。

町はその歴史や文化を知ることで新たな表情を見せる。町並みも命ある如くに、訪れるたび新たな出会いがあり、そこに醍醐味がある。ぜひ金毘羅門前町を繰り返し歩いて何かを発見してほしい。そうしたゲシュタルト転換、「目から鱗」体験があることを期待したいものである。

〔参考文献〕

松原秀明撰、山崎禅雄編『金毘羅庶民信仰資料集（年表編）』金刀比羅宮社務所、一九八八年

香川県『香川県史四、通史編　近世Ⅲ』一九八九年

琴平町史編集委員会編『町史ことひら3．近世　近代・現代通史編』一九九八年

琴平町『琴平町町制施行百周年』一九九〇年

東京大学・明治大学・千葉大学町並み研究会編『こんぴら門前町』一九八二年

河村能夫『京都の門前町と地域自立』晃洋書房、二〇〇七年

十返舎一九『金毘羅参詣続膝栗毛』一八一〇年

柴田昭二・連　仲友『金毘羅参詣　続膝栗毛（複製）』美巧社、二〇二一年

時岡晴美「こんぴら門前町における生活と町並みの変遷」歴史環境を考える会監修『歴史環境を考える―人間・生活・地域』美巧社、二〇〇三年

時岡晴美・上玉啓子「自営業世帯の継承と家庭経営―金刀比羅宮表参道みやげ物店の事例から―」日本生活学会『生活学一九九一』一九九一年

column

満濃池の決壊と修復

田中健二

満濃池は、一〇二〇（寛仁四）年の「讃岐国萬濃池後碑文《さぬきのくにまんのういけのちのひぶみ》」（『続群書類従』第三三輯上　雑部）によれば、大宝年間（七〇一―七〇四）に讃岐国守道守朝臣《さぬきのくにのかみみちもりのあそん》により築造され、その後、八一八（弘仁九）年には決壊し、三年を要して修復が行われたという。このときの修復においては、讃岐国より同国出身の僧空海が現地の人々に慕われているという理由で、修築の別当（長官）に任命されたいとの申請がなされ、朝廷より認められている（『日本紀略』）。のちの弘法大師空海である。こののちも満濃池は幾度か決壊し、その都度修復されたが、一一八四（元暦元）年の大洪水による決壊後はついに修復されることなく、中世を通じて放置された。

幕末に編纂された讃岐国の地誌『讃岐国名勝図会《さぬきのくにめいしょうずえ》』によれば、決壊後の満濃池の跡地は田地となり、池の内村という集落ができたという。慶長年間（一五九六―一六一五）の情報を記す高松市歴史資料館所蔵の「讃岐国《さぬきのくに》絵図《えず》」の那珂郡の山中に「池内」村が見える。この場所は、同郡真野村《まのむら》を流れる金倉川《かなくらがわ》の上流に当たるから、満濃池の跡地にできたと伝えられる池内村のことと判断される。

豊臣秀吉による天下統一後、讃岐国は生駒家の領国となった。生駒家四代の高俊のとき、外祖父の伊勢津藩主藤堂高虎から派遣された西嶋八兵衛之尤《ゆきまさ》は土木水利の達人で、讃岐国内に多くのため池を造営・修復し、農業の安定化を図った。その事業の一環として満濃池の再築がなされた。寛永年間（一六二四―四五）の「満濃池営築図」（個人蔵）などによれば、旱害が続いていた同三年八月、西嶋八兵衛は満濃池跡地で二五町（ヘクタール）ほどの農地を持っていた豪農矢原又右衛門正直のもとを訪ねて懇談し、池を復興するため農地を差し出すとの了解を得て、同五年一〇月に満濃池の再築を開始した。それから四年の歳月をかけて工事が進められ、同八年二月

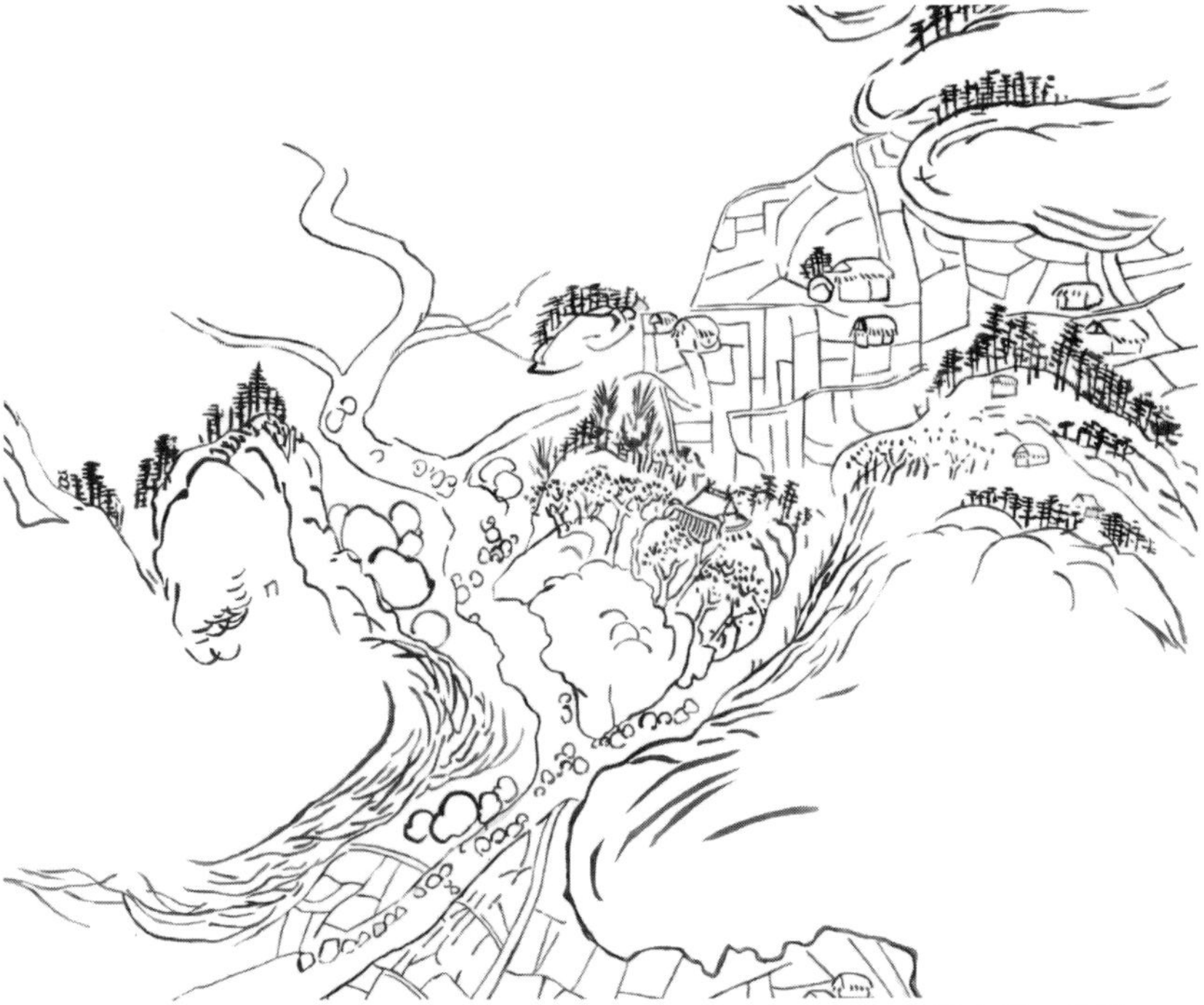

田中健二作図

満濃池営築図（部分写図）　公益財団法人鎌田共済会郷土博物館所蔵

に完工している。

この八兵衛による満濃池の再築の経緯を記す「満濃池営築図」は、工事着手以前の姿を描いたものである。図に一部を掲げる。本図は昭和五年に、現在の公益財団法人鎌田共済会により模写されたものから写図を作成している。図には、中央に池の宮がある小山が描かれ、その左右に水流が見える。小山の左側が崩壊した堤体の跡であり、かつての池地からの川（金倉川本流）が通り、大小の石が散乱している。右側の小川は「うてめ」（余水吐《よすいばけ》）の跡である。左右から岬状の地形が張り出して河谷が狭まった場所に堰堤を築いて流れをせき止め、ため池としたことがよくわかる。右側の池地側から岬状の地形にかけて民家と道、農地を区切るあぜ道が描かれている。ここが池内村の中心であろう。

寛永の再築後、木製の底樋《そこひ》（導水管）を交換するため、ほぼ三〇年ごとに堤体を撤去しての伏替《ふせかえ》工事が行われた。江戸時代最後の伏替は嘉永年間（一八四八―五四）のことであり、それに要した人員はのべ三七万人以上にのぼっている。このときの伏替では底樋の耐久性を高めるため、木樋から石樋に交換している。ところが、一八五三（嘉永六）年一一月に完工した翌七年（安政元）六月、伊賀上野地震が起こり、翌月はじめに堤防の水漏れが見つかり、九月に決壊した。そのときの貯水量は三〇%であったが、流れ出た水は金毘羅の町を浸水させ、丸亀城下の入り口まで達したという。

決壊した満濃池の修復は、金蔵寺村の豪商和泉虎太郎や池御料《いけごりょう》榎井《えない》村《むら》の庄屋長谷川佐太郎の尽力により、ようやく一八七〇（明治三）年に完工する。このときの工事では岩盤をくり抜いて水道を通すことで定期的に必要とされた底樋交換の辛苦を逃れることができた。その後も堤体のかさ上げが繰り返され、現在の堤体は、一九四〇（昭和一五）年に開始され、戦争による中断を経て、一九五八（同三三）年に竣工した第三次かさ上げ工事によるもので、堤高三二メートル、堤長一五五・八メートルを測る。金倉川流域の広大な範囲に一五四〇万㎥の水を貯え、農業用のため池としては貯水容量国内第一の規模を誇る。

満濃池は、巨大な堰堤の築造によって形成された広大なため池で、遠くに望む大川山《だいせんざん》をはじめとする山並みとともに優れた風致景観を呈し、また、近世から近代にかけての地誌や絵画・写真などを通じて広く親しまれてきて、名所的価値が高いことから、令和元年一〇月一六日、国の名勝に指定して保護されることになった。堰堤としては初めての指定である。

〔参考文献〕
『満濃池名勝調査報告書』まんのう町教育委員会、二〇一九年三月

海の民、山の民、そして里・町の民
――讃岐・香西の価値を表象化する絵図――

村山　聡

はじめに

宮本常一は実際に現地を訪問し、歴史資料を紐解き、聞き取り調査を行い、多くの写真と共にさまざまな語りを残した。瀬戸内海に関しては「私の日本地図」シリーズとして出版された、いくつかの巻がある。『広島湾付近』が一九六八（昭和四三）年四月四日、『芸予の海』が一九六九（昭和四四）年五月三日、『周防大島』が一九七一（昭和四六）年一月一二日に脱稿、『備讃の瀬戸付近』はあとがきがなく不明であるが、初版の刊行年は一九七三（昭和四八）年である。

掲載されている写真は最も古いものが一九五一年撮影のものであり、最も新しいものが一九七一年である。この期間に決定的な変化が写真で記録されている。特に絶妙のタイミングで、宮本は広島湾を二度訪問していた。埋め立て、護岸工事、防波堤の建設は急ピッチで日本の国土を改編していた。讃岐の海や島々、街並みの写真も多く紹介されている。

しかし、広島湾の丹那の東の日宇那を、一九六一年一二月と一九六六年一一月という異時点で比較している二つの写真[1]は珍しい。この地点に関して語る宮本常一の下記の文章[2]は、讃岐の過去の海との関係に関しても、見誤ることのない道標となる。

海を失った漁村が、そのまちがさらに南へ向ってのびはじめている。昭和三六年に仁保島をあるいたときは、日宇那も丹那もそのまま海に面していた。そして両方とも漁村らしいたたずまいを見せていた。しかし、いま空から見る丹那は、家のすぐ沖は埋め立てられ、新しくできた大きな道路をへだてた南に漁港がつくられ、漁港の周囲も埋めたてられて、一本の水路を通って外海へ出るようになっていた。

朝起きて海辺へ出て、沖をながめてその日の出漁を考えるというような生活は、もうここではできなくなってしまっている。いずれは漁業をあきらめるよりほかに方法がなくなるだろう。それにもかかわらず、海への執着から、家の前面にわずかに海をのこしてもらったのであろう。海は漁場として利用するよりも、陸地にして工場をたてて利用する方が効率的であるということから埋立の工事が進められていったのであろうが、このようにして転業を余儀なくされた漁村は内海沿岸には少なくない。

もっとひどいのは丹那の東の日宇那である。そこでは海が全然なくなっている。・・・いかにも平和な漁村である。よく稼いで、海に面する漁家はみなりっぱである。それが・・・埋めたてられ、埋立地には工場がたちはじめている。日宇那では思いきって海と絶縁してしまっている。その方が良かったのかもわからない。

海だけではない。背後の段畑も雑草に埋もれはじめていた。岩肌を削って、その上

（1）宮本常一『広島湾付近』（私の日本地図4）未来社、二〇一四年、四六頁
（2）前掲（1）、四五—四八頁

にわずかに砂土をのせた畑も、もう耕すものはほとんどなくなったようである。多分は、みなサラリーマンか職工などに転ずることになるだろう。そして、その勤勉さが新しい職場に生かされることになるのであろうか。

このエピソードとも関連するが、宮本は色々なところで『海に生きる人びと』を語り、船を家として漂泊する人びとを描いている。例えば、周南の島々の一つ、室積《むろづみ》の沖にある牛島《うしま》の人びとは、江戸時代に対馬の廻りと言うところへ百人あまりの者が毎年、鯨を捕りに行っていたということを紹介している。(3) 古い時代からの出稼ぎの島であり、島の食料が不足するからであるが、海岸に小さな波戸（防波堤）がいくつも作られており、それは、あくまでも付近の漁家が三人なり五人なりで協力しあって築いたものだという。この牛島からずっと西北の今は呉市倉橋町の音戸《おんど》という島についても、牛島の人びとと同じように海で生きる人びとが描かれている。鯨漁のような大規模な集団漁ろうではなかったのであろうが、似たような記述は多く見られる。

（3）前掲（1）、一五一頁

1　香西（旧笠居村）の漁師と笠居郷

宮本常一の観察は正しい。しかし、海の民、山の民、里の民そして町の民にはさまざまな繋がりがあることにも注意する必要がある。実際、上記に紹介した宮本の語りにもその様子が窺えるし、宮本は『海に生きる人びと』と同時に『山に生きる人びと』を公刊している。[4] さらに海は限りなく繋がりを生み出すとしても、その海が自由であるとは限らない。『香川県の歴史』では、近世の漁場争いをコラムとして紹介している。[5] 瀬戸内海東部は備讃瀬戸と呼ばれるが、鯛（タイ）や鰆（サワラ）の宝庫であり、その漁場は、旧国の国境、各藩の領地の境界に位置し、さらに複雑なのは塩飽諸島のように幕府領の場合もあるために領地を巡る争いが生じたのである。

　記録が残されているのは、一六四五（正保二）年の幕府領の塩飽《しわく》と備前国との争い、一六五四（正応三）年の塩飽漁民と備前下津井などの四ヶ村の漁民あるいは塩飽漁民と丸亀城下の三浦漁民との争い、一六六六（寛文六）年の高松藩領の香西《こうざい》漁民と下津井領民の争い、そこにさらに塩飽領民も加わり騒動が大きくなった一件、一六七四（延宝二）年の香西漁民と塩飽漁民のあいだで小瀬居《こせい》島の鯛や鰆を巡っての争いであった。さらにこの小瀬居島の東にある「金手《かなて》の阻《そあい》」はとりわけ豊漁が期待される漁場でそこでも争論が多く残っている。

　ここでこれらの争論の中で特に注目するのは一六七四（延宝二）年の争いである。これは、一八世紀にも続き、一七三一（享保一六）年に香西漁民と備前の日比《ひび》、利生《おどう》、渋川《しぶかわ》の三ヶ村の漁民が、大曽瀬《おおそのせ》の鰆漁をめぐる争いを起こして、幕府の裁決を待つまでの大争論となった事件である。結局、大槌《おおつち》島の中央から北側は日比の漁師らの漁場となった。この時に確定された漁業権の領域に関する境界線つまり大槌島を中央で分断する境界線が、讃岐と備前の国境となったのである（地図1）。[6]

　この争論が残した重要な史料があり、香西浦[7]の住民並びに所有している網などに関する情報を得ることができる。[8] 一七三二（享保一七）年の香西浦の漁師は三六三軒、一五八八

（4）宮本常一『山に生きる人びと』河出文庫、二〇一一年（初出、一九六四年）及び同『海に生きる人びと』河出文庫、二〇一五年（初出、一九六四年）

（5）木原溥幸ほか編『香川県の歴史』山川出版社、二〇一二年（第二版）、二二三頁

（6）香川県香西町役場『香西史』香川新報社、昭和五（一九三〇）年所収の漁業権の境界線を描いている地図1は他にも掲載されている。これは文化八年に描かれたもののようであるが、久保榮吉氏所蔵である。久保榮吉氏は、香西の漁業組合創設者でもある久保利吉氏の孫であり、『香西史』の編纂にも尽力しており、また、圧巻の史料集である『香西漁業史』（香西漁業組合、前後編、大正一一年）編纂の中心人物でもある。

（7）香西浦の成り立ちについては、一般論として、香川県漁業史編さん協議会編『香川県漁業史 資料編』第一法規出版株式会社、平成六（一九九四）年、七五―七七頁参照。

（8）香川県漁業史編さん協議会編『香川県漁業史 資料編』第一法規出版株式会社、平成六（一九九四）年、四五〜四六頁。この情報は、この資

地図１　大槌島の中央を横切る漁業権の境界線（『香西史』所収）

人と数えられている。近世日本の村々の情報で、正確に漁師の家数や人数が記載されることはそれほど多くはない。浦や里あるいは山との関係は流動的であり、実際はそれほど明確に分断することができないからである。一八三六（天保七）年の松浦武四郎の「四國遍路道中雑誌」での記載では、「人家凡千軒も有べし。農家漁家入接、綿并粉類を製す。少しの船間も有って随分繁華の場所にして、商戸多有の地なり」と記載されている。[9] 当時、丸亀[10]がおよそ一万軒余り、高松が八〇〇〇軒余りの家並みがあったと松浦は記している。[11] 香西浦は一つの町として形成されていたと考えた方がいいであろう。とりわけ、香

料編でも一部が翻刻されているが、元は、『香西漁業史』からの抜粋であり（前編、七六―七八頁）、他の史料も含めて、原本が残されている場合にはさらに検討する必要がある。

(9)　吉田武三編『松浦武四郎紀行集（中）』冨山房、一九七五年（「四國遍路道中雑誌」一四九―三三八頁）、一六五頁

(10)　丸亀は金毘羅参拝の入り口であり、さらに四国遍路に関して、松浦武四郎の記述によると、客死などの場合に備えて、故郷の寺との連絡を補償し、四国を自由に動くために、船上り切手を受け取る必要があり、遍路の多くが立ち寄っていた。「四国遍路道中雑誌」（前掲書）、一五三頁

(11)　前掲書、一五二頁（丸亀）、一六七頁（高松）

西の特産である鰆はその真子の干物であるカラスミが松平家より将軍に献上されていたと伝えられている。[12]「浦」という名称は海岸線にある漁業・商業関係の村であることを示しているが、この租税に関わる文書では、全体は笠居村と記されており、その村全体では、九七七軒、三九〇一人の人口であったとされる。その後には、網に課税されるため、鯛網など詳細な記載がある。しかし、一七六二（宝暦一二）年の笠居村の宗門改帳（高松市歴史資料館収蔵）の集計では一七一五人（この人数は香西浦の漁師の人数に近い）と記載されている。にも関わらず、この帳面で実際に記載されている総人数は、筆者の試算では二一六四人であった。この相違は、宗門改が各旦那寺に関して家単位で証明されることに起因する。

　この笠居村の宗門改帳には、旦那寺三十ヶ寺が登場する。このうち、現在の香西地区に現存しているのは七ヶ寺[13]であり、その宗旨、変遷その他の歴史は、『香西史』[14]に詳しい。笠居村全体では、九七七軒、三九〇一人の人口とされているが、これは笠居村ではなく、地図2にあるように、他の村々も含んだ笠居「郷」の総人数である可能性がある。先の宗門改帳は、香西浦に関係する租税対象住民（漁師や町民）が主たる対象となった宗門改のように思われるが、農村地帯との区別は難しく、宗門改帳の記載では漁師以外の世帯も含まれていると考えるのが妥当であろう。むしろ漁師と農民とを区別している一七三二（享保一七）年の史料の詳細がさらに検討される必要がある。

　香西浦においては、江戸時代の通例として、商い等で西国に出かける際には、旦那寺から切支丹ではないという証明が出される必要があり、幸い一つの史料が残されている。『香西漁業史』に掲載されているが『香西史』においても取り上げられている。[15]茂平という船頭が水主三人を連れて、帆船で西国に商いに行くための証書を、旦那寺である香川郡鶴市

（12）　香西町公民館編『新香西史』香西町公民館、一九六五年、一三二頁。

（13）　後に詳述する「香西町全図」では釈迦院を含めて八ヶ寺あるが、同院は檀家を抱えておらず、宗門改帳には出てこない。また、他の七ヶ寺は現在も存在しているが、釈迦院はない（後掲、地図4参照）。

（14）　香川県香西町役場『香西史』香川新報社、昭和五（一九三〇）年、三〇三―三五〇頁。例えば、地蔵院（現在の香西寺）は、開基が古く平安時代にまで遡ることができる。行基（六六八年―七四九年）の創建で、空海（七七四年―八三五年）の再興と言い伝えられている。その頃は、現在の奥の堂池に勝賀寺として存在し、その後、香西の愛染川（河口付近は舟入川と呼ばれる）右岸に位置する本津の地福寺（香西寺とも呼ばれたのかもしれない）となり、さらに現在の香西寺のあるところに香西寺地蔵院として移転した（後掲、地図4参照）。同書、三〇四―三一五頁。他に、香西町公民館編『新香西史』香西町公民館、一九六五年参照。

（15）　『香西史』一八三―一八四頁。香西漁業組合『香西漁業史 後編』大日本印刷、大正一一（一九二二）年、

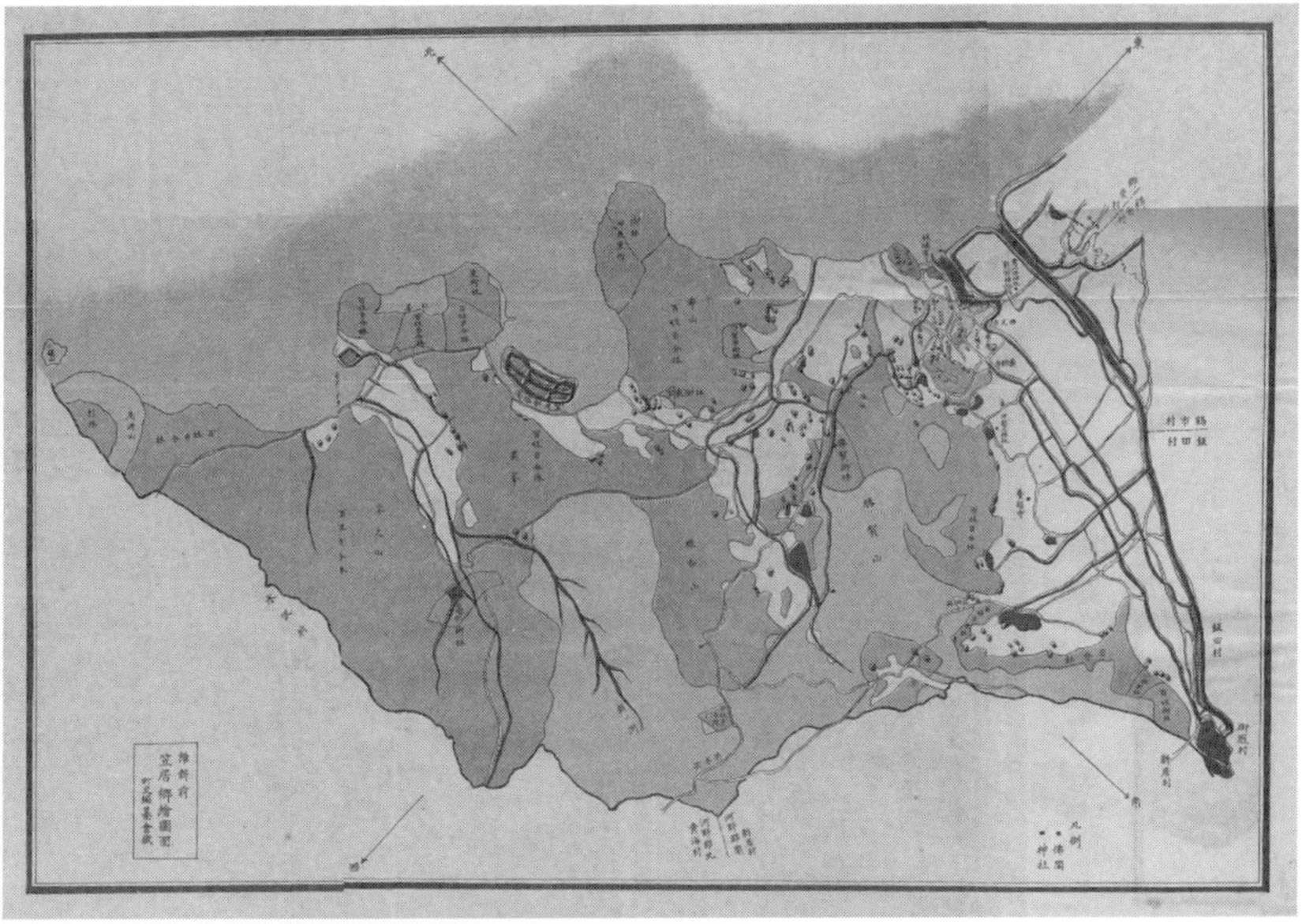

地図２　維新前笠居郷絵図面（『香西史』所収）

九頁

村一向宗徳栄寺が捺印している証書であり、一七二〇（享保五）年のものであった。訪問する浦々や村々の番所や庄屋向けの証書である。通行許可証のようなものと理解していいと思われる。商業的な中心地でもあった香西浦においては、多くの寺院が関係する複雑な宗門改とはいえ、全ての個人について、旦那寺からパスポート確認がされるような仕組みを実現していたと考えられる。漁師と農民さらには商人もそこには含まれているのが香西であった。住民の意識としては、中世以来の笠居郷の中の笠居村（地図２の右側上部がその中心）と理解していたのであろう。

2　「香西町全図」（一九二九年）から何が読み取れるか

『香西史』所収の絵図や地図は実に興味深い。とりわけ「昭和四年」と記された「香西町全図」は、あたかも測図のように描かれているが、一つの絵図と理解した方が良さそうである。というのも、一九二八（昭和三）年の二万五千分の一の測図と比較すると、その方位や領域にはかなりずれがあることがわかる。地図3では「香西町全図」の特徴が比較できるように、その方位に合わせて測図をはめ込んでいる。古い地図にはよくあるが、そもそも南北が通常の北を上にしていないだけではなく、住宅の位置関係や愛染川（一九二八年の測図では、香西港に注ぎ込むところでは舟入川と書かれている）や本津川の河川等との位置関係など測図[16]とは合わない。しかし、昭和初期の同時代人のイメージが反映されており、香西町の様子を実感できる。そこで、地図4では、QGISを利用して、現在のオープンストリートマップ上に「香西町全図」で記載されている塩田、海岸線（地図4の上部の一部に後の埋立地として見ることができる）、さらに舟入川（愛染川）から取り込んでいる水路や貯水池などを復元している。

地図4[17]は、まだ完全な復元にはなっていないものの、一九二八年の測図あるいは一九四七年に撮影されたGHQの航空写真[18]なども参考にした。現在立地している大型ショッピングモールなどは塩田跡地に建設されたことがわかる。また、浜街道と呼ばれる自動車道は、香西港からの入水路の上を橋で渡されている。地図2を詳しく見ると、その湿地のような

（16）　この測図は、時系列地形図閲覧サイト「今昔マップon the web」（(C)谷　謙二）の一部切り取りにより作成したものである。

（17）　地図4は「香西町全図」の記載に基づき、国土地理院発行の二万五千分の一の測図を参照し、『香西史』（六七七―六七八頁）及び『新香西史』（二〇九―二一〇頁）に記載されている明治時代以降の道路建設状況などを参考に、住宅地一つ一つの地物を古くから存在している幅の狭い踏み道を探りながら、QGISで作成したものである。この頃に存在した塩田、あるいは港湾の独特の水路（地図2では、江戸末期から明治初期に存在した塩田が愛染川（舟入川）の左岸にあったことがわかる）などを復元している。特に東西両端は「香西町全図」とは形状がかなり異なることがわかる。香西寺の前身である地福寺などの位置はあくまでも推定であり、その他、この地図に関してはさらに検討を続ける予定である。

（18）　https://www.gsi.go.jp/tizu-kutyu.html（二〇二一年七月一五日閲覧）

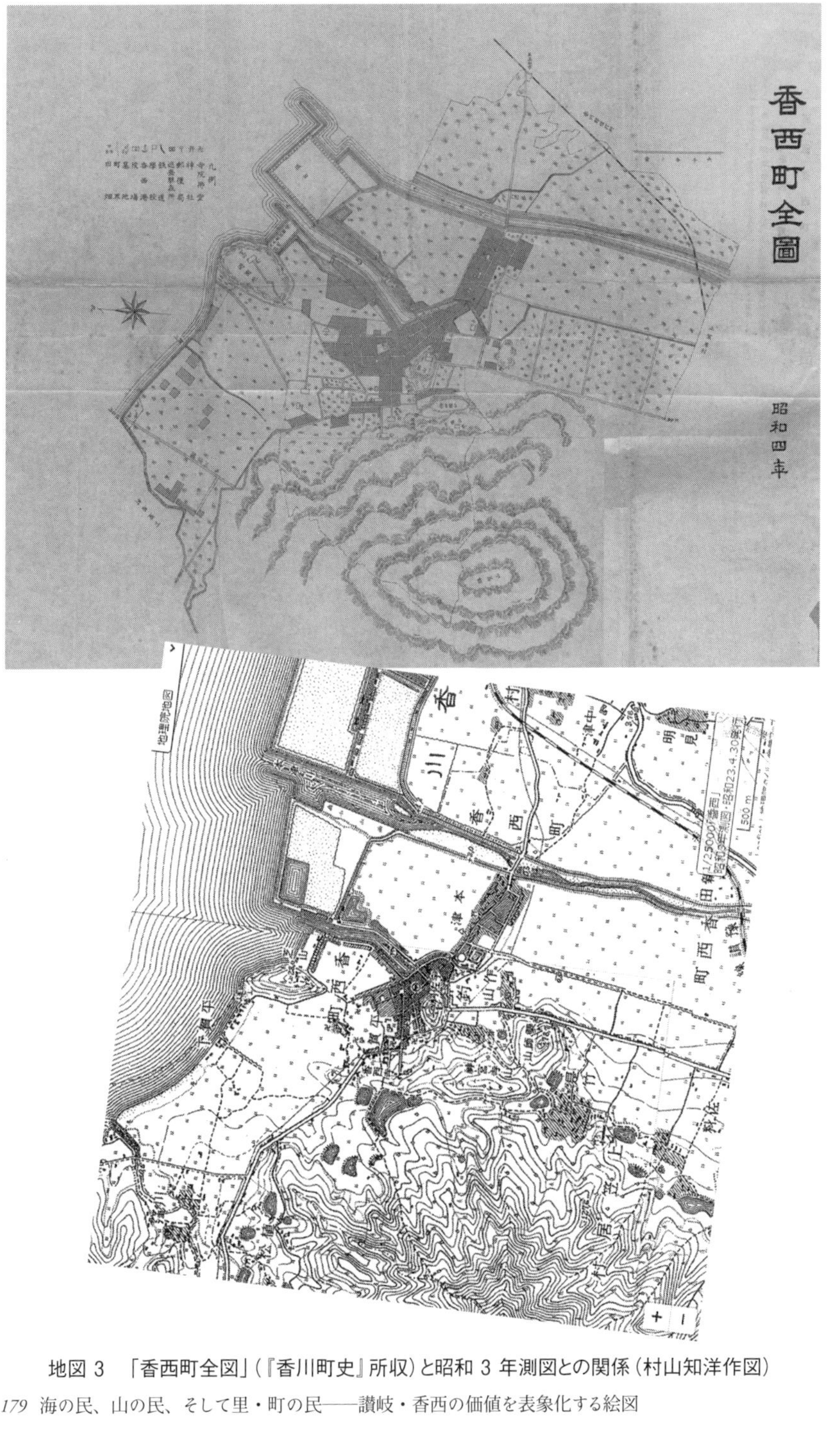

地図 3　「香西町全図」（『香川町史』所収）と昭和 3 年測図との関係（村山知洋作図）

水路が複雑に菱形の形になっているのが「香西町全図」であるが、維新前には、そこは塩田であったことがわかる。

香西氏は勝賀山の山頂に城を構築していた。この中世の時代について、象徴的に勝賀城などを描いているのが地図6（185頁参照）である。寺院の歴史を辿ると、さらに奈良・平安時代に建立された勝賀寺（地図4の左側、奥の堂池（勝賀廃寺跡）、後に本津そして現在地へ移転し、香西寺地蔵院となる）の時代まで遡ることができる。寺院の歴史はその地の長期のローカルヒストリーを可能とする。

香西の場合、漁業町、商業町、そして戦国時代は城下町でもあり、さらに、ここでは詳しく触れることができなかったが、勝賀山周辺に五三以上のため池があり[19]、一つの穀倉地帯でもあった。勝賀山周辺のため池を描いた地図5[20]では、それぞれのため池の貯水量に基づいて、その大きさと配置を描いている。このため池景観は瀬戸内海気候の雨の少なさを反映した文化的景観だと言える。

そこで、改めて「昭和四年」と記されている「香西町全図」（地図3）を見ると、いくつかの特徴があることがわかる。現在地図に住宅地を復元し、香西の七ヶ寺と釈迦院そして香西寺の淵源である勝賀廃寺あるいは旧香西寺である地福寺の推定立地点をプロットした地図4と比較しながら考えてみよう。まず、ため池は描かれてはいない。田畑は一括して明確に描かれているが、二毛作地帯とも考えられるため、水田と畑の区別は不明である。測図との違いはすでに触れた（注17参照）が、この地図の中心に位置するのは、香西寺（宗門改帳では地蔵院と記されている）であり、「香西町全図」の作者としては香西寺から延びる参道をその中心に据えていたことがわかる。

(19) このため池のうち、民有池が三七、官有池が一五あったが、後者は、大正一一年に国有雑種財産整理がなされ、全て無償で香西町に払い下げられた。『香西史』六八一―六八二頁

(20) この地図は、『讃岐のため池誌（資料編共2冊）』（参考文献参照）に記載されているため池情報のうち、貯水量を用いて、それぞれのため池立地を地図上で確認する作業を通して、緯度経度を明らかにし、Rで作成したものである。なお、この地図を作成した時点はGoogle MapをRが使うことができたため、ベースはGoogle Mapになっている。

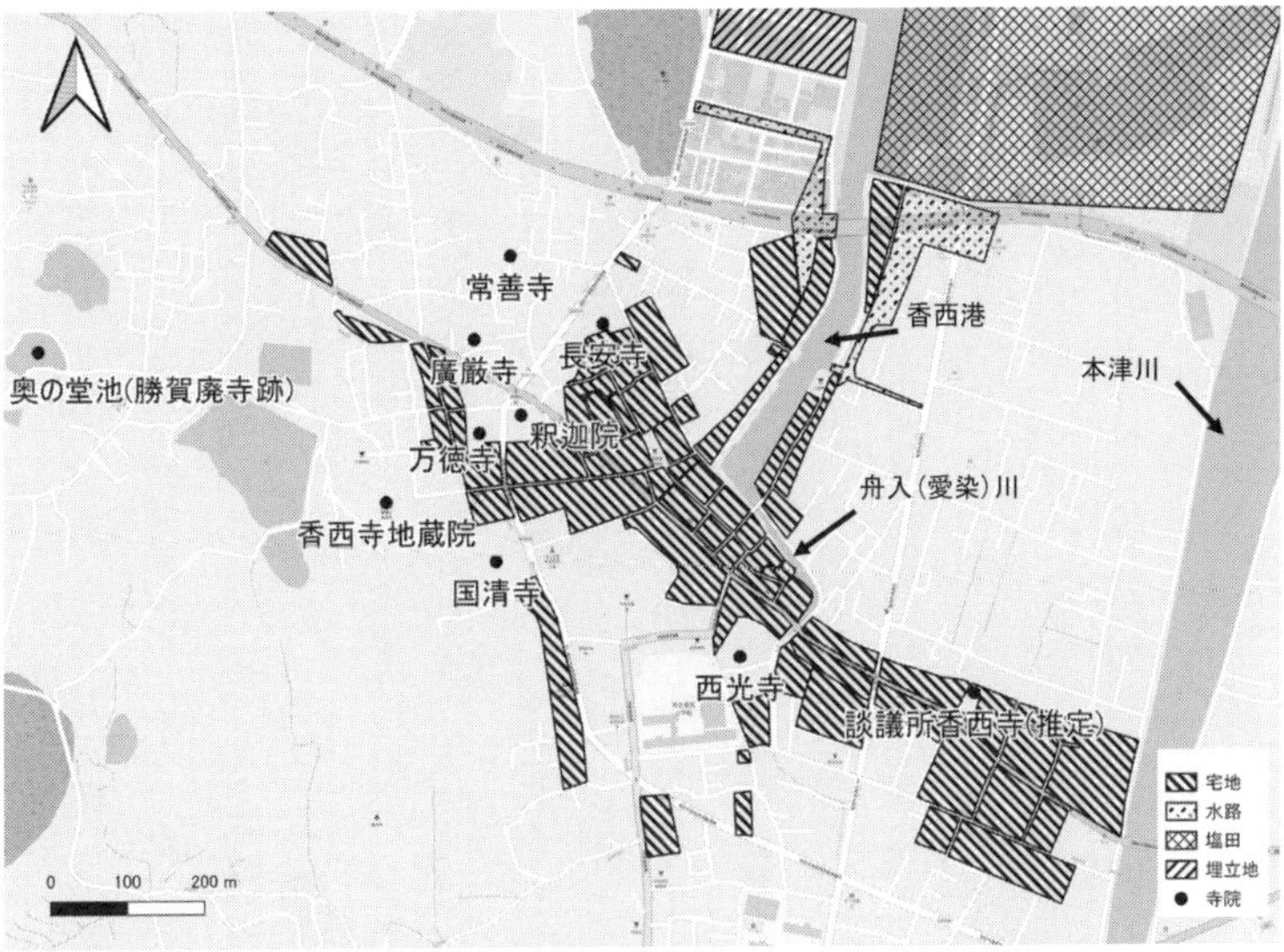

地図 4　現在の地図に「香西町全図」の主に宅地を復元した地図（村山知洋作図）

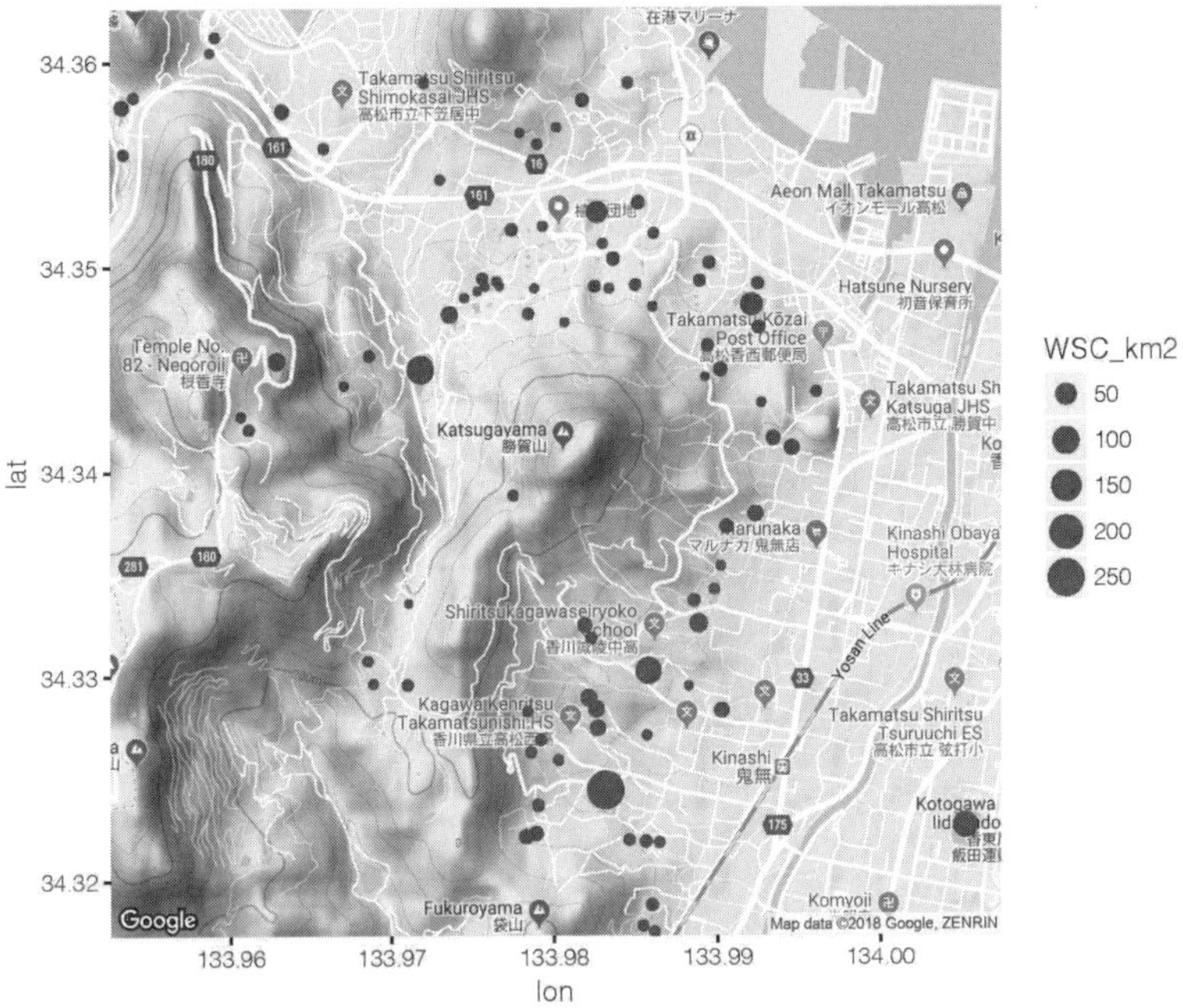

地図 5　勝賀山周辺のため池配置図

注 1：ため池情報についてはICEDS 独自に作成したデータベースに基づく。
注 2：貯水量（WSC_km²）を平方キロメートルの総量で区分し、マークの大きさとしている。
注 3：縦軸は北緯、横軸は東経である。

イメージ図としてかつての香西氏の栄華の象徴である山城のあった勝賀山を背後に、街並みの広がりはその方位や大きさには歪みがあるものの、香西寺を中心として、旧城下町らしい小さな入り組んだ道はかなり正確に描かれているように思う。しかし、明らかに不明な箇所もこの復元過程で明らかになった。詳細は別稿に譲るが、香西港や主要河川は、海水や淡水の動きを波のような線で細部まで描いている。この測図のように地図を描いた作者にとってとりわけ大切であったのは、田畑、街並みそして、河川と瀬戸内海の連動で港が成り立つ水循環だったと考えられる。それでは、ため池そのものは香西の町としては大きな意味を有しなかったのであろうか。

やはりそのようなことはない。すでに紹介したように『香西史』には、すでに紹介した「維新前笠居郷繪図面」（地図2）が添付されている。これは町史編纂会蔵とされており、『香西史』編纂にあたり作成されたものであろう。「笠居郷」という地域単位において、ため池等水循環の重要性を全体として明瞭に表現している。同時に、百姓自分林という記載のように、生活資源としての森林資源の重要性も十分に表現されている。海と陸は常に繋がっているのである。ため池の緯度経度情報によってプロットした地図5よりも生態系のよりリアルなイメージ図となっている。地図2をより測図的な「香西町全図」と比較した時、自然環境との対峙という点において、昭和初期という時代の特徴を感じ取ることができそうである。これも今後の検討課題としたい。

（21）香川大学独自の内外の研究機関やNGO団体との交流協定である地球ディベロプメントサイエンス国際コンソーシアム（ICEDS, http://iceds.cc.kagawa-u.ac.jp/web_j/）は特に水関連の研究プロジェクトを遂行している。本研究はその一環で、科研B（課題番号：20H01523）の研究支援を受けている。

おわりに――さらなるローカルヒストリーを求めて

本書は香川ガイドを謳っている。しかし本章では、最初は広島湾の海岸線の話題から始めた。海は広くそして陸とも繋がっている。そこにはそれぞれの地域の差異と同時に共通点もある。港湾の変化を昔の写真を用いて比較することによって得られる情報は貴重である。しかし、宮本常一と同じようなエッセイを書くことは今となっては難しい。もっとも、特に一九五〇年代から七〇年代にかけて、各地に残されている写真を体系的に集めると日本の国土開発がどのように進んだか、また、それによって、何を得て、何を失ったかがわかるであろう。また他方で文書資料からは実はまだ多くを学ぶことができるし、そこから新たな視点で地域を見つめ直すこともできる。笠居郷に関しては『香西漁業史』[22]が知の宝庫である。それは香西浦に関する史料集成以上の意味を有しているからである。しかし、その読解にはかなりの知の蓄積と熟練が必要である。

例えば、後の大正天皇が明治三六年一〇月中旬に香川県下を訪れている。その際、一貫目（三・七五キログラム）の鯛を八尾、浜焼きにして献上したとされている。これは先の漁場争いでも登場した瀬居島（讃備海中にあるとされている）で捕られたものである。金山鯛と名称もついたブランド鯛である。献上にあたっての由緒書が『香西史』で紹介されている。[23]元は仮名交じり文であるが、現代語で表記すると以下のようになる。毎年、産卵の際に、南洋から群れをなして鱗をひしめき合わせるように鳴門海峡を越えて、瀬戸内海を

（22）香西漁業組合『香西漁業史 前後編』大日本印刷、大正一一（一九二二）年

（23）『香西史』二三八―二四〇頁

しばし「悠遊」して、産卵をし、その後、西方に向かって、馬関海峡(24)（＝関門海峡）より再び外海に出るらしい。この言によれば、太平洋から瀬戸内海に入って来た鯛は東シナ海に抜けていくということになる。

他方で、中国新聞では下記のような情報が伝えられたことがあった(25)（数字は漢数字に変更している）。

　漁師の話と研究者の見方が異なる場合もある。例えば瀬戸内海のマダイは、備讃瀬戸を境に中西部系群と東部系群に分類される。豊後水道や伊予灘南部で越冬したマダイが桜の時季以降、産卵にやってくるのは燧灘《ひうちなだ》までとの想定である。

　ところが、「浮き鯛《だい》」で知られていた三原市幸崎町能地の九〇歳近い漁師は「鯛《たい》は、（立春から起算して）四十八日（三月下旬）から百日（五月中旬）までの間に東の鳴門まで上り、その後は西に向かって豊後水道まで下る」と断言した。

　さらに、「魚の揺りかごとなる藻場や干潟、河口の汽水域に恵まれた瀬戸内海には、産卵のためにいろんな魚が回遊して来る。海のこと故、回遊のルートとなるとわかっていないことが多いようだ」と記されている(26)。上記の漁師は、「山口県沖まで船中で寝泊まりする家船で網漁」を続けてきた方であるとこの記事は紹介している。宮本常一も家船《えぶね》について多くを語っている(27)。陸で住むのが当然と考える現代の人びとにとって、瀬戸内の漁師の人びとのつながりの世界は計り知れない。鯛漁のみを対象としても奥は深い。

しかし、海は海、陸は陸と区別することも必ずしも正しくはない。天正年間古地図（地図6）、漁業権境界線図（地図1）、昭和初期の測図のように見える香西町全図（地図3）そして特に維新前笠居郷絵図面（地図2）は、それぞれの時代あるいは後の時代から過去へ

(24) 馬関海峡《ばかんかいきょう》とは、『世界大百科事典 第二版』によると、本州西端の山口県下関市と九州北端の福岡県北九州市との間の海峡であり、現在は関門海峡と呼ばれる。現在の下関が馬関と呼ばれ、門司との海峡であるため、そのように呼称された。

(25) 二〇二〇年二月二〇日の記事である。https://www.chugoku-np.co.jp/column/article/article.php?comment_id=609635&comment_sub_id=0&category_id=1175.二〇二一年七月二六日閲覧

(26) 前掲(25)記事より。

(27) 宮本常一『海に生きる人びと』河出文庫、二〇一五年（初版、一九六四年）、特に一五八―一六五頁及び同『芸予の海』瀬戸内海Ⅱ、未来社、二〇一一年、二一三―二二〇頁参照。

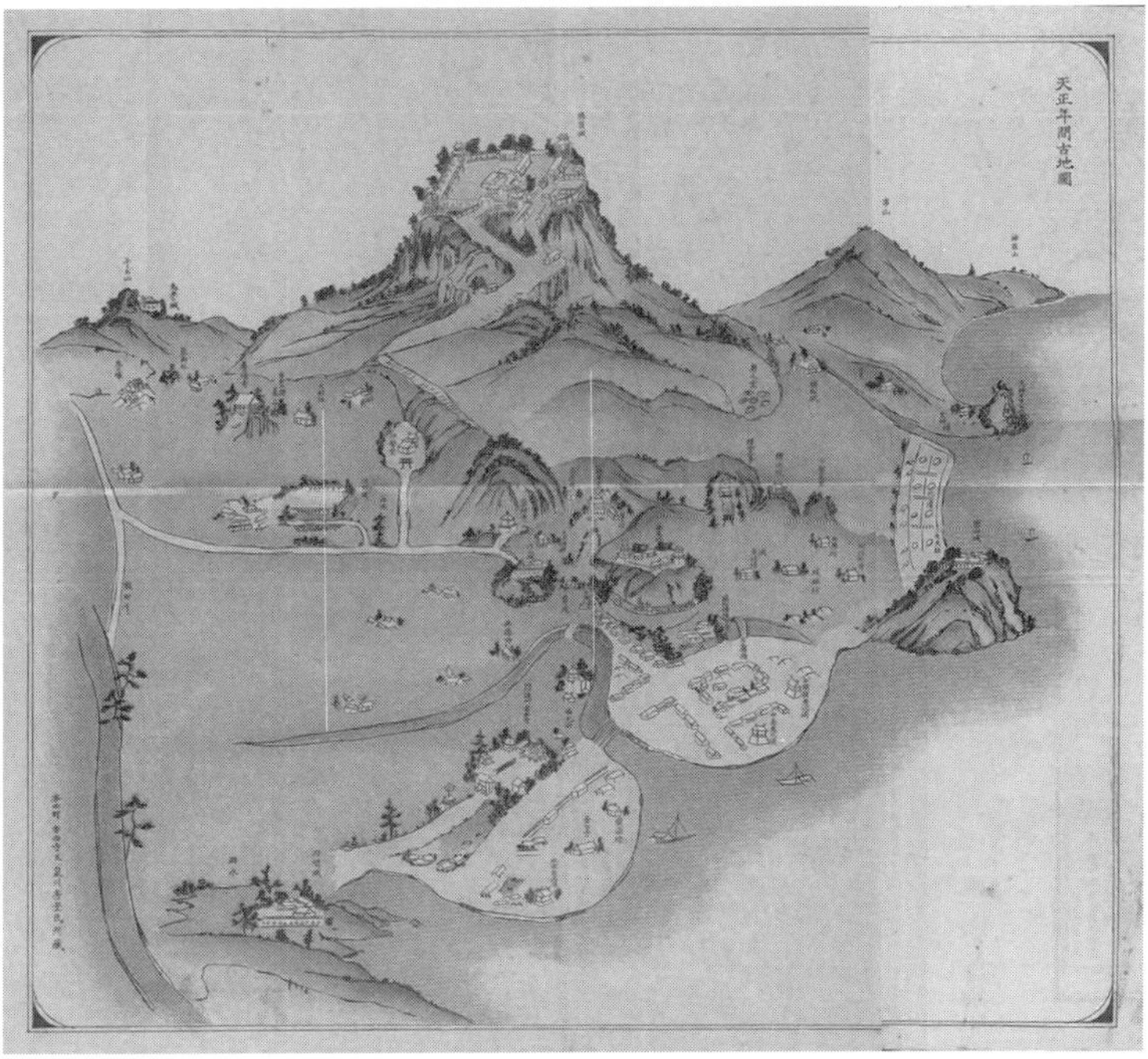

地図6　天正年間古地図（『香西史』所収）

と価値観を投射し、端的にイメージ化し表象化し可視化していた。[28] 天正年間古地図では、舟入川（愛染川）の河口を挟んで両側に大きな砂浜あるいは砂地があったように見受けられ、少し小高い丘に香西寺があり、そこが談議所（地図4にその位置を示しているがあくまでも推定の域を出ない）であると描いている。高松藩の藩主松平頼重が、この本津にあった寺を現在の場所に移転させ、香西寺地蔵院としたようである。一六六九（寛文九）年のことであった。[29] 長期のローカルヒストリーの興

（28）　ここで再掲した『香西史』所収等の絵図（地図1・2・3・6）は、地図3以外は『新香西史』でも再録されているが、残念ながらあまり鮮明ではない（地図1、同書、一二二ページ、地図2、一三三ページ、地図6、巻頭）。なお、地図3の「香西町全図」以外の原本はすべてカラーである。

（29）　『香西史』二〇〇―二〇一頁及び三一〇頁

味は尽きない。

〔参考文献〕

香川県香西町役場『香西史』香川新報社、一九三〇年
香川県漁業史編さん協議会編『香川県漁業史』通史編・資料編、全二巻、第一法規出版株式会社、一九九四年
木原溥幸ほか編『香川県の歴史』山川出版社、二〇一二年（第二版）
香西漁業組合『香西漁業史 前後編』大日本印刷、一九二二年
香西町公民館編『新香西史』香西町公民館、一九六五年
讃岐のため池誌編さん委員会『讃岐のため池誌（資料編共2冊）』香川県農林水産部土地改良課、二〇〇〇年
四国新聞社『讃岐人物風景　戦国の武将たち二』一九八〇年
宮本常一『山に生きる人びと』河出文庫、二〇一一年
宮本常一『周防大島』瀬戸内海Ⅲ（私の日本地図9）未来社、二〇〇八年
宮本常一『芸予の海』瀬戸内海Ⅱ（私の日本地図6）未来社、二〇一一年
宮本常一『広島湾付近』瀬戸内海Ⅰ（私の日本地図4）未来社、二〇一四年
宮本常一『備讃の瀬戸付近』瀬戸内海Ⅳ（私の日本地図12）未来社、二〇一五年
宮本常一『海に生きる人びと』河出文庫、二〇一五年
吉田武三編『松浦武四郎紀行集（中）』冨山房、一九七五年
Satoshi Murayama, "Industrious Revolution" Revisited: A Variety of Diligence Derived from a Long-Term Local History of Kuta in Kyô-Otagi, a Former County in Japan. *Histories* 2021, 1（3）, 108-121. https://doi.org/10.3390/histories1030014

第3部

香川県の文化的遺産

香川県の祭りと民俗芸能

田井静明

はじめに

温暖少雨の土地柄である香川県。そして、江戸時代には県域を東西に二分して高松藩松平家と丸亀・多度津藩京極家に治められ、また塩飽人名領や幕府の直轄地もあった。そうした自然環境や歴史的背景のもと、どのような祭礼行事が展開し、特徴をもっているのか、県内の祭りと民俗芸能の一年を概観してみることにする。

1　正月行事

雑煮

香川県の正月行事で全国的に珍しい食文化として知られているのは白味噌餡餅雑煮であ

る。白味噌仕立ての汁に里芋や大根、そして餡入りの丸餅が入ることが最大の特徴である。しかし、『香川県民俗地図』（一九七七）によれば、県域のうち山間地域や島嶼部はすまし仕立て、沿岸平野部は白味噌仕立てになっている。民俗周圏論を踏まえれば古くはすまし仕立てだったものが、京都・関西の白味噌文化の伝播により平野部が白味噌仕立てに、周縁部である山間部・島嶼部にすまし仕立てが残ったと推測される。では香川県独特と評される餡餅雑煮の起源はどうであろうか。早くとも、讃岐国で砂糖生産が奨励される十八世紀半ば以降に普及したものと考えられている。

失われた正月行事カイツリ

戦前には一月一四日の夜に子どもたちが集落の各戸を巡り、銭サシを配りながら言祝《ことほ》ぎ、お菓子などを貰う行事があった。小正月の訪れものの一つと考えられるが、伝承では昭和初期の学校教育のなかで禁止され廃れていったという。

トンド

正月の行事も終わり、一月一五日は小正月または送り正月などと呼ばれている。正月に家の玄関などに飾り付けた注連飾《しめかざ》りなどをはやす行事で、その火で焼いた餅を食べると無病息災、習字を燃やして高く舞い上がると上達するなどと言われている。瀬戸内各地をはじめ、全国的に竹や稲藁などを用いて数メートルの高さの円錐形の左義長やトンドとよばれるものを

写真１　西村のトンド

つくり、そこに各戸から集められた注連飾りを一緒に燃やす。しかし、県域では小豆島を中心とする島嶼部には見られるものの、本土側には全くその設《しつら》えは見られず、家ごとに注連飾りをはやす程度である。小豆島では今も集落ごとに盛んに行われており、子ども行事として古い習俗を伝えている地域（小豆島町西村）もあり、正月の風物詩ともなっている（写真１）。

2　春の行事

モモテ

香川県では県西部を中心に一月～三月の行事として弓射の行事（モモテ）が行われている。櫃石島《ひついしじま》（坂出市）や広島（丸亀市）などでは一月に行う集落もあるが、県西部では旧暦二月朔日を中心に、現在は新暦の三月に広く行われている。五穀豊穣や大漁祈願、家内安全などを祈って「鬼」と書いた的などを矢で射る。伊吹島（観音寺市）などの島嶼部や荘内半島（三豊市）などでは、青年が射手となるが、他の地域では子どもが射手のところが多い。生里《なまり》（三豊市）のモモテ（写真２）は国重要無形民俗文化財に指定されており、トウヤや射手の潮垢離《しおごり》が行われるなど、厳しい潔斎を伴ったり、旧暦一月～二月朔日の祭り当日まで一週間に及ぶ準備や関連行事が行われたりするなど古風を伝えている。また、祭り前夜にトウヤの家で行われるマキワラやコシイタの行事は、古い神態のようすや伝承行事の工夫を伝えるもの

写真２　生里のモモテ

として注目される（『香川県祭り・行事調査報告書』（二〇〇八））。

四国遍路と写し霊場

かつての香川の春の風物詩として本四国や写し霊場巡りがあった。農繁期前の三月頃、四国霊場のすべて、または地元の讃岐一国や善通寺周辺を巡る七ケ寺参りが行われ、巡礼者に対し地元住民による接待や善根宿が提供された。

伊吹島では戦前期に島の女性の成人儀礼として娘遍路が行われ、今も島の大師堂に記念写真額が掲げられている。また、現在も伊吹島や粟島（三豊市）、瀬居島（坂出市・写真3）など多くの島では四国霊場八十八ケ所の写し霊場（石仏）を巡る島四国に島外から多くの巡拝者が訪れ、お接待が行われており、本島（丸亀市）や広島ではお大師まいりやお大師さんと呼ばれている。これらの島四国は新暦の三月上旬から旧暦の三月二一日頃に行われている。

川市

かつて農繁期を控えた春四月頃、高松近郊の河原では川市が盛んに行われた。香東川や春日川では、流灌頂の仏事とともに農具や種物の店が出て、人々は田植えなどの農作業の準備として市で農道具などをそろえた。

写真３　瀬居島四国

ハルイオ

春の代表的な魚は鰆で、瀬戸内に回遊してくる。香川県では田植前に嫁に鰆一本を持たせ実家に里帰りさせた。農繁期前の骨休みの行事で、持たせた鰆は押抜き寿司にしたり刺身にしたりして食べた。今も嫁の実家との贈答習俗を伝えている家もある。

3 夏の行事

雨乞い

香川県は古くから水不足、渇水に悩まされ、「水ブニ」や「線香水」など、厳しい水利慣行が、香川用水全線通水（一九七八年）まで続いた。また、小歌を伴う風流踊や念仏踊の多くは、雨乞踊として踊られてきた。綾子踊（まんのう町・写真4）や滝宮の念仏踊（綾川町）は国重要無形民俗文化財に指定され、ユネスコ無形文化遺産にも「風流踊」として提案されている日本を代表する民俗芸能である。風流踊は地域によって死者供養や豊作祈願、除災など様々な神仏への願いを目的に踊られたが、香川県ではその多くが雨乞いを目的に踊られ存続してきたことに特徴がある。いずれも中世末～近世初頭頃に流行した民俗芸能が厳しい水環境のもと伝えられてきたものである。滝宮の念仏踊は菅原道真の雨乞祈願の成就を祝って踊り始めたものといい、その後讃岐に流された法然上人が踊りを整えたという伝承をもつ。また、綾子踊

写真4　綾子踊

や田野々雨乞踊・和田雨乞踊（いずれも観音寺市）は、小歌を伴う風流踊であるが、旅の僧（空海）や薩摩法師が雨乞いの踊りをムラ人に教えたと伝えている。滝宮の念仏踊が奉納される滝宮神社・滝宮天満宮（綾川町）は、菅原道真ゆかりの地とされ、滝宮神社は近世以前には牛頭天王社といい御霊を祭った神社であり、同社西の鮎滝は鳴門に通じて龍が棲むとされた霊地でもあった。もともと中世末～江戸時代には讃岐国内一三郡より念仏踊奉納があったとされ、多度郡《たどぐん》の南鴨念仏踊（多度津町）、鵜足郡《うたぐん》の坂本念仏踊、阿野郡北の北条念仏踊、今は途絶してしまっている那珂郡《なかぐん》の念仏踊などが、七月二五日の菅原道真の菩提会に滝宮奉納を行っていたものである。今も阿野郡南の踊組の系譜をひく滝宮の念仏踊は毎年、坂本念仏踊は三年に一度、滝宮奉納を行っている。また、滝宮の念仏踊では毎年の奉納（現在は八月二五日）を常例奉納と呼び、雨乞いのための臨時奉納を雨乞奉納と呼んでいる。前者は一日に一五庭（一庭約一五分ほど）を踊るが、後者の雨乞踊では三三庭を踊った。かつては一人の下知《げんじ》が実質八時間、一日がかりの決死の覚悟で雨を祈ったのである。その際、下知の持つ大団扇は常例奉納時の「月と太陽」の意匠から「雨と水」の文字に変えられ、笠のシデと呼ばれる飾りも水色に変えて踊られた。近年では平成六（一九九四）年の渇水時に雨乞奉納が行われた（写真5）。

夏祭り

香川県の神社祭礼では、夏祭りはあまり盛んではないが、特徴的な夏祭りをいくつか紹介する。

写真５　滝宮の念仏踊雨乞奉納

女木・男木の大祭り

女木島《めぎじま》・男木島《おぎじま》（高松市）では一年交代で大祭りが行われる（写真6）。女木島では住吉神社の夏祭りに屋根のない太鼓と呼ぶ舁き屋台が出される。投げ頭巾を被った四人の乗り子が乗る太鼓を地面に落としたり、地面に押し付けたりするなど、激しい所作を繰り返す。また、男の子だけで構成された締め太鼓や鉦などの囃子を伴った床のない底抜け屋台も出る。屋台の内部には帯状の布がたくさん吊り下げられ布の風流の素朴な美しさを漂わせている。今も祭礼をつかさどる年寄りたち社務総代と太鼓を仕切る青年たち頭取・取締・棒方との緊張感漂う祭礼を見ることができる。

男木島の豊玉姫神社の夏祭りでも飾りたてた底抜け屋台が出るが、この祭りでは仁輪加（俄）が行われる。即興芸のことで、もとは神賑《かみにぎわい》として出されていたものが今日では歌を唄ったりする演芸会のようになっているが、県内では他に例を見ないものである。

庵治の船祭り

庵治町《あじちょう》の皇子《おうじ》神社（高松市）の夏祭りにはダンジリと呼ばれる太鼓舁き屋台が出る。最初は破風屋根をつけて練りまわるが、佳境に入ると屋根が取り外され、舁き棒の片方を地面に着けて垂直に立てられ、ゆっくりと回転させる（写真7）。乗り子は中空で太鼓を叩くことになる。淡路島などに見られる「つかいダンジリ」と同様なもので、太鼓台そのものを使ったパフォーマンスが行われる。また、船渡御にもダンジリが載せられ、お旅所でも同様な所作で奉納が

写真6　女木の大祭り

行われる。船は三艘を横に連ね、そこに舞台が設えられて獅子舞も奉納される。船舞台での獅子舞奉納は県内では唯一である。

山王宮の夏祭り

馬宿《うまやど》の山王宮《さんのうぐう》（東かがわ市）では通称「あばれだんじり」と呼ばれる太鼓昇き屋台が出る。簡易な柱に布を張った屋根を載せたダンジリがムラ内を巡る。最後に山王宮境内で昇き上げられ、少しずつ傾けて地面に落とされる。それを何度も繰り返し、柱や屋根が壊れたら祭りは終わりとなる。ムラ中を巡り集めた災厄を破却する祭りと考えられる。灘の松原神社（兵庫県姫路市）の秋祭りに行列の先頭をゆくダンジリもまた、地面に放り投げる所作を繰り返す。播磨灘を挟んでよく似たダンジリの所作が見られる。

写真7　皇子神社夏祭り

4　盆の行事

小豆島のショウロダナ

香川県の本土側でも墓掃除や墓参り、精霊迎えなどの盆行事が行われているが、小豆島では全国的に珍しいいくつかの習俗を伝えている。特に先祖の霊を迎えるため、または餓鬼仏のための供物台とされる屋外のショウロダナ習俗は小豆島に濃厚に分布している。ワカショウロ（新仏）は八月七日頃、通常は一二日頃に玄関前（門口）に棚を立てる。かつては檀那寺の僧侶による盆の棚経もそこで行われることが多かった。盆の一三日には団子やショウロ箸と呼ぶミソハギなどが供えられ、一五日の晩から一六日の朝には海などに送られる。

カケゾウメン

屋内の仏壇には素麺が供えられる。素麺は小豆島の名産であるが、盆の仏壇にはカケゾウメンといって通常より油分を多くして切れにくくした素麺が用意され、さまざまな模様に編まれ簾のように仏壇の前にかけられる（カバー写真）。

夜念仏

八月一三日の夜、土庄町《とのしょうちょう》の肥土山《ひとやま》や伊喜末《いぎすえ》、屋形崎などでは、集落の有志が白装束姿に鉦をもち、集落内の各家のショウロダナやお堂、橋、お墓などを巡り和讃（念仏）を唱えて回る（写真8）。集落によっては新仏のあった家の座敷にあがり、新仏を祭った仏壇に念仏をあげる。一軒一軒丁寧に回るため、夜中までかかる集落もある。県内はもちろん、全国的にも稀有な行事である。

川めし

別当川（小豆島町）では八月一四日の早朝、集落の各戸が家族で川原におもむき、川原石で竃《かまど》を築き、五目飯を炊く。出来上がると柿の葉一二枚に盛りつけ近くの川原に供える。盆に帰ってくる餓鬼仏のために供物を供える行事と考

写真8　屋形崎の夜念仏

えられている。

位牌を背負う盆踊

櫃石島や与島（坂出市）の盆踊では、新仏の位牌を白い晒などに包み、家族や親戚、友人たちが、口説《くどき》にあわせて代わるがわる位牌を背負って踊る（写真9）。瀬戸内地域には、位牌や遺影を背負う盆踊が複数個所知られており、国の選択無形民俗文化財になっている。

厳しかった香川の盆踊規制

香川県では明治一四（一八八一）年から大正三（一九一四）年にかけて、厳しい盆踊規制が行われた。地元新聞「香川新報」では当時の川村竹治知事に対し、例を見ない厳しい規制内容を他県と比較し糾弾している。当時は疫痢などの夏の感染症防止と不平等条約改正のための風俗取締り強化による文明国アピールのため、とかく猥雑になりがちな盆踊の規制が強化されたと考えられている。明治四五（一九一二）年に刊行された『勝間村郷土誌』では盆踊禁止が緩和された時の様子を次のように記している。「但シ現時音頭出シノ出来ルモノハ極僅少ナリ一部落一、二アルカナシモ中老以上ノ年輩者デナクテハ出来ズ」とある。約三〇年間に及ぶ規制で口説を唄える者がいなくなったという。いかに長期にわたる官による盆踊規制の影響が大きかったかを伝えている。現在、瀬戸内地方を俯瞰した時、大分県や山口県、広島県、愛媛県などでは口説による盆踊が盛んな地域が多いなか、香川県では伝承が極端に希薄となっており、当時の盆踊規制の影響

写真9　与島の位牌を背負う盆踊

と考えられる。

5　秋の行事

八朔

香川県の年中行事の特徴としてあげられるものに八朔《はっさく》の団子馬習俗がある。主に男子の初節供に際して、嫁の実家から米の粉でかたどった団子馬や武者人形などが贈られる。かつて県西部地域では、その武者人形を座敷などに飾り、箱庭風に歴史場面などを再現して近所の人たちに見てもらう習俗があった。現在はイベントとして仁尾《にお》八朔人形まつり（三豊市・写真10）で往時をしのぶことができる。また、仁尾町では八月一日に男子の節供だけでなく、女子の雛節供もこの日に行っている。戦国時代、三月三日に仁尾城が土佐の長宗我部元親により落城したため、その後雛節供を八月一日にするようになったという伝承をもつ。しかし、室津（兵庫県たつの市）や牛窓（岡山県瀬戸内市）、宮島（広島県廿日市市）など瀬戸内の古い港町でも、八朔に雛人形を飾ったり人形を船に乗せて送る習俗が伝わっており、古くは人形を飾ったり、海に流したりする習俗が八月一日に行われていたと考えられる。

写真10　仁尾八朔人形まつり

香川の秋祭り

香川県内の秋祭りには、三豊・観音寺地域や宇多津・坂出地域、小豆島などで太鼓やちょうさ、サシマショ、千歳楽《せんざいらく》などと呼ばれる太鼓舁き屋台が祭りの神賑の中心となっている。大型のものは二トンを超え、木彫や金糸などの刺繍をあしらった幕や布団をつけるなど、絢爛豪華な設えをしている。また、獅子舞は県下一円で盛んで、往時には一二〇〇組があり、現在も約八〇〇組が奉納しているとされ、「獅子舞王国香川」と呼ばれている。しかし、香川の祭礼を特徴づけるものは他にもある。近年の研究（福持二〇一九）によれば、香川の秋祭りにはおよそどこにでも見られる奴振《やっこぶ》りが、全国的には珍しく、全国で約六〇〇の報告のうち、香川は一〇〇を数えるとしており、割合だけで言うなら獅子舞よりも濃密に香川に分布していることがわかってきている。「奴振り大国香川」と言っても過言ではない、香川の神賑の代表と言えよう。

宮座的要素を伝える祭礼

中世には、宮座と呼ばれる地域の特定の家筋による祭りが始まったとされる。仁尾町の賀茂神社（三豊市）では、五苗《ごみょう》と呼ばれる家筋（塩田・河田・吉田・鴨田・倉本）から五人のトウニンが毎年選ばれ、同じくトウニン経験のある有力者から選ばれた一〇人の年寄たちが秋祭りを差配する。トウニンの家の注連おろしや神饌の準備、神迎え、長床神事（写真11）など、トウニンに決まってから一〇日間にも及ぶ奉仕が行われる。祭りは特定の家筋である五苗によって行われ

写真11　賀茂神社長床神事

るが、神賑であるちょうさや獅子舞、奴は地縁組織によって奉納される。こうした中世の祭りの要素を残した祭礼は、同じ仁尾町の履脱八幡《くつぬぎはちまん》神社や詫間町の船越八幡神社（いずれも三豊市）などにも見られる。

瀬戸内文化を代表する太鼓台

いわゆる太鼓台と呼ばれる太鼓昇き屋台は瀬戸内を中心に西日本全域に広がっている（尾崎、二〇一九）。香川県内にも約三五〇台が奉納されているという。三豊・観音寺地域では、いわゆる「川之江型」と呼ばれる大型の質実剛健ともいうべき太鼓台が多くを占めるが、近年は「新居浜型」と呼ばれる金糸の煌びやかな刺繍幕をあしらった豪華絢爛たる大型太鼓台が目立ってきている。

宇多津地域でもやや小ぶりながら絢爛豪華なサシマショと呼ばれる太鼓昇き屋台が宇夫階神社の秋祭り（写真12）に多数奉納されるが、ここでは宇多津町の古い町並みの道幅に対応した太鼓台の大きさが求められているため、大型化せず今日に至っており、町並みと調和した太鼓台奉納が特徴となっている。

小豆島石桟敷と太鼓奉納

小豆島でも太鼓と呼ばれる昇き屋台が祭りを賑やかす。亀山八幡宮や富丘八幡神社、伊喜末八幡神社などには、石積みの巨大な桟敷席が江戸時代

写真12　宇夫階神社秋祭り

末期には登場し、秋祭りのお旅所での太鼓台見物のためだけに機能している。また、小豆島の各神社の秋祭りでの太鼓奉納にもそれぞれ特徴的な所作が見られる。亀山八幡宮や富丘八幡神社では、大きく太鼓を九〇度傾けて、地面に着かないようにかえし、その瞬間に若衆の二人が舁き棒の上に跳び乗りポーズをとる（写真13）。内海八幡神社では、太鼓全体を四五度ほど傾けて静止する所作をし、葺田八幡神社では同じく四五度ほど傾けて練るのである。太鼓そのものを使ったパフォーマンスは、集落や舁き手の力自慢を披露するためのものと考えられるが、他の地域に例を見ない多彩さを誇っている。また、伊喜末八幡神社では太鼓の布団部分に人形を載せた舁き屋台が二基出る。人形はその年話題となったスポーツ選手やテレビドラマの主人公などが作られることが多いが、祭礼当日の楽しみの一つとなっている。小豆島の秋祭りは、石積みの桟敷など、「見（魅）せる」ことを強く意識したものとなっている。

獅子舞王国香川

香川の獅子舞の特徴は長時間にわたって多彩な芸を行うことである。それを可能にした一つの要因は、紙製（張り子）の獅子頭が普及したことである。軽量化したことで頭の操作性が高まり、長時間の芸も可能になった。張り子製獅子頭の古例から、遅くとも十八世紀後半の宝暦年間には普及していたと考えられる。また、綾川町域などに「寄進獅子」という言葉が残っている。もともとトウヤ獅子としてその神社の祭礼に一頭だけ獅子がお

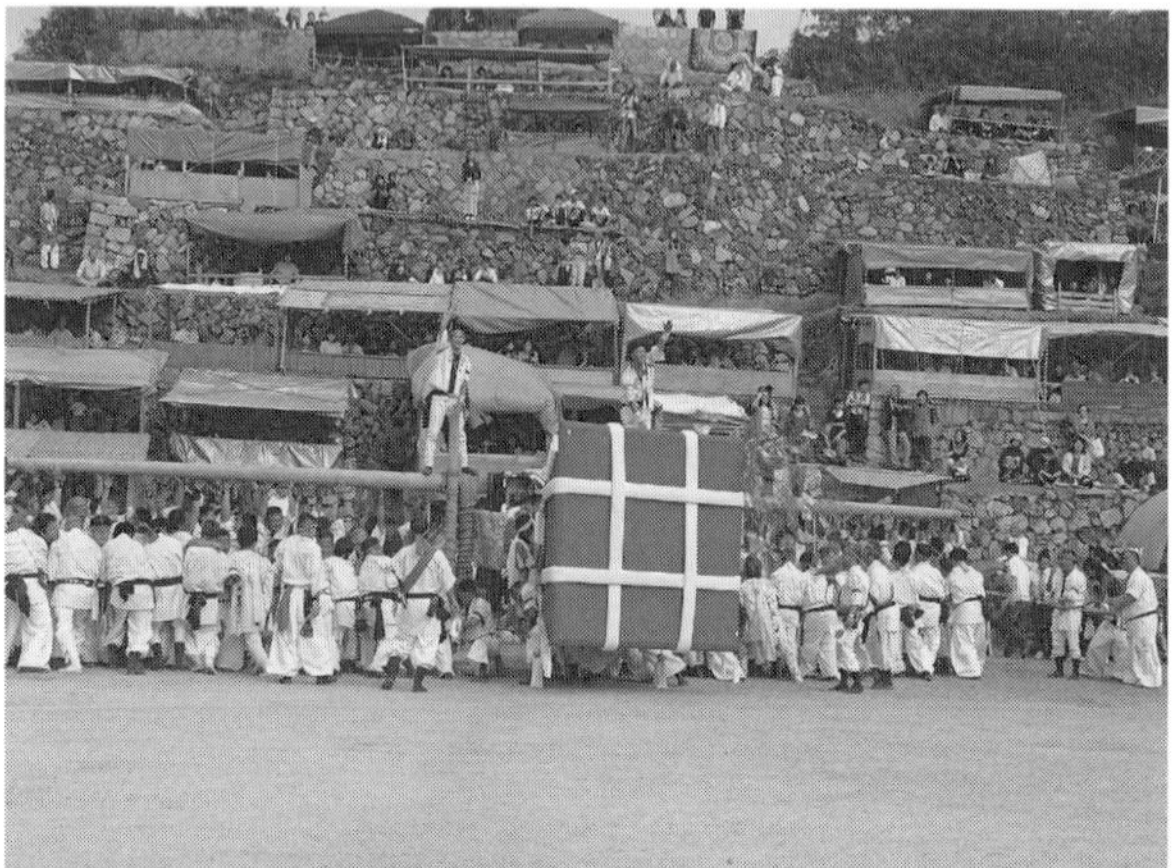

写真13　亀山八幡宮秋祭り

り、トウヤ獅子が当たった年だけ奉納していたものが、毎年奉納したいと思う人たちが登場し、「寄進」というかたちをとり確認ながら近世末～近代にかけて次第に数を増やしていったと考えられている。

数の増加とともに、他者との差別化が求められるようになり芸にも新趣向が取り入れられた。歌舞伎や能の趣向を取り入れたとされる虎頭の舞（写真14）や尺経獅子舞（いずれも東かがわ市）、夫婦や親子の情愛を表現したとする二頭立ての吉津夫婦獅子舞（三豊市）や綾南の親子獅子舞（綾川町）など、特色ある獅子舞が見られる。獅子の胴体を表現する油単《ゆたん》も、のり染めによる武者絵をはじめ、猩々《しょうじょう》や唐獅子牡丹、龍虎など多彩な絵模様が時代の影響を受けながら展開したほか、馬《うま》毛《げ》による全身黒尽くめの毛獅子や毛模様の刺繍をあしらったものも見られる。また、高さ一メートル、幅二メートルに及ぶ巨大な頭に一〇メートルを超す油単の中に二五人以上の人が入り担ぐ大獅子も出る。今現在も、アフロヘアの獅子頭や白い毛獅子などが登場し、多様に進化し続けているのが香川の獅子舞である。

奴振り大国香川

昭和の終わりから平成にかけて、奴振りをやめた集落も多く見られるが、それでも香川の秋祭りの神幸行列に奴振りはあって当たり前の印象が強い（写真15）。しかし、前記のとおり全国的に見ればその密度は異常に高い。金刀比羅宮の大祭であるオトウカには少なくなったとはいえ今も県内各地の奴

写真14　虎頭の舞

組が参加し、さまざまな奴振りを見せている。江戸時代後期の大祭のようすを描いた摺り物にも多くの奴振りを見ることができる。江戸時代半ば頃の大水上神社《おおみなかみ》（三豊市）の「神事次第」（一七七〇年）には「小天目、白熊、大天目、新白熊、大鳥毛、経箱、台笠、立笠」などの奴道具が記される。香川県の祭礼風流としては、獅子舞や太鼓舁き屋台に先駆けて神幸行列に取り入れられ普及していたと考えられる。

ほとんどの奴振りは道具の投げ渡しを中心に行われるが、草履や傘の芸を伴うものもある。また、丸亀市域周辺では輪になって甚句（祝歌や猥歌）を歌いながら踊ったり、小豆島町では赤褌で藁製の毛槍をもって芸をしたりするヤッシッシという奴踊りも見られる。近年、派手な獅子舞や太鼓舁き屋台に押され、奴振り芸の伝承がままならなくなり、単に道具を持って歩くだけのところや道具を投げずに渡すだけのところも増えてきている。本来のアクロバティックな奴振りの醍醐味が再評価され、奴振りが存続していくことを期待する。

見立てとひょうげ

香川町のひょうげ祭り（高松市）や塚原稲荷神社のあばれ神輿（さぬき市）では、稲藁や竹、里芋の葉や茎、かぼちゃなど季節の野菜、肥料袋などを使って、神輿や奴道具をつくり、それをもってひょうげ（ふざけたり、おどけたりする意）ながら神幸行列をする。既製品ではなく、身近な道具や作物を使って見立てて作った神輿や神幸用具を持ち、おどけた所作をして神さまや見物人を喜ばせている。

写真15　喜佐波神社の奴（坂出市）

地芝居

小豆島の肥土山（春祭り・土庄町）と中山（秋祭り・小豆島町）の地芝居は、農村歌舞伎舞台とともに古くからの風情をよく残し、地域住民による奉納を続けている。かつては島内に多くの舞台があったが、一部は日本民家集落博物館（大阪府吹田市）や四国民家博物館（高松市）に移築されている。江戸時代には大坂・金毘羅・厳島などで歌舞伎興行が行われ買い芝居も盛んだったが、地域に浸透し住民による地芝居も行われるようになった。語りや三味線などの囃子をはじめ、歌舞伎の所作、舞台の運営など総合的な伝承が必要であり、少子高齢化が進む今日、ますます困難な状況の中で地域の奮闘が続いている。

亥の子

子どもたちが旧暦一〇月の亥の日に、複数の縄をつけた亥の子石（写真16）や藁でつくったバット状の亥の子を持って、亥の子歌を歌いながら各家の庭を叩き、言祝いでまわった。現在も愛媛県や広島県では盛んに行われているところもあるが県内ではほぼ絶滅状態である。しかし、戦前までは、香川県でも盛んに行われていた。鬼無町の是竹神明神社《これたけしんめい》（高松市）に伝わる明治時代の亥の子絵馬には、子どもの背丈ほどもある藁製の亥の子が描かれており、派手に巨大化した香川県のかつての亥の子行事の様子を見ることができる。

写真16　福田の亥の子（丸亀市）

6　冬の行事

巳正月

その年に亡くなった人のお正月と称して一二月の最初の巳の日に行われる行事である。餅を搗き、注連飾りを仏壇に飾り、豆腐一丁に一本箸を立てて供える（写真17）。夜にはお墓に行き、出刃包丁を使って餅を鍋蓋の上で切り、突き刺して炙り、肩越しに差し出されたその餅をそのまま口を運んで食べる。死者の正月として普段はしてはいけない所作ばかりをする食い別れの儀礼と考えられている。香川県では島嶼部と三豊・観音寺地域を中心に行われている。四国以外の報告例はほとんどない。

写真17　巳正月の仏壇（観音寺市）

7　祭りに地域社会の課題と未来を見る

香川県内に見られる祭礼行事は多様であるが、他県に比べ中世以前に遡る民俗芸能や祭りは少ない。近世以降に始まったり伝播したりして定着したものがほとんどと考えられる。そのためか、近世の藩領などが分布域と重なる例も見られる。ここでは祭礼に見られる神賑などを中心に特徴的なものを見てきたが、それを支えているのは地域社会である。東日本大震災時、地域の紐帯としての祭りや民俗芸能の価値が再評価され、道具などの復興支援も行われたが、途絶したままの所もある。また近年の少子高齢化や限界集落化、さらには現今のコロナ禍により、伝承の危機に瀕している祭りや民俗芸能も少なくない。祭りや民俗芸能は生きものである。その歴史や現状を記録するだけでなく、今変わりつつある変化やその理由も注視していく必要がある。そこに地域社会の課題や未来を見ることができるからである。

〔参考文献〕
福持昌之「香川県の奴振りについて」『祭礼百態』香川県立ミュージアム、二〇一九年
尾﨑明男「太鼓台文化圏と香川の太鼓台」『祭礼百態』香川県立ミュージアム、二〇一九年
『「讃岐の雨乞い踊」調査報告書』香川県教育委員会、一九七九年
『新編香川叢書民俗篇』香川県教育委員会、一九八二年
『香川県の祭礼　上巻』香川県教育委員会、一九八二年
『香川県の祭礼　下巻』香川県教育委員会、一九八三年

香川にみる四国遍路の世界
――香川の札所霊場と遍路道――

上野　進

はじめに

四国といえば、どのようなイメージをもつだろうか―香川県をはじめとする四国の四県はそれぞれに個性があって、四国を統一的に語ることは案外難しい。例外的にそれを可能にするのが四国遍路ではなかろうか。なぜならこの巡礼は、のどかな田園風景や厳しい霊山、荒々しい太平洋、穏やかな瀬戸内など、変化に富んだ四国の自然や風土を肌に感じながら弘法大師空海ゆかりの八十八か所の札所《ふだしょ》(1)霊場をめぐるものであり、おのずと四国の島を一巡することになるからだ。その道は一四〇〇キロメートルにも及び、江戸時代の遍路者と同じように全てを歩き通そうと思えば、少なくとも一か月はみなければならず、その間に遍路者は四国にある何かを感じ取るに違いない。近代以降のモータリゼーションの発達によって今や車・バスでめぐる遍路者が大半となったが、現在も遍路道を歩いてめぐる歩き遍路の姿も見られ、その体験記を読んでみると、札所霊場や沿道で「お接待」を受け

（1）巡礼者が参拝して納札を納める所をいう。

たことが感謝の言葉とともに必ずといってよいほど記されている。近年はとくに外国人の歩き遍路に出会うことも増えてきた。四国の各地域をめぐった彼らに四国のイメージを聞くのもよいだろう。

壮大な規模をもつ四国遍路は、西国巡礼(2)とともに日本を代表する巡礼の一つである。だが、日本を代表するのは規模だけではない。この巡礼はその原型が、四国において空海が修行した平安時代にまでさかのぼり、長い歴史をかけて形成され、弘法大師信仰を基軸としながら庶民の巡礼として江戸時代に確立し、今なお展開を遂げている。まずはその歴史から始めたい。

1　四国遍路の歴史と接待・接待碑

古代・中世の四国は、僧侶が修行のために訪れる地であった。『今昔物語集』（一一世紀末から一二世紀の成立）には、「仏の道を行ける僧、三人伴なひて、四国の辺地《へち》と云《いう》は伊予・讃岐・阿波・土佐の海辺の廻《めぐり》也」とあり(3)、「四国の辺地」を修行する僧たちがおり、彼らは海辺の難所で修行したとみられる。また一一六九（嘉応元）年頃に後白河法皇が編纂した歌謡集『梁塵秘抄《りょうじんひしょう》』には、「我等が修行せしやうは、忍辱袈裟《にんにくけさ》をば肩に掛け、又笈《おい》を負ひ、衣はいつとなくしほたれて、四国の辺地をぞ常に踏む」とあり、「四国の辺地」を踏む修行者たちの様子が詠まれている。「衣はいつとなく潮垂れて」という表現からは、四国の海辺で修行する聖《ひじり》あるいは修験者の姿を思わせる。このような四国における修行僧の代表

(2)　近畿地方にひろがる観音菩薩の三十三か所の札所霊場をめぐる巡礼で、平安時代末期の開創とされる。

(3)　『今昔物語集』巻三一「四国の辺地を通りし僧、知らぬ所に行きて馬に打ち成されたる語」

的な事例は、若き日の弘法大師空海（七七四年～八三五年）の修行である。空海は四国各所で修行に励み、二四歳の時に著した『三教指帰《さんごうしいき》』（七九七年）には大瀧嶽《たいりゅうがたけ》（現在の第二十一番札所の太龍寺）、室戸岬（現在の第二十四番札所の最御崎《ほつみさき》寺）などで修行したことが記載されている。四国遍路の原型は、四国の自然と同化しようとする空海の修行にみることができる。

空海のほか、『今昔物語集』には四国で修行した比叡山延暦寺の長増という僧侶の説話が収録されている。彼は「仏法の少からむ所に行て、身を棄て、次第乞食をして命ばかりをば助けて、偏に念仏を唱へてこそ極楽には往生せめ」と思い立って四国に下り、伊予・讃岐両国で修行し、西方浄土に往生したという。注意すべきはこの長増の修行が乞食行（托鉢）によるものだった点である。つまり四国における修行は乞食行によって支えられていたのであり、四国の人びとの修行僧への喜捨（貧者への金品の施し）が早くから行われていたとみることができる。現在まで続く四国の接待文化は、この修行僧への喜捨の系譜を引くものといえるだろう。

中世以降、弘法大師空海に対する信仰が発生して定着すると、大師の遺跡を巡る修行が始まり、「四国辺路」とよばれる巡礼としての形が整えられていった。古代・中世の四国辺路は僧侶の修行としてのものであり、在俗の民衆による四国辺路が史料で確認できるようになるのは、一六世紀に入ってからである。また八十八か所が史料にみえる例は一七世紀初頭とされている。現在のように弘法大師空海ゆかりの八十八か所の札所霊場をめぐる形が確立されたのは、室町時代末期から江戸時代初期とみられる。

江戸時代の人びとは、その移動を幕府によって厳しく規制されていたが、巡礼目的であれば往来手形が発行された。[4] こうして四国遍路は開かれた場として修行者のみならず、一般の庶民を受け入れていった。また江戸時代後期を中心として、全国におびただしい数の四国遍路の写し霊場が設けられており、[5] それは日本の庶民信仰の一潮流といえるまでになっている。

ところで江戸時代後期には、故郷に居場所のない不治の病の人や極貧の民とともに乞食等がきわめて多くなるといわれ、それが四国遍路の大きな特徴と考えられている。行き倒れた遍路者は地域の人びとの手によって介抱されたり葬られたりしたのであり、石塔（遍路墓）が現在に残されている。社会的弱者である彼らを包み込む四国が「救済の場」であったことは事実であり、その背景として、四国には地元の人びとが遍路者を弘法大師とみなし、大師に供する意味で遍路者に対しての接待が古くから行われてきたことがあげられる。金品や物品などを無償で積極的に援助したり、宿泊所を無料で提供したりする接待によって、社会から切り捨てられた人たちも生きることができたのであり、実際、日本全国を襲った天保年間（一八三〇—四四）の飢饉に際し、巡礼者が西国巡礼では激減したのに対し、四国遍路ではむしろ増加したといい、この事実は四国遍路の接待が当時の人びとに広く知られていたこと、また故郷や家を離れざるを得なかった人びとの最後に行きつく果てが、この四国遍路であったことを示しているだろう。ただし「救済の場」といっても、実際には病人や困窮した人びとが多数含まれる遍路者への忌避感もあったといわれ、個々に見れば美談にできない側面がやはり存在する。[6]「光」と「影」の両面をもっているのが四国遍路なのであり、そのことは肝に銘じておく必要がある。

四国における修行者への「喜捨」とその系譜を引く「接待」—ここにみられるように、

（4）　柴田純氏は、江戸時代の往来手形を活用した旅行難民の保護・救済体制を明らかにし、それが庶民の旅盛行の直接的契機とした。つまり往来手形を携帯していれば、旅人は病気や不慮の事故の際にも保護され、国元まで無料で送還された（「柴田純『江戸のパスポート』吉川弘文館、二〇一六年）。注意すべきは、幕府の一七六七（明和四）年の法令によって旅行難民の半強制的遺棄が禁止されていたことである。四国における江戸時代の旅行難民への対応は「接待」の一つとはいえ、基本的にはこの法令に沿ったものと考えておく必要がある。

（5）　第七十五番札所善通寺のすぐ西に位置する香色山にも写し霊場があり、一七九八（寛政一〇）年に山の麓を一周するように四国八十八か所の石仏が安置されている。規模からいっても歴史から見ても、四国遍路の代表的な写し霊場の一つである。

（6）　一般の遍路者と区別された人たちは時に「ヘンド」と呼ばれ、その中でも肺病者やハンセン病の患者はとくに忌避され、遍路道とは異なる四国遍路は地域社会と不可分に展開してきた。現在の西国巡礼と四国遍路とをくらべてとりわけ興味深いのは、西国巡礼の場合、徒歩でめぐる人びとは皆無であり、近世までは行われたであろう地元住民の接待も見られないなど四国遍路と状況を大きく異にすることである。もちろん現在と過去を安易に結びつけることはできないが、地域社会とつながる四国遍路の特異性は指摘できるだろう。日本の巡礼の中で、四国遍路だけが「遍路」と呼ばれる理由は明確でないが、この点との関連も考えられる。

写真１　国宝　本山寺本堂

　現在、遍路者の多くは徳島県にある第一番札所の霊山《りょうぜん》寺から高知県・愛媛県・香川県とまわり、山深い結願の地・第八十八番札所の大窪寺でその旅を終えるが、本来はどこから始めても、どこで終えてもよい。香川県には二二の札所霊場があり、これらの札所霊場では古くから地域住民らによる接待が行われてきた。それを物語るのが「接待碑」と総称される石造物である。

　例えば三豊市にある第七十番札所の本山《もとやま》寺では重要文化財の二王門、国宝の本堂（写真１）など著名な建造物に目を奪われるが、大師堂と十王堂との間には接待碑（写真２）がひっそりと建っている。一七四五（延享二）年の銘をもつもので、「施主　比地中村　石井万治」、「永代常接待」などと刻まれており、近隣に住む石井氏が永代にわたって接待を行うことを標榜したものとわかる。接待が行われる場である札所・本山寺は、遍路者と地域住民とをつなぐ結節点であった。この他、第七十一番札

間道を歩くことを余儀なくされたという。また接待とはいっても村を速やかに出て行ってもらうために金品を渡す場合もあったことが指摘されている（頼富本宏『四国遍路とはなにか』）。

所の弥谷《いやだに》寺の大師堂の手前に「剣御山《けんごさん》永代常接待」と刻まれた一七二五（享保一〇）年の接待碑があり、また第七十六番札所の金倉《こんぞう》寺の境内には「金倉寺常接待処」の銘文をもつ一七五一（寛延四）年の接待碑、第七十八番札所の郷照寺の境内には「永代常接待宗玄」とある一七九〇（寛政二）年の接待碑がある。第八十二番札所の根香《ねごろ》寺の仁王堂前にも一八三八（天保九）年の接待碑があり、「永代寒中摂待」と刻まれており、永代にわたって寒中期に接待することを標榜している。また年紀を欠くが、第八十六番札所の志度寺の本堂左横には「永代常接摂　施主　小豆嶋中」の銘文をもつ接待碑がある。このように香川県の札所霊場には接待碑が多く残されており、[7]それらは札所霊場を拠点に行われた接待の貴重な証拠といってよい。なお、郷照寺は四国遍路の札所霊場としては唯一の時宗寺院であり、弘法大師信仰の超宗派的側面、すなわち宗派を問わない四国遍路の開放的な側面がうかがえる。札所霊場については遍路道とあわせ、後にいくつかを取り上げたい。

2　札所霊場の文化財調査と巡礼のタイプをめぐって

四国遍路については現在、四国の四県と関係市町村、関係団体によって世界遺産登録に向けた取組みが進められているのをご存じだろうか。その取組みにおいて、遍路道のうち保存良好なものは史跡指定をめざす一方、札所霊場についても遍路道と一体的な形での保護が検討されている。もとより札所霊場の多くは江戸時代以前から存在していたのであり、その保護にあたっては、それぞれの時代の歴史的な価値づけを行う必要がある。そこ

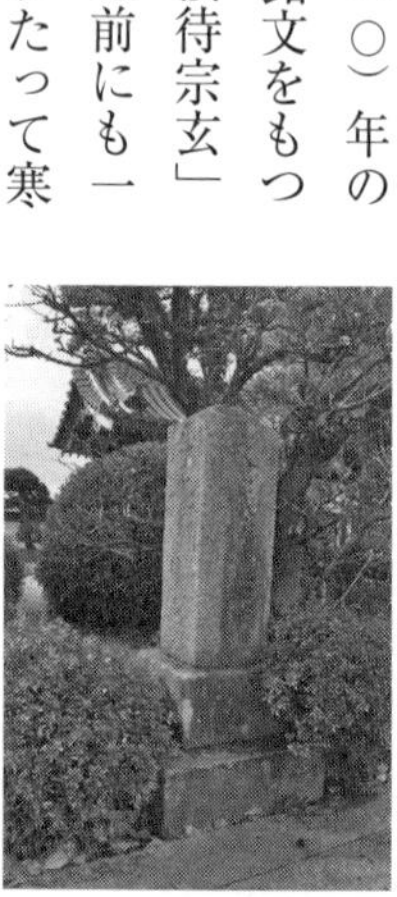

写真2　接待碑（本山寺）（写真提供：香川県文化振興課）

（7）香川県の接待碑に注目した先駆的な研究としては、『香川県史』四（一九八九年、白井加寿志氏執筆分）がある。

で四国の四県では、近年、札所霊場の所蔵文化財などを中心とした調査を進めており、その成果は、刊行された調査報告書によって知ることができる。香川県においても札所霊場それぞれについて総合的に調査を実施しているところであり、その文化財調査に私も長らく携わってきた。多くの関係者のご理解とご協力があってのことであり、感謝申し上げたい。札所霊場には一般に膨大な資料が蓄積されており、この調査によってこれまで知られていなかった札所霊場の史実が明らかになりつつあるが、その一方で驚かされるのは、札所霊場に残された資料のうち肝心の遍路に関わるものはきわめて少ないことである。残念ながら、というべきだが、ただ、このことは四国遍路という巡礼のタイプと関連しているとみてよい。

巡礼にはどのようなタイプがあるのだろうか。分析する観点によってはさまざまに分類できるだろうが、ここでは巡礼を、その目的地に着目して二つのタイプに大別しておきたい。一つは、ある単一の目的地に到達するために行う巡礼であり、往復型（あるいは単一聖地型）の巡礼などと呼ばれる。伊勢参宮や熊野詣など、日本では「参詣」と通称されているものがこれに該当するが、世界的にみれば、メッカ巡礼やエルサレム巡礼などその例は少なくない。この巡礼には目的地＝絶対的な中心があり、一般にこの中心に導くための組織をもつ。例えば伊勢や熊野では御師とよばれる人びとが組織されており、その活動の証しとして多くの関連資料が残されているのが普通である。

いま一つは、単一の目的地や参詣対象をもたず、むしろ各地に点在する寺社をめぐり歩くことに重点がおかれる巡礼で、回遊型（もしくは複数聖地型）の巡礼などと呼ばれることが多く、西国巡礼や四国遍路などがこれに含まれる。先の巡礼の特徴が「中心に向かう型」

という点にあるとすれば、こちらは中心をもたず（第八十八番札所大窪寺は四国遍路の目的地ではない）、巡礼者の誘致などの積極的な活動は多くないのが普通である。例えば四国遍路においても、少なくとも江戸時代までは札所霊場側が独自に遍路者を位置づけることはほとんどなく、遍路者を積極的に組織してきたとはいい難い。札所霊場に遍路の関連資料があまり残されていない一因はここにあるとみられる。遍路者が、数多くの札所霊場を次々に「通過」していったとすれば、札所霊場には遍路者の資料がほとんど残らないのは当然のことともいえるだろう。ただし現在行われている調査によって、札所霊場側も近世後期以降、しだいに遍路者を無視できなくなる事例、すなわち道を整備することによって遍路者の誘致に乗り出してゆく注目すべき事例も確認できるのだが、そのことによって札所霊場側が遍路者を組織できたとまではいい難い。

これに関連して、四国遍路における札所霊場と遍路者との関係について見ておこう。民俗学者の真野俊和氏が早くから指摘しているように、両者は「現実的に交渉する接点はおどろくほどに稀薄」であり、したがって「現実的に四国遍路は、主として接待という習俗を媒介とする、順拝者と沿道住民との間の直接的な相互交渉を、第一義的な存立基盤として展開してきた」という。[8] 私たちは一般に聖地をめざして巡礼すると考えがちだが、それは往復型の巡礼に顕著にいえることであって、回遊型の巡礼には必ずしもあてはまらない。後者の巡礼にあたる四国遍路においては、聖性は数多くの聖地に分散され、それを綴り合せるように一つずつめぐってゆくことで巡礼が成就する構造をもっているのであり、札所霊場という「点」よりも、そこに至るための道行き＝「線」を重視すべきだとする見解が出されていることになる。もとより、「線」と「点」を切り離して考える必要などないと

（8）真野俊和「四国遍路への道―巡礼の思想―」三〇五・三〇七頁

いう人もいるだろう。だが、アカデミックにあえて四国遍路をパーツに分け、それぞれを分析する立場にたてば、あなたならどのように考えるだろうか。車やバスで札所霊場をめぐる遍路者は「線」をできるだけ省略する人たちともいえるし、それに対して歩き遍路は「線」にこだわる人たちともいえる。「点」は聖地には違いないが、四国遍路というルールの中ではチェックポイントといってもよいものだろう。

3　出釈迦寺にみる札所霊場の整備

世の中が安定した江戸時代の元禄期（一六八八―一七〇四）になると、日本各地で庶民の間にも巡礼ブームが起き、四国遍路も盛んとなる。その大衆化に大いに貢献したのが、大坂寺島の頭陀《ずだ》（聖）であった真念による四国遍路の案内記『四国辺路道指南《しこくへんろみちしるべ》』（一六八七年）の刊行である。八十八か所の札所の紹介とともに、札所間の情報が記された本書は好評を博し、江戸時代末まで版を重ねて増補もなされた。一四〇〇キロメートルという長距離を

図１　『四国徧礼霊場記』のうち出釈迦寺図　本山寺蔵

庶民が旅するためには確実なルートや計算可能な旅程が必要であり、案内記の刊行によって定型的な旅の様式化が可能となった。この真念の依頼のもと、札所の縁起を記した『四《し》国《こく》偏《へん》礼《ろ》霊《れい》場《じょう》記《き》』（一六八九年）を高野山の学僧・寂本《じゃくほん》が出版しているが、ここでは札所の略図が付された（図1）。

さらに真念は二〇〇余石といわれる遍路道の道標を四国の各地に建てるなど四国遍路の大衆化に尽力し、四国遍路中興の祖とされている。以後、旅の安全を願ったさまざまな人びとによって遍路道沿いに道標が建てられていった。なお、真念は讃岐の地で生涯を終えており、その墓は第八十五番札所の八栗《やくり》寺から第八十六番札所の志度寺へと至る途中の共同墓地にあったが、現在は洲崎《すさき》寺（高松市牟礼町）に移転されている。

この真念の時代に札所霊場の整備が進められた。ここでは空海ゆかりの札所霊場の事例として、善通寺市にある第七十三番札所の出釈迦《しゅっしゃか》寺を取り上げてみよう。当寺は五岳《ごがく》山の一つ、我拝師《がはいし》山の麓にあり、ここから捨身《しゃしん》ヶ岳が見える（図1も参照）。空海が七歳の時に願をかけて身を投じた場所と伝えることからこの名があり、いま登っても鎖にすがる他なく、難所と実感させられる。修行地として古くから信仰を集めた捨身ヶ岳は当寺の前身とみられ、江戸時代前期の一六五三（承応二）年、四国の札所をめぐった僧澄禅《ちょうぜん》もこの捨身ヶ岳に登り、ここを札所とみなしたらしい。

それから三〇年後に変化が訪れる。先述したように真念は一六八七年に『四国辺路道指南』を刊行したが、その中で次のように当寺を解説する。「札を打つ所は一八町（約二キロメートル）山上にあるが、由緒があるだけで堂社はない。ゆえに近年は麓に堂と寺を建て、ここに札を納める」と。つまり本来の札所は修行地として山上に設けられたが、それでは

写真３　弘法大師空海像　出釈迦寺蔵（写真提供：香川県文化振興課）

道が険しく札を納めるのに不便なので、その麓に新たに札所（現在の出釈迦寺）が作られたのである。江戸時代という遍路の大衆化時代に見合う聖地として、札所が整備されていったことが読み取れる。

では麓に寺を建て、ここに札所を移したのは誰だろうか。『四国辺路道指南』刊行の二年後にあたる一六八九年の『四国徧礼霊場記』をみると、当寺について「近き頃、宗善という入道がいて、志があって麓に寺を建てた」とあり、宗善なる僧が寺を建てたことがわかる。

近年の出釈迦寺の文化財調査では、この宗善に関する資料が新たに発見された。地蔵堂に安置された弘法大師空海像（写真３）の台座に記された墨書がそれであり、そこには本像を寄進した願主の一人として宗善の名が見え（写真４の左側）、また宗善は「虚空蔵講衆」の一人としても名を連ねている。札所整備に尽力した宗善の名が現地に残されているわけであり、弘法大師信仰に篤かったとみられる宗善の思いが当地で今も息づいているといってよいだろう。

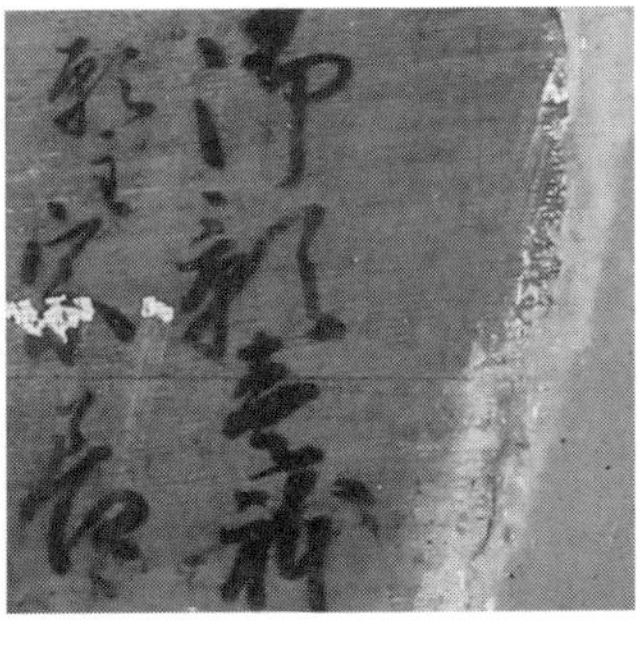

写真４　弘法大師空海像台座上面墨書　部分　出釈迦寺蔵（写真提供：香川県文化振興課）

4　香川県の札所霊場と遍路道

白峯寺と遍路道

第八十一番札所の白峯寺《しろみね》は坂出市にある真言宗寺院で、瀬戸内海に面する五色台の白峰山上にある。古来、山岳仏教の寺院として栄え、隣接する崇徳《すとく》上皇の山陵および廟所とともに広く知られた古刹で、鎌倉時代の十三重塔（重要文化財）などもあり、見どころが多い。かつては境内に多くの子院が集まり、真言・天台や修験などの諸要素をあわせもっていたが、中世後期以降、弘法大師信仰を基盤とする真言宗寺院、札所霊場へと展開していったとみられる。

写真５　根香寺道と丁石

この白峯寺から第八十二番札所の根香寺へと至る遍路道は、往時の面影をとどめる一部が古道として史跡指定された（「讃岐遍路道　根香寺道」）。高松市と坂出市にまたがる五色台にあり、沿道には道標や丁石など石造物が今も残されている（写真５）。とりわけ丁石は一丁（約一〇九メートル）ごとに設けられたもので、現在は四一基を数えるが、当初は五〇基設置されていたらしく、これによって道の距離が五〇丁だったと判明する。また一六五三年に四国の札所をめぐった僧澄禅の日記（『四国辺路

写真６　道標（写真提供：香川県文化振興課）

日記』）に「白峰ヨリ五拾町往テ根香寺ニ至ル」とあり、この時期の距離も五〇丁であったので、この道は江戸時代前期までさかのぼるとみられる。

これ以外にも白峯寺へ至る道があり、その一つが「高屋道」（高家神社周辺から尾根筋を蛇行しながら上るルート）で、現在は廃道だが、丁石などが残る。また白峯寺の文化財調査によって見出された『白峯寺諸願留』（白峯寺蔵）によれば、一八〇一（寛政一三）年に白峯寺が道の付け替えを願い出ていたことが知られる。すなわち「春夏には遍路ら大勢の参詣者が登山し、とくに老人や女子、足の弱い者らが往復する道であるので、付け替えて「七曲り道」を改善したい」と願い出ているのだが、これは「高屋道」をさすとみられ、道の整備によって白峯寺が遍路ら参詣者を誘致していたことがわかる。現在も神谷川沿いには「すくへんろミち」の銘をもつ一七九四（寛政六）年の大型の道標があり（写真6）、この道の起点を示すために建てられたのだろう。

弥谷寺と遍路道

第七十一番札所の弥谷寺は三豊市にある真言宗寺院で、弥谷山の中腹にあって岩山に囲まれるように諸堂が配され（図2）、岩壁には阿弥陀三尊像をはじめ、六字名号や五輪塔などが数多く刻まれている。近世には光明会《こうみょうえ》（永代経・お水まつり）によって死者供養、先祖回向《えこう》の寺として信仰を集めた。実際、一六五三年に僧澄禅が当寺を訪れた際、持仏堂の「北ノ方ノ床ハ位牌壇」であり、境内には岩穴があって「爰ニ死骨を納ル」と記しており、江戸時代前期には当寺が死者供養の霊場であったことがうかがえる（『四国辺路日記』[9]）。境内を見ると、大師堂を望む場所にはかつて茶堂があったが、現存しない。この茶堂の

（9）　この澄禅の日記によれば、当寺には木像の弘法大師の左右に石像の藤新大夫夫婦が安置されていたという。夫婦とは弘法大師の両親で（父は「とうしん太夫」、母は「あこや御前」）、一般的には大師の父は佐伯氏、母は阿刀氏と伝えられていることを思えば、この頃、正史とは異なる弘法大師伝が当寺に持ち込まれていたことがわかる。このような大師伝を、寂本ら正統的な弘法大師信仰者は「つくりごと」「愚俗のわざ」として痛烈に批判した（『四国偏礼功徳記』付録）。その後、先の夫婦像は変化し、父の「とうしん太夫」が阿弥陀に、母の「あこや御前」が弥勒になっている（『四国偏礼霊場記』弥谷寺の項）。この変化は、当寺が善通寺の末寺になったことと関係するとみられるが、四国遍路の確立には、統合原理としての「正統的な弘法大師信仰」が必要であったことを思わせて興味深い。

写真 7　獅子之岩屋（写真提供：香川県文化振興課）

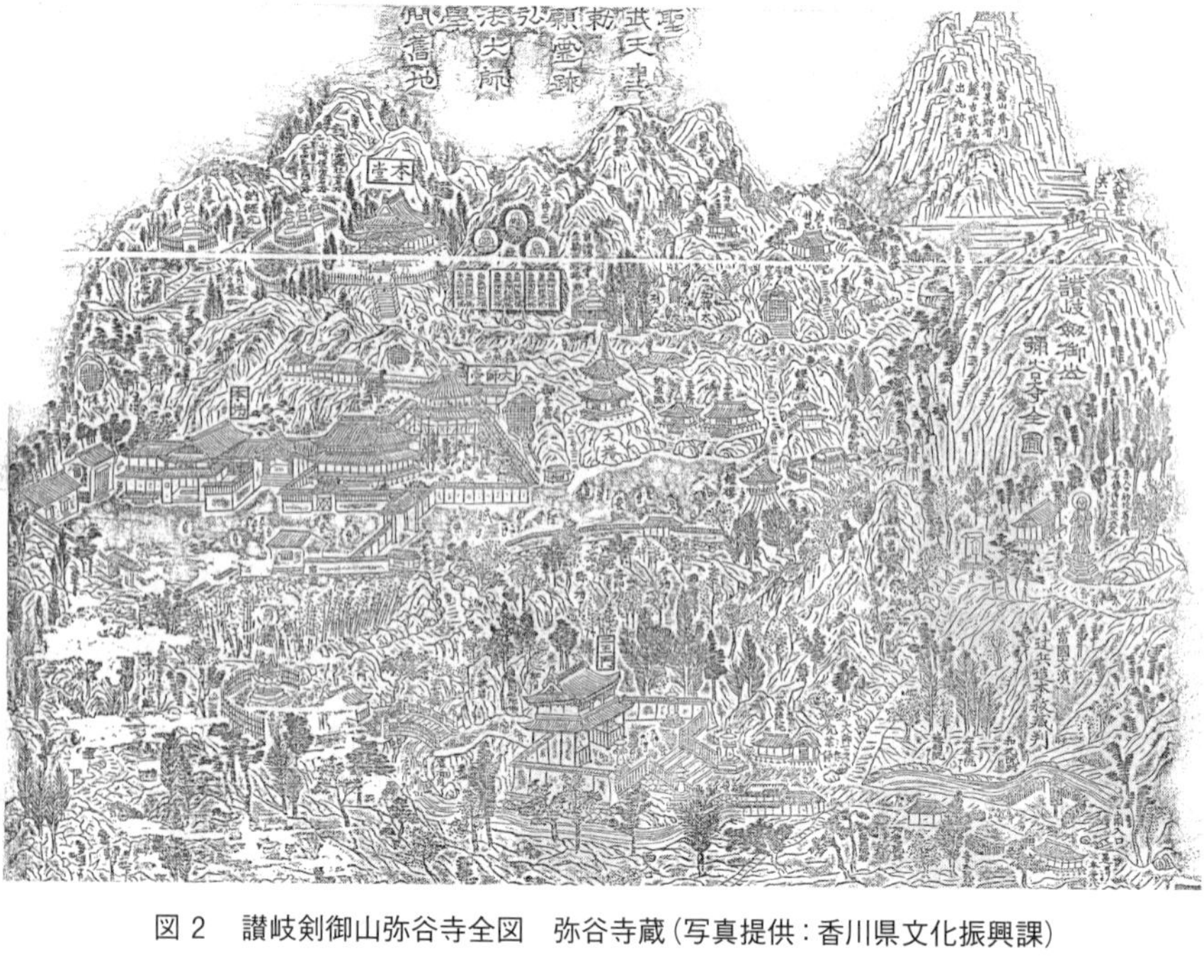

図 2　讃岐剣御山弥谷寺全図　弥谷寺蔵（写真提供：香川県文化振興課）

跡地には先にふれた接待碑があり、江戸時代にはここで茶接待が行なわれたのだろう。(10)

茶堂の跡地から石段を上ると、一風変わった大師堂が迎えてくれる。建物の一部が、凝《ぎょう》灰《かい》岩《がん》の岩壁に埋め込まれたようになっている大師堂で、堂内の奥に進むと、「獅子之岩屋」（写真7）と呼ばれる洞窟があり、少年時代の弘法大師がここで学問をしたと伝える。

この弥谷寺から次の札所・第七十二番札所の曼荼羅寺へ続く道は、往時の風景をしのばせる古道として評価され、その一部が沿道の石造物をふくめて史跡に指定されている（「讃岐遍路道　曼荼羅寺道」）。興味深いのはこの沿道に建つ石造の地蔵菩薩立像であり（写真8）、今回の文化財調査で見出された一八四四（天保一五）年の「讃岐剣御山弥谷寺全図」（弥谷寺蔵　図2）を見ると、道の「東入口」に地蔵菩薩立像が「初地《しょじ》菩薩」の付記とともに描かれており（図2の右側中央）、「初地菩薩」とも称されたことがわかる。この初地とは菩薩の修行段階である十地《じゅうじ》の第一位のことであり、一方、この絵図の境内部分に目を向けると、十地の最後にあたる「法雲地《ほううんじ》」と同じ名称の「法雲橋」があることに気づく。つまりこの道については他の史料もあわせて考えると、十地の階級になぞらえた十の仏像が安置される計画があったが、実現には至らなかったことが見えてくる。このように弥谷寺は周辺地から境内へ至る道の整備を進めていたのであり、道に宗教的な意義を見出すとともに、増加しつつある遍路ら参詣者を誘致しようとしていたことが読み取れる。弥谷

写真8　石造の地蔵菩薩立像（初地菩薩）

(10)　位牌等によれば、一七二七年に「接待堂守」をしていた城誉法師が没しているが、彼は上州の生まれで、「茶屋堂」にはじめて住した人物という。巡礼者とみられる城誉が茶堂に住み込み、遍路ら参詣者に茶接待を務めていたのだろう。

寺は地域の人びとはもちろん、不特定多数の人びとにも開かれた場として展開していったといえるだろう。

おわりに

かつて中世史家の戸田芳実氏は、古代・中世を念頭に置き、「人や物の往来、文化交流の無言の痕跡である「古道」を各地で探索し、踏査・観察・記録しつつ、現地に密着して学ぶことは、じつに多いと思われる」と述べ、古道を歩いて学ぶことの重要性を説いた(11)。この戸田氏の言葉は、対象とする時代は異なるとはいえ、四国遍路についてもあてはまる。他の巡礼にくらべて沿道に多くの石造物や大小の大師堂・庵などがある遍路道についていえば、主に近世の人びとの現地感覚を体得する格好のフィールドであり、巡礼の実践者はもちろん、四国遍路や地域の歴史に関心をもつ全ての人に開かれているといってよい。遍路道を歩いて札所霊場の現地を訪ね、また関連の文献などを探ることにより、接待などを介して地域とともにあった遍路者の足跡を見つけてほしい。

(11) 戸田芳実『歴史と古道 歩いて学ぶ中世史』人文書院、一九九二年(一〇頁、初出は一九八七年)

〔参考文献〕
真野俊和「四国遍路への道―巡礼の思想―」『日本歴史民俗論集8』吉川弘文館、一九九四年(初出は一九七五年)
真野俊和『旅のなかの宗教―巡礼の民俗誌―』日本放送出版協会、一九八〇年
愛媛県生涯学習センター編『四国遍路のあゆみ』愛媛県、二〇〇一年

四国遍路と世界の巡礼研究会編『四国遍路と世界の巡礼』法蔵館、二〇〇七年
伊予史談会編『四国遍路記集』増訂四版、伊予史談会、二〇〇九年
頼富本宏『四国遍路とは何か』角川書店、二〇〇九年
星野英紀・浅川泰宏『四国遍路　さまざまな祈りの世界』吉川弘文館、二〇一一年
武田和昭『四国辺路の形成過程』岩田書院、二〇一二年
『四国八十八ヶ所霊場第八十一番札所　白峯寺調査報告書　第1分冊・第2分冊』香川県・香川県教育委員会、二〇一二年・二〇一三年
『四国八十八ヶ所霊場第八十二番札所　根香寺調査報告書』香川県・香川県教育委員会、二〇一二年
『讃岐遍路道　しろみね道　調査報告書』香川県・香川県教育委員会、二〇一二年
『讃岐遍路道　曼荼羅寺道　調査報告書』香川県・香川県教育委員会、二〇一三年
森　正人『四国遍路』中公新書、二〇一四年
稲田道彦『四國徧禮道指南　全訳注』講談社学術文庫、二〇一四年
『四国八十八ヶ所霊場第七十一番札所　弥谷寺調査報告書』香川県・香川県教育委員会、二〇一五年
『四国八十八ヶ所霊場第七十番札所　本山寺調査報告書』香川県・香川県教育委員会、二〇一六年
『回遊型巡礼の道　四国遍路を世界遺産に』ブックエンド、二〇一七年
『四国八十八ヶ所霊場第七十三番札所　出釈迦寺調査報告書』香川県・香川県教育委員会、二〇一八年
上野　進「四国遍路と札所寺院―香川県の札所寺院調査から―」『四国遍路と世界の巡礼』五、二〇二〇年
『四国八十八ヶ所霊場第七十八番札所　郷照寺調査報告書』香川県・香川県教育委員会、二〇二〇年
『四国八十八ヶ所霊場第八十六番札所　志度寺調査報告書　第1分冊』香川県・香川県教育委員会、二〇二一年

※香川県による札所霊場の調査報告書は現在も刊行中であり、本稿に関わるものは右に掲げたが、既刊分の調査対象霊場についても参考までにあげておく。
大興寺（第六十七番札所）、神恵院・観音寺（第六十八・六十九番札所）、曼荼羅寺（第七十二番札所）、甲山寺（第七十四番札所）、善通寺（第七十五番札所）、一宮寺（第八十三番札所）、長尾寺（第八十七番札所）、大窪寺（第八十八番札所）

column

遍路の社会史

北山健一郎

香川県をはじめとする四国四県には、徳島県から四国を時計回りで（近年、四年に一度は「逆打ち」と称し、反時計回りに巡るが）全周しながら、弘法大師空海ゆかりの八十八ヶ所の聖地を巡る巡礼、いわゆる「四国遍路」がある。菅笠をかぶり、金剛杖を持ち、白衣をまとったお遍路さんが行き交う光景は、四国に住む者にとっては日常の一部となっている。

この「四国遍路」は、空海入定（承和二（八三五）年）以降、修行僧たちが四国の海辺を巡る辺地修行を行ったことに起源を発しているとされ[1]、その後、江戸時代になり、大坂堺の高野聖、真念による「四国辺路道指南《みちしるべ》」の出版をきっかけに、一般庶民も四国を訪れるようになったとされている。そして、物心両面から遍路をサポートする「おせったい」という独特な習慣が四国には根付いていった。

では、実際にどのような「おせったい」が行われていたのか、また、外から入ってくる遍路の実態はどうだったのか、見てみることにしよう。

まず、庄屋などの富裕層は家人や友人など数人で遍路することが多く、また、遍路の道中を日記に記している場合がある。これがいわゆる道中日記であるが、そこには札所周辺の町の様子や接待の実態が記されていることが多い。

香川県立ミュージアムにはいくつかの道中日記が所蔵されているが、その中に天保四（一八三三）年二月から四月にかけての道中記録がある[2]。

「四国順禮《じゅんれい》道中記録」と題されたこの資料には、前半は納札などの遍路の様子や接待の内容を詳述しており、

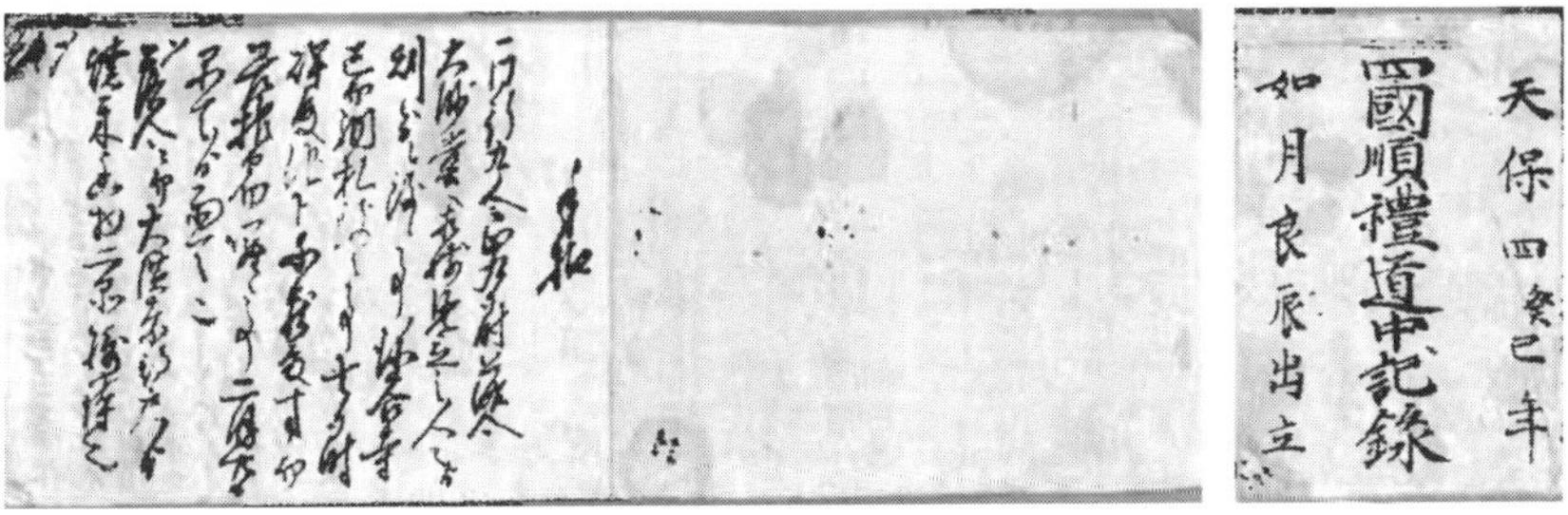

四国順禮道中記録（香川県立ミュージアム蔵）

後半には土産物の内容と宛先、見送り人の名前や出納の記録が記されている。物見遊山としての遍路の様子がうかがえる。

ここに記載された接待の様子を見てみると、二月二九日から四月三日までの三日間に実に五八回もの接待を受けている。接待で提供される物資は餅や焼米、赤飯などの飯類が多いが、その他にいりこや味噌汁、干柿や栗など、やはり食べ物が多い。珍しいものとしては、数珠や草鞋《わらじ》、お経一巻などがある。また、遍路中に伸びた月代《さかやき》の手入れや髷を整える鬢付け元結などの接待もあった。

特に三月二一日の大師入定の日前後は、四国各地で過剰ともいえる接待が行われていた。これでは荷物が多くなって、逆に遍路を困らせることにもなり、遍路の中には、接待で頂いた物品を売って金銭に替えるものもいたのである。

このように、近世にはすでに四国遍路に接待という習慣が根付いていることがわかるが、徐々に、この接待をあてにした遍路が四国へやってくるようになる。彼らは乞食遍路（職業遍路）と呼ばれ、疾病などさまざまな理由から、居住地を出奔したり、追放されたりしたものなどが多く、中には往来手形を所持しない乞食遍路もおり、着の身着のままで四国へやってきて、接待をあてにして巡礼を続けたのである。

こうした乞食遍路や廻国巡礼に対して、高松藩などの行政機関は、きびしく対処し、江戸時代を通じて遍路を取り締まった。

高松藩では、原則として「四国辺路」や「廻国」が城下へ入ることを禁止している。特に「乞食辺路之類」による城下での「托鉢」を禁止し、追い払う旨の通知が度々なされている。

文化一二（一八一五）年の「高松町年寄御用留」には、「廻国幷四国辺路之類、御城下江入込候儀、兼而停止之事ニ候所（中略）右之趣天明五巳年寛政七卯年申渡置候所、近頃端々心得違之者も在之様相聞候ニ付、猶又改申渡候間、弥心得違無之様、其町切本家者不及申、裏家借家之者共迄入念可申渡候。」とあり、天明五年・寛政七年にも通知しているのに、遍路が城下へ入り込むことが常態化していることがわかる。[3]

一方で、遍路中に持病が悪化したり、歩けなくなったりした煩い遍路に対しては、食料や医薬品、療養場所などを提供し、万が一亡くなった場合は、埋葬など事後措置をも講じていた。

文政一〇（一八二七）年一二月の「高松藩諸達留」には、次のように記されている。「一辺路病気ニ而国元へ村送戻之義、已来庄屋手元ニ而聞置、送出可申候、尤村方ニ而厄介ヲきらひ、麁末ニ取扱致、後日ニ相聞候得者、重キ咎ヲ可申付候。但、病死辺路取埋相済候上、村役人共連判一札、指出来候得共、已来無用。

文政十亥十二月」[4]

これを見ると、煩い遍路が国元への送還を希望した場合、国元までの村々が連携して、送り届けることとなっていることがわかる。しかも、その取扱いが粗略であったことが判明した場合、逆に罪に問われることもあったのである。さらに、延享四（一七四七）年の「御法度被仰出留」には、「一廻国幷辺路等重ク相煩候而、相計も聞不申程之躰ニ候ハヽ、兼而被仰渡候通、薬等用せ可申候、頃日も重ク相煩候辺路、川部村ゟ送出シ、四条村ニ而病死致候、重ク相煩候者送候義ハ無之筈ニ候間、右之段村々江御申渡シ置、重ク相煩候節ハ送不申様ニ可致旨、郡奉行衆ゟ御申聞せニ而御座候間、右之段村々江御申触可被成候。」とあり、病状が重い遍路は村送りをせずに療養させ、回復後に村送りをすることが定められていたのである。[5]

ただし、亡くなった遍路に対しては、埋葬はするが、土葬のみとし、その他のことは禁止されていた。また、亡くなった旨を高札に掲げることも定められていた。[6]

ここで、死亡した遍路の処遇について、一例を見てみよう。次の史料は、明治二（一八六八）年五月のものである。（「遣辺路幷泊辺路控帳」阿河家文書[7]）

十月十一日ゟ十一月九日迄一男女三人辺路　壱人男　弐人女　右者肥後国天草郡逆瀬川村助蔵女房さよ、同人娘きを同人倅辰三郎、右三人之内さよ義病人ニ而、当郡鴨村ゟ送り戻し、当村ゟ宇足津村江継立候処、舁棒《かきぼう》無御座候ニ付舁戻り候処、同人病躰指重り候段、娘きを申出ニ付、当村方ニ留置養生致せ候所、十月十四日右さよ病死仕候段、御注進申上置、残両人国元へ掛合之上、引渡可申筈之処、尚又倅辰三郎儀病気ニ付、是又養生致せ候得共、十一月九日病死仕候段共、御注進申上候

日数三人四日

一米弐升四合　右三人扶米三人之内母壱人者大病、壱人者二才ニ相成候小児、壱人者拾六才之女子ニ而、旅行ニも難出候段、申出候ニ付三人共育置御座候

一銀弐匁　右病人さよ薬用服代

一同八匁　桶代

一同六匁　右之取埋メニ付入用

十月十五日　弐人扶持米廿日

一米八升

一銀六匁　右辰三郎取埋ニ付莚代

この史料は、肥後からの遍路さよが道中、病に倒れ亡くなり、娘のきよと息子の辰三郎を国元に村送りする算段を進めていたところ、辰三郎も病を得て亡くなった、というものである。また、さよと辰三郎の療養と辰三郎の埋葬にかかった支出についても記載されており、近代初頭においても、村送りや埋葬にかかる費用負担など、江戸時代の制度を踏襲していることがうかがえる。

母と弟を相次いで失くしたきよの心中は察して余りあるものがあるが、母子三人で四国遍路を行わざるを得なかった遍路とは、一体何なのか。

物見遊山の四国遍路であれ、乞食遍路であれ、四国の何が彼らを引きつけるのか。また、彼らを無条件に受け入れる四国の人間の懐の深さはどこからくるのか。

江戸の昔から、多様性を受容し続けてきたこと、そこに四国遍路の普遍的価値が潜んでいるのではないだろうか。

〔注〕

（1）『今昔物語集』や『梁塵秘抄』などに四国の辺地《へち》を巡る修行の様子が描かれている。

（2）小野祐平「資料紹介　四国遍路道中日記」（『ミュージアム調査研究報告第6号』二〇一五年）

（3）木原溥幸「近世讃岐の辺路と城下町・村方・村送り」（『近世讃岐の高松藩国産と四国遍路』二〇一七年）

（4）「高松藩諸達留」（『香川県史9・近世史料1』香川県　一九八七年）

（5）「御法度被仰出留」（『香川県史9・近世史料1』香川県　一九八七年）

（6）寛政一二（一八〇〇）年八月「辺路病死之節、取埋之義も猥相聞候間、建札ハ往還江建、取埋ハ三昧之外不相成義と、相心得可申」（『高松藩御令條之内書抜・下巻』（香川県立文書館　一九九九年）

（7）明治二（一八六八）年五月改「遣辺路幷泊辺路控帳」（阿河家文書　瀬戸内海歴史民俗資料館蔵）

描かれた香川の社寺

松岡明子

はじめに

香川県内に所在する歴史ある神社や寺院の多くは、信仰を集める聖地であるとともに名所としても親しまれ、さまざまな絵画に描かれてきた。これらは時に、失われた過去の景観を知るための貴重な史料となるが、描かれるのは必ずしも実景とは限らない。創建の物語を表す縁起絵や、往古の姿を復元的に描いた図、堂舎造営の完成予想図のほか、詩歌と共に勝景を称える名所絵、目的地までの行程や見所を盛り込んだ絵図など、その内容は実に多様であり、目的に合わせて強調や省略、創作をしながら描かれているからである。見方を変えると、何がどのように描かれているか（あるいは描かれていないか）に目を向け、誰が何のために制作したのかなどを意識しながら読み解くことで、見えてくる歴史がある。

香川県には江戸時代以前に制作された社寺境内図が数多く遺されているが、ここでは、その中から各地域の代表的な社寺を描いた四件の作品を紹介したい。県西部の観音寺市からは、市街地に隣接する琴弾山にあって古くから信仰を集め、市の名称にもなっている観音寺と琴弾八幡宮。琴平町からは、「こんぴらさん」の呼称で親しまれ、江戸時代以来全国から多くの参詣者を集めてきた金刀比羅宮。高松市からは、一帯のランドマークとなる屋島の山頂にあり、鑑真和尚の創建と伝える古刹、屋島寺。そしてさぬき市からは、平安時代末の歌謡集『梁塵秘抄』に「四方の霊験所」の一つとして記されるなど、都にも聞こえる霊地であった志度寺。これらの社寺を描いたタイプの異なる作品をめぐりながら、絵画から見える世界をのぞいてみよう。

1　縁起とともに描く聖地の姿――琴弾宮絵縁起

砂浜で囲まれた小高い山へと続く一本の参道。空には不思議な雲がさしかかり、観る者の視点は自然と山頂の社殿へと導かれる。「琴弾宮絵縁起」（重要文化財、図1）は、観音寺市にある琴弾山を南から俯瞰した景観の中に琴弾八幡宮草創の縁起を描いた画幅で、鎌倉時代後期、一四世紀に制作された社寺縁起絵の古例として知られる。財田川など二つの川に架かる橋を渡って参道を進むと、向かって右側の山麓に別当寺である観音寺の境内があり、海側は画面右上に見える江浦草山にかけて有明浜の砂浜が広がるなど、現地の地形に即して描かれている。現在、琴弾山の周囲には住宅地が広がるが、一二四八（宝治二）年に琴弾宮を参詣した高野山の僧道範は、「山カラ京ノ八幡山ノ形也、三面ハ海也、殊勝ノ地形也」（『南海流浪記』）と記しており、中世には本図のように周りを水に囲まれた島のよ

図１　重要文化財　絹本著色琴弾宮絵縁起（観音寺蔵）　縦93.5cm×横107.7cm

うな景観であったことがうかがえる。

　画面に描かれる物語は、次のようなものである。七〇三（大宝三）年、遥か西方にある九州の空から白雲がたなびき琴弾山にさしかかると、一艘の船が琴の音を響かせながら現れる。当地に住む日証上人が怪しんで問うと、八幡大菩薩と名乗り、一夜にして海上に竹林を出現させるなどの奇瑞を起こす。驚いた上人は童子を集めて船を山上に引き上げ（図２）、

図２　童子たちが船を山上に引き上げる
（琴弾宮絵縁起 部分）

琴と共に宝殿に安置したという。[1]

琴弾八幡宮の創建にまつわる不思議な物語が繊細な筆遣いで描かれるが、よく見ると、縁起を表す図様は画面左上の部分に限られ、人物や建物の描写も比較的小さいなど、本図は説話を重視する通例の縁起絵とは一線を画した構図で描かれていることに気付く。主眼を置くのは、物語の展開よりもむしろその舞台として神聖視される琴弾山の姿であり、実景に即した景観の中に、創建にまつわる霊験譚や、季節を超えて花や紅葉が彩る美しい自然景を調和させて描くことで、琴弾山の聖地性を巧みに表現しているのである。

ところで、本図において琴弾山に所在する社寺として一体的に描かれた琴弾八幡宮と観音寺は、江戸時代前期には四国遍路の第六八番、第六九番札所として知られるようになり、案内記にも個々の境内図が描かれるなど、巡礼の隆盛に伴って近接する二つの霊場として認識されるようになっていったと考えられる。しかし、明治時代に神仏分離によって第六八番札所が観音寺の境内に移されると、四国内で唯一、境内に二つの札所がある霊場となり、これに伴って札所の境内図も一図となる。その後、一九三六（昭和十一）年に琴弾山一帯が名勝「琴弾公園」に指定されると、観光パンフレットには新たに有明浜や銭形の砂絵が大きく描かれるようになるが、琴弾山を題材とするこれらの図は、川向こうにあった特別な聖地が、さまざまな人々が絶えず訪れる霊場として変遷し、やがて美しい砂浜を見下ろす展望地としても知られるようになっていったことを物語るものでもあるだろう。

（1）　琴弾八幡宮の縁起文には「讃州七宝山縁起」（一三〇七年、観音寺蔵）や「讃岐国七宝山八幡琴引宮縁起」（一四一六年、琴弾八幡宮蔵）があるが、竹林の出現や船の引き上げは後者のみに記されることが指摘されている。

2 景勝の地、象頭山を描く――讃州象頭山十二景之図

金刀比羅宮は、江戸時代には神仏習合の神である金毘羅大権現を祀って隆盛し、一五三七（元亀四）年、象頭山松尾寺に金毘羅宝殿が建立されたこと等を機に朝廷や幕府、諸大名の尊信を受けるとともに、海の神として広く民衆の信仰を集め、お伊勢参りと並ぶ参詣地として全国に知られた。

参詣に来た人々の案内図となり、土産品としても買い求められたのが金毘羅絵図である。諸先学の研究に拠れば、社殿のある象頭山と門前町を描いた図のほか、大坂や京都・紀州からの案内図、港のある丸亀からの案内図、祭礼を描いた頭人行列や奉納物の図などに大別され、時代や版元などによって様々なヴァリエーションがあるが、ここではその中から象頭山を中心に描く「讃州象頭山十二景之図」（図3）を紹介したい。

まず目を惹くのは、その名を想起させる象頭山の特徴的な形である。参詣者はその姿を眺めながら画面右下に描かれた鳥居をくぐり、画面左下に見える鞘橋を渡って門前町へと歩みを進める。店々が建ち並ぶ賑やかな道をすぎると、画面中央付近に描かれた仁王門（現 大門）から境内に入り、金光院の本坊や多宝塔を経て、山頂の本社へと至る。版元や制作年の記載はないが、本図と同じ浪華探月斎筆で一八一二（文化九）年改版の絵図とほぼ同じ図様であり、一八三七（天保八）年竣工の金堂（現 旭社、重要文化財）が描かれないことなどから、一九世紀前半に制作されたものと考えられる。

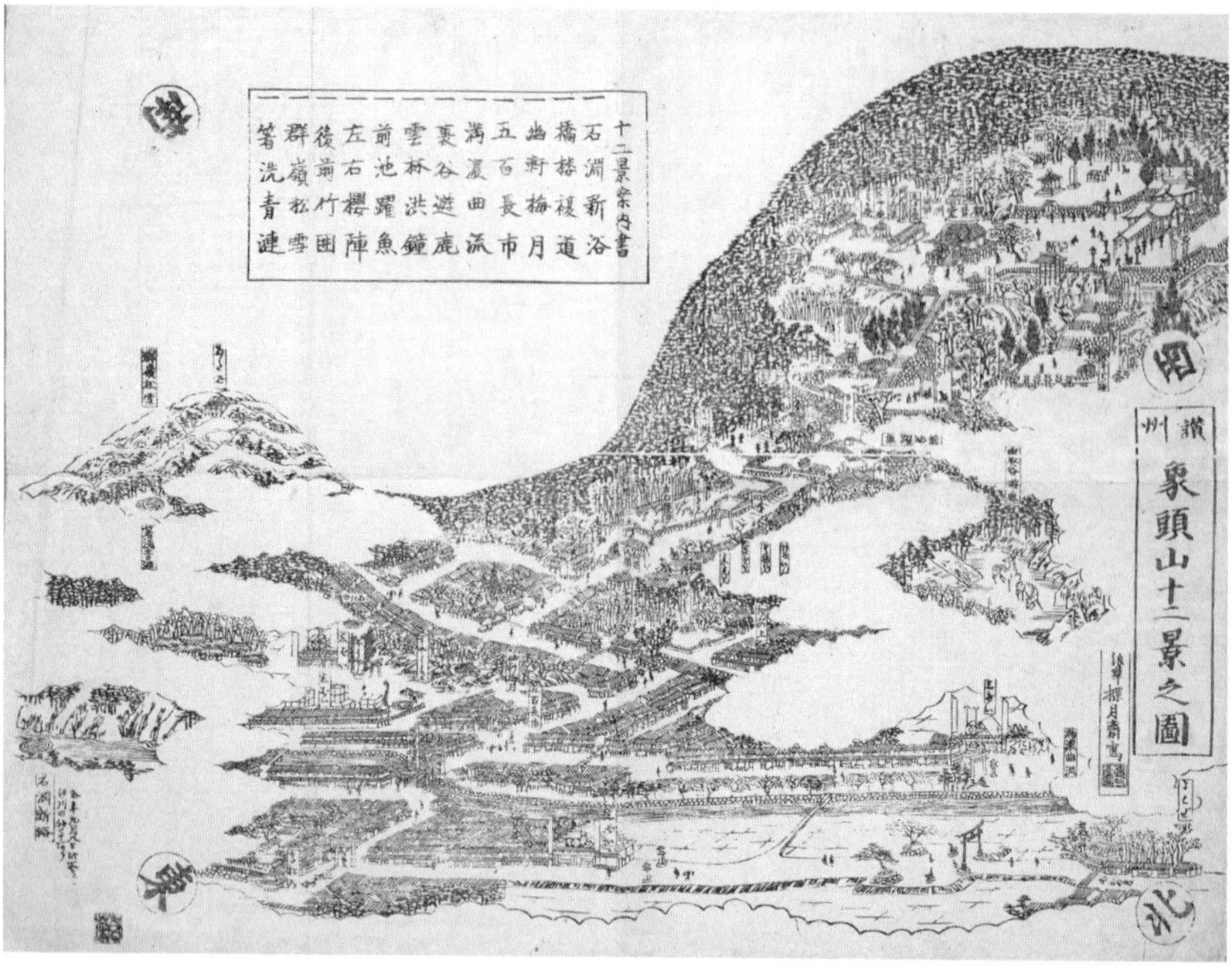

図3　讃州象頭山十二景之図（香川県立ミュージアム蔵）　縦35.2cm×横42.4cm

本図には、次のような十二景の題が列記され、図中にもその名が記される（図4）。

左右桜陣、後前竹囲、
前池躍魚、裏谷遊鹿、
群嶺松雪、幽軒梅月、
雲林洪鐘、石淵新浴、
箸洗清漣、橋廊複道、
五百長市、萬農曲水

この十二景の成立過程を伝えてくれるのが、金刀比羅宮所蔵の「象頭山十二景図」（図5・6）である。記録によれば、一七世紀に金光院の別当であった有栄がこの地の景勝として十二景を選定し、一六七一（寛文十一）年、幕府儒官であった林鵞峰とその息子鳳岡に詩作を依頼した。次いで、幕府奥絵師であった狩野

図4　二王門の先に記された「左右桜陣」の題（讃州象頭山十二景之図 部分）

安信と時信の父子に十二景図（十二幅）を描かせ、その各幅に林父子の詩を書き写して完成させたのがこの図である。(2) 延宝年間（一六七三～八一）、有栄は自ら選んだ十二景を当代随一の学者と画家の合作として仕上げることで、景勝地としての象頭山の価値をゆるぎないものにしようとしたのだろう。象頭山十二景は、やがて金毘羅絵図にも描かれて全国に広がり、名高い参詣地であるとともに、名所でもある象頭山のイメージを人々の間に浸透させていったと考えられる。(3)

図 5（右）　左右桜陣　画：狩野安信・詩：林鵞峰
図 6（左）　雲林洪鐘　画：狩野時信・詩：林鳳岡
象頭山十二景図（金刀比羅宮蔵）　各縦120.7cm×横51.6cm

改めて、「讃州象頭山十二景之図」を見てみよう。絵図として長年描き継がれ、磨き上げられた構図の中に境内や門前町の情報が詳細に描かれるが、十二景について示されるのは、各題と、それぞれがどこにあるかという位置の情報のみである。十二景創出に際して描かれた「象頭山十二景図」は、十二幅に

(2) 金刀比羅宮には、本図の成立に関わる林鵞峰・鳳岡筆の詩巻や狩野安信の弟子狩野常真が描いた画巻が所蔵されている。

(3) このほかに象頭山八景等もあり、明治時代以降は新たに琴平十二景や同八景等が作られ普及した。

わたって各景の見所と美しさを表現したが、それから時を経て十二景は既に知られた名所となっており、本図では参詣者を現地に案内することを目的として、象頭山を一目できる鳥瞰図の中に十二景の所在場所を端的に示すことで、景勝の地としての姿を表現しているのである。

3 「平家物語」の世界をひきよせる――屋島寺縁起絵・屋島合戦図

高松市の市街地から東を望むと、屋根のような形の屋島の峰が見える。江戸時代までは島であったが、現在は相引川で隔てられるだけでほぼ地続きとなっており、その南側の山頂に四国霊場第八四番札所の屋島寺がある。同寺には本尊千手観音坐像（重要文化財）をはじめ多くの文化財が所蔵されているが、その一つに「屋島寺縁起絵・屋島合戦図」がある。江戸時代末に刊行された『金毘羅参詣名所図会』（一八四七年刊）には、「当山の縁起、源平合戦の形勢を画きし懸物二幅を蔵す。乞うに任せて拝見せしむ、至って古画なり」と記され、古くから屋島寺を訪れた人々が目にしてきた図と考えられる。

二幅のうち「屋島寺縁起絵」（図7）は、屋島を西から俯瞰した図の中に、屋島寺創建の物語を描いた作品である。画面下辺には来朝した鑑真が浜辺で杖をついた老翁と対面する場面が表され、翁からこの地を授かった鑑真は、まず画面左側の北嶺に寺を建立する。北嶺には、建物の屋根のほか、沖行く船から米などの喜捨を集めたという不思議な飛鉢が飛び立つ様などが見える。その後、空海がこの地を訪れて伽藍を現在の南嶺に移したと伝

図7　屋島寺縁起絵（屋島寺蔵）　縦123.0cm×横162.0cm

えられており、面画中央には本堂を中心とする境内や参道が大きく描かれる。空に舞う飛天はこの地の霊性を示し、本堂上空に描かれた雲上の扁額は、空海が書した大門の額を毎夜龍神が見に来るため血の池の中島に埋めたという伝説を絵画化したものだろう。実景とは異なり山頂はほぼ伽藍の描写で占められるが、北嶺と南嶺を描き分け、周辺に社寺等を配する点は現地の地形への意識を感じさせる。

対幅となる屋島合戦

図 8　屋島合戦図（屋島寺蔵）　縦123.2cm×横162.1cm

図（図8）は、画面右上に屋島、海を挟んで対岸に牟礼の地、右下に五剣山を配し、継信最期や扇の的、錣引きなど源平屋島合戦の主要な場面を描く。屋島左岸には海を渡る牛が描かれており（図9）、水を渡る赤牛を見て浅瀬を知るという「源平屋島檀浦合戦縁起」（一六一二年、屋島寺蔵）にのみ見られる記事が典拠と考えられる。合戦の個々の場面は通例の図様だが、その配置や全体の構図には独自性があり、中でも画面右下に描かれた那須与一とその横の岩（図10）は、実在する駒

図 9　水を渡る 2 頭の牛
（屋島合戦図 部分）

立て岩や祈り岩を示す可能性があり、現存する古戦場跡の位置関係に整合させて描いたと思われる点は興味深い。

そのうえで注目したいのは、二幅の組み合わせである。寺の縁起絵は各地に遺されているが、合戦図と対になるのは極めて稀だろう。何故このような図が制作されたのだろうか。屋島寺では、一六一一（慶長一六）年から伽藍再建の勧進活動が行われており、先の「源平屋島檀浦合戦縁起」もこの勧進のために作られた可能性が指摘されている。『平家物語』に記された屋島合戦の物語は、中世以来語り継がれ、御伽草子や謡曲などの題材となって広く浸透していたため、源平争乱の合戦地であるという情報の付加は、物語の世界を土地に引き寄せ、屋島寺の由緒をより価値あるものにする意味を持ったに違いない。本図も、合戦縁起に依拠した図様や描写から、同じく勧進に関わって江戸時代前期に制作され、絵解き等に用いられた可能性が考えられるだろう。初代高松藩主松平頼重は、入封して程なく佐藤継信の碑を整備し、四国遍路の案内記等にも屋島寺と共に合戦に関わる歴史の跡の情報が記されている。縁起絵に組み合わされた合戦図は、海を渡る牛や合戦ゆかりの石造物等のサインを画面に描くことで、藩主をはじめさまざまな人々が古戦場に寄せる関心を屋島寺へと結びつける役割を果たしてきたと考えられる。

4　空間をつなぎ、時を重ねる物語――志度寺縁起絵

志度湾を望む海辺にある第八六番札所志度寺は、観音霊場として名高く、本尊十一面観

図10　那須与一と横に描かれた岩（屋島合戦図 部分）

音像（重要文化財）など中世に遡る寺宝が多く伝来しているが、中でも特に知られているのが創建にまつわる物語を描いた「志度寺縁起絵」（重要文化財）[4]である。掛幅形式の縁起絵としては制作時期が古く、もとは七幅あったが、現在は①「御衣木之縁起」、②「讃州志度道場縁起（一）」、③「讃州志度道場縁起（二）」、④「白杖童子縁起・当願暮当之縁起」、⑤「松竹童子縁起」、⑥「阿一蘇生之縁起」の六幅が伝来している。[5]画面を指し示しながら語り聞かせる絵解きに用いられたもので、各幅に変化に富む物語が描かれるが、ここでは「海女の玉取り」としても知られる本堂建立の由来を描いた②・③「讃州志度道場縁起」を見ていきたい。

「讃州志度道場縁起（一）」（図11）は、画面向かって右下から上に向かって物語が進行し、藤原不比等の妹が唐の皇帝のもとへ輿入れする場面から始まる。后は父鎌足の供養のため皇帝に懇願して面向不背の宝珠を日本へと贈るが、志度の浦で嵐にあい、龍神に宝珠を奪われてしまう。物語の場面は、奈良の都から始まり、遠く離れた唐の宮殿を経て、最上段の志度の浦へと展開する。

続く「讃州志度道場縁起（二）」（図12）は、上段に奈良の都、中央左側に龍宮、他は志度の浦を描き、物語はこれらの場所を複雑に動いて最後は中央下段の志度寺境内に至る。[6]宝珠を失った知らせを聞いた不比等は志度に赴き、海女を妻にして子を授かる。不比等が宝珠の奪還を依頼すると、海女は息子の房前を藤原氏の嫡男とするよう頼み、龍宮へと向かう。合図を受け海女を引き上げると息絶えていたが、自ら胸を切り宝珠を隠していたため取り戻すことができた（図13）。不比等は海女の墓を作って志度寺を建立し、後に息子の房前も志度寺本堂を修造して法会を行うとともに、石塔を建てて供養したという。

（4）　重要文化財としての指定名称は「絹本著色志度寺縁起」だが、本章では各幅も含めて「縁起絵」と称する。

（5）　各図については太田昌子編著『志度寺縁起絵　瀬戸内の寺を巡る愛と死と信仰と』（平凡社、二〇一九年）に詳細な図版と解説が掲載されている。

（6）　従来は画面上から下に物語が進むとされてきたが、近年の研究により詳細な読み解きの見解が示された（前掲注（5）参照）。

図11　重要文化財 志度寺縁起絵（志度寺蔵）
讃州志度道場縁起（一）　縦168.2cm×横128.3cm

図12　重要文化財 志度寺縁起絵（志度寺蔵）
讃州志度道場縁起（二）　縦168.2cm×横127.1cm

図13
志度の真珠島で息を引き取る海女
（讃州志度道場縁起二 部分）

志度寺には海女の墓と称する石塔群があるが、本図にも多くの石塔が描かれており、本堂の右側や境内の東・南方向には、海水が入り潟をなしていたことを思わせる水面や州浜が見える。志度寺境内は、陸地化した現在とは異なり、中世には海に伸びた砂堤の端にあったと考えられており、[7]これらは往時の景観を伝える描写として注目される。一方で、画面全体としては地理的な整合性よりも物語の展開が優先されており、実景を踏まえた志度の景観を奈良の都や興福寺、さらに唐の宮殿や龍宮などの異界と大胆につなぐことで、物語の中心となる志度寺の霊性を視覚的に表現する構図となっている。

現存する六幅の縁起絵は、さまざまな絵師たちの手で鎌倉時代から一四世紀前半までの間に順次制作されたと考えられている。その内容は大きく二つに分けられ、①・②・③は漂着した霊木から十一面観音を彫ったとする本尊造像や本堂建立等の創建の縁起、④・⑤・⑥は志度寺に関わる霊験の縁起となっており、中でも⑤・⑥は、死後、閻魔王に志度寺のための勧進を約して蘇生し、見事成就させるという物語になっている点は注目される。[8]寺の由来と霊験譚に加え、閻魔信仰を背景として志度寺修造の重要性を繰り返し説くことで、現実の勧進活動へとつなげていたのだろう。六幅にもわたって描かれた縁起絵は、シリーズのように時代や場所の異なる複数の物語を志度の地につなげ、志度寺の価値を重層的に語ることで、寺を維持し、活発な宗教活動を支える源となってきたのである。

(7) 香川県歴史博物館・香川県埋蔵文化財センター共同調査・研究班報告(二〇〇七年)、上野進「中世志度の景観」(『中世港町論の射程―港町の原像 下』岩田書院、二〇一六年)等。

(8) 前掲注(5)参照。

おわりに

香川県内の社寺を描いたさまざまな作品を見てきたが、最後に、四国という視点から四国遍路の札所を描いた景観図について紹介したい。『四国徧礼霊場記』（寂本、一六八九年刊）は四国遍路の代表的な案内記の一つで、高野山の学僧寂本が、大坂の僧真念らが提供した資料に基づいて各札所の縁起や景観図をまとめたものである。本章で採り上げた琴弾八幡宮と観音寺は六八番と六九番の札所として掲載され、金毘羅権現は札所ではないが参詣しないものはいない「壮観名望の霊区」として十二景詩と共に紹介されている。八四番屋島寺では鑑真創建の縁起等に続いて道筋にある継信の墓や駒立岩などに触れ、八六番志度寺では「縁起七巻、同図会あり」と縁起絵について記すなど、本章で紹介した内容に重なる要素も多く興味深い。景観図に注目すれば、本書はすべての札所の図を収めることで、四国という広範な地域をめぐる巡礼の一面を初めて可視化した資料と言うこともできるだろう。寂本自身は現地を実見していないが、詳細な資料を参考に描かれたものと考えられており、江戸時代前期の段階で四国の社寺の状況を網羅的に描いた絵画史料としても貴重である。

札所を網羅した景観図には、もう一つ、「四国遍礼名所図会」（九皐主人、一八〇〇年）もある。実景に基づくと思われる詳細な図が一八世紀後半の景観を伝えるが、先の霊場記と比較することによって、一七世紀後半にはまだ荒廃していた所もあった境内が整備され、大師堂や茶堂が建立されるなど、各社寺が札所として充実していった重要な変化を知ることができる。社寺を描いた絵画は、現地の状況や関係史料、類似作品等とあわせて読み解くことで、文字とは異なる形で地域の歴史を伝える魅力的な素材となるだろう。

〔参考文献〕
琴平町史編集委員会編『町史ことひら　5絵図・写真編』琴平町、一九九五年
香川県歴史博物館編『特別展 金刀比羅宮と桜　特別公開桜樹木地蒔絵』香川県歴史博物館、二〇〇四年
高松市教育委員会・京都府公立学校法人編『屋島名勝調査報告書』高松市教育委員会・京都府公立学校法人、二〇一六年
太田昌子編著『志度寺縁起絵　瀬戸内の寺を巡る愛と死と信仰と』平凡社、二〇一九年
香川県文化振興課編『四国八十八ヶ所霊場第六十八番・六十九番札所 神恵院・観音寺調査報告書 第一分冊』・同『第二分冊』香川県・香川県教育委員会、二〇一九年・二〇二〇年

善通寺の五重塔と仏教美術

松原　潔

はじめに

善通寺《ぜんつうじ》は本書でもしばしば登場する香川を代表する偉人・弘法大師《こうぼうだいし》空《くう》海《かい》（七七四―八三五）の誕生地に建つ寺院で、四国八十八ヶ所霊場第七十五番札所でもある〔図1〕。寺伝では平安時代・八〇七（大同二）年の創建と伝え、その名は空海の父である佐伯善通《さえきよしみち》から採られたという。創建期の堂宇は残念ながら残されていないが、一六九九（元禄一二）年に再建された金堂《こんどう》と江戸時代末期に発願《ほつがん》（造立開始）され一九〇二年（明治三五）に完成した五重塔が国の重要文化財に指定され、境内地は国の史跡に指定されている《史跡讃岐遍路道　曼荼羅寺道　善通寺境内　根香寺道　大窪寺道》。また、寺内の宝物館は国宝や重要文化財をはじめ数万点の史資料を所蔵している。その歴史と規模から四国を代表する古刹と

図1　善通寺南大門と五重塔

言えるだろう。しかしながら、まだまだ「知られざる聖地」でもある。ここでは、善通寺の代表的な文化財を道標にして、その魅力を伝えたい。

1　善通寺五重塔

五重塔の歴史〔図2〕

善通寺の創建は、空海が唐より帰朝した八〇七年とされるが、その出身豪族佐伯氏による建立とみられる前身寺院（仲村廃寺あるいは伝導寺：七世紀後半―八世紀）の存在が出土瓦〔図3〕やこの後に紹介する塑像の断片（如来像頭部）などからほぼ確実となっている。この氏寺を基盤にして整備・完成させたのが空海だったのだろう。

この前身寺院に建てられた初代の五重塔は、一〇七〇（延久二）年に大風で倒壊（『東寺《とうじ》百合文書《ひゃくごうもんじょ》』）。その後、すぐの再建は叶わなかったようで、鎌倉時代・一三〇七（徳治二）の年記がある善通寺伽藍并寺領絵図（104・105頁参照）（国重要文化財）には心柱が立つ礎石のみが描かれている〔図4〕。二代目の塔が建てられるのは、鎌倉時代最末期の一三三一（元徳三）年に宥範《ゆうはん》（一二七〇―一三五二）が入山してからで、この時期善通寺の後楯となった後宇多天皇の尽力もあり暦応年間（一三三八―四二）に諸堂と共に再建されたという（『贈《ぞう》僧正《そうじょう》宥範《ゆうはん》発心《ほっしん》求法《ぐほう》縁起《えんぎ》』）。しかし、この塔も一五五八（永禄元）年の兵火により焼失する（『讃岐国大日記』）。この兵火では伽藍すべてが灰燼に帰し、江戸時代を通じての復興は困難を極めた。最初に再建がなされたのは金堂（一六九九年上棟）で、五重塔もこの時期に丸亀藩

図 3 - 1　境内出土瓦（8 世紀初）

図 3 - 2　境内出土瓦（8 世紀半ば）

図 2　善通寺五重塔

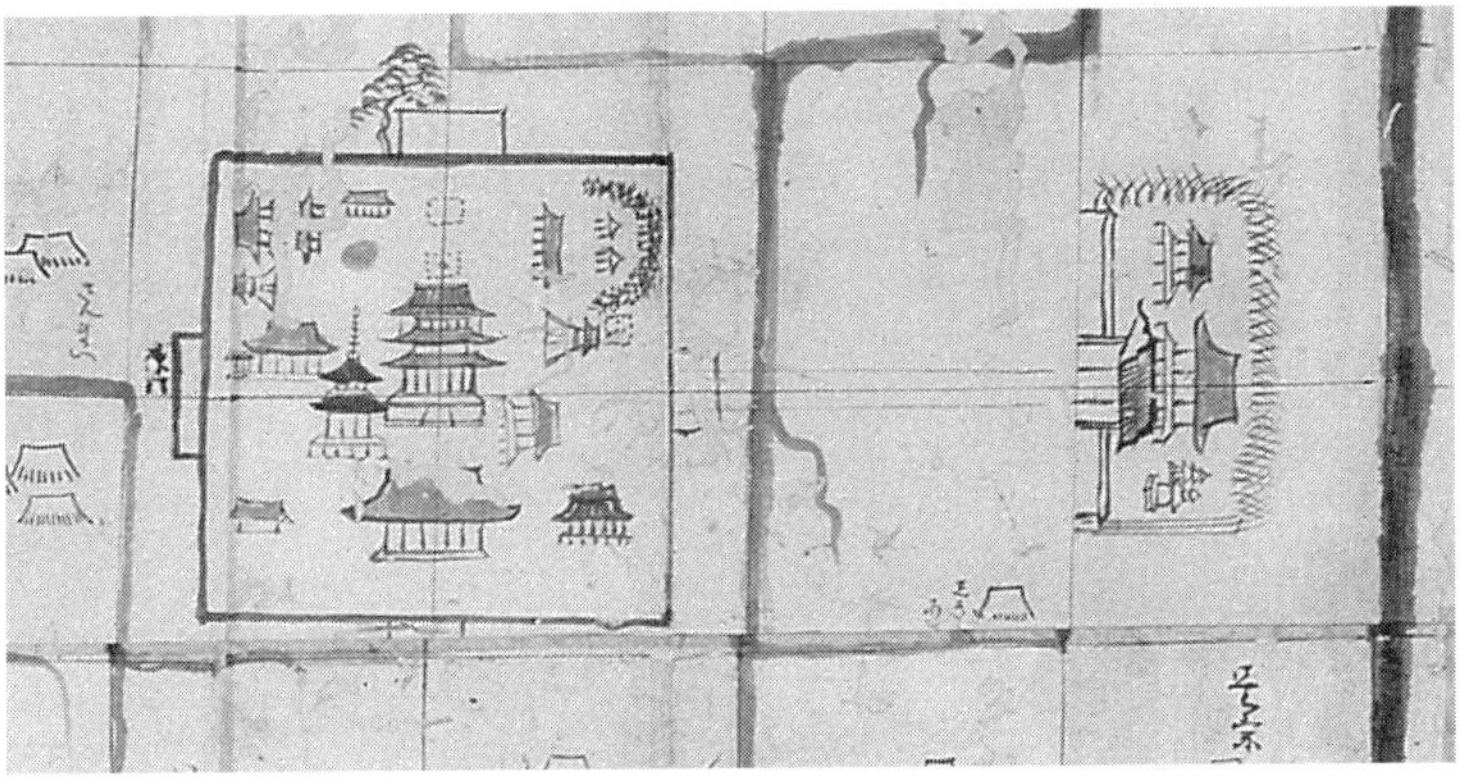

図 4　善通寺伽藍ならびに寺領絵図部分（画面上が南）

に許可を得たものの、実際に再建されたのは一八〇四（文化元）年であった。そしてこの三代目の塔もわずか四〇年たらずの一八四〇（天保一一）年に再び焼失してしまう。

現在の塔は四代目にあたり、発願《ほつがん》は一八四二（天保一三）年で、一八四五（弘化二）年に仁孝《にんこう》天皇による再建の綸旨《りんじ》が下り建設がはじまったが、幕末の動乱や維新後の廃仏毀釈《はいぶつきしゃく》は、工事に大幅な遅延をもたらした。すべてがととのい入仏式（総供養）が行われたのは一九〇二（明治三五）年の一二月で、約六〇年もの歳月がかかっている。

幾たびの災害や苦難の末に再建がなされた五重塔は、新春を飾る年中行事である「大会陽《だいえよう》」では除災招福・五穀豊穣を願っての「稲穂」の投下がおこなわれ多くの人で賑わう。また、五重塔をバックにした各種イベントやライトアップなども定期的に催され、まちのシンボルとなっている。

五重塔の概要と建築構造のひみつ

基壇から相輪《そうりん》までの高さが約四三メートルの五重塔は、国内の木造塔としては三番目の高さを誇る（一位は京都・東寺の五重塔　約五五メートル）。造営には、塩飽大工《しわくだいく》の初代と二代目の橘《たちばな》貫五郎《かんごろう》と大平平吉《おおひらへいきち》が関わり、てっぺんの相輪《そうりん》は西原猪太郎《にしはらいたろう》が制作した。

塔の中には、密教思想の中心的存在である五如来（大日如来・阿閦如来《あしゅくにょらい》・宝生《ほうしょう》如来・阿弥陀《あみだ》如来・不空成就《ふくうじょうじゅ》如来）が安置されている。また、一階の四方の扉には、種子による八方天（帝釈天《たいしゃくてん》・火天《かてん》・焔摩天《えんまてん》・羅刹天《らせつてん》・水天《すいてん》・風天《ふうてん》・毘沙門天《びしゃもんてん》・伊舎那天《いしゃなてん》）が刻まれている。

さて、この塔は一般的な木造多重塔とは異なる珍しい構造をもつ〔図5〕。ひとつは、五層すべての階の天井が高くつくられ、人が立って歩けるようになっている点である。意外に思われるかもしれないが、こうした構造はめずらしく、日本の一般的な五重塔では二階より上はメンテナンスのための通路や隙間はあるが、窓や欄干《らんかん》は実用的なものではない。そもそも仏塔とは、仏教の開祖である釈迦の遺骨をまつる施設であり、眺望を楽しむ機能はなかった。現在は安全面への配慮から三階以上への立ち入りはできないが、以前は五階まで上がって遠く瀬戸内海までが見渡せたといい、四・五層目の内部壁面には完成以前の明治期の参拝記念の墨書が多数確認されている。エッフェル塔のような欧米世界のアミューズメント施設としての「タワー」の感覚が明治期の近代化とともに取り入れられたのだろうか。

もうひとつの構造上の特徴が「懸垂工法《けんすいこうほう》」である。塔の中心には心柱《しんばしら》が通っている。

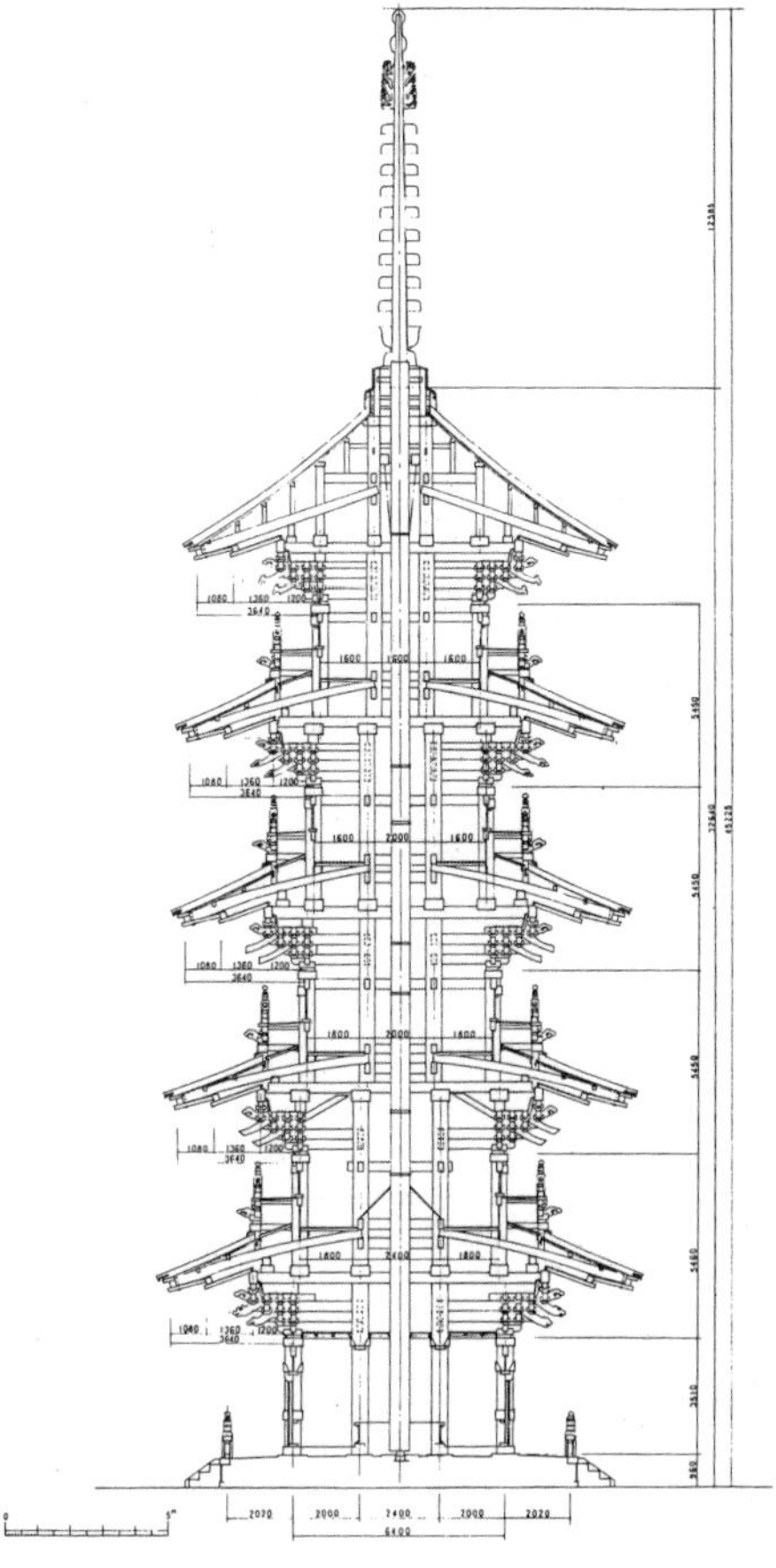

図５　五重塔断面図

心柱は塔全体を支える重要な部材のはずだが、善通寺の五重塔の心柱は、地面（基壇の礎石）から浮いている。これは、江戸時代後期に考え出された新技術で、心柱は五層目屋根裏で鎖を使って吊りさげられ、それ以外の周りの部材とは構造的に接合されていない〔図6〕。そして、最下部と基壇の礎石との間は約六センチもあいているのだ〔図7〕。簡単にいえば、塔の中の吹き抜けに柱がぶらさげられている状態なのである（なお、心柱は一材ではなく六本の材をつなぎ合わせたもの）。善通寺の他にも、東京谷中・感應寺五重塔（一七九一年、一九五八年焼失）や、日光東照宮五重塔（江戸時代末期）、山形・善宝寺五重塔（一八九三年）でも採用されている工法である。なぜこのような不思議な構造が生み出されたのだろうか。

飛鳥時代の仏教伝来以後数多くの木造の多層塔が造られてきたが、なかなか解決できない構造上の問題点があった。一般的な木造の多層塔は、心柱を礎石の上に立て（あるいは地中に埋め込む）、その柱とは構造上接しない形で心柱を囲むようにして各階を積み上げる。また、各階はそれぞれ独立した柱や壁を立てて組上げ、そして、最上階の屋根とその上の金属製の伏鉢《ふくばち》・露盤《ろばん》の部分で心柱を固定し、全体を押さえつけるようにして建物全体を安定させていた。ところが、この従来の工法では、垂直方向に木材の繊維が走る心柱と水平方向に繊維が走る横材が多数積み重なった周りの構造体（塔身）との間には木材の収縮に大きな差があり、経年変化と圧迫による縮みによって横材の多い周囲の構造体は長い年月の間にどんどん沈下し、露盤とその直下の屋根との間に隙間が生じ、そこから雨風が侵入して塔内部が腐食してしまう。この問題を解決するために、あらかじめ心柱を浮かせておいて周りの構造体の収縮とともに徐々に沈下させるのである。木材の収縮が安定し沈下がおさまるには数百年の年月がかかるという。一九〇二年の竣工から一〇〇年あまり。しか

図6　二階心柱見上げ

図7　心柱最下部6センチのすきま

しほんとうの完成は未だなのである。

このように、五重塔は飛鳥時代から構造上の進化を遂げ、その研究も進められてきたが、また一方で、心柱の耐震・耐風性能に果たす役割など、まだ十分に解明されていないという。一般に五重塔は地震に強いといい、古記録などでも地震による倒壊・大破はほとんどないとされているが、その科学的な立証はこれからなのである。歴史的建造物の持つ知恵は計り知れない。

なお、二〇二一年から善通寺五重塔を使って地震時の揺れや風に対する構造性能を検証するための観測・計測が行われている。(1) 歴史的建造物の持つ新たな価値が発見されることを期待したい。

（1）「本山寺・善通寺五重塔観測計画」善通寺と本山寺（三豊市）の両五重塔にセンサーと通信機器を設置し、その振動性状を二十四時間観測するプロジェクト（代表：東京大学楠浩一／藤田香織）

2　善通寺の仏教美術

如来像頭部〔図8〕　面長（髪際～顎）三五・六センチ

佐伯氏によって建立された善通寺の前身寺院の本尊薬師如来像の頭部。藁苆《わらすさ》をまぜた粘土で作られた塑像である。塑像は七世紀後半から奈良時代にかけて盛んに制作されたが、材料が安価で写実的な表現が可能な反面、衝撃に弱く持ち運びも困難なことから、その遺品は全国的にも極めて少ない。一五五八（永禄元）年の兵火により、現在は頭部を残すのみだが、当初は三メートル弱の高さの坐像であったと推測される。表面の損傷も著しいが、現在、製作技法や構造の理解のためのＸ線によるＣＴスキャンや、表面の微妙な凹凸を高精細で計測できる3Dスキャナーなどの最新技術を駆使し、また、白鳳～奈良時代に制作された塑像や金銅仏の遺品も参考にしながら往時の姿を復元するプロジェクトが進められている。〔図9[2]〕

うねりの強い切れ長の目、への字に結んだ大ぶりの口元、豊かな頬の肉どりなどによって造り出される威厳のある表情は、東大寺法華堂の不空羂索観音立像など奈良時代半ばの天平盛期様式を彷彿とさせるもので、八世紀中頃の製作と考えられる。若き日の空海（幼名：真魚《まお》）はこの像を拝していたにちがいなく、当時の都の洗練された表現がこの地に伝わっていたことを示すものでもある。

なお、現在金堂に安置される木造の薬師如来坐像は、一七〇〇（元禄一三）年に開眼供《かいげんく》養《よう》された御室大仏師《おむろだいぶっし》北川運長《きたがわうんちょう》による再興像だが、その再興の資金集めのためにおこなわれた江戸での出開帳（寺宝の展覧会）においても本像が最も重要な宝物《ほうもつ》として出品され、徳

図8　如来像頭部

図9　試作段階の復元像（原寸の三分の一の大きさ）

（2）「如来像頭部復元プロジェクト」二〇二三年の弘法大師御誕生一二五〇年記念事業として立ち上げられた。愛知県立芸術大学名誉教授の山崎隆之先生監修のもと、奈良大学文学部文化財学科今津節生研究室の協力を得て進められている。原寸大の頭部と三分の一サイズの全身像の復元を目指す。

川綱吉の生母・桂昌院の叡覧を得た（264頁コラム参照）。

聖観音立像〔図10・11〕　像高三二・九センチ

木彫としては善通寺最古の尊像。重要文化財の吉祥天立像、地蔵菩薩立像とならぶ当山屈指の優品のひとつである。聖観音は我々の身近ですべてを見聞きし救済するほとけ。体に比べ頭が大きい幼児のようなプロポーションだが、頭体の奥行きを大きくとり、小像ながら充実した体躯を表わしている。また、細部に目をやると、天冠台下《てんかんだいした》の梳《す》き上げた髪や襟足、膝下の翻波式衣文《ほんぱしきえもん》には鎬《しのぎ》立った鋭い彫法がみられ、一方で顎から首にかけての肉どりには、ムチムチとした肌の質感が表現され、メリハリのある彫技が駆使されている。そして、やや見開きのつよい凛としたまなざしは像全体に適度な緊張感をあたえている。

カヤと思われる一材から天衣《てんね》遊離部も含めて彫出し、表面を素地仕上げとしているが、

図10　聖観音立像

図11　聖観音立像部分

こうした構造や仕上げは、いわゆる檀像の系譜に連なるもので、本来はビャクダン（白檀）などの香木を用いて造られるが、日本では代用材としてカヤあるいはヒノキなどが使われた。檀像は、奈良・法隆寺の九面観音像や空海請来の和歌山・金剛峯寺の諸尊仏龕（唐時代・八世紀）等のような白檀材製の舶載品を手本として、奈良時代末から平安時代はじめにかけて盛んに制作された。代用材を用いた日本製檀像の菩薩立像の作例としては、京都・醍醐寺聖観音像（九世紀前半）などが著名で、その制作時期は弘法大師空海活躍期と重なる。本像は、こうした平安時代初頭の木彫がひとつの大きなピークを迎えた時期の様式を色濃く残す貴重な遺品であり、その地方への伝播を示す具体例としてその価値は高い。

吉祥天立像〔図12・13〕　像高一二三五・七センチ

国重要文化財。吉祥天はインド神話に登場するヴィシュヌ神の妃・ラクシュミーのことで、福徳を司る女神である。奈良時代より除災・国家安穏・五穀豊穣を祈る吉祥悔過会の本尊として造像された。カヤと思われる一材より彫出され、像内に内刳り《うちぐ》（木の収縮による割れを防ぐため木芯に近い部分を削り取る技法）はない。また、表面には当初彩色がされていたと思われる。頭部が体に比べて小さく、すらりとしたプロポーションと弓形の側面観が印象的である。一木造のシンプルな構造、厳しさをたたえた表情や衣に表された渦文《かもん》の表現などから平安時代、十世紀末から十一世紀前半の制作と考えられている。量感あふれる平安時代初期の木彫像の表現が穏やかになってゆく過程を示す作例でもある。

図12　吉祥天立像

図13　吉祥天立像側面

図14　地蔵菩薩立像

図15　地蔵菩薩立像側面

地蔵菩薩立像〔図14・15〕　像高一一六・〇センチ

国重要文化財。地蔵菩薩は、釈迦の入滅《にゅうめつ》後、弥勒《みろく》が出現するまでの間、衆生《しゅじょう》を六道輪廻《ろくどうりんね》から救済するほとけ。構造は、ヒノキ材の一木造で、像内に内刳りをほどこし、別材の背板をあてている。穏やかな表情、柔らかい衣文の表現、正面から側面へのなだらかな面の移行、猫背の側面観など、いずれも平安時代・十一世紀前半にその様式を完成させ、京都・平等院鳳凰堂阿弥陀如来坐像を製作した仏師定朝《じょうちょう》の表現を踏襲するもので、十二世紀前半の製作と考えられる。この定朝の確立した様式はおよそ百年の間「仏《ほとけ》の本様《ほんよう》」（仏像の模範）として全国に影響を及ぼしたが、数ある遺例の中でも優れた出来栄えを見せる優品である。

金銅錫杖頭〔図16・17〕　総高二七・〇センチ

国宝。弘法大師空海が入唐《にっとう》時に師である恵果《けいか》より授かったと伝えるもので、現在もっとも重要な宝物として護持されている。錫杖《しゃくじょう》は、僧侶が持つことを許された「比丘十八物《びくじゅうはちもつ》」のひとつで、環のぶつかりあう音で獣・毒蛇・毒虫などから身を守る役割をはたすとともに、来意を告げる僧具でもあった。また、法会・儀式の際には梵唄作法《ぼんばいさほう》の用具として、その空間を音によって清浄なものにした。外形の輪は瓢箪形で、上端に火炎のついた宝珠を置き、輪の内側の両面に計一〇体の尊像が配される。その尊像は、中央に定印の阿弥陀如来坐像、その左右に菩薩形立像が立つ。この三尊の背面には、背中合わせに来迎印を結ぶ立像の阿弥陀像が菩薩形立像をともなってあらわされ、さらにその外側に四天王像の二体ずつがやはり背中合わせに配されるが、そのうちの一体は海老籠手《えびこて》とともに長い外套《がいとう》のような鎧をつけて宝塔を捧げ持ち戟を執るいわゆる「兜跋《とばつ》」型の毘沙門天《びしゃもんてん》像となっている。鍍金が鮮やかに残り尊像の細密な造りなど荘厳性が顕著で、中国唐時代・八世紀の制作と考えられる。他に類例がなく、極めて貴重な遺品といえよう。

図16　金銅錫杖頭

図17　金銅錫杖頭部分

一字一仏法華経　序品〔図18・19〕縦二九・四センチ　横二二四・二センチ

国宝。経文の一字一字がすなわち仏であるという考えのもとに、文字と仏坐像を一行ごと交互に書写したいわゆる「経仏交書経《きょうぶつこうしょきょう》」の遺品。他に類例がなく極めて珍しい形式の経巻である。経文は四二〇行、四一八七文字あり、対応する仏像もすべて筆による手書きである。使用されている紙はキハダと思われる染料によって下処理がされているが、これには見栄えと共に虫害防止の効果があるという。描かれた仏像の大らかな筆致や明るく鮮

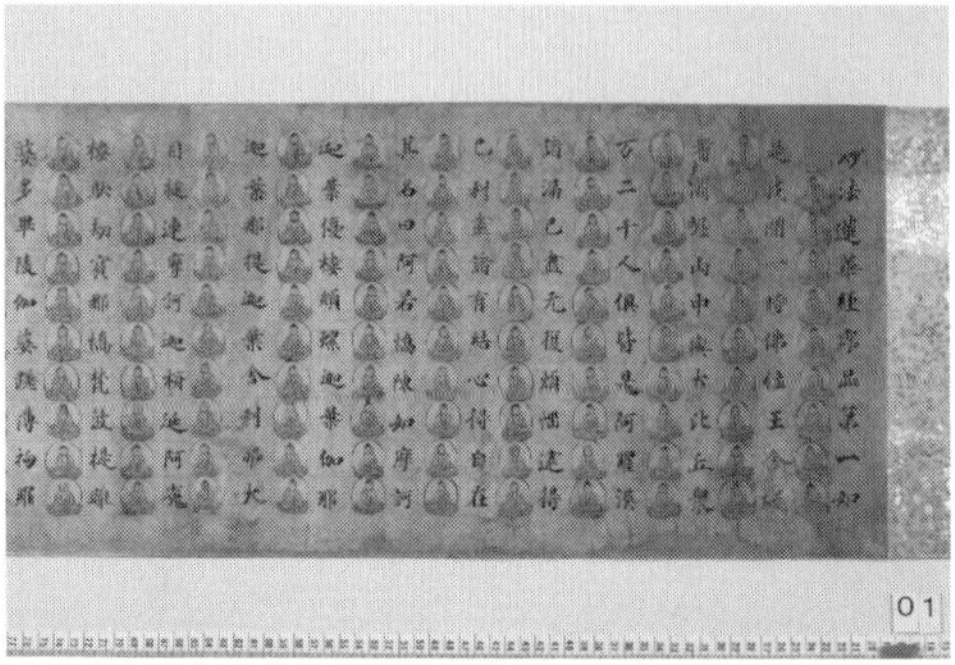

図18　一字一仏法華経序品

図19　一字一仏法華経序品部分

やかな色彩が印象的である。

寺伝では空海が経文を書き、その母・玉寄《たまより》御前《ごぜん》が仏像を描いたとされるが、大ぶりで端正な和様楷書体の書風は空海直筆のそれとは異なり、その制作は平安時代中期頃とおもわれる。

おわりに

歴史を経て伝えられた「モノ」は、等しく文化財になりうる可能性をもつ。そして、「モノ」には、物語や伝説だけでなく、さまざまな技術や製作者のこだわりなどが凝縮されている。しかしここで見たように、私たちはまだその一部の価値しか知り得ていない。また、写真や文字で伝えられるのはごく一部の情報のみである。みなさんには、ぜひ善通寺に足をお運び頂きたい。そして、実物《じつぶつ》（ホンモノ）を目の当たりにし体感してほしい。そこでは、新たな感動や気づきがあるにちがいなく、それを手がかりにして、「モノ」の持つ「ひみつ」やこれまで誰も気づかなかった新たな価値を解き明かしてもらいたい。

〔観覧案内〕
・境内散策は自由
・五重塔特別公開（二層目まで）は毎年ゴールデンウィークに開催予定
・宝物館は原則無休
・通常は、金銅錫杖頭は写真パネルによる紹介、一字一仏法華経序品は複製本の展示
・原品・原本の特別公開は、金銅錫杖頭は毎年六月一三・一四日、一字一仏法華経序品は毎年十一月三日に予定

〔参考文献〕
総本山善通寺『善通寺史：善通寺創建一二〇〇年記念出版』（株）五岳、二〇〇七年
濱島正士・坂本功 監修「五重塔のはなし」編集委員会 編著『五重塔のはなし』（株）建築資料研究社、二〇一一年

column

善通寺の本尊薬師如来坐像

三好賢子

善通寺の創建当初の本尊は「捏（こねる）仏」つまり土製（塑造《そぞう》）の薬師三尊像であったが、永禄元年（一五五八）に堂宇もろとも焼失したとされる。現在の本尊薬師如来坐像（写真1）とその堂宇である金堂は、江戸時代の一七〇〇（元禄一三）年に征夷大将軍徳川綱吉の武運長久や京極家の家門永幸などを祈念し、住持光胤《こういん》（一六五一――一七二二）によって再興されたものである。

写真1　薬師如来坐像（写真提供　善通寺）

薬師像は、仏の規範とされる、いわゆる一丈六尺（略して「丈六《じょうろく》」という）の坐像で、その実測値は像の高さが二七四・五センチメートルになる。堂内に入ると、内陣の中央に安んじられた薬師像の存在感に誰しも圧倒されるだろう。ずっしりと安定感のある躯体に、身にまとう衣はやや厚手だ。左手の掌《たなごころ》に薬壺《やっこ》をいただき、蓮華の台座上に結跏趺坐《けっかふざ》し、その背後には、仏がひかり輝く様を具現した光背《こうはい》をたてている。

像本体と台座、光背はいずれもヒノキ材でつくられ、表面は漆などで整えた後に金《こん》

写真2　像内背部に文書が取り付けられる様子（平成26年当時）（写真提供　善通寺）

色《じき》に仕立てられている。彫刻史的にいうと、技法は「寄木造《よせぎづくり》」であり、これは、平安時代後期以降、丈六級以上の巨像を造立するには珍しくない伝統的な技法である。寄木造では、各部材を矧《は》ぎ寄せて固着させ総体をつくり上げるのだが、薬師像には両手の肘から先と正面の脚部に留め金具を抜くと取り外せる部分がある。このような構造とした具体的な意図は解明されていないが、平成二六年には善通寺と香川県立ミュージアムの共同で、実際にこの部材を取り外すことにより内部調査を実施した。像の内部は全面に黒漆を塗った丁寧な仕上げがされている。そして、その背の中央付近にはひと包みの文書が貼り付けられていた（写真2）。文書は保存上の観点からも像内から取りだし、あらためて封を開いて調査を行なったところ、光胤の「入仏開眼供養願文《にゅうぶつかいげんくようがんもん》」ほか複数の文書を見いだすに至ったのである。それまで定かでなかった開眼供養日が九月二一日と判明したことは大きな成果のひとつといえるだろう。

　また、薬師像の造立《ぞうりゅう》時とは異なる、一八四〇（天保一一）年の住持厳暁《ごんぎょう》（一八四七没）による再興願文も確認された。一二月一七日の夜、金堂に隣接する五重塔が火災となり、金堂にも類焼の危険があったため薬師像は運びだされたという。その際に、先述の光胤の願文を見つけたらしい。五重塔は焼失しながら、薬師像が事なきを得たのは先師光胤の願力にもよると考えた厳暁は、この願文に自身の再興願文そえてひとつに包み、火災から一〇日後、ふたたび薬師像の像内に納めたようだ。これらの文書により、薬師像に向けられてきた人々の願いや、薬師像をめぐる、さまざまな事情をうかがうことができる。

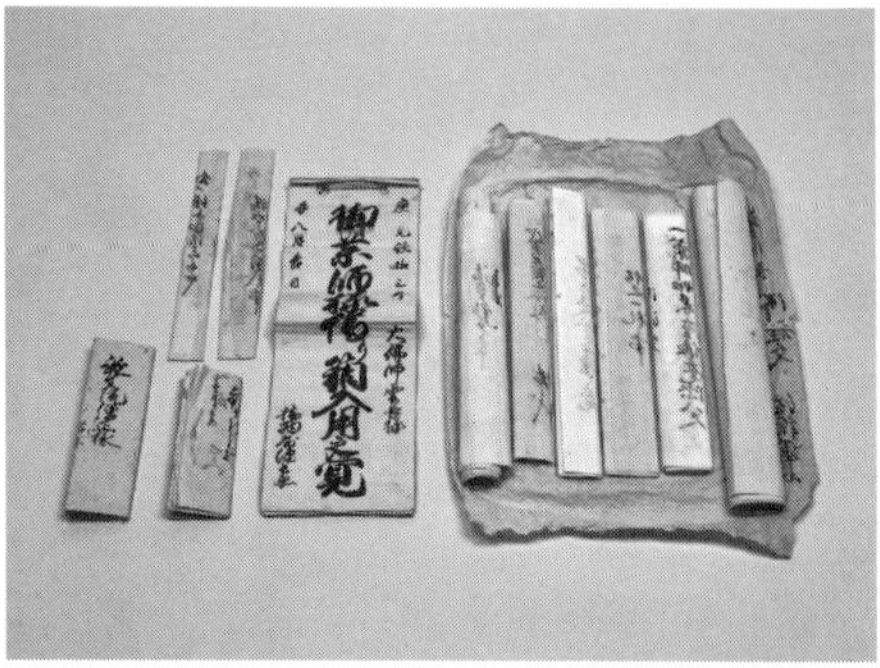

写真3　薬師像の造立関連文書（15通）1巻、2冊、8通　（写真提供　善通寺）

さて、薬師像を手がけた仏師は京の大仏師《だいぶっし》初代北川運長《うんちょう》（一七二九没）である。驚くことに、善通寺には運長による薬師像の製作仕様見積書にあたる「御註文」はじめ、運長工房から善通寺側へ提出された文書が多数保管されていて（写真3）、その製作過程もたどることが可能だ。たとえば、運長は、一七〇〇（元禄一三）年二月五日に着手金を受け取って京の工房で製作を開始したこと。そして、そのスケジュールは三月中に薬師像を組み立てて善通寺側に確認してもらい、その後、台座や光背をつくって八月中旬までには梱包して納品するというものであったこと。作業は予定通りに進んだようで、八月初旬には像を工房から善通寺へ輸送するための「仮箱」を運長自身が指物屋《さしものや》源兵衛に注文している。指物屋が運長へ提出した記録によると、箱は、像の頭、胴体、左右の両肩以下の体側、膝（脚）用に五つ、台座、光背のほか必要な部材などとあわせると総数三三個口になったことも判明する。つまり薬師像は分割した状態で梱包されて善通寺へ運ばれた。すでに像よりも早く着工し、ほぼ一年前（一六九九年八月）に棟上げが済んでいた金堂において、台座・光背の設置とともに薬師像の組み立てが行われたのである。これら最終作業にあたり、運長みずからが善通寺に赴いて指揮した様子はない。おそらく運長の弟子筋なのだろう、仏師久右衛門と加兵衛によって現地での仕上げが進められた。

初代北川運長は名を義高といい、「洛陽大仏工」「仁和寺木工大仏師」の呼称もあった。一六七七（延宝五）年の香川・大護寺聖観音像（焼失）はじめ、一六九九（元禄一二）年大阪・葛井寺の乾漆《かんしつ》千手観音坐像（国宝）の木造化仏《けぶつ》、一七〇一（同一四）年奈良・西大寺愛染明王像、一七〇三（同一六）年和歌山・金剛峯寺大門金剛力士像の吽形像などを製作している。運長は薬師像の製作開始の二か月前に仕様見積書を作成したが、この時、他

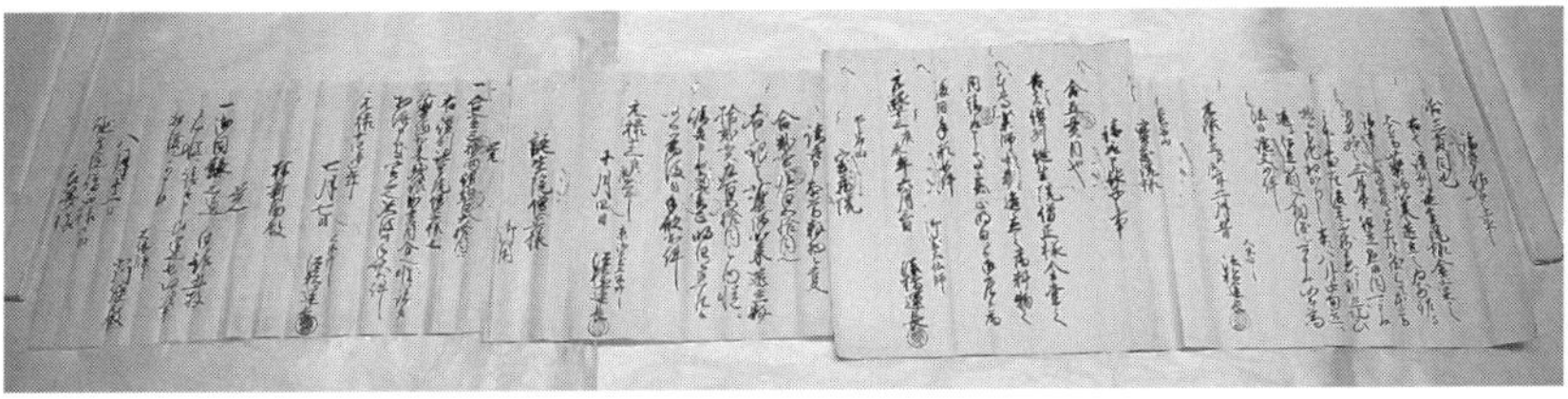

写真4　造立関連文書のうち「銀子請取帳」（善通寺所蔵、筆者撮影）
運長側から善通寺に提出された銀子の受領文書が5通、右から左へ順に貼り連らねられている。

の仏師との競争があったかどうかなど、採用の経緯は残念ながらわかっていない。すでに運長の造仏活動については真言律《しんごんりつ》の僧浄厳《じょうごん》（一六三九―一七〇二）との密接な関係が指摘されているが、浄厳は塩飽本島ほか讃岐にたびたび訪れ、高松藩主初代松平頼重《よりしげ》の求めで領内に逗留したこともあった。善通寺には一六七八（延宝六）年に宥謙（一六九一没）の招きで訪れ、法華経《ほけきょう》などを講じている。薬師像の仏師に運長が選ばれた背景に浄厳の存在をみることは可能だろう。

　運長が薬師像の製作費として提示した総額は、銀十二貫九百五十目であった。支払いは数回に分けてなされたが、経費のすべてと謝礼を受け取った後、運長が光胤へあてた手紙がのこされている。その内容から、善通寺が薬師像の像容に満足していたこと、運長としては弘法大師誕生の霊地の事業として臨んでいた様子をうかがうことができる。興味深いのは「寺の永代の記録に留めおき」とあり、薬師像の造立について永年に記録にのこそうという善通寺の姿勢が垣間みえることである。実際、運長側が作成した銀の受領書五通は、時系列に貼り連ねられるが（写真4）、これは古代の帳簿形式の文書に通じる保管法でもあり、重要書類としての処置だったのではなかろうか。

　このように、薬師像は、初代北川運長の代表作として、また香川県内における江戸時代の本格的彫刻として重要な遺品であるのはもちろん、複数の関連文書がともにのこることも貴重であることから、二〇二一（令和三）年三月、香川県の指定有形文化財に指定された。

〔参考文献〕

『河内長野市史』十、一九七三年
藤井直正「河内教興寺と浄嚴和尚」『大手前女子大学論集』三二、一九九八年
『善通寺史』総本山善通寺、二〇〇六年
『創建一二〇〇年空海誕生の地　善通寺』香川県歴史博物館、二〇〇六年
浅井和春・三好賢子「善通寺の彫刻調査」『調査研究報告』三、香川県歴史博物館、二〇〇七年
三好賢子「新出　善通寺薬師如来像納入文書」『空海の足音　四国へんろ展』香川県立ミュージアム、二〇一四年

高松松平家の遺したもの

御厨義道

1 高松松平家

高松松平家が遺したものについて語る前に、高松松平家について説明しておきたい。

高松松平家は、讃岐国の中部から東部の約三分の二、一二万石を納めた大名家である。初代頼重は、徳川御三家のひとつ水戸徳川家の初代頼房の長子として一六二二（元和八）年に誕生した。しかしながら、頼重の誕生は隠され、家臣が密かに養育することになった。その理由は、他の御三家、すなわち尾張徳川家、紀伊徳川家に男子が誕生していなかったからだと説明されている。将軍家に万一のことがあった場合、御三家の中で末弟であった頼房の子が、兄二人の家を飛び越えて将軍候補になることを危惧したためだという（図1）。

頼重は、養育していた家臣の縁故から、京都に移り、九歳から十一歳までの期間を過ごす。一六三二（寛永九）年、頼重は江戸に呼び戻されるが、頼房の跡継ぎを決定することと関わってのことだったようである。この時、頼房には頼重の他に、光圀、頼元、頼隆、

図１　松平頼重像　公益財団法人松平公益会蔵

頼利、頼雄等の男子がいた。一度は出生を秘された頼重であったが、この時点では跡継ぎとなる可能性もあったとみられる。しかしながら、この時期の頼重は疱瘡を患うなど体調面に不安があり、跡継ぎに選ばれず、その地位には弟光圀が就くことになる。このことは、高松松平家と水戸徳川家の関係に大きな影響を及ぼすことになり、光圀は水戸徳川家二代当主になるにあたり、長子である兄の頼重を差し置いて本家を継ぐことになったことに配慮し、頼重の子を養子に迎え、跡継ぎとしている。一方頼重は光圀の子を迎え、次代を継がせたのである。

世継ぎに選ばれなかった頼重は、一六三九（寛永一六）年大名として取り立てられ、常陸下館五万石を与えられる。続いて一六四二（寛永一九）年に讃岐高松一二万石に移る。頼重の高松拝領にあたり、将軍から西国中国の目付の役目を命じられている。この発言から分かるとおり、旧来からの領知を有する大身の大名が多く所在する西日本地域への頼重の高松配置は、幕府支配の強化を図る意味をもつものであった。また、対外政策の上でも、外国との交流を制限し、幕府による統制を強化している時期に重なり、瀬戸内海における沿岸防備の強化の意味もあったとみられる。頼重の高松配置に先立つ一六三五（寛永一二）

年には、久松松平家の定行が伊予国松山へ、その弟定房が今治に配されており、幕府による一連の四国の瀬戸内海沿岸強化策とみることができる。

頼重が高松に入って以降、十一代を重ね、幕末に至った（図2）。江戸時代、多数いた松平家と区別するために、「高松」松平家と称される所以である。

高松松平家は幕府の中でも重要な位置にいた。官位は当初、従四位下少将までの昇進であったが、江戸中期以降から従四位上中将まで昇り、幕末期には正四位上にまでなった。

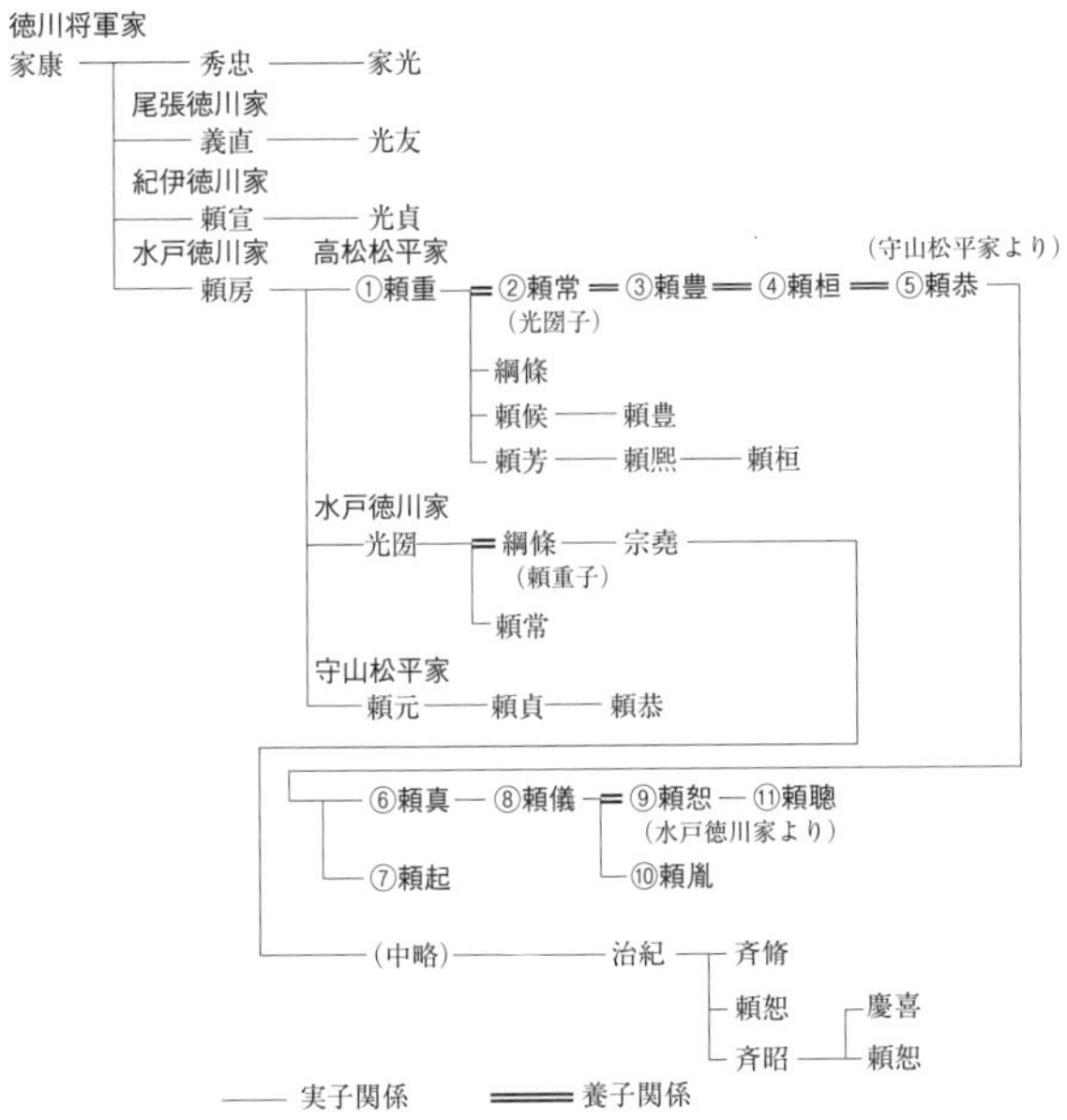

図2　高松松平家略系図

他の御三家分家の家格と比較して、高い官位を授けられていたのである。他の御三家分家との比較でいうと、石高についても歴然とした差があり、十万石を超える領知を与えられているのは高松松平家のみである点も注目される。

殿中席は、大名の家格を決める上で重要な意味をもつ。江戸城に登城した際の控えの間（詰間）等に基づいた区分で、黒書院溜之間、大広間、帝鑑之間、柳之間、雁之間、菊之間等、詰める部屋が定められており、大名の序列となっていた。黒書院溜之間は「溜詰」と称される大名の席で、「溜詰」は臣下最高の席次とも言われている。溜詰大名は幕府の行う礼式や儀式において老中等の幕閣とともに関わり、将軍の名代を務めるなどの役割を果たした。「溜詰」となる大名は限られており、その中でも世襲で「溜詰」となる「常溜」は、会津松平家、彦根井伊家、高松松平家の三家のみであった。

2　高松松平家歴史資料

高松松平家が江戸時代、さらに明治時代以降も家を存続していく中で蓄積した道具や調度類の一部が伝わっている。それらをまとめて「高松松平家歴史資料」と称しており、多くは高松市にある香川県立ミュージアムが収蔵している。

高松松平家歴史資料は、松平家が創設した松平公益会によって永く守られてきたもので、災害や戦争の中を耐えて伝えられてきた。一九九九(平成一一)年の香川県歴史博物館の開館を機に収蔵されることになり、同館が組織改編に伴って改称した香川県立ミュージアムに引き継がれている(図3)。

高松松平家歴史資料は、刀剣や甲冑といった武器・武具、室礼や日々の生活に用いられた書画や調度類、茶の湯や能楽等大名家の活動に用いられた道具類、近代以降華族として活動する中で蓄積された道具類、大名家から華族に至るまでの諸活動に関わる古文書・古記録や文化活動の中で蓄積されてきた典籍等から成り、その総数は五〇〇〇〇点以上である。

図３　香川県立ミュージアム外観

その中には国宝「藤原佐理筆詩懐紙」、重要文化財「法華経」八巻等、国宝一件一点、重要文化財七件一六点、重要美術品七件八点が含まれている。国指定文化財が数多く含まれている点からも本資料群の価値の高さが分かる。

国宝「藤原佐理筆詩懐紙」は、小野東風・藤原行成とともに三蹟と称えられる能書家・藤原佐理の筆跡で、詩をしたためた懐紙としては現存最古の作品である。詩歌会で示された「水を隔てて花光合う」の題に応えて詠んだ漢詩を記しており、唐様を主体とする前代の書風を受け継ぎつつ、流れるような運筆の和様の書風がうかがわれる、書道史上においても貴重な作品となっている。本詩懐紙は徳川光圀から松平頼重に贈られた品のひとつと伝えられている（図４）。

刀剣の重要文化財「太刀　銘　真守造」は、平安時代末期から鎌倉時代初期に制作された、伯耆国の刀工大原真守の作品である。手元部分で大きく反り、先側はほぼまっすぐな姿は時代の特徴を表している。源八幡太郎義家の弟新羅三郎義光が後三年の役で佩刀としたといい、その流れを汲む甲斐武田家に代々伝わった。武田信玄、その子勝頼の後、徳川家康の手に渡り、武田家を継いだ家康の子信吉が受け継いだ後、水戸徳川家の頼房の所有となった。頼房の跡を継ぐことになった光圀は、由緒ある本刀は、頼房の長子すなわち嫡流である松平頼重が持つべき品であるとして、兄に譲ったという。さらに、頼重の次代頼常の時に、側用人柳沢吉保が貸し出しを強く求め、やむなく応じたところ、なかなか返却されず、吉保の子吉里の代になってようやく松平家に戻ったという伝承もある。現在、本刀に付属する花菱模様が刻まれた鎺《はばき》（刀を柄に固定するための金具）は吉保が松平家から借りている間に装着したものだといわれている（花菱紋は武田家の家紋）（図5）。

県指定有形文化財「高松松平家博物図譜」は、高松松平家五代頼恭の命で作られた、江戸時代の博物図譜の最高傑作といえるものである。「衆鱗図」（水生生物図鑑）四帖、「衆禽画譜」（鳥類図鑑）二帖、「衆芳画譜」四帖、「写生画帖」三帖（いずれも植物図鑑）の計一三帖からなる博物図譜は、収録画数二〇〇〇図を超える内容をもつ（図6）。写実性を高めるために、微細な部分まで描きこむほか、魚の光沢を表現するために銀箔を使用し、立体感を出すために絵の具の盛り上げや図の輪郭線での切り抜きを採用するなど、多様な工夫が盛り込まれており、見る者の目を奪う作品となっている。本図譜の制作には平賀源内が関わったことも指摘されており、本図を写した博物図が多数あることが示す影響力とあわせ、江戸時代の本草学・博物学研究において重要な意味をもつ品である（図7）。

高松松平家歴史資料は、ひとつひとつが美術工芸品として鑑賞に耐えるものであると同時に、その伝来や制作背景などにおいても大きな意義を有する歴史資料として貴重な存在である。

図 4　藤原佐理筆詩懐紙　香川県立ミュージアム蔵

図 5　太刀 銘 真守造　高松松平家歴史資料

図 7　衆鱗図 第一帖 鯛　高松松平家歴史資料

図 6　高松松平家博物図譜　高松松平家歴史資料

3　高松城

高松松平家の居城であった高松城は、現在国の史跡に指定され、玉藻公園として市民・県民の憩いの場所となっている。また、重要文化財高松城としても指定を受けており、江戸時代の建造物である、北之丸月見櫓（着見櫓）・北之丸水手御門・北之丸渡櫓・旧東之丸艮《うしとら》櫓《やぐら》が対象となっている。また、一九一七（大正六）年に建造された披雲閣（旧松平家高松別邸）も重要文化財指定を受けており、その庭園（披雲閣庭園）も名勝に指定されている。

高松城の築城は、高松松平家が入封する前に讃岐国を治めていた生駒家による。豊臣政権下で力をつけた生駒親正は一五八七（天正一五）年に讃岐国を与えられ、翌年から築城を開始する。完成年についてははっきりしたことは分かっていないが、近年の研究では時間をかけて築造された可能性が指摘されている。

高松城の基本的な構造は生駒時代に形成されている。天主を中心に内堀・中堀・外堀の三重の堀で囲み、外堀は瀬戸内海と直結し、舟入とする姿はこの時に誕生した。高松城の最大の特徴は海に接するように建ち、海側からも天主が目立つ配置になっている点で、水城（海城）の典型例として必ず挙げられる（図8）。

中堀より外側には武家地や町人地が広がっており、軍事施設としての城郭は中堀以内となる。生駒家に代わって高松松平家が高松城に入ると天主の改築、曲輪・櫓の増設等、城郭部分の強化・拡大が行われる。一六七〇（寛文一〇）年に築造された天主は地上三重四階、

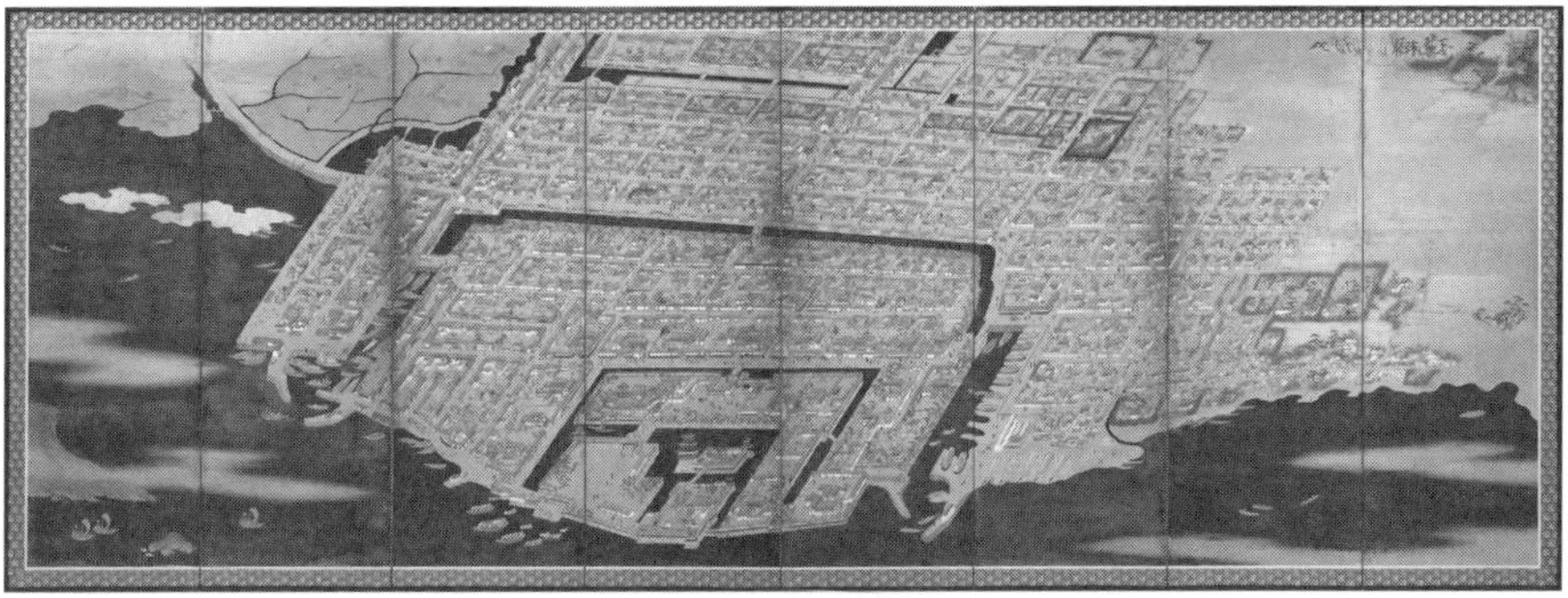

図８　高松城下図屏風　香川県立ミュージアム蔵

地下一階の構造となった。最上階が直下の階より張り出した構造をもつ「唐造り（南蛮造り）」が外観上の特徴である（図９）。

高さは文献記録によると二六・六メートルあったといい、四国内では最大の天守となる。高松松平家が幕府より期待された対外・対内の軍事的役割が、天主の高さに反映しているとみることができよう。

東側に曲輪が増設され東之丸となった。現在、レクザムホール（県民ホール）や香川県立ミュージアムがあるあたりが該当する。また海側にせり出すように配置された北之丸が新造され、一六七六（延宝四）年に月見櫓（着見櫓）、翌年に艮櫓が建造された。以後、城の構造に大きな改変は行われず、幕末まで存続する（図10）。

明治時代になり、高松城は一時軍の管理下におかれるが、老朽化を理由に一八八四（明治一七）年に天主が取り壊された。一八九〇（明治二〇）年、高松城は松平家に払い下げられる。天主が失われた後の天守台には初代頼重を祀る玉藻廟が建てられ（二〇〇六年撤去）、江戸時代の御殿跡に披雲閣が建てられた。披雲

図９　高松城古写真　公益財団法人松平公益会

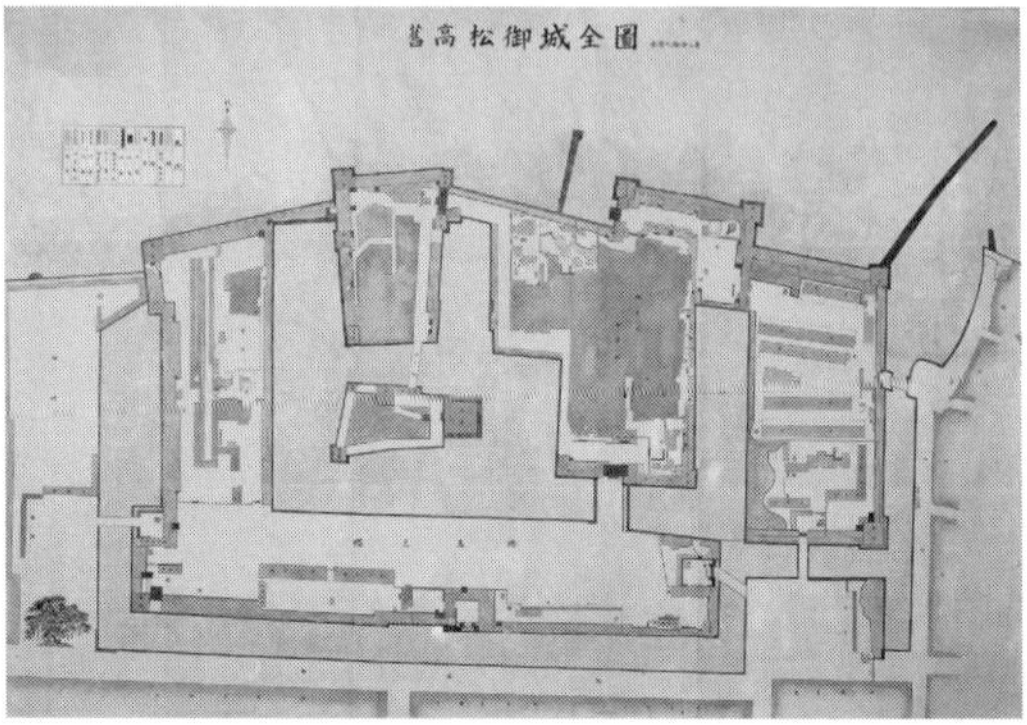

図10　旧高松城御城全図　香川県立ミュージアム蔵

閣の名は江戸時代の御殿の名称を引き継いだものである。一四〇畳の大書院、八五畳の蘇鉄の間など大きな接客空間と居住空間、執務空間をもつ大規模な邸宅である披雲閣は、東京に居を移した松平家が旧領に設けた別邸であり、皇族や海外の賓客を迎える迎賓館として機能した。

　高松城の整備は現在すすめられており、天守台の石垣修復が完了し、第二次世界大戦時の空襲により焼失した桜御門の復原再建が行われている。明治時代に失われた天守の復原に向けた動きも活発である。今後も高松のあゆみを象徴する歴史的な空間としての重要性を増していくであろう。

4　栗林公園

　栗林公園は、高松松平家によって整備された江戸時代の大名庭園である。一九二二（大正一一）年に名勝指定を受け、戦後の文化財保護法下で、一九五三（昭和二八）年に特別名勝となった。指定範囲の面積は約七五万平方メートルで、国内の名勝庭園の中では最大の面積を誇る。高松城の南やや西より、距離にして二・四キロメートルほどの場所、高松城下の郊外に位置し、紫雲山を西に控えた南北に長い形状をしている。

現在、正面入り口となっている東門は、江戸時代の切手御門付近で、江戸時代の正門は現在の北門で、噼口《かいのくち》御門と呼ばれていた。東門を入って西に進むと商工奨励館が見えてくる。一八九九（明治三二）年に香川県博物館として建築された、回廊で繋ぐ左右対称の構造をもつ建造物で、近代和風建築として注目される。軒丸瓦の文様が「博」の文字になっているのは、香川県博物館として利用されていた頃の名残である。数度の改称を経て、商工奨励館となり、現在に至っている。近代になってからの栗林公園の活用を象徴する建物である。

商工奨励館が建つ周辺、すなわち公園の北側半分を北庭といい、南半分をまとめて南庭と呼んでいる。南庭には、北湖と南湖があり、芙蓉峰や飛来峰と名付けられた高台や水路等、周辺の地形とあいまって景勝を構成している。ひとつの大きな池泉を中心に景勝が組まれるのが大名庭園の典型的な形式であるが、栗林公園の場合、景色の中核となる池泉が二つあり、それぞれに景色が組み立てられている点が特徴である。入り組んだ構成になっている栗林公園は、見通しがきかず、全体を把握しにくいが、かえって散策を進めるごとに景色の変化を生むという効果につながっている。建物も大名庭園を構成する重要な要素であるが、栗林公園では中核となるのが掬月亭《きくげってい》である。大名庭園の時代には、掬月亭を含む星斗館《せいとかん》と呼ばれる大規模な建物があり、庭園構成の中心となっていた（図11）。

栗林公園のあゆみをたどると、生駒家が讃岐国を治めていた時代にまでさかのぼる。生駒家の時代の具体的な様子は明確にならず、一定の利用があったことがうかがえるのみ

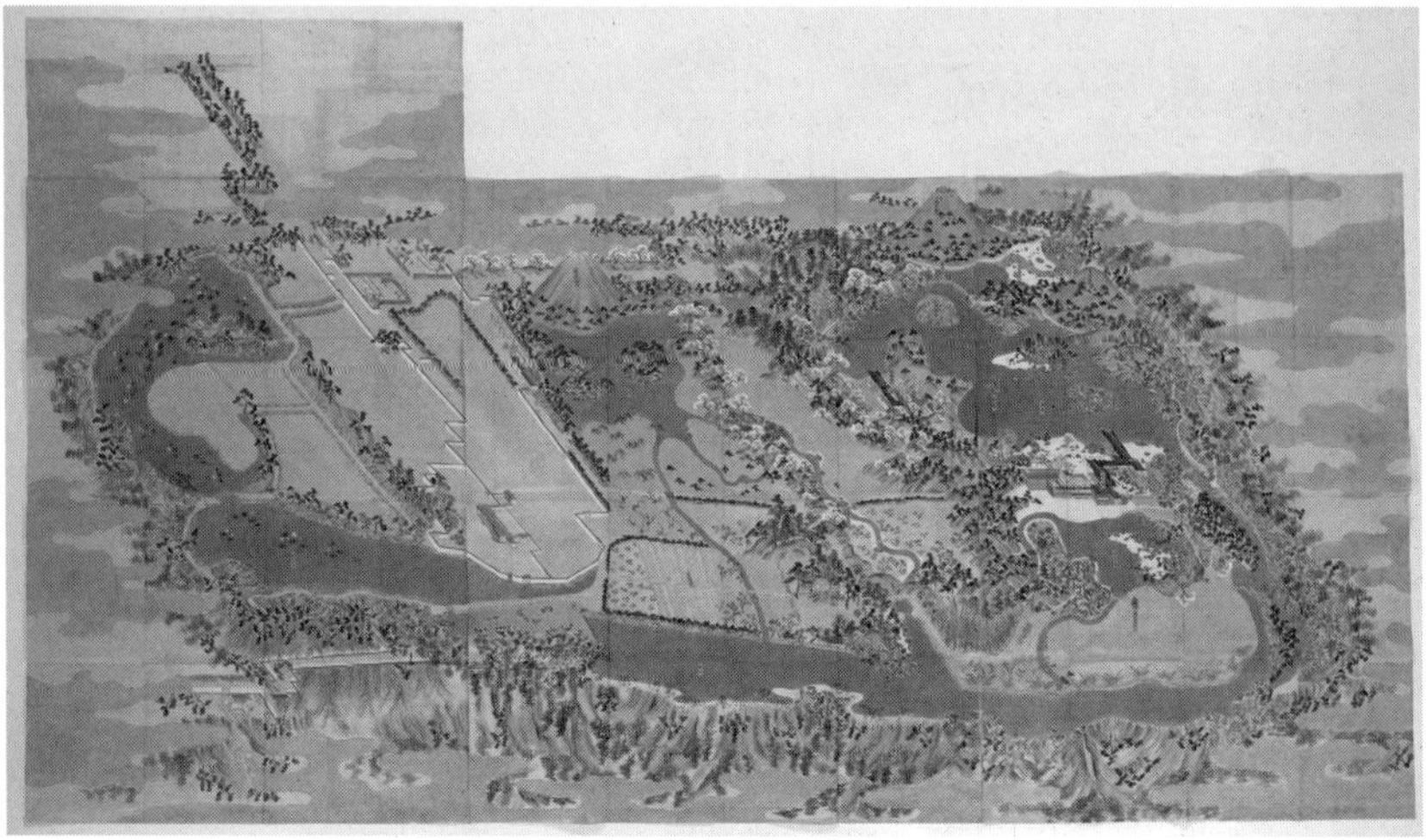

図11　栗林図　香川県立ミュージアム蔵

で、庭園として本格的な整備が行われたのは、松平家の時代になってからである。初代頼重が、隠居前後から居所として利用したのをきっかけにして整備が行われ、二代頼常の時に敷地を拡張、三代頼豊は在国時のほとんどをこの地で過ごし、庭園としての様態をさらに整えた。五代頼恭は、藩主に就任して間もない時期に、自らも整備に加わり、藩儒に命じて庭内各所の景勝の名前を整備させた。庭園内に薬草等を育てる薬園を設けたのも頼恭で、多彩な分野で活躍をした平賀源内がこの薬園に一時勤めていたこともある。頼恭以降、大規模な整備や改修が行われなかったことから、この時に庭園が完成したといわれる。実際には頼恭以降も各藩主の意向により手が加えられながら幕末まで利用された。

くわしくはコラム「栗林公園の歴史」で述べるように、近代に入り、一八七五

（明治八）年、栗林公園として一般公開されるようになる。その後、一時荒廃するが、商工奨励館の建設が行われたころから整備が進み、県民が利用する公園としての機能が充実されていく。運動場、動物園、プール、美術館といった知育・体育の施設が公園内に設けられ、多くの人たちに利用された。その後、美術館は別の地に移り、時代の変遷とともに動物園、プールがなくなった。動物園などの跡地は駐車場、かがわ物産館「栗林庵」が設けられ多くの観光客が訪れている。近年は国内だけでなく海外からの訪問も増え、国際的な評価が高まっている。

〔参考文献〕

『高松藩祖松平頼重伝』財団法人松平公益会編集・発行、二〇〇二年改訂発行
香川県歴史博物館図録『徳川御三家展』同館編集・発行、二〇〇〇年
『史跡　高松城跡』高松市発行、二〇一四年
『特別名勝　栗林公園』香川県栗林公園観光事務所他発行、二〇一三年
香川県立ミュージアム図録『自然に挑む　江戸の超グラフィック―高松松平家博物図譜』同館編集・発行、二〇一九年

column

栗林公園の歴史――明治から昭和まで――

野村美紀

国の特別名勝に指定されている栗林公園は、香川県を代表する観光名所として国内外から多くの人が訪れている。江戸時代には栗林荘と呼ばれ、高松藩主松平家の別荘として利用されていたが、明治二（一八六九）年の版籍奉還、同四年の廃藩置県により松平家の手を離れ、荒廃していくことになる。藩主が滞在した檜御殿などの建物も払い下げられ、庭内から姿を消した。

明治六年一月一五日、古くからの名勝・旧跡で人々が集い遊覧する場所を「公園」にするという太政官布達が出され、該当する場所を府県から申請することになった。それを受けて、名東県〈当時香川県は名東県〈現在の徳島県〉に編入されていた〉は、明治七年五月、「栗林荘」を「公園」にすることを申請し、維持方法等についての内務省とのやりとりを経て設置が認められ、明治八年三月「栗林公園」として開園した。

開園を記念して制作された「高松栗林公園之碑」には、公園の沿革、園内の景勝地についての説明のほか、廃藩後の荒廃の様子や、開園にあたって整備が行われことも記されている。

しかし、明治二一年八月に初めて栗林公園を訪れた造園研究者・小澤圭次郎は、その荒廃した様子は言語を絶するほどで、園内には人もおらず、碑文を読んで公園の沿革を初めて知ったと記している。

栗林公園は開園の際に整備されたものの、その後再び荒廃し、閑散とした状況になっていたと考えられる。その間、管理の主体である香川県は、名東県や愛媛県への編入・分離をくり返し、明治二一年一二月、全国で最も遅く成立する。このことが、開園後の公園が再び荒廃していく要因の一つであったと考えられる。栗林公園の本格的な整備が始まったのは、明治三〇年代になってからのことであった。

寺本左近「栗林公園図屏風」　高松市歴史資料館蔵
昭和20～30年代の栗林公園を描いた鳥観図。今では園内から姿を消した動物園、プール、美術館が描かれている。

明治三二年、檜御殿跡に香川県博物館（現在の商工奨励館）が開館した。博物館は、県民の勧業思想の発展を図るために計画され、美術品等のほか県内の特産品の展示・販売も行っていた。

明治三六年には、皇太子（のちの大正天皇）の行啓で公園内の掬月亭が宿泊場所として使用されることになり、皇太子が立ち寄る博物館、掬月亭、その間をつなぐ園路、表門（東門）を中心に、園内全体の改修・整備が行われた。

小澤圭次郎は、明治三〇年に書いた「栗林公園保護論」の中で、他の大名庭園や京都の寺院の庭園などと比較して栗林公園の景勝を高く評価し、さらに明治四三年の国定教科書には、栗林公園が三公園（偕楽園、兼六園、後楽園）より優れているという記述が掲載された。

これらの評価もあって、明治三〇年代以降、栗林公園が名園であるという認識が徐々に広まり、また皇族の宿泊場所という新たな価値も加わって、県内有数の名所として知られるようになっていった。

見所の多い南庭の整備が進む一方、北庭の本格的な整備は未着手のままであった。香川県は宮内省技師市川之雄に北庭改修の設計を委嘱し、明治四四年から大規模な改修工事を行うことになった。市川は、改修の概略説明の中で、栗林公園を「名園タルノミ未タ以テ名公園ト称スル聲誉ヲ博スルニ足ラス」、公園とは「老若貴賎男女雅俗共楽ノ遊園タルノ施設」で、遊戯や運動競技に適し、知育体育の補助となる施設であるべきだと述べている。北庭改修は、公園としてのあるべき姿を求めて行われた。

大正二(一九一三)年三月に竣工した北庭の改修では、運動場や遊具を設置した遊戯場、景勝を楽しみながら通行するための園路、ベンチやトイレが設置された。同時に、正門が東門から北門へと変更され、北門の景観も大きく変化した。さらに、昭和時代になると、動物園が開園し(昭和五年・一九三〇)、五〇メートルプールが竣工(昭和八年)するなど、機能の充実がはかられた。

戦後にも、高松美術館(昭和二四年に開催された観光高松大博覧会で科学館として建設)や、讃岐民芸館(昭和四〇年)、新民芸館(昭和四二年)など、公園内に新たな施設が登場するが、平成に入ってからは、美術館跡地に鴨場が復元されるなど、江戸時代の姿に戻すことを基本に整備が行われている。

江戸時代から変わらず続く大名庭園というイメージが強い栗林公園だが、時代のニーズに合わせて変化を続けてきた。名園としての整備・保護と、公園としての機能との両方を求めた明治・大正・昭和の歴史を知った上で改めて園内を散策してみると、新たな発見があるのではないだろうか。

〔参考文献〕
小澤圭次郎『明治庭園記』日本園芸研究会編『明治園芸史』有明書房、一九七五年
小野芳朗・本康宏史・三宅拓也『大名庭園の近代』思文閣出版、二〇一八年
中西勉『造園史　特別名勝　栗林公園』美巧社、二〇〇四年
野村美紀「再発見・栗林公園の歴史」『調査月報　No.253』財団法人香川経済研究所、二〇〇八年
藤田勝重『栗林公園』学苑社、一九七四年

讃岐建築の自画像

庄子幸佑

はじめに

一九六二年、建築評論家である神代雄一郎《こうじろゆういちろう》は、香川県を「建築家天国」と評した。その当時、香川県には、丹下健三《たんげけんぞう》をはじめとした戦後の日本建築界を代表することになる建築家や建築設計組織による建築が、次々とつくられていた。一九六〇年代以降も、石井和《いしいかず》紘《ひろ》、谷口吉生《たにぐちよしお》、安藤忠雄《あんどうただお》、SANAA、妹島和世《せじまかずよ》、西沢立衛《にしざわりゅうえい》、三分一博志《さんぶいちひろし》、永山祐子《ながやまゆうこ》、阿部良《あべりょう》、成瀬友梨《なるせゆり》、猪熊純《いのくまじゅん》、島田陽《しまだよう》、ドットアーキテクツなど多くの建築家によって、地域の歴史や文化、景観と調和した数多くの建築がつくられ、多くの人々に親しまれている。

現在も「建築家天国」と言えるかどうかは別として、これほど多くの建築家、それも世界で活躍するような面々が設計した建築があるのは、この地の特徴として取り上げるべきことがあるように思える。今、この地域にとって建築を、どう考えるか。本章では香川で繰り広げられた建築プロジェクト、とりわけ地域や風土を生かした香川の建築文化＝讃岐建築として、その自画像を描いてみたい。

具体的な話に入る前に、用語と時代の整理をしておく。建築界では、産業革命以降の生産様式に基づいた鉄・コンクリート・ガラスなどの工業化された材料を使った建築を近代建築と呼ぶ。産業革命をきっかけに始まる都市化や工業化、それに伴う人口集中による住宅難や貧困の発生、大衆社会の到来といった急激な社会変化を科学技術により乗り越えようとするモダニズム運動があり、技術の変革が社会状況の変革を導き、その世界に見合った建築をつくりあげ、また社会変化によって表出した諸問題を解決することを目的とした建築をモダニズム建築としている。本章では、近代建築を前提とした状況下で、地域性の獲得を目指した戦後を取り上げる。

1　讃岐建築の胎動

香川における近代建築は、戦前から旧屋島登山鉄道屋島山上駅〈一九二七年〉、旧丸亀電報局〈一九四〇年〉など、公共施設や駅舎、銀行などで誕生していた。そんな中、讃岐建築を考える上で、間違いなく画期となる、香川県庁舎本館〈一九五八年〉が誕生する。〈現在は、香川県庁舎東館と呼ばれる。以下、単に香川県庁舎と呼ぶ〉。香川県庁舎は、日本の戦後建築史上の傑作とされ、「民主主義を体現する開かれた庁舎」「建築と芸術の総合」「日本の伝統的建築表現とモダニズムの融合」「戦後自治体庁舎のモデル」など、さまざまな観点で評価されている。設計を担当したのは、当時東京大学で教鞭を執りながら設計活動をしていた丹下健三である。丹下は、広島平和記念公園〈一九五四年〉、国立代々木競技場〈一九六四年〉、東京カテドラル聖マリア大聖堂〈一九六四年〉など、傑作を残し、世界的な建築家である。

この時代、日本の建築界が取り組んでいたのは、近代・日本・建築を統合させた建築表現を実現することであり[1]、丹下は、ここ香川県庁舎で、鉄筋コンクリートを用いて日本の伝統的木造建築の表現を実現したとされている。柱と梁、手摺、庇を支える小梁が構成する外観は、どことなく日本の伝統的な木造建築の[2]ようである（写真1）。その他にも日本的なモチーフや空間性は、たとえば無双窓《むそうまど》や桂離宮《かつらりきゅう》・松《しょう》琴亭《きんてい》の襖《ふすま》に倣った引き戸や柱や壁のない広々とした執務室を仕切り棚で区切る方法など、随所に見られる。

写真１　香川県庁舎外観（筆者撮影）

また、芸術家と建築家が協働することで、総合芸術としての空間が目指され、丹下も、新制作派協会・建築部会へ参画する形で取り組んでいた。新制作派協会は、一九三六年に、猪熊弦一郎《いのくまげんいちろう》そのほか九名の有志によってはじまり、その後、絵画、彫刻に次ぐ三番目の部門として建築部が一九四九年に設立された。建築部には、丹下のほか、猪熊の同世代、あるいは下の世代の建築家が参画した。香川県に香川県庁舎の設計を丹下に依頼することを薦めたのは、ここで出会った猪熊であった。丹下は香

（1）　現在からすると、近代・日本・建築の統合というのは、いささか大袈裟に感じるかもしれない。しかし、この時代の建築家たちは、真剣にこの問題に取り組んでいたのである。外部の世界に触れることで、逆説的に共同体としてのアイデンティティが獲得されることは想像に難くないと思うが、開国によって「日本」が意識され、それらを形としてまとめあげることを期待されたのが建築だったのである。西洋建築の受容を終え、日本的なものと西洋的なものとを融合する建築表現が求められたのは、一九三〇年代初頭からで、その表現の到達を見たのが一九六〇年代である。

（2）　「香川県庁舎の外観を特徴づけているコンクリート打放しの柱と梁、垂木のような小梁による造形表現が、清水寺の舞台に見られる懸造りの木組みを手がかりにしたことが推測できる」（松隈洋「第5章　香川県庁舎の建築的・文化的・歴史的な価値」『香川県庁舎東館　耐震改修工事報告書』一〇三頁、香川県、二〇二一年）

写真2　香川県庁舎1階ロビー（右側に壁画「和敬清寂」）（筆者撮影）

川県庁舎一階ロビーに、猪熊がデザインした壁画「和敬清寂《わけいせいじゃく》」をしつらえ、総合芸術としての空間づくりを目指した。（写真2）

　このように、丹下は香川県庁舎で、建築界が取り組んでいたテーマを実現したのであるが、実は香川県庁舎がもたらしたのはそれだけではない。そして、それらが讃岐建築として現在につながっていくのであるが、このことを考える上で、重要になる人物を紹介しておきたい。

　まず、一人目が、丹下に香川県庁舎の設計を依頼した当時の県知事・金子正則《かねこまさのり》である。金子は、一九〇七年、丸亀の団扇職人の家に生まれ、東京大学卒業後は、裁判官を務め、戦後に香川に戻り、弁護士を経て、一九五〇年から、六期二四年にわたり、知事を務めた。知事在任期間中、地域づくりに芸術やデザインを積極的に取り込み、県庁舎をはじめとした数々の公共建築や産業政策を実現し、その働きぶりから「デザイン知事」「建築知事」と呼ばれた人物である。

　もう一人が、香川県庁舎実現に、県の実務担当として取り組んだ建築技師・山本忠司《やまもとただし》である。山本は、一九一三年に志度町（現・さぬき市）に生まれ、京都高等工芸学校（現・京都工芸繊維大学）を卒業後、一九四八年に香川県に建築技師として入庁した。金子と共に、数多くの公共建築を実現し、五八才で県職員を退職した後も、独立して建築設計を続け、生涯にわたり建築を考え続けた。その傍ら、日本が戦後になって初めて参加したヘルシンキ・オリンピックに三段跳びの選手として出場した、という異色の人物である。

戦後復興の第一歩となる庁舎の建設にあたり、金子は丹下に一任するのではなく、地域の状況を伝え、地域の素材や技術を積極的に取り込んでもらうことを大事にした。具体的には、「香川の気候風土、高松の環境に適応するように」「観光香川として誇り努力しているが、この観光香川の県庁本館としてふさわしいように」「建設資材については許される限り県内産のものを活用されるように」といった願いを伝えた、と述べている[3]。

こういった金子の願いは、地域で採れた石材をこの建築の重要な空間であるピロティや南庭に使ったり、香川漆芸・後藤塗を市民が集うホールの扉に施したり、といった形で実現された。地域にもとから存在していた技術や素材が、モダニズム建築の中でそれまでとは全く違う姿で表現されたのである。

後に、二十世紀を代表する芸術家であるイサム・ノグチの重要なパートナーとなる和泉《いずみ》正敏《まさとし》が、県庁舎の石の受付カウンターを見て、「従来の庭石、墓石、灯籠を見て育った私は、県庁舎で初めて新鮮な石の活かし方に触れ、石に対する新たな希望が湧いてきたのです[4]」と述べるなど、香川県庁舎をきっかけに、金子や山本をはじめ、多くの人々が自分たちが暮らす地域をより深く見つめ、そこからものづくりに取り組んでいくことを目指すことになったのである。

（3）　金子は、丹下に七つの願いを伝えたと述べており、他には「高松の都市計画上少しでもプラスになるように」「民主主義時代の県庁建物としてふさわしいように」「従来建てたコンクリート建物とも融合し、この従来の建物が無駄にならないように」「地方財政窮乏している折であるので、一応予算の範囲内の建設に落付くように」というものだった（金子正則「現代日本建築について私はこう思う（要旨）」『建築雑誌』（868号）日本建築学会、一九五九年）。

（4）　『丹下建三　伝統と創造―瀬戸内から世界へ（展覧会図録）』、一六二頁、美術出版社、二〇一四年

2　讃岐建築の揺籃

一九六〇年代、香川県庁舎の建設をきっかけに、地域で培われてきた技術や素材を新たな感性で問い直す試みが、同時多発的に起きていた。讃岐建築の礎となる動きでもあり、いくつか紹介したい。(5)

讃岐民具連《さぬきみんぐれん》は、一九六三年に彫刻家・流政之《ながれまさゆき》が金子と立ち上げた集まりである。発足趣意書で、流は「今に生きる形をうむものは、さぬきにつたえられた形をのりこえることによってのみ、なしえられるにちがいない」と述べ、芸術家やアーティストと職人が協働して、日常的に使う道具の開発・デザイン、商品化、さらに販売促進まで、包括的に取り組んだ。(6)世話人に、美術評論家のメレディス・ウェザビー、建築評論・建築史家の神代、『芸術新潮』記者の小川熙《おがわひろし》を迎え、また当時アメリカで活躍していた家具デザイナーのジョージ・ナカシマ(7)や香川県文化会館〈一九六五年〉を設計した大江宏《おおえひろし》の協力もあったと言う。地域の伝統的な技術を改めて検証し、その上で新しい形をつくりあげる技術を磨く機会となったと考えられる。

流は、もう一つ特筆すべき活動を行なっている。香川県庁舎の石工事を担った岡田石材工業・岡田賢《おかだまさる》とともに、庵治の石職人を集め世界に通用する石工を育てる石匠塾《せきしょうじゅく》である。一九六四年のニューヨーク世界博覧会の日本館壁画「ストーンクレイジー」の施工など数々のモニュメント製作に取り組み、新たな石の表現を切り開いた。ちなみに、「ストーンク

(5)　本稿で紹介するプロジェクトは、高松市歴史資料館で開催された展覧会「心を豊かにするデザイン―讃岐民具連とその時代―」「心を豊かにするデザイン―讃岐モダンへのあゆみ―」を参考にしている。なお、戦後復興の過程で急速に生産様式や価値観が変化する中で、伝統を見直す動きは、多くの領域で取り組まれているため、香川県独自の動きと言えるかは今後の課題としたい。

(6)　山本と郡谷文雄《ぐんたにふみお》が、漆、石、瓦、竹、金具、指物、建具など県内のつくり手を集めた。郡谷は県職員として、ものづくりや商品開発、デザイン指導を担当していた。

(7)　讃岐民具連の活動に賛同し、ミングレンチェアなどをはじめとした「ミングレンシリーズ」をデザインした。製作は、香川県庁舎で丹下研究室がデザインした家具を製作した桜製作所が担った。ちなみに、香川県庁舎でメインの知事室や県議会議場、県庁ホールの家具は、「ジャパニーズモダン」の礎を築く剣持勇《けんもちいさむ》がデザイン、成形合板の高い技術を持つ天童木工が製作している。

レイジー」の試作が、高松市紺屋町にある喫茶・城の眼〈一九六二年〉(8)の店内壁面に移設され、現在でも見ることができる(写真3)。

また、新たな石の方向性を考える「石のアトリエ」を始めていた石工の和泉が、日本での制作拠点を求めていたイサム・ノグチと出会うのもこの頃である。ノグチのイメージを具現化する技術と従来の石の扱い方に囚われない感性を持った石工として、山本が仲を取り持ったと言われている。これ以降、ノグチ、和泉、山本は公私にわたり交流を深め、数々のプロジェクトで協働することとなる。

建築分野では、香川県庁舎竣工と同年の一九五八年に創刊された『四国建築』と日本建築学会四国支部で取り組んだ民家調査を挙げる。

写真3　喫茶・城の眼(讃岐民具連で生まれた瓦製照明が壁に掛かる。家具は、山本が設計、桜製作所が製作。)(筆者撮影)

『四国建築』は、建築写真家・編集者の上野《うえの》時《とき》生《お》が創刊した雑誌である。当時、四国でつくられた最新の建築や建設技術から伝統的な民家や庭、石造物などを、豊富な写真とともに紹介している。編集兼発行人の上野が企画・取材・執筆・編集で中心的な役割を果たしていたが、山本や愛媛・松《まつ》村正恒《むらまさつね》、高知・安岡清司《やすおかきよし》、徳島・四宮照義《しのみやてるよし》といった建築家も執筆企画委員として関与している。(9) 建築の紹介だけでなく、東京で活動する建築家も含めた座談会、建築界の動向に関するアンケートなども行われていた。(10) 廃刊される一九六〇年代後半

(8) 高松市内に立地する喫茶・城の眼〈一九六二年〉は、「ストーンクレイジー」の打ち合わせ場所として木造の建物を改修して造られ、その後喫茶店として現在まで営業を続けている。喫茶店営業にあたって、彫刻家・空充秋(店舗ファサードや室内デザイン)、作曲家・秋山邦晴(音楽デザイン)、音響技師・奥山重之助(音響技術)と山本が協働した。

(9) 「安岡と四宮は両地の民家研究の中心人物であり、松村もまた戦前から今和次郎の民家研究に参加した経験を持つ。上野の事務所を毎日のように訪ねたという山本は、こうした繋がりの中で民家の関わりを深めていった」(三宅拓也「山本忠司と民家調査」、七六頁、二〇一八年)

(10) 佐藤安乃、三宅拓也「建築雑誌『四国建築』の掲載記事について」日本建築学会大会学術講演梗概集(北陸)、二〇一九年九月を参考にした。

まで、四国で活動する建築関係者にとって地域を見つめ直す機会であったことは想像に難くない。

また、一九六〇年代初頭は、建築史家や文化庁が本格的に民家調査に取り組みはじめた時期であるが、四国でも一九六二年に、日本建築学会四国支部に民家研究委員会が発足し、『四国建築』のメンバーが委員として活動をはじめた。当時、四国に伝統木造建築や日本建築史を扱う大学がなかったため、建築史家や民家研究者ではなく、建築家である先のメンバーが中心となって取り組むこととなった。四国各地の民家が、山や海、島の中で、その場所で手に入る木や石、土、草、紙などを使いながら、地形や雨風といった自然環境に対応してデザインされていることに関心を寄せている。

こういった動きは、県庁においても金子を先頭に取り組まれていた。戦後、通商産業省（現在の経済産業省）所管の日本貿易振興会が、日本各地の製品を海外に輸出できるよう洗練されたデザインにしようと試みていた。この動きに呼応し、香川でも県の公共事業としてデザインに取り組んだのである。栗林公園内に県内外の古い民芸品の収集展示や現代の生活に合わせてデザインされた新たな民芸品の展示を行う「讃岐民芸館」を整備し、また、木工指導所やデザイン研究所を新設して、さまざまな海外の商品の収集や地域でものづくりを行う人に向けた情報提供や指導などを行なった。

このように、一九六〇年代の香川では、地域で無意識的に培われてきた技術や素材を見つめ直し、地域や専門分野という枠組みを超え、時代に合ったものづくりに取り組む場が同時に発生していたのである。

3 讃岐建築の実現

一九六〇～七〇年代、こういった地域の技術や関係者のネットワークが、建築空間に統合されていくこととなる。

地域の技術・素材を近代建築に統合する

・建築壁画

丹下が香川県庁舎で「和敬清寂」という形で実践した手法を、地域の素材をよく知る山本独自の方法で実現したのが、タイルや石を用いた建築壁画である。香川県農業試験場府中分場本館〈一九六二年〉、香川県立志度高等学校校舎〈一九六六年〉、香川県農業試験場農業資料館〈一九六九年〉などの建物で、花崗岩の割石や屑石、タイルの破片(11)を使って壁画を設けている。江戸時代に讃岐国で出土したとされる国宝・袈裟《けさ》襷《だすき》文《もん》銅鐸《どうたく》や香川の風景、地域に伝わる伝承をモチーフとした壁画が、メインエントランスなどに設えられた。地域の素材を使い、建築空間を彩った事例である（写真4）。

・石のモダニズム建築

山本の代表作の一つである瀬戸内海歴史民俗資料館〈一九七三年〉は、香川県庁舎で石の新たな表現に目覚めた山本と和泉の到達点とも言える建築である。

建築の敷地である五色台は瀬戸内海国立公園であり、周囲の環境や景観に溶け込むように設計された。特に、工事で出てくる現地の石を大小さまざまに積み上げてできた壁面は、

(11) タイルの破片は、地元のタイル製造所から釉薬タイルの焼成過程で割れてしまったものを貰い受け、活用した。

山本と和泉の関係性が実現させた建築表現である（写真5）。

・瀬戸内海がつくった素材を取り込んだ建築

大的場健康体育センター〈一九七七年〉では、地域の素材への更なる執着が見られる。瀬戸内海は古代から交通の大動脈であり、この地に暮らす人々にとって恵の海でもある。沿岸部の暮らしにおいて、海と陸の際は、漁や製塩、交易などが行われる重要な空間であった。そこに建つ建築として山本が採用したのが、「瀬戸内海の波と砂に洗われて角がとれた土管のかけら」である。地域の素材、それも誰も見向きもしない、建築材料と思われていないようなものを使い、その場所に合った建築を目指した。山本は、「瀬戸内海がつくった変形のタイルというのは、人間がつくったもので、それを自然の力で破壊して、それか

写真 4　農業試験場農業資料館（大平達也提供）

写真 5　瀬戸内海歴史民俗資料館（筆者撮影）

写真 6　大的場健康体育センター（p40「SD 1977. 7（第154号）」鹿島出版会）

ら月の引力で海水が動いて海の微粒の砂が何十年かかって形をつくったということ。ですから、人間と自然でつくったものだと思います。」[12]と表現している（写真6）。

伝統的な地域の建築を捉え直す

山本は、近代建築に取組む一方で、この地域で育まれてきた建築をリノベーションし、新たな空間をつくりだす手法に取り組んでいる。城の眼では、流や岡田石材、彫刻家、作曲家と協働し、民芸館では蔵や管理事務所を讃岐民具連の活動等を展示するために、イサム家ではノグチの空間感覚を頼りに、間取りを変えたり、天井の高さを上げたり、床を下げたり、仕上げを変えたりと手を加えている。特に得意としていた石を持ち込むことで、地域の建築が持つ素材感や空間性が新しい見え方をしている点が興味深い。この背景に民家調査で培った民家への理解があることは間違いないだろう（写真7）。

写真7　栗林公園古民芸館（所蔵　香川県）

香川で取り組まれていた地域の技術や素材を時代の要請に合わせて発展させる動きは、一九六〇—七〇年代に建築という形で表現されていったのである。「地域の技術・素材を近代建築に統合する」「伝統的な地域の建築を捉え直す」—このように地域に向き合うことから建築が生み出された点が、讃岐建築の特質である。[13]

（12）神代雄一郎＋山本忠司＋石井和紘「地域と建築—香川県」『SD（一九七七年七月号）』五一頁、鹿島出版会

（13）当然、伝統技術だけで、戦後復興や民主主義社会を構築するための建築（市庁舎や図書館、オフィスビルなど）をつくっていくことは難しい。復興とともに形成された工業化社会によって、鉄やコンクリート、ガラス、アルミなどの材料が容易に手に入るようになり、その存在を前提として、建築をつくる上で守るべき法律が定められた。香川では、香川県庁舎での経験をもとに、数々の公共建築プロジェクトを経て、香川県建築課や県内の設計事務所、建設会社、職人に、鉄筋コンクリート造建築物の建築計画や適切な工事管理の考え方、コスト管理、さらに美しく仕上げるための技術が蓄積・共有されていたこともその実現を下支えしていたことも見逃せない。

4　讃岐建築の自画像

モダニズム建築とともに、地域を意識し、地域と建築の統合を目指した取組みは、日本、あるいは世界を見渡しても特筆すべきであるが、ここで表現された地域の技術や素材は、すでに失われているものも多い。工業化社会の進展によって、どこでも同じ品質の材料が容易に手に入るようになり、さらに、経済のグローバル化が加速し、それは顕著になった。香川でも瀬戸大橋〈一九八八年〉・四国横断自動車道〈一九八五〜九二年〉・新高松空港〈一九八九年〉の実現によって、それまで形成されてきた地域という枠組みが崩れ、地域の技術や素材は失われていった。

しかし、建築そのものは、こうした社会の急激な変化があってもすぐに変わってしまうわけではなく、一度できてしまえば周囲の変化とは無関係にその場所にあり続ける。ここに、人間や社会を超えた建築が持つ力がある。つまり、過去にこの地域で培われてきた技術や素材が建築に活用されることで、それを支えた人々、さらにそういった技術が必要とされた自然的・社会的環境を、建築を通して感じ取り、想い起こすことができるのである。それが建築として今もなお見ることができる讃岐建築は、奇跡的と言える。

今、私がこうした切り口から讃岐建築を描くのは、それが現在にも脈々と続いていると思うからである。その一つが、「伝統的な地域の建築を捉え直す」という方向性の中で取り組まれた直島の「家プロジェクト」である。[14] 当時、直島に増え始めていた空き家を現代

(14)「家プロジェクト」は、ベネッセハウスミュージアム〈一九九二年〉のオープンを通じて、直島でのアート事業を進めていたベネッセが、直島の生活エリアに関わっていく方向性を打ち出した新たなプロジェクトである。詳細は、秋元雄史『直島誕生　過疎化する島で目撃した「現代アートの挑戦」全記録』一六四〜二〇二頁、ディスカヴァー・トゥエンティワン、二〇一八年に詳しい。

アートとしてつくりかえるもので、その第一号となる角屋《かどや》〈一九九八年〉（アート：宮島達《みやじまたつ》男《お》）の建築改修は、讃岐建築を築いた一人である山本が担ったのである。山本は、地域の建築である民家に対して、部屋割りを見直し、天井を上げ、床を下げることで、現代アートの展示を可能とする空間を見出した。「伝統的な地域の建築を捉え直す」一つの手法として、城の眼・讃岐民芸館・イサム家の延長線上にあり、以降、直島、豊島、犬島、大島、女木島、男木島などに広がっていく「家プロジェクト」を支えている。

おわりに

瀬戸内国際芸術祭は、香川で暮らす人々の祭りになりつつあり、その瀬戸芸で強く意識されているのは「地域」である。自分たちが暮らす地域の素材や技術と新しい技術と統合を果たした讃岐建築は、今後、より一層重要な意味を持ち、価値を増してくるであろう。最後に、讃岐建築を築いた精神が継承されていくことを願い、山本、神代、松村、上野らがまとめた「瀬戸内海建築憲章」〈一九七九年〉を紹介し、筆を置きたい（図1）。

〔参考文献〕
社団法人日本建築学会四国支部編『四国の民家・建築家の青春賦』社団法人日本建築学会四国支部、一九八三年
名誉県民金子正則先生記念出版会編『政治とはデザインなり―金子正則「独白録」』丸山学芸図書、一九九六年

社団法人日本建築学会編『総覧　日本の建築　第8巻／中国・四国』新建築社、一九九八年
『丹下健三　伝統と創造—瀬戸内から世界へ（展覧会図録）』美術出版社、二〇一三年
笹原克『浅田孝　つくらない建築家、日本初の都市プランナー』オーム社、二〇一四年
福武総一郎＋北川フラム『直島から瀬戸内国際芸術祭へ—美術が地域を変えた』現代企画室、二〇一六年
高松市歴史資料館『瀬戸内国際芸術祭２０１６パートナーシップ事業　第71回企画展　心を豊かにするデザイン—讃岐民具連とその時代—』高松市歴史資料館、二〇一六年
松隈洋監修、京都工芸繊維大学美術工芸資料館編『山本忠司展　風土に根ざし、地域を育む建築を求めて（展覧会図録）』京都工芸繊維大学美術工芸資料館、二〇一八年
秋元雄史『直島誕生　過疎化する島で目撃した「現代アートの挑戦」全記録』ディスカヴァー・トゥエンティワン、二〇一八年
香川県立ミュージアム編『日本建築の自画像　探求者たちのもの語り（展覧会図録）』香川県立ミュージアム、二〇一九年
高松市歴史資料館『瀬戸内国際芸術祭２０１９県内連携事業　第77回企画展　心を豊かにするデザイン—讃岐モダンへのあゆみ—』高松市歴史資料館、二〇一九年
北川フラム／瀬戸内国際芸術祭実行委員会監修『瀬戸内国際芸術祭２０１９』青幻社、二〇二〇年
「LIXIL eye no.22 特集建築のまちを旅する10高松」LIXIL、二〇二〇年

瀬戸内海建築憲章

瀬戸内海の環境を守り　瀬戸内海を構成する地域での環境と人間とのかかわりを理解し　媒介としての建築を大切にする。

人間を大切にすることから　建築を生み出し　創り出すことを始める。それには　瀬戸内海の自然と環境を大切にし　そこから建築を生み出すことにある。環境と建築とが遊離し建築が一人歩きすることはない。

先人たちのつくった文明を見究め　これを理解し　将来への飛躍のための基盤とし　足がかりとする。

過去および現代において　瀬戸内海が日本人のための文化の母体であったことを知るとともに　それが世界に開けた門戸でもあったことを確認する。すなわちわれわれは　この地域での文明を守り　それを打ち出していくことと併せて　広く世界へ目を開き　建築を通じて人類に貢献する。

一九七九年九月

図１　瀬戸内海建築憲章・草案（p17浦辺鎮太郎、松村正恒、山本忠司　神代雄一郎「鼎談　瀬戸内を語る―瀬戸内海建築憲章を機に」宮内嘉久編集事務所『風声　京洛便り　第九号』岡澤、1980年２月29日刊）

第4部

香川県の地域社会と産業
——これからを見据えて

四国の州都?!、四国の玄関口高松市とそのまちづくり——

伊藤裕康

はじめに——本章を誘う三つの問い

筆者は、教員養成学部で永らく社会系教科教育の教育と研究を行ってきた。そこで、学校教育と関わる問いから始める。第一の問いは、「中国・四国地方か四国地方か」である。学校で中国・四国地方と学んだだろう。四国地方としてのまとまりは弱そうである。だが、中国・四国地方ならば一体感はよりなくなる。戦前は、中国地方、四国地方として学んだ。中国・四国地方として学ぶのは、戦後に登場した。そこで、まずは、四国地方としておく。

第二は、「四国地方の中心地はどこか」である。SNS上では、中心地をめぐる高松と松山との論争がある。戦前、学校では四国地方として学んだが、むしろ四国としての行政的なまとまりは戦前こそない。その萌芽は戦中に見られ、戦後本格的に形成された[1]。現在、中央省庁等の出先機関は高松市に集まる（図1）[2]。松山は、逓信行政の流れをくむ総務省総合通信局、NHK松山、日本郵便四国支社等が立地するだけである。街場の四国の中心

（1）　四国地方のまとまりに関わる動きを、南（二〇〇八）や原田（二〇一二）等から見ると、次のようになる。

一九二七年、行政制度審議会は北海道以外を六州（国の行政機関）に分け、府県を完全自治体化する「州庁」設置案を提案した。実現しなかった同案は、四国を大阪州（香川、徳島、高知）と広島州（愛媛）に分けていた。戦争さなかの一九四三年、戦局悪化の中で国策を遂行し、県ごとの利害調整をして府県を統率するため、「地方行政協議会」を設けた。協議会長は、内閣総理大臣が各府県知事・道都長官から指定し、会長所在の都道

図1　高松サンポート合同庁舎
手前が南館、奥が北館である。右奥の建物は高松シンボルタワーで151.3mあり、四国地方で最も高い建築物である。

地をめぐる論争はかまびすしいが、都市地理学的には、中央省庁等の出先機関の他、四国を代表する企業（四国電力やJR四国）の本社や大企業の支社があり、四国の中枢管理機能を担う高松が準広域中心都市とされて来た（坂口、一九七五、阿部、一九九一、平、一九九九）。高松市は、国鉄の宇高連絡船が就航していた瀬戸内海に面する港町でもあり、現在人口四二万人ほどの中核都市である。

　第三の問いは、消失する市町村まで取り沙汰される少子高齢化社会の人口減少下で、「高松市はどのようなまちづくりを考えているのか」である。この問いは、今後の地方都市におけるまちづくりを考える際の重要な問いになり得る。

　では、先の三つの問いと関わらせて、これから、今と少し先の高松市を考えてみよう。

1　ストロー現象は起きているのか？

二〇〇二年四月に広島市から高松市に転居し、四つの意外な光景に出会った。一つ目の

府県庁に協議会を置いた。会長は、管内の県や国の出先機関に必要な指示ができる。四国地方行政協議会は愛媛県に置かれ、松山になかった財務局等四国一円を管轄する国の出先機関が次々と設置された。一九四五年四月、善通寺に四国軍管区司令部が設けられ、四国地方行政協議会は司令部との連絡を密にするため高松に移った。国の出先機関も続々移転した。松山逓信局も移転が決定したが、軍の要請による民間電話回収に差し障るので松山に残った。郵政局に名前が変わった戦後も移転論が出たが実現せず、逓信行政の流れをくむ諸機関は、今も松山にある。

　戦争最末期の一九四五年六月、本土決戦体制の一環として、全国八ヵ所に「地方総監府」を置いた。都道府県の上位に位置する内務省管轄下の地方行政機関であり、知事の指揮権、法律にかわる総監府令の公布権を持たせていた。四国地方は高松に置かれ、敗戦後の同年一一月に廃止された。四国地方総監府新設により、松山財務局も高松へ移り、高松国税局への改編を経て現在に至っている。

（2）　高松サンポート合同庁舎は、広域的な防災拠点として整備し、市

光景は、第一と第二の問いに関わっている。市内大型スーパー駐車場に徳島ナンバーの車が相当数駐車していた（図2）。徳島県人は、明石海峡大橋を渡り阪神方面で買い物すると思っていた。三本も橋が架橋され、四国はストロー現象に悩んでいるとも思っていた。ストロー現象とはT社の教科書の定義では、「交通網が整備された結果、大都市に人が吸い寄せられる現象」である。買い物客への聴き取りから高速道路等の四国内交通網の整備により、徳島県西部の人は高松で買い物するようになったことがわかった。高松は、他地域から来る人が増え、中心性は落ちていないと思えた。

ストロー現象の疑念から高松市への認識を新たにし、今後の四国地方の教材化は、四国内の交通網整備による地域変容も取り上げるべきと思った。だが、各社中学校社会科の教科書は、本四連絡橋や高速道路の発達によるストロー現象が記述され、四国内の交通網整備による結びつき強化や高松の中心性の高まりの記述はない。教育関係の専門書にも、実践プラン「瀬戸大橋のストロー現象を説明してみよう」（柴田、二〇一六）が掲載される。これでは、生徒だけでなく大人もストロー現象で衰退する四国という地域像を持ってしまう。香川大学教育学部附属坂出中学校山城貴彦教諭（現在香川県西部教育事務所主任指導主事）と諮り、ストロー現象の有無を検証して地域像を再構築する授業づくりを進めた。ストロー現象がないことがわかっている瀬戸大橋でなく、明石海峡大橋を教材化した。次に、二〇一六年六月の附属坂出中学校研究会の授業、「明石海峡大橋により、徳島の人々は大都市に吸い寄せられているのか？」の概要を示す。

内に分散する国の行政機関のほとんどをここに集約した。北館は、四国地方整備局や四国経済産業局等が入居し、南館は、四国財務局、四国運輸局、高松地方気象台等が入居する。

図2　高松市内の大型商業施設駐車場に駐車する徳島ナンバーの車

T１：吸い寄せられるとは？
S１：移動。移住。
T２：どちらから検証する？
S２：移動の方が調べやすそう。
（T：一九九〇年と二〇一〇年のプレートを貼る）
T３：なんでこの二つを出したか？
S３：開通前と開通後や

資料１・２
徳島（徳島市と鳴門市を含む地域）から目的地へ移動した人の数

資料１ 平成２年（1990年）　（単位：万人／年）

出発地＼目的地		大阪	大阪	大阪	大阪	兵庫	兵庫	兵庫	兵庫	徳島から移動した人数の合計
		大阪	堺	東大阪	豊中	神戸	尼崎	播磨	淡路	
徳島	徳島	34	10	9	9	12	11	6	72	491

資料２ 平成22年（2010年）　（単位：万人／年）

出発地＼目的地		大阪	大阪	大阪	大阪	兵庫	兵庫	兵庫	兵庫	徳島から移動した人数の合計
		大阪	堺	東大阪	豊中	神戸	尼崎	播磨	淡路	
徳島	徳島	19	9	5	6	16	6	3	10	559

（T：一九九八年のプレートを貼る）
T４：今日は徳島だけを中心に検証しよう。
さっきT君が言うとおりに…（国交省の専門家に問い合わせてデータをもらうと発言）。今からお渡しします。
（T：「資料１・２（出典「全国幹線旅客純流動調査（国土交通省）」[3]配布）
T５：徳島を出発点として、横が目的地、大阪と神戸は大都市やな。それ以外にある？
T６：この中で、（徳島にとって）大都市は？
S４：（様々な都市名を言う声）神戸、堺。
S５：淡路。
S６：淡路は大都市と違うやろ。
T７：吸われているか、いないかを確かめるため、人の変化をわかりやすい地図で表現して下さい。
T８：大都市へ人が移動しているのをわかりやすく、地図に落として下さい。用紙は二枚あります。一枚でも大丈夫です。どちらでもかまいません。ただし、徳島から四つの地域からですよ。前に必要な物がありますからお渡しします。自由に使って下さい。
T９：どれくらいでできそう？
S７：一五分!!

（3）　山城氏が国土交通省担当者に確認し、人口移動に係わってストロー現象を検証する際、最も妥当と思われる指標を選定したものである。幹線交通機関の旅客流動実態を定量的かつ網羅的に把握することを目的とした「全国幹線旅客純流動調査（国土交通省）」の「207生活圏間流動表（出発地から目的地）【代表交通機関別流動表】」年間（旧手法）（https://www.mlit.go.jp/sogoseisaku/soukou/sogoseisaku_soukou_fr_000010.html、2020/08/06）の全機関の該当年度の数値である。同数値を万人単位で四捨五入した。航空、新幹線等特急列車、高速バス等の幹線交通機関を利用した旅客流動で、「船、バス、鉄道、航空、乗用車と全機関」のデータがある。通勤・通学とその帰宅を除く旅客流動を対象に、主な旅行目的は、出張等の仕事、観光、私用・帰省である（「全国幹線旅客純流動調査の概要」https://www.mlit.go.jp/sogoseisaku/soukou/content/001340152.pdf、2020/08/08）。

（S：地図を取り出し作業にかかり、どのような地図を作るか、話し合っている。比較して、移動人数が増えている点についても確認している。）
（T：適宜補足説明「あと、割合出したいところは計算機もあるよ。」）
T10：作業してみてわかったことある？
S：凡例と表現方法について説明する。
S11：結論から言うと、移動はそんなに変わっていない。橋の開通前と開通後ではむしろ減っている。
T11：吸い寄せられて…
S12：いるとは言えない。
T12：みなさんどうでしたか？　いるとは言えない？　いる？　いない？
S13：（ぼそぼそ）……。
T13：何で確信持てないの？　これ（移住の点から）がクエスチョン？　専門家に聞いた資料をお配りします。
（T：「徳島県人口移動調査年報」から徳島（徳島市・鳴門市）から兵庫への移住の数値をとったプリントを配布する。）（T：資料を提示）
T14：今からこれをグラフ化して下さい。何グラフに？
S14：折れ線グラフ！（S：作業にとりかかる）
T15：近似直線がある場合とない場合の資料を提示し補足説明をする。
T16：吸い寄せられて…いる？　いない？
S15：いない。
T17：気になっていることがあるんだけれど。みんなさっきは移動した人数が増えていると言っていたのに、徳島の人たちはどこに移動しているの？

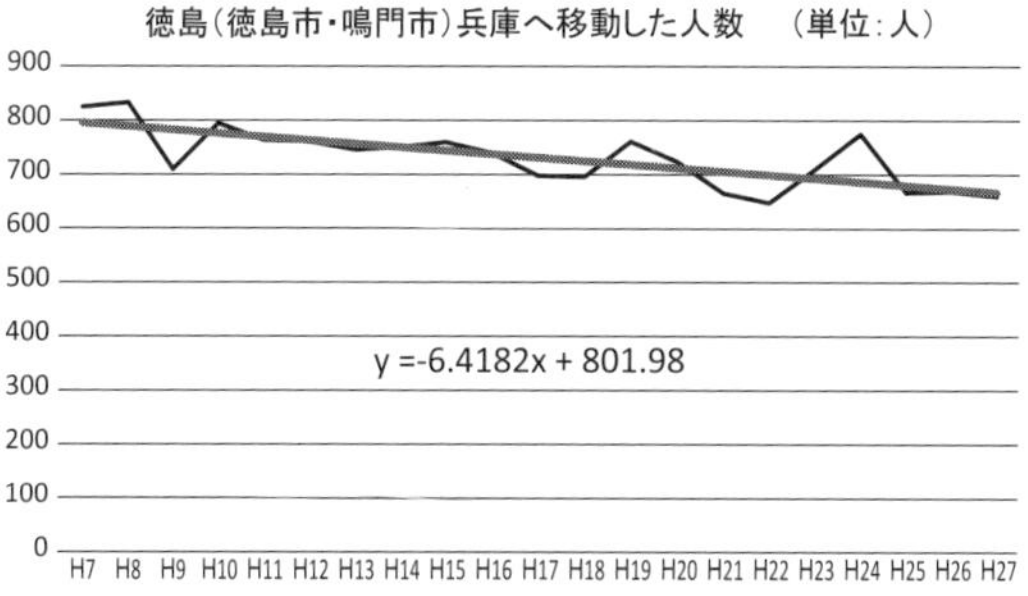

図3　徳島（徳島市・鳴門市）から兵庫へ移動した人数

（S：班で予想している。）
T18：どこにいったの？
S16：東京！　S17：京都！　S18：四国？
（笑い声）
（T：「全国幹線旅客純流動調査（国土交通省）」から四国方面の移動先の数値を掲載したプリントを配布）
S19：何で香川なん？　香川何もないやん。
S20：近いから？（S：ざわざわ）
T19：少し前を見て。先生はこうしてみたんです。
S20：高知にも…。
T21：近畿には減っているの、わかる？　これって徳島だけだよね。香川ってどうだと思う？
（S：ざわざわ）
（T：資料を提示）
S22：徳島や～
T21：徳島にもまあまあ移動しているけれど
（T：資料を提示）
S23：徳島や！
S24：岡山減っている！
T22：（生徒が考えた特色「交通網の整備によってストロー現象の起こる四国」を貼りながら）どうする？

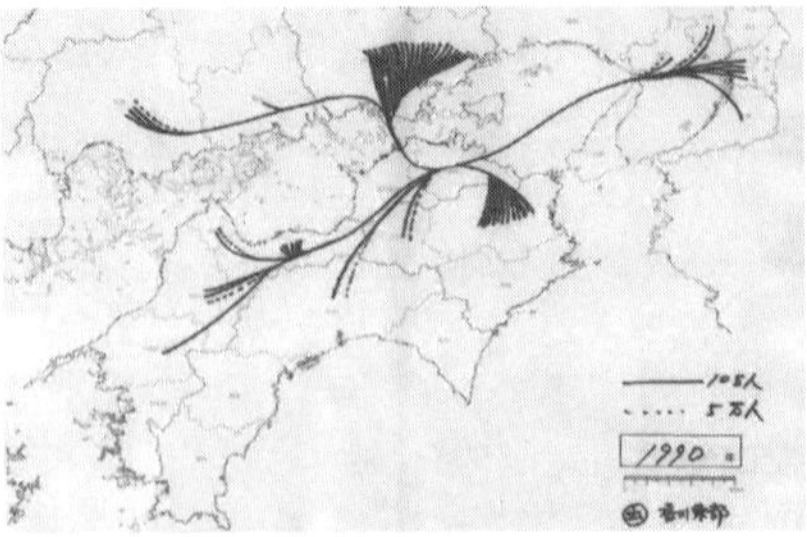

図6　香川東部からの人の移動先（1990年）

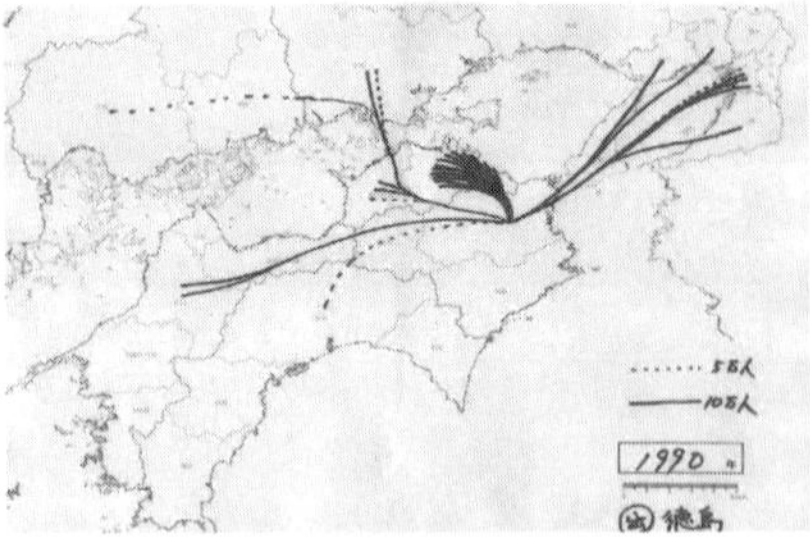

図4　徳島（徳島市＋鳴門市）からの人の移動先（1990年）

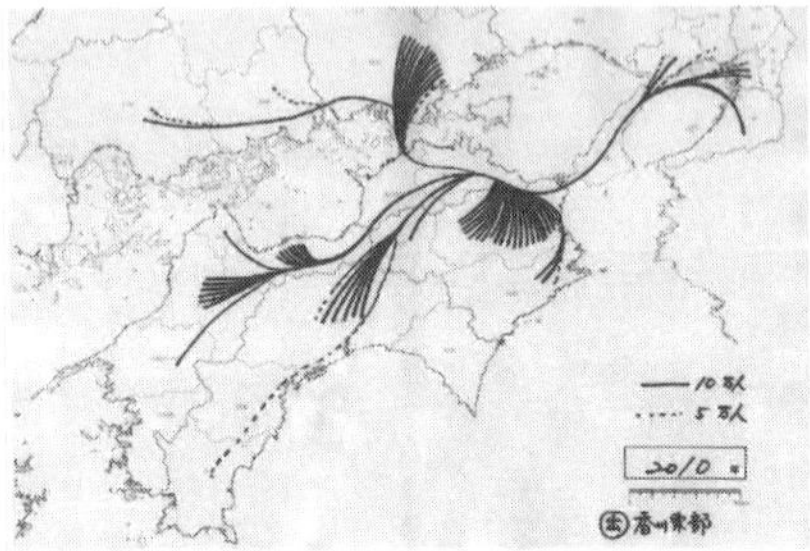

図7　香川東部からの人の移動先（2010年）

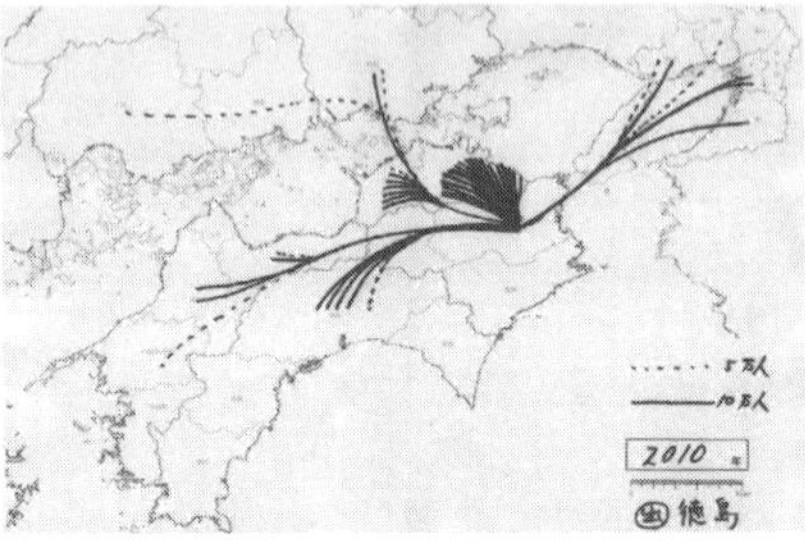

図5　徳島（徳島市＋鳴門市）からの人の移動先（2010年）

（S：ざわざわ）
T23：そこの班、どうぞ。
S25：交通の発達により四国の中でつながりが深まる四国。
S26：ほ〜
T25：そこの班。
S27：今までは、教科書とかにデータがたくさんあるので、決めていたんですけれど、よく深く考えたり、他のデータを見て自分たちで検証したりしてみて、ちょっと信じがたいな・・みたいな。
T26：何が信じがたいの？
S28：ストロー現象が起こっているのかが。
T27：他の人は？
S29：デマでした。
T30：何がデマ？
S30：ストロー現象が起きているのはデマでした。（S：笑い）

先の教科書の定義からすれば、明石海峡大橋によってもストロー現象が起きているとは言い難い。日本銀行高松支店（二〇〇八）や吉田（二〇一五）によれば、瀬戸大橋によるストロー現象は起きていない[4]。ストロー現象が言われ出したのは、瀬戸大橋開通前の備讃地域開発計画に参画した小野五郎四国通産局総務部長が、開橋後の経済への悪影響をストローを例えにして「大橋のような幹線交通路が開かれると、大きい方の経済圏に小さい方の経済圏のメリットが飲み込まれてしまう」と述べたことによる。そうならないよう、氏は、「予め四国島内の交通網整備による四県の結束と物流拠点の整備を図る必要がある」と警告した。その後、四国内の高速道路網整備等が行われ、高松の拠点性が高まり、四国の結びつきも強まった。そこで、「まずは、四国地方としておく。」の「まずは」をとっておきたい。

（4）　吉田（二〇一五、六二）は、香川県は、瀬戸大橋開通後も二〇年間以上にわたって四国内流動の拠点性が高まったと述べている。

2　（コンパクト＋サイクル＋商店街＋ネットワーク）×まちづくり＝多核連携型コンパクト・エコシティ⬇高松市の未来像

二つ目の意外な光景は、香川大学正門前の自転車店の店頭にある種類の自転車がなかったことである（図8）。それは、変速機付き自転車である。店舗の奥にわずかに置かれている。なぜ、店頭に変速機付き自転車を置かないのか？　店主曰く、「高松市は主な施設が固まっており、まちがコンパクトにできている。しかも平坦な土地なので、変速機なしでも不都合じゃない。変速機自転車はあまり売れないから、店舗の奥に置いてあるんだ。」とのことであった。

作花（二〇一〇）は、岡山県が「晴れの国」を標榜することに違和感を覚え、アメダス観測地点データを使用して中・四国地方の三二地点を選び、春、夏、秋、冬、年間、それぞれの日照時間等値線図をえがき、香川県こそ「晴れ晴れ（はればれ）の国」であると結論づけた（図9）。高松は、瀬戸内気候に属し、晴天が多い。高松に来た当初、自転車が多いなと感じた。まちがコンパクト、道は平坦、雨もあまり降らないので、自転車が利用しやすい。

図8　香川大学正門前の自転車店

店の好意で足踏み式の空気入れが置かれ、誰でも自由に無料で使用できる。

三つ目の意外な、と言うかやや驚いた光景は、中心市街地の商店街である。全国の地方都市ではシャッター街も少なくない。高松中央商店街もシャッターの下りる店はあるが、比較的少ない。驚いたのはそれではない。長さである。商店街にはアーケードがあり、延々と続く。アーケードの長さは総延長約二・七キロであり、日本最長と言われる（図10）。「晴れ晴れ（はればれ）の国」のアーケードが連なる高松中央商店街は、雨でも気楽に買い物等ができる。

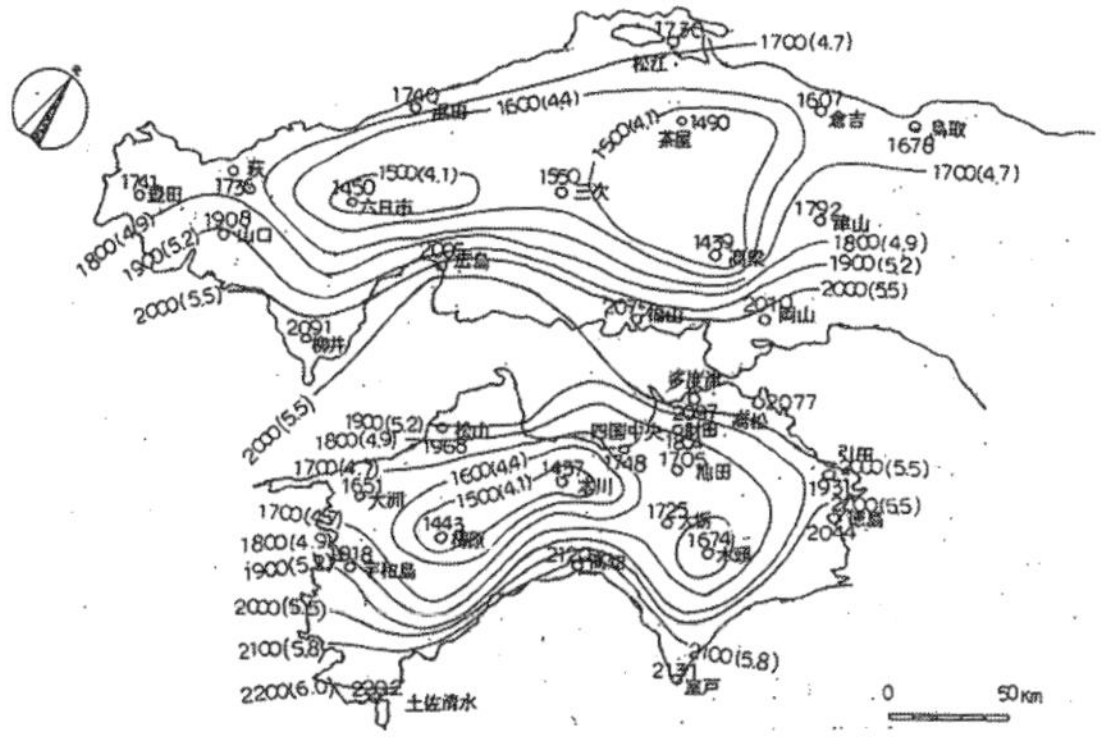

図9　1年間を通した 中・四国の日照時間等値線図（作花2010）

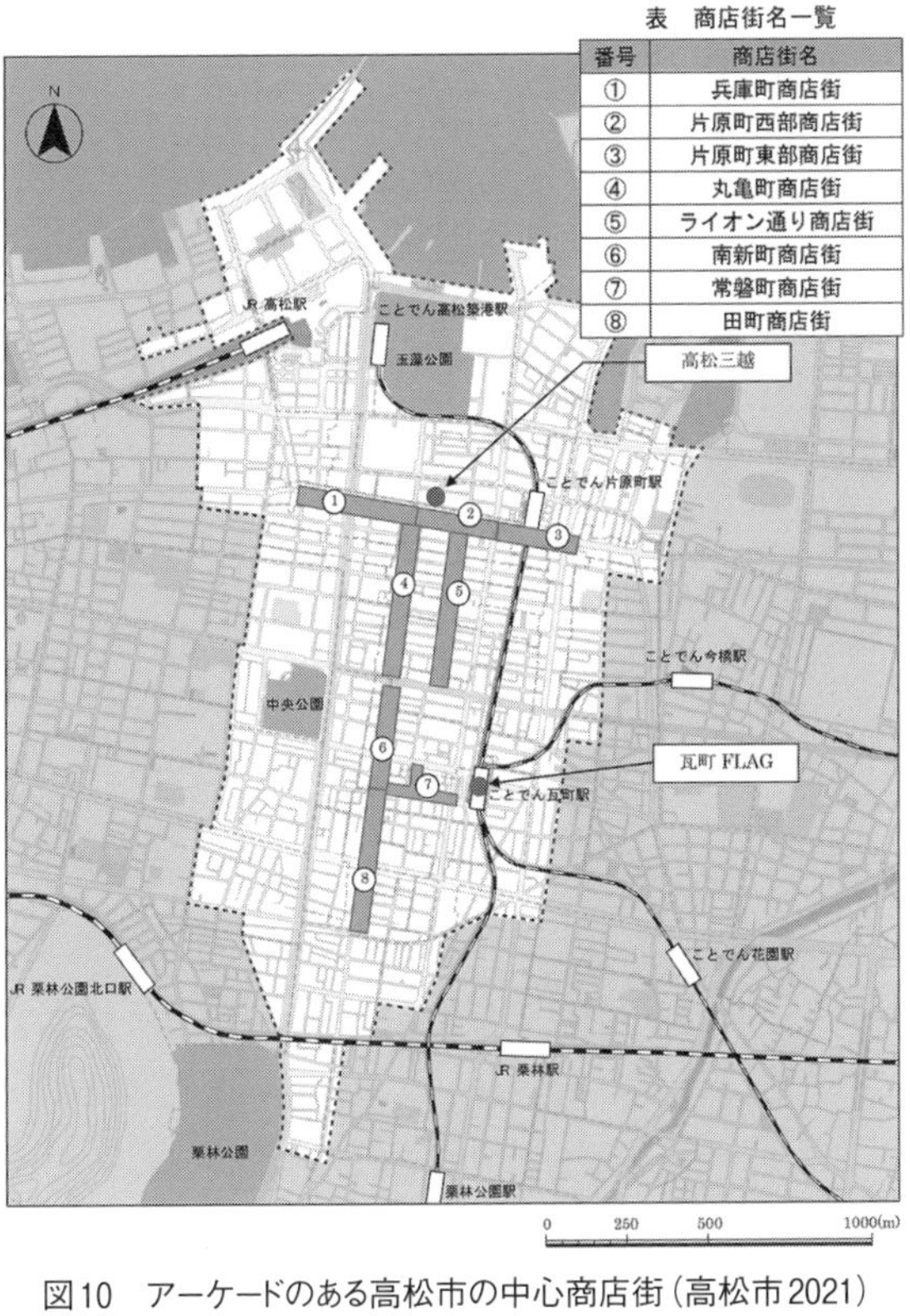

表　商店街名一覧

番号	商店街名
①	兵庫町商店街
②	片原町西部商店街
③	片原町東部商店街
④	丸亀町商店街
⑤	ライオン通り商店街
⑥	南新町商店街
⑦	常磐町商店街
⑧	田町商店街

図10　アーケードのある高松市の中心商店街（高松市2021）

四つ目の意外な光景は、車窓の景観である。ＪＲ四国本社がある高松市は、予讃線と高徳線が市内を走る。地元の私鉄、高松琴平電気鉄道株式会社（以下ことでん）の三路線（琴平線、志度線、長尾線）も走っている。市内には、二〇二〇年一一月二七日まで四五駅、二八日以降新駅が開業し（後述）四六もの駅がある。予讃線はそうでもないが、高松駅から高徳線に乗車し車窓を見ると、田んぼや畑ではなく、家並みがそこそこ続く。ビルが林立する景観こそ続かないが、地方なのに意外と都会?、と思う景観がしばらく続く。ことでんの三路線の車窓も、高松築港駅あるいは瓦町駅から乗車して、しばらくそのような景観が続く。

以上、二つ目から四つ目までの意外な光景が、三つ目の問いを解く鍵となって来る。まずは、四つ目の意外な光景に関わる話。ことでんは、新駅伏石駅を二〇二〇年一一月二八日に開業し、ダイヤも改正した。本数を増やし終電時間も繰り下げた。コロナの影響で減便した運転本数をコロナ以前の九割程度に戻した。全国の多くの鉄道会社がコロナ以前に戻すどころか減便や終電繰り上げをしていた時、ことでんが真逆の動きをしたのはなぜか。

地方では移動手段は決まって自動車である。香川もご多分に漏れず、自動車利用が多い。高齢化が進めば、自動車を運転出来ない人が増える。公共交通機関が機能しなかったら、大変である。中心部から郊外へ向かう路線バスの路線維持は、やがて難しくなるかもしれない。高松市は、平成二二年に市やことでんなどで作る「高松市総合都市交通計画推進協議会」を設け、公共交通の持続可能性を探ってきた。幸い、市内には二つの鉄道の五路線があり、駅も数多い。駅とバスを結ぶネットワーク構築が可能なら、中心部から郊外へと

図11　伏石駅（上下）と整備中の駅前広場（バスターミナル）（下）

上の写真左端に見えるのが、伏石駅南口であり、右端が北口。駅の上を高速道路が交差している。伏石駅は、国道11号バイパスを跨ぐ高架駅である。下の写真は、2021年中に完成予定の駅前広場（バスターミナル）。

向かう路線バスを短い区間で再編し、需要の多い区間は運行本数を維持するなど、路線バスの効率よい運行の可能性が見えてくる。公共交通の利便性確保のため、鉄道を基軸としたバス路線再編の構想が浮上した。駅にバスターミナルの併設が検討されたが、既存の駅周辺は住宅が密集し、駅前のバスロータリー造成は困難だった。また、琴平線三条駅と太田駅間は約二・三キロ離れ沿線市街地の人口も多く、地元からも新駅設置の要望があった。そこで、新駅の配置が検討された。新駅候補地から沿線五〇〇メートル圏の人口分布や商業、医療、金融、教育に関わる周辺施設の分布、道路ネットワークを検討し、バスロータリー設置が可能な新駅として、既存線路と国道十一号バイパスが交差する三条駅と太田駅の中間に高架駅の伏石駅を開設した。駅舎整備は、協議会からの補助金によりことでんが施工した。広域的な利用が見込まれる同駅には、高速のバス停も計画され、大都市圏とのアクセスを容易にし、都市間交通と地域内交通の連携強化を図り、交流人口の増加による賑わい創出もねらっている（図11）。

　二〇二二年開業をめざし、太田駅～仏生山駅間でも新駅開設を進めている。高松築港駅から栗林公園駅までが複線化の琴平線では、二つの新駅誕生は利便性を高める一方、所要時間が増しサービス低下にもなる。また、定時運行や安全運行上の問題も考えられる。そこで、地域鉄道支援に対する地方財政措置を活用し、県、市、ことでんの三者分担による複線化事業も進めた。その際、複線化を前提として駅の新設を先行しつつ複線化工事を進めた。まず、三条駅〜太田駅間を複線化した。太田駅〜仏生山駅間に予定している新駅開業の際も、太田駅〜仏生山駅間を複線化する。鉄道とバスのネットワーク再構築の施策は、伏石駅や太田駅〜仏生山駅間の新駅に限らない。長尾線の花園駅〜林道駅間も新駅設置を検討している。

四つ目の意外な光景は、市内沿線人口の意外な多さを語っている。香川県は、二〇二〇年の人口は全国三九位にも関わらず人口密度は一一位という意外なことがある。[5]香川県より人口密度が上位であるのは、三大都市圏の都府県の他に、福岡県と沖縄県だけである。広域中心都市である広島市のある広島県も、人口密度は香川県より低い。面積日本最小の香川県は、そこそこ人が住み、意外な稠密さなのである。稠密な人口分布が、高松市を地盤として丸亀市やさぬき市にまで路線を伸ばすことでんが元気な私鉄と言われるのに寄与していようか。

次は、二つ目の意外な光景に関わる話。高松市は、自転車を軸としたまちづくり「日本一のちゃりんこ便利都市」を目指し、快適な駐車環境を創出する「サイクルエコシティ」実現にも取り組んでいる（図12）。自転車専用道の整備（図13）、JR四国とことでんの駅駐輪場整備、バス停付近の駐輪場整備によるサイクル&バスライド推進により、自転車利用の面からも公共交通機関の利用促進を図っている。ことでん志度線は、土日祝日に自転車を車内に持ち込める「サイクルトレイン」も運行させている（図14）。高松市内の主要

（5）令和二年住民基本台帳人口・世帯数表によれば、香川県の人口は九八万一千人である。人口密度は、帝国書院が令和二年住民基本台帳人口・世帯数表、令和二年全国都道府県市区町村別面積調により産出したものによれば、五二三人／㎢である。https://www.teikokushoin.co.jp/statistics/japan/index03.html、2021/09/08参照。

図13　香川大学前の市道五番町西宝線の歩道と自転車道

平成22年度、車道４車線を２車線に削除して自転車道が整備された。

図14　志度線で運行するサイクルトレイン

乗車運賃のみで自転車を持ち込める。持ち込み可能車両は３両編成の瓦町側1両のみであり、サイクルトレイン専用ではない。

図15　ことでん栗林公園前駅近くのレンタサイクルポート

市街地中心部の主要な鉄道駅等の利用者が多く見込まれる箇所にポートを置き、ネットワーク化を図って１台の自転車を複数で相互利用する。香川大学学生も通学で利用し、大学の構内駐輪所では必ずレンタサイクル自転車を見かける。

図12　コンビニに貼られた「ちゃりんこ救急ステーション」のステッカー

2012年11月20日、高松市は、コンビニ等に自転車用空気入れを配備する「ちゃりんこ救急ステーション」を始めた。同ステッカーを貼ったコンビニ等で、24時間無料で足踏み式のタイヤの空気補充が可能である。

な観光施設（栗林公園、屋島、玉藻公園等）間はそれほど離れておらず、うどん店も点在し、レンタサイクルも充実している（図15）。商店街でも、空き店舗等を活用した無料駐輪場の設置に取り組んでいる。自転車は高松市内移動の有効な手段である。観光の際は活用すると良い。

最後に、三つ目の意外な光景に関わる話。アーケードが連なる高松中央商店街は再開発が進む。その象徴が丸亀町商店街最北端A街区（丸亀町壱番街）のドームである（図16）。丸亀町壱番街は、二〇〇六年建設の再開発ビルで、低層階に商業施設、高層階に分譲マンションを備えたツインタワーである。ドーム内にクリニックや保育園の看板があるように、単なる商店街のリニューアルでなく、集う、住まう機能を併せ持つ再開発である。人

図16　丸亀町商店街最北端A街区（丸亀町壱番街）のドーム（上）とドーム内（下）

丸亀町壱番街は、2006年建設の再開発ビル。低層階に商業施設、高層階に分譲マンションを備えたツインタワー。アーケードドームの高さは日本一（ドーム直径26m、高さ32.2m）。ドームでは各種イベントが開催され、「人が集う広場」となる。

口減少、高齢化が進行する中、コンパクトシティ構築の一環として、人々が集まり、自動車に依存せず、徒歩や自転車で多種・多様なサービスが享受できる「人が住み、人が集うまち」をめざし、丸亀町商店街全体を北からA～Gの七街区に分けて、再開発を進める。

丸亀町商店街再開発は、土地所有者が共同出資するまちづくり会社が土地所有者と定期借地権契約を結び、六〇年間の利用権を取得して共同で土地利用を図り、商業ビルを建設した。まちづくり会社は専門家を雇い、商業ビルの整備から合理的なテナントミックスなどの業務を一括委託する。商店街の土地所有権と利用権を分離する画期的な仕組みにより、まちづくり会社が共同化された利用権を保有しつつ、商店街全体の利益を最大化する観点から最適な管理運営を進め、魅力的なまちづくりとなり、商店街再開発の成功例となっている。

ところで丸亀町という地名は、一五八八年に生駒親正が高松城築城の際、丸亀市の商人をこの地に移したことに由来すると言われる。

三つの意外な光景に関わる話を踏まえ、高松市のまちづくりは次のようになろう。高松市は、比較的中央商店街が元気なことを活かして強め、中心市街地に再び人を呼び込む。さらに、中心部への居住を促し（図17）、車がなくても利便性の高い生活を用意する。駅周辺の都市機能を強め、自転車や徒歩で買い物可能な拠点を一七ヵ所設け、中心市街地を大きな核の広域交流拠点[6]、周り一六ヵ所を小さな核の地域交流拠点[7]と生活交流拠点[8]とし、その間を電車やバス等の公共交通で結ぶネットワーク化した多核連携型コンパクト・エコシティをめざす（図18、口絵カラー「高松広域都市計画区域マスタープラン方針図」高松市二〇一七、高松市都市整備局都市計画課二〇二〇を一部補足）。

（6）　広域交流拠点の要件は、以下の機能が全て存在すること。居住（人口集中地区の存在。人口集中地区は、都市化した地域の確定のため導入された統計地域。略称ＤＩＤ。一九六〇年の国勢調査から始まり、調査区（一九九五年以降は基本単位区）を基本単位に、人口密度　四〇〇〇人／㎢以上、そのような地区が隣接し合計人口が五〇〇〇人以上に達すれば、人口集中地区とされる。）、公共交通（複数路線の鉄道とその結節点の存在）、都市基盤（四車線以上が一ルート若しくは二車線以上の国道・県道が三ルート以上存在すること、又は見込まれること）、拠点施設（国、県の拠点的機関、大学、高次の緊急医療機関等の拠点病院等の拠点的施設の一〇以上の存在）、等である。詳細は、高松市（二〇一七）、四六頁を参照。

（7）　地域交流拠点の要件は、居住（人口集中地区、準人口集中地区が存在）、公共交通（鉄道駅の存在）、都市基盤（四車線以上が一ルート若しくは二車線以上の国道・県道が三ルート以上存在すること、又は見込まれること）、行政（支所等、警察署

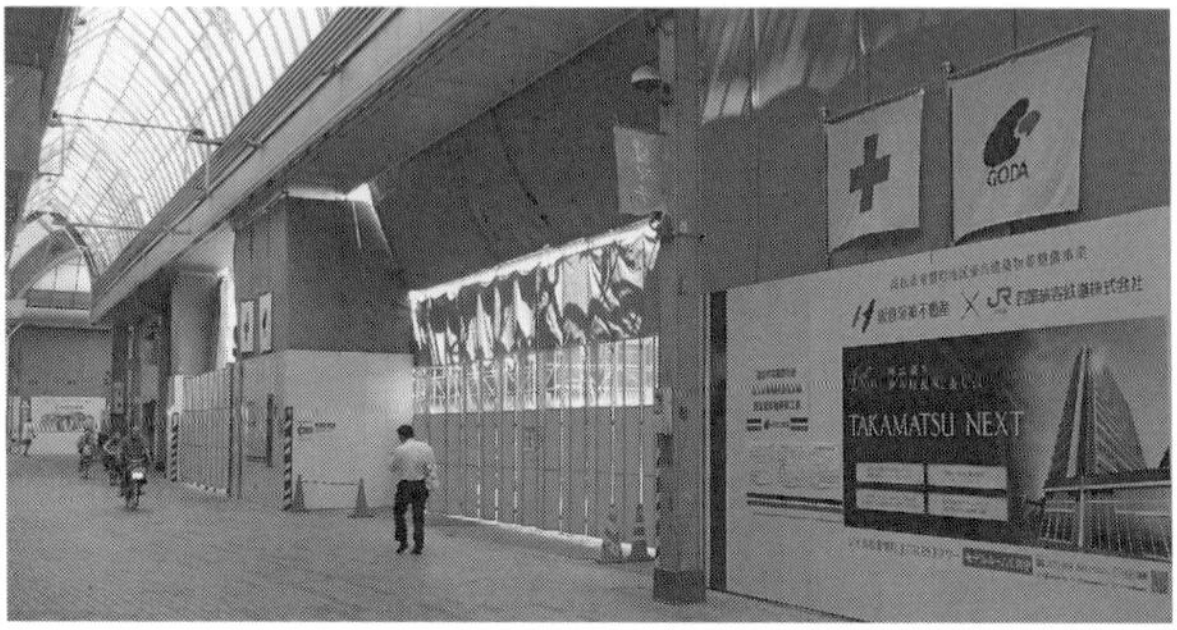
GODA
TAKAMATSU NEXT

図17　高松市中央商店街内に建築中のタワーマンション
大型商業施設跡地に建築中のマンション。中心市街地の活性化と併せ、まちなか居住を促進するため、高松市が事業費の一部を支援する。棟内にクリニックが入居する住・医複合開発となっている。

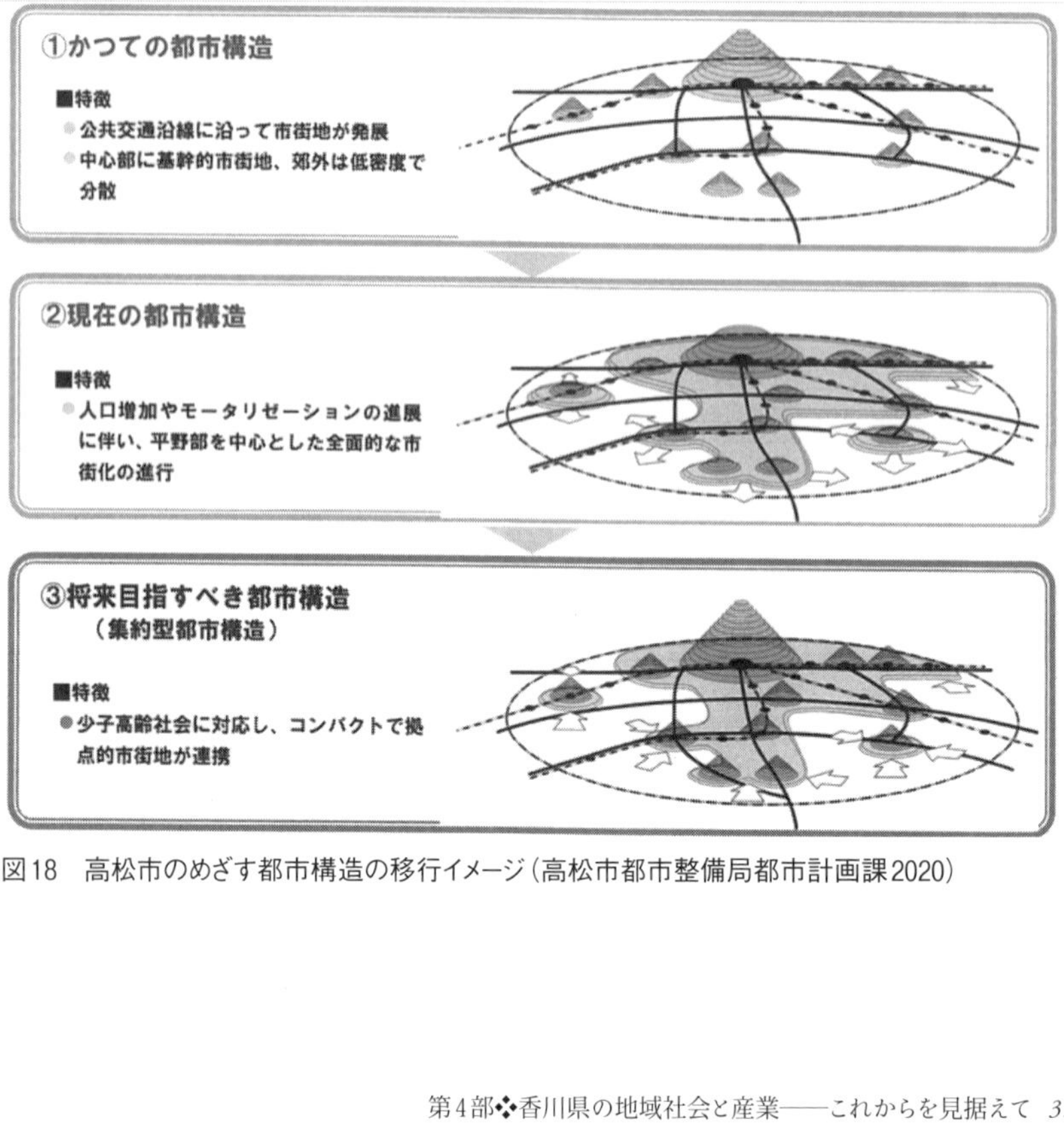
①かつての都市構造
■特徴
公共交通沿線に沿って市街地が発展
中心部に基幹的市街地、郊外は低密度で分散
②現在の都市構造
■特徴
人口増加やモータリゼーションの進展に伴い、平野部を中心とした全面的な市街化の進行
③将来目指すべき都市構造
（集約型都市構造）
■特徴
少子高齢社会に対応し、コンパクトで拠点的市街地が連携

図18　高松市のめざす都市構造の移行イメージ（高松市都市整備局都市計画課2020）

おわりに

先に、「まずは、四国地方としておく。」としたが、しばしば話題になる道州制の区割りでも、中国・四国地方か四国地方かが問題になる。四国地方としてのまとまりに疑義が挟まれるのは、四国地方の弱さが関係しよう。日本では、四国地方は面積的にも人口的にも経済的にも小さな存在である。だが、一度世界に目を転じれば、どうであろうか。四国地方は、イスラエルよりやや狭く、クウェートと同等の面積がある。二〇二一年国勢調査での四国地方の人口は三六九万人である。三九九万人のジョージアよりやや少なく、三四六万人のウルグアイよりやや多い。よく聞く国と比べれば、モンゴルが三三二万人程度であり、それより四〇万人ほど多い。四国四県の二〇一八年県内総生産の合計を一ドル一一〇円で換算すると一三一二億ドルほどになる。アルジェリア、ハンガリー、モロッコとほぼおなじ規模である。日本では、面積も人口も経済も小さく頼りなさそうな存在であるが、世界的に見れば、四国地方は一つのまとまりを成すだけの規模はある。四国人という概念は未だなさそうだが、アイデンティティの面からも、中国・四国地方でなく四国地方ではないか。四国経済連合会（二〇〇九）は、道州制では四国ブロックを採用した試案をまとめている。そこで、先に「四国地方としておく」としたが、「四国地方である」としたい。四国地方の中枢管理機能が集中する高松市が四国の中心である。先に見た高松市のまちづくりは、「都市機能の確保向上を図るとともに美しい都市環境などの魅力を内外に発信し

又は消防署の一つ以上の存在）、文教（高校、高等専門学校又は大学の一つ以上の存在）、厚生（一〇以上の科目の診療所又は一般病床二〇以上の病院の存在）、経済（金融機関の一つ以上の存在）等である。詳細は、高松市（二〇一七）四六頁を参照。

（8）　生活交流拠点の要件は、支所等を含み、以下の三機能が全て存在すること。居住（一定の人口集積が見られること）、公共交通（鉄道駅又はバス停の存在）都市基盤（二車線以上の国道・県道が二ルート以上存在すること又は見込まれること。また、以下の機能が三以上存在すること）。行政（警察署又は交番・駐在所、消防署又は屯所）、文教（小・中学校）、厚生（五以上の科目の診療所又は一般病床二〇以上の病院）、経済（金融機関、郵便局、銀行）商業（近接する三〇以上の小売・サービス業の店舗又は業態がスーパーの店舗面積一〇〇〇㎡以上）等である。詳細は高松市（二〇一七）四六頁を参照。

四国の中枢管理都市としての優位性をさらに高め」（高松市二〇一七、三八）ようとするものである。

〔参考文献〕

阿部和俊『日本の都市体系』地人書房、一九九一年
伊藤裕康・山城貴彦「ストロー現象の検証を通して地域像を再構築する地理学習」地理教育学研究二七、三一―四〇頁、二〇二〇年
坂口良昭『世界の都市日本の都市』瀬戸内出版、一九七五年
作花典男「中・四国地方の晴れの国」香川地理学会報三〇、一六―二一頁　二〇一〇年
四国経済連合会『四国から見た道州制についての基本的考え方』、二〇〇九年 https://www.yonkeiren.jp/pdf/41_teigen_dousyuusei200903.pdf、二〇二一年八月一八日閲覧
柴田康弘「『中国地方』『四国地方』瀬戸大橋のストロー現象を説明してみよう」、峯明秀編『中学校社会科〝アクティブ・ラーニング発問〟174　わくわくドキドキ地理・歴史・公民の難単元攻略ポイント』学芸みらい社、五一頁　二〇一六年
平篤志「四国の玄関口は今」平岡昭利編『中国・四国　地図で読む百年』古今書院、一一七―一二二頁、一九九九年
高松市『高松市自転車等駐車対策総合計画～快適な駐車環境を創出するサイクル・エコシティ～　日本一のちゃりんこ便利都市を目指して』高松市都市整備局まちなか再生課　二〇一二年
高松市『高松市都市計画マスタープラン～「多核連携型コンパクト・エコシティ」をめざして～』、二〇一七 年 http://www.city.takamatsu.kagawa.jp/kurashi/shinotorikumi/keikaku/toshi_master/about.html、二〇二一年九月一〇日閲覧
高松市都市整備局都市計画課『高松市都市計画』、二〇二〇年 http://www.city.takamatsu.kagawa.jp/jigyosha/toshikeikaku/yoto/toshikeikaku.html、二〇二一年九月一〇日閲覧
高松市『高松市中心市街地活性化基本計画　来まい・住みまい・楽しみまい―コンパクト・エコシティ　たかまつ―』高松市都市整備局都市計画課住宅・まちづくり推進室、二〇二一年 https://www.city.takamatsu.kagawa.jp/kurashi/shinotorikumi/machidukuri/kasseika/chushin/3rd.files/1_20210806_zenpen.pdf、二〇二一年九月一〇日閲覧

高松市都市整備局都市計画課『高松市の都市計画』、二〇一七年 http://www.city.takamatsu.kagawa.jp/jigyosha/toshikeikaku/yoto/toshikeikaku.html、二〇二一年八月一八日閲覧

日本銀行高松支店「瀬戸大橋開通後の香川県経済二〇年の動き」香川県・徳島県金融経済レポート、二〇〇八年 http://www.3.boj.or.jp/takamatsu/econo/pdf/ss081215.pdf、二〇一五年八月一七日閲覧

原田光隆「道州制をめぐる議論―これまでの議論と道州制導入の意義及び課題―」、調査と情報第七五四号、二〇一二年 https://dl.ndl.go.jp/view/download/digidepo_3498416_po_0754.pdf?contentNo=1&alternativeNo=、二〇二一年七月一三日閲覧

南博「第1章　道州制を巡る議論の変遷と今後の論点」二〇〇七年度　関門共同研究、二〇〇八年 https://www.kitakyu-u.ac.jp/iurps/pdf/kan17_1.pdf、二〇二一年七月一三日閲覧

吉田肇「瀬戸大橋開通による『ストロー効果』に関する実証的研究」宇都宮共和大学都市経済学研究年報、一五、五五―六三頁　二〇一五年

column

自転車のまち　高松

高倉良一

アーケード街を走行する自転車の大群

一九八八（昭和六三）年一〇月初旬の朝、高松市南新町のアーケード街を訪れた時の驚きを、昨日のように想起する。横幅が一〇メートル程のアーケード街を、会社員と高校生が通勤・通学のために、かなりのスピードで駆け抜けていたからである。

高校時代までは鹿児島市で、大学から大学院と助手までの期間を福岡市で過ごした私は、アーケード街を自転車で駆け抜ける光景に驚愕した。とともに、通勤・通学の時間帯以外にも、アーケード街の歩行者の間を、巧みな運転で走り回っている自転車に接して、私は恐怖を覚えた。

当時、自転車に関する問題は、他の地域ではいわゆる放置自転車問題として議論されていた。高松市でも、高松駅と瓦町周辺の美観と通行を損ねる自転車の駐車は、放置自転車問題として論議されていた。特に、高松駅周辺の歩道には、夥しい数の自転車が並んでいた。歩行者は歩道を歩くことはできず、車道を歩いていた。

しかしながら、日本では最大最長と称されているアーケード街を、自転車が縦横無尽に走行していることの方が、深刻な問題であると私は考えた。身体に障害のある人や乳幼児を連れた人にとって、アーケード街を安心して歩くことは難しいからである。

ＫＪ法を活用した調査報告書の作成

一九九六（平成八）年四月に、香川大学教育学部で開講された「生活と文化演習」で、高松市を対象にした研究を行うこととなった。その時、テーマに思い浮かんだのが自転車問題だった。この調査研究に取り組むために、文化人類学者川喜田二郎博士が考案されたＫＪ法を活用しようと考えた。ＫＪ法は、フィールドワークの研究方法としては定評があり、私は、学生時代に川喜田博士から直接ＫＪ法を教授された体験があったからである。

演習に参加した二年生の女子学生五名に対して、高松市長になったつもりで調査研究に取り組んで欲しいと述べた。そして、八月初旬に二泊三日の合宿をして、ＫＪ法を教授するとともに、調査項目図解「高松市を悪玉自転車から救え‼」を作成した。

その後、学生達は熱心に調査研究に取り組み、調査報告書「平成八年度生活と文化演習　高松市を悪玉自転車から救え‼」を完成させた。その内容は、「はじめに（１）ＫＪ法による仮説（２）ＫＪ法の説明（３）各自の仮説（４）ＫＪ法による図解例（５）調査結果①交通マナー②駅周辺の自転車③アーケード街の自転車④高松市の交通網⑤自転車の価格変動と保有台数の変化⑥市民の自転車の位置付け⑦民間の自転車対策⑧学校での指導⑨警察の取り締まり⑩高松市の対策（６）結論（７）調査をしての感想（８）終わりに（９）参考資料」であり、Ａ４版で八〇ページにも及ぶものであった。

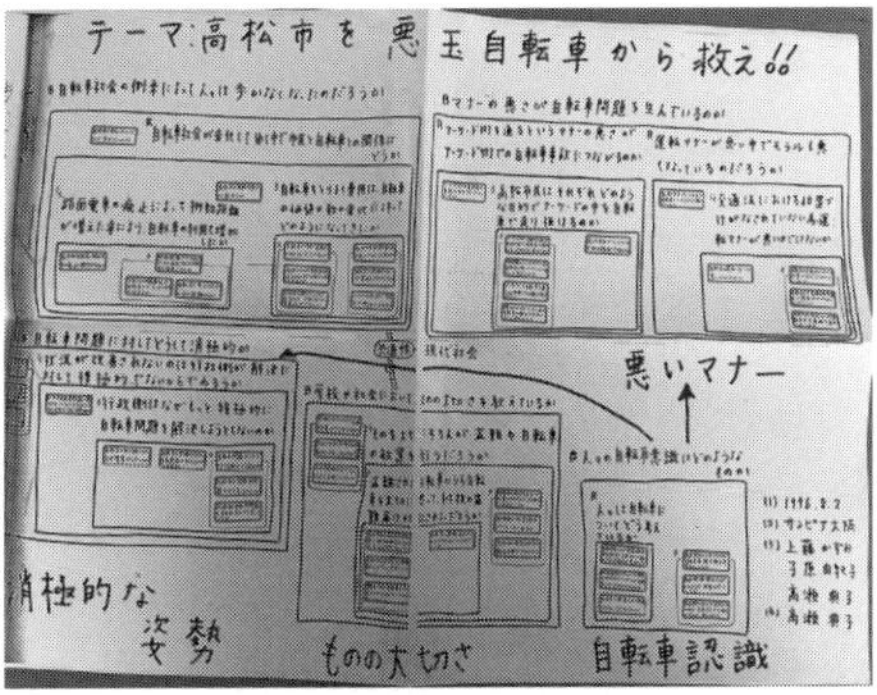

図1　KJ法を活用した調査

報告書は、一九九七（平成九）年三月に、学生達から高松市長に手渡された。高松市役所土木部道路課の担当者からは、同じ内容をコンサルタント会社に依頼すれば、一千万円は請求されるであろうとの高い評価を受けた。

自転車利用環境整備の推進

報告書の提出が機縁となり、高松市の自転車等駐車対策協議会、自転車

図2　自転車走行が禁止された丸亀町アーケード街

図3　香川大学教育学部横自転車専用道

利用環境整備推進協議会の会長に、私は任命された。そして、一九九九（平成一一）年三月に公表された自転車等対策総合計画の作成に携わった。二〇〇一（平成一三）年三月には、高松市レンタサイクル条例の制定にも関与した。

　自転車問題に関する施策を考える上で、私が念頭に置いたのは、自転車の利用者が行動を変化させざるえない環境を整備することであった。自転車の利用マナーの改善を呼び掛けることは重要であるが、意識の変革を求めるよりも行動を変化させざるを得ない工夫が必要であると考えたからである。

　そこで、自転車の走行に関しては、アーケード街の自転車の走行を規制するとともに、自転車専用道路の整備を目指した。放置自転車対策としては、放置禁止・整理区域に駐輪されている自転車を移送・保管するとともに、自転車等の駐車場の増設を促進した。とともに、自転車の総数を抑制すべく、レンタサイクル事業の促進を目指した。

自転車の活用を中核に据えた計画策定

一九九九（平成一一）年三月に策定された自転車等対策総合計画は、二〇一一（平成二三）年度末に一三年間の計画期間が終了した。しかしながら、放置自転車等による通行障害は継続し、自転車利用者のマナーも、なかなか改善されなかった。

そこで、私の後任として自転車等駐車対策協議会の会長に就任された伊藤裕康（当時）香川大学教授が、新たな高松市自転車等駐車総合対策総合計画の策定に関与された。この計画書には、「快適な駐車環境を創出するサイクル・エコシティ」とのサブタイトルが付けられ、二〇一二（平成二四）年度から二〇二一（平成三三）年度までが実施計画の期間と定められた。

総合計画では、基礎的かつ重要な交通手段と自転車を位置付け、自転車等の駐車需要の著しい地域や駐車需要の増加が予想される地域において、自転車等駐車場の計画的な整備を推進するとともに、自転車利用のマナー向上を目指すことが明記された。

この高松市の取り組みとは別に、二〇〇七（平成一九）年二月に、国土交通省香川河川国道事務所が主宰する「香川の自転車利用を考える懇談会」が設置された。懇談会では、自転車利用環境の整備、自転車走行空間の確保、駐輪スペースの確保、利用者のマナーアップ、自転車利用の促進がテーマとされた。

二〇〇七（平成一九）年八月に、懇談会は、「香川の自転車利用に関する提言書〜人と環境にやさしい『自転車の楽園・さぬき』を目指して〜」を公表した。この提言書は、香川大学の学生達が作成した報告書と高松市役所の自転車等駐車総合対策総合計画とほぼ同じ内容のものであった。

この提言書を受けて、二〇〇七（平成一九）年一〇月に、香川県には、「自転車を利用した香川の新しい都市づくりを進める協議会」が設置された。そして、この協議会の下に、高松地区委員会が設けられた。高松地区委員会では、国、香川県、警察関係、高松市、民間等で組織する五つの部会、すなわち、安全空間確保部会、駐輪対策部会、安全教育部会、地域活性部会、利用促進部会が設置され、自転車利用環境の整備と利用促進等の各種施策について検討が進められた。

そして、二〇〇八（平成二〇）年一一月に、「高松地区における自転車を利用した都市づくり計画～人と自転車が笑顔で行き交うサイクル・エコシティ高松～」が公表された。この報告書には、「各機関の関係者が一堂に会し、自転車利用の促進について協議をすることは、全国的にも稀な取組であると聞き及んでおります。」と記述されている。

自転車の安全利用に関する条例の制定

香川県では、人口一〇万人当たりの自転車事故発生件数は、二〇〇五（平成一七）年から七年連続ワースト一位であった。二〇一二（平成二四）年以降、事故件数は減っているものの、依然ワースト上位が続いており、全交通事故数に対する自転車事故の割合も横ばいの状態である。

このような事態を改善すべく、二〇一八（平成三〇）年四月一日に、香川県では「自転車の安全利用に関する条例」が施行された。条例では、交通ルール遵守とマナーの向上、自転車交通安全教育、自転車の点検整備、ヘルメット着用、自転車損害保険等の加入が定められた。

しかしながら、ヘルメットに関しては、「県及び関係団体は、乗車用ヘルメットの適正な方法による着用の促進を図るため、情報の提供その他の必要な措置を講ずるものとする」と規定され、義務付けるものではないことが残念でならない。なぜならば、香川県くらし安全安心課は、自転車事故の死亡者は、その六割が頭部に致命傷を負っていると発表しているからである。

〔参考文献〕
髙倉良一「ＫＪ法を活用した大学教育の成果と限界―高松市における自転車問題の実態調査の体験から―」ＫＪ法学会『ＫＪ法研究』第二一号一―八頁、一九九八年
諸田恵士、大脇鉄也、上阪克巳「我が国の自転車利用の実態把握―自転車ネットワーク計画策定を―」『土木技術資料』五一巻四号六―九頁、二〇〇九年
鈴木清、土井健司、神田佑亮、土崎伸、伊藤昌明「高松市中心部における自転車経路選択特性の分析」『土木計画学研究・講演集』四三―四八頁、二〇一一年
江尻佳弘、紀伊雅敦、中村一樹「ＢＣＩ指標に基づく自転車道整備案の策定方法の研究―高松市街地を対象として―」『土木学会論文集Ｄ三』七四巻五号一〇一九―一〇二七頁、二〇一八年

小さな町宇多津町の挑戦
——人口維持の秘訣——

平　篤志

はじめに

周知のように、我が国は、二〇〇〇年代半ば以降総人口が減少を開始し、高齢化が最も進行した国の一つである。しかし、ローカルなスケールでは、東京や大阪といった大都市圏以外にあって、その人口を維持し、活性化した状態を保っている小都市がいくつかある。その一つが、一万九〇〇〇程の人口を擁し、香川県において唯一人口を維持している宇多津町である。本章は、その小規模な宇多津町が活発な状態を維持している要因を探る。

1　コンパクトシティ——未来への鍵か

人口縮小社会を目の当たりにして、レジリエンス（柔軟性、したたかさ）やサステナビリティ（持続可能性）がキーワードとなった。「コンパクトシティ」の概念も自治体関係者や研究者の注目を集めるようになった（Pacione, 2009）。コンパクトシティとは、主として行政の主導により、その主たる機能（商業、業務、レクリエーション、医療・保健、教育、居住機能）が都市中心部とその周縁部に集積している都市をいう。この概念は、環境に優しい社会構築のために、職住近接、自動車利用の制限、郊外での緑地空間の確保などが促進されたヨーロッパから取り入れられた（Dantzig and Saaty, 1974）。

日本では、青森と富山がコンパクトシティを造るために必要な措置が講じられた先進事例と言われる。青森では、市街地中心部に人々を呼び戻すべく、低層部分に商業機能を、高層部分に公立図書館や子育て親子の交流の場などを配した多機能ビルが建設された（脇坂、二〇〇八）。富山では、市街地での様々な活動を活性化するため、ＪＲのローカル線が近代的な路面鉄道に転換された（秋元、二〇一四：大西、二〇二〇）。しかしながら、コンパクトシティの概念が幅広く応用可能かどうかは、必ずしも明らかではない（日本のコンパクトシティに関しては、海道（二〇〇一）と鈴木（二〇〇七）を参照）。

2　政府による政策

一九九〇年代以降のバブル経済崩壊後の「失われた二〇年」と呼ばれる長期経済不況は、地方の各地域のみならず、大阪を擁する関西においても大きな影響を与えた。結果、政府は必要な政策の立案と実施が求められた。一九九〇年代後半から二〇〇〇年代前半にかけて、組織運営を効率化し、財政的な基盤を強固なものにするため、政府は地方自治体に対して、近隣自治体との合併を促した。合併する自治体には財政支援を行った。その結果、地方自治体の数は、一九九五年の約三二〇〇から二〇〇七年の約一八〇〇へと大幅に減少した。

二〇一〇年代に入ると、「地方創生」という言葉が、地域開発・地域再生のキーワードとなった。第二次安倍政権は、二〇一四年、産業が衰退し人口が減少する地方自治体を再生する社会経済対策を打ち出した。合わせて、国会は「街・人・仕事創生法」「地域再生法の一部を改正する法律」を制定した。これらの法律は、首都東京への一極集中を是正し、地方の不満を和らげることを目的とした。政府の方針に呼応して、二〇一五年には、一七三七の地方自治体が独自の政策を立案した。さらに、政府は人口の東京一極集中を緩和するため、いくつかの政策を通して地方への移住の促進を開始した。しかし、その効果はまだ明確ではない[1]。

3　宇多津町の概観と町の歴史

宇多津町は、住民とそこで働く人々に対し良質な生活環境を提供してきた街である。宇多津町の人口増の要因の一つは、その地理的位置にある。香川県の県庁所在地である高松市、隣接する丸亀市と坂出市、さらに瀬戸内海の対岸にあり瀬戸大橋と結ばれた岡山市と鉄道と主要道路で結ばれ交通アクセスが良い。町の発展は、企業や諸団体とともに、主と

(1)　二〇二〇年初めより世界的に拡大した新型コロナウイルス問題の深刻化により、またその対応策として導入されたテレワークの普及により、日本でも一部地方移住が進んだ。

して町自治体により担われてきた。宇多津町は、政府が推進した市町村合併政策には参加しないことを選択した。町としての自立を維持するためには、そこに暮らす住民と町内に立地する企業を満足させる魅力的な政策の立案と実行が重要となる。

宇多津町は、香川県のほぼ中央部に位置し、瀬戸内海に面している。面積八・一㎢の小さな自治体である（図1）。その小ささにも関わらず、都市的な部分と農村的な部分とからなる。その歴史をひもとくと、すでに七世紀には、現在の宇多津が立地する場所に、鵜足《うたり》の津と呼ばれる港が存在していたことがわかる。平安時代、町は讃岐の国の代表的な港町の一つとして栄えた。下って、室町時代には、四国管領であった細川頼之の下、四国の政治・経済の中心地の一つとして発展した。

4　町の成長と産業の発展

宇多津町を含む瀬戸内地域は、北の中国山地と南の四国山地に挟まれ、国内の他地域と比較して、温暖小雨で日照時間の長い気候が特徴的である。その隣接地域とともに、町は品質の良い塩の生産地として名を馳せてきた。地域は、長い間に渡って、海外沿いの塩田での塩生産により利益を生みだしてきた。塩の生産は、八つの塩田と五社の塩生産会社

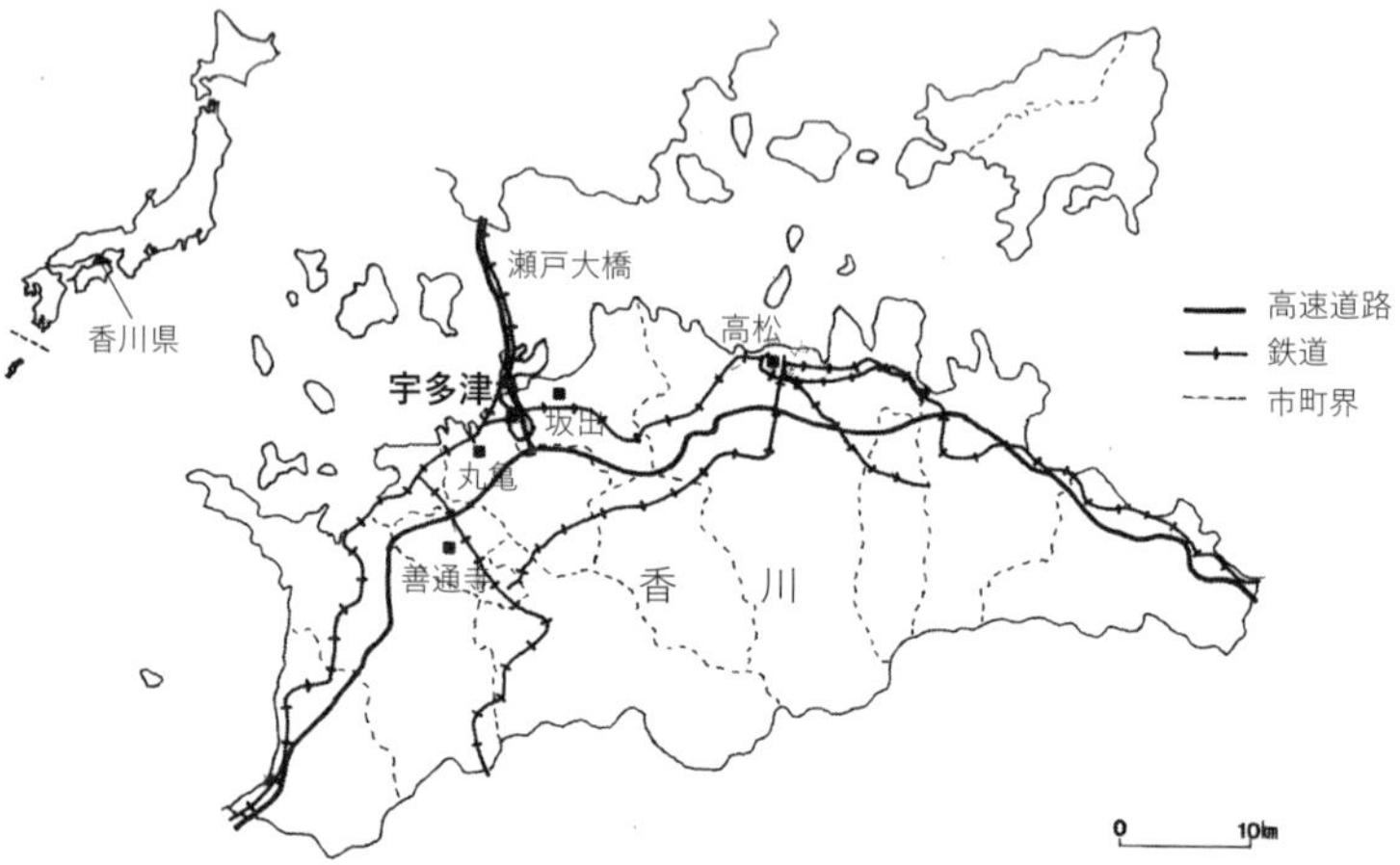

図1　宇多津町の位置

の存在を基礎にして、宇多津地域が国内最大の塩生産地の一つとなった明治時代にピークを迎えた(2)。

一八六八年の明治維新後、宇多津地域は緩やかな近代化と産業化を経験した。第二次大戦後の一九七〇年代、坂出市沖合にあった沙弥島と瀬居島の間を埋め立てることによって、海岸沿いに番《ばん》の州《す》工業団地と呼ばれる工業地帯が急ピッチに開発された。石油化学と造船を主とする大規模な工場が埋め立て地に建設された。そこで働く労働者とその家族の住宅を確保するために、企業の中には社宅を用意するところもあった。また、香川県も近隣地に公共住宅を建設した。

一九八八年の、上部に高速道路、下部に鉄道という二階建て構造をもち、全長一三キロの瀬戸大橋の完成は、地域のみならず、全国的に見ても時代を画する出来事であった。宇多津町はその瀬戸大橋のたもとに立地することになったため、この橋の建設は、町の成長のためまたとない機会を提供した。以前塩田であったところは引き続き埋め立てられ、約一八七ヘクタールの住宅用地と商業用地となった

JR宇多津駅（図2）周辺は、商業・業務機能の卓越した町の中心部（CBD）となった（図3）。駅の北部に立地し、一九九四年に開店した宇多津ビブレは、香川県内で早くできたショッピングモールの一つであった。宇多津ビブレは、スーパーマーケットや各種の専門店やレストランを擁するだけでなく、ホテルやシネコンと呼ばれる新しい型の映画館も併設し、注目を集めた(3)。

宇多津町の産業開発は、町の就業構造の特徴に反映されている。二〇一五年、サービス業の就業者は全体の六六・六％を占めた。製造業は三〇・九％を占め、農林水産業はわず

（2） 沿岸部での塩の生産は一九七二年まで続き、その後は完全に工場製塩に置き換わった。

（3） 宇多津ビブレの親会社は二〇〇一年に経営破綻した。二〇〇二年、国内最大級の流通会社であるイオングループが宇多津ビブレを買収し事業を続けている。二〇一五年、改装オープンした。

図２　宇多津駅

図３　宇多津町新市街地（新宇多津都市）の景観

か一・四％を占めるに過ぎなかった。香川県の就業者全体に占めるサービス業、製造業、農林水産業の割合は、それぞれ六八・七％、二五・九％、五・四％であったので、町においては、製造業が産業化の重要な役割を担ったということができる。

5　持続可能な町の建設

沿岸部の開発は、一方で、宇多津町に地域的なアンバランスを生んだ。すなわち、主として産業化と都市化により開発の進んだ北部と伝統的な農業地としての特徴を残す南部内陸地域とのコントラストである。この課題に対応するため、元来は行きすぎた都市化を防止するために設定された都市計画上の区分（市街化調整区域の線引き）が二〇〇四年に廃止された。結果、南部内陸地域においても都市化が徐々に進行し、人口と商業施設が増加した。

公園の整備は、特に新宇多津都市と呼ばれる町の北部を中心に進められた。宇多津臨海公園は、瀬戸内海の美しい景観と瀬戸大橋を展望できる、町を代表する公園である（図4）。一九八八年、訪問者に町の歴史と文化を伝えるために、公園の一角に、地元の産業を伝える町産業資料館が建設されるとともに、小規模な塩田が復元された。そこでは、塩の生産の過程を見ることができ、地元の多くの子どもたちが、地域の歴史と文化を学ぶために訪れるようになった。二〇〇九年、さらに多くの訪問者を得ようとして施設は改築され、新たにレストランも併設された。その立地の良さと美しい景色から、当公園は若者たちの間で「恋人の聖地」として人気を博すようになった。多くの樹木と花々で彩られた町中心部の緑の歩道は、町のもう一つの魅力である（図5）。町自治体によるこれらの政策は、多くの新たな居住人口を招来し、人口の維持に貢献した。最近の動きとして、二〇二〇年四月、宇多津臨海公園に隣接して四国水族館が開館した。当水族館は四国最大級を誇り、地域内のみならず国外からも訪問客を呼び込むことが期待されている。

宇多津町は、一方で、町中心部南部に展開する歴史的な居住地区を保全することにも力を注いでいる。当該地区は、「古街」と呼ばれており、江戸時代から昭和初期にかけて建てられた多くの木造瓦葺きの家屋が残っている（図6）。現在、一八

図5　新市街地住宅地（戸建て住宅と高層マンション）

図4　宇多津臨海公園

の家屋が国の登録有形文化財に指定されている。倉《くら》の館《やかた》三角邸《さんかくてい》（旧堺家住宅）は、その代表である。かつて肥料の商いで財をなした堺氏が贅を尽くして建てた別邸で、周囲に瓦葺きの塀を巡らし、入母屋屋根を配した構造になっている。西北隅に三角の塔屋が設けられていることからこの名がついた。当地区はまた、多くの仏閣が存在する。郷照寺は、四国霊場八十八か所の七十八番札所である。

地域コミュニティの祭礼は、住民とコミュニティの絆を強化する意味合いにおいて重要な役割をもつ（平、一九九〇）。宇多津町では、その原型が一八二五年に始まったとされる宇多津秋祭りが代表的な祭りである。当時高松藩の大名であった松平氏が、宇多津の塩田周辺の土地を金刀比羅宮に献上し、盛大に祝ったとの記録が残されている。後に、この祭りは、ともに地区内にある宇夫階神社と塩竈神社の祭神も合わせて対象とするようになった。祭りは毎年秋に三日間かけて行われる。当日、地区の人々に担がれた神輿が、風情ある古街の細い通路を行き来して、見物客を魅了する。祭りには県内外から多くの観光客が訪れる。

6　人口と人口政策の特徴

県庁所在地である高松市を含めて、香川県のその他すべての市町において人口が減少しているのに対し、唯一宇多津町だけが人口を維持している（図7）。町の人口は、二〇〇五年の一万七二七二人から、二〇二〇年には一万八八九七人へと増加した。同期間、香川

図６　旧市街地の景観

県の人口は、一〇一万二四〇〇人から九四万九二三二人へと減少している（図8）。高松市の人口も同様の傾向にある。高松市の人口は、二〇一五年の四二万九二三二人でピークに達し、その後減少に転じて、二〇二〇年には四二万六一五七人となった。もう一つ指摘すべき点は、人口構成である。宇多津町の住民は、香川県の他の市町と比べて、後述するいくつかの要因により比較的若いといえる。二〇一九年、香川県の高齢人口率が三一・五%であったのに対し、町のそれは二〇・七%であった。加えて、香川県の一五歳未満の人口比率が一二・三%だったのに対し、町のそれは一四・六%であった。町の一五歳から六四

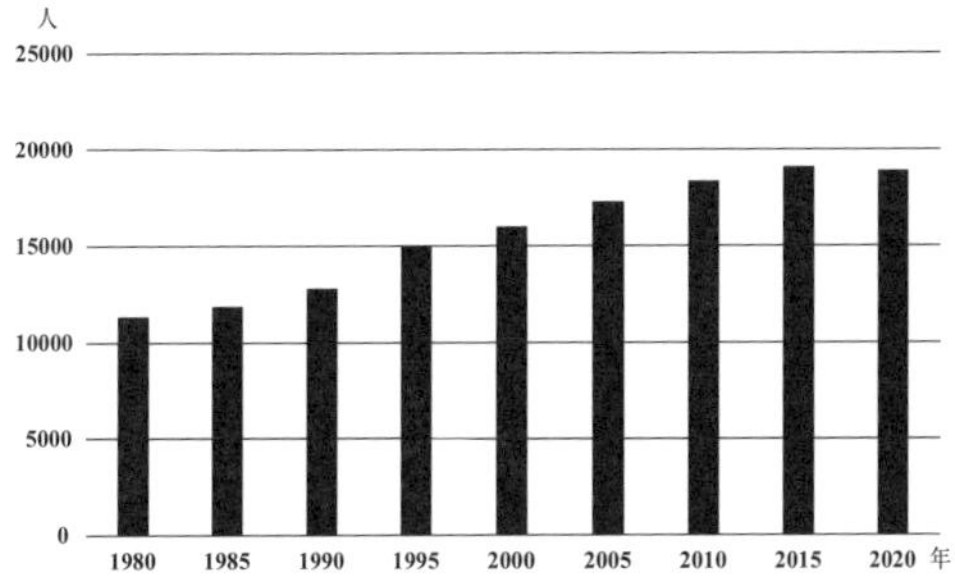

図7　宇多津町の人口の推移（宇多津町資料により作成）

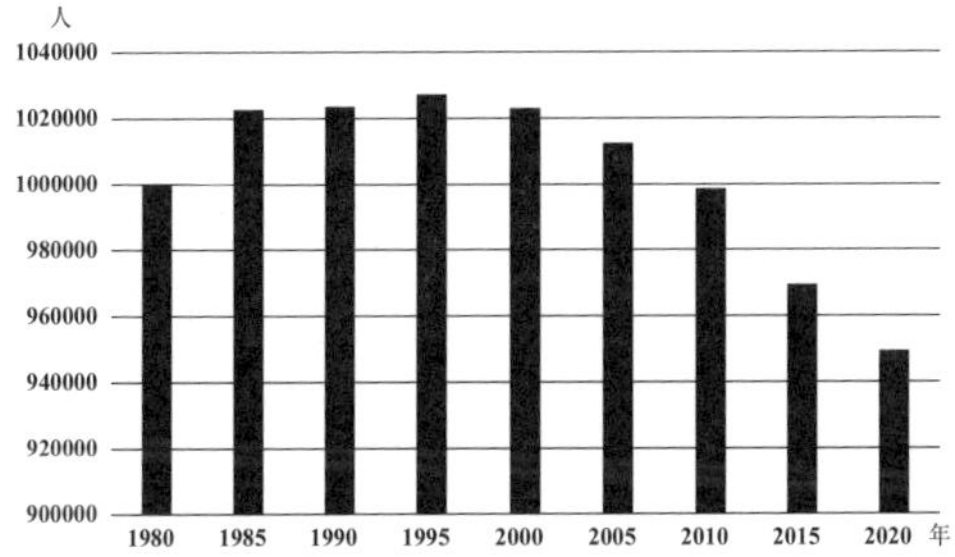

図8　香川県の人口の推移（香川県の資料により作成）

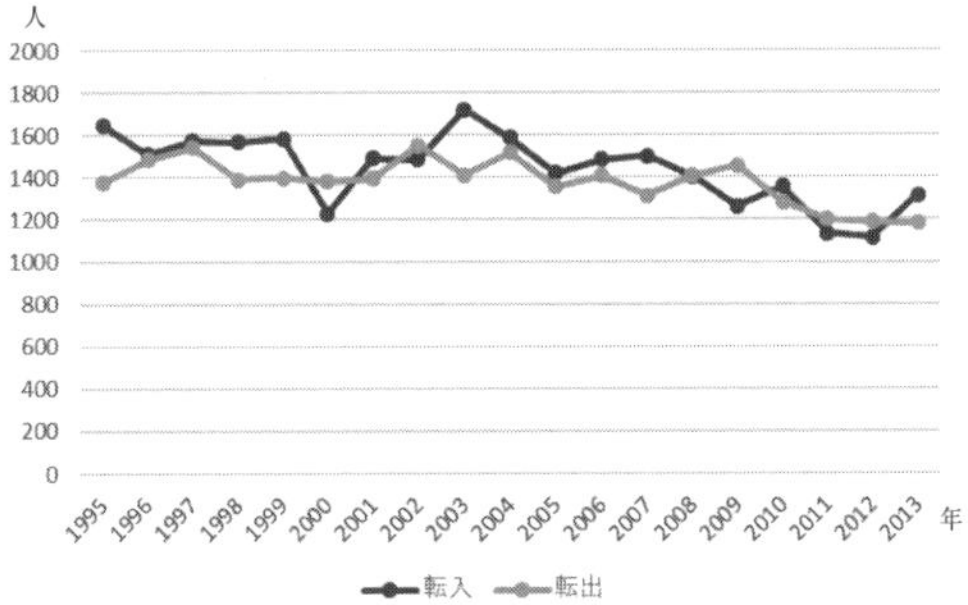

図9　宇多津町における人口移動（宇多津町の資料により作成）

歳までの労働人口の比率は、一九八〇年から二〇一〇年までの期間、ほぼ六〇%あたりで推移している。町の出生率は、二〇〇八年から二〇一二年までの間平均で一・七二であった。これは、国の値（一・三八）および香川県の値（一・五六）に比べかなり高い値である。

宇多津町の人口面での強みは、人口の自然増だけでなく、図9に示したように、人口の社会増にある（日本では、主要な大都市圏を含み例外的といえる）。二〇一九年、町への転入数は一二〇九人であったのに対し、転出数は一一一二人で、差し引き九七人の増加であった。すなわち、町が香川県のみならず国内他地域からも人々を引きつけていることを意味する。これは一二〇九人の転入者のうち、四九七人（四五%）は香川県外からの転入であった。

町は新規住民に対し新たな住居への入居費用の一部を補助しており、この政策も社会増に貢献している。二〇一三年、香川県に限定すると、宇多津町は、東側で隣接する坂出市から四〇人、多度津町から一二人、西側で隣接する丸亀市から八人の社会増があった。しかしながら、逆に、高松市には二六人、善通寺市には一一人の社会減であった。一五歳から六四歳までの労働人口を見ると、二〇歳から二九歳までの年齢層で社会増がある。これは、町に転入した人の多くが町内で働く傾向があることを示している。しかしながら、近年は、自然増と社会増ともに減少しつつある。これは、町にとって将来的な課題である。人口増はその多くが、中心部を擁する町の北部で観察されている。したがって、地理的な観点に立てば、町南部の振興ももう一つの課題である。

宇多津町のもう一つの人口面の特徴は、香川県の中で、一人世帯の割合が高いことである。町の一人世帯の割合は、一九九〇年の二二・三%から二〇一〇年の三八・五%へと増加した。逆に、同期間、家族世帯は七七・五%から六〇・七%へと減少した。さらに、三〇歳から三四歳までの女性では、転出した数が転入した数より多かった。これは、特に女性を対象とした就業機会の確保を含む、地域におけるより家族向けの環境づくりが必要であることを意味している。

宇多津町は、行政面で町内を四地区に区分している。すなわち、町既成市街地（旧市街地）、新宇多津都市（沿岸部新市街地）、町既成市街地以外（東部郊外）、大字東分（南部郊外）の四地区である。新市街地は、一九九五年から二〇一〇年にかけて人口が四二〇五人から八三〇一人へと急増した。逆に、旧市街地と東部郊外は、同期間、それぞれ二三五一人から一七五七人へ、七四一四人から七一八五人へと減少した。興味深いことに、南部郊外は、同期間、九五八人から一一八九人へと人口が増加した。つまり、新市街地の成長と南部郊外の都市化が同時に進行したということである。そしてそれは、空間的に見て、町の人口分布がよりバランスの取れた方向に向かっていることを意味する。しかし、旧市街地の産業面での活性化は、今後の課題として残っている。

7　子どもの養育と教育に関する政策

町を魅力的にするために、特に若い家族を対象として、いくつもの政策が実施されてきた。幼稚園、保育所、小学校、中学校といった多くの教育・保育関係施設は、町の中央部に立地している。宇多津町は二〇〇五年、「はぐはぐランドうたづ」という名の、小さい子どもたちとその親を対象とした施設をＪＲ宇多津駅近くに開館した。現在、国内の若い親にとって、課題の一つは、子育てで頼りにできる親や親戚が近くにおらず、地域コミュニティから孤立しがちになることである。当施設は、この問題に対応すべく建設された。利用料金は、町民のみならず、近隣の坂出、丸亀両市の住民も無料である。当施設は、週三日午前一〇時から午後三時まで開館している。二〇〇五年現在、香川県には同じような施設が一二か所あったが、自治体が直接運営する施設は当施設のみであった。親子は、さまざまなおもちゃや器具を使って遊ぶことができる。また、そこで別の若い親子と知り合い、友人をつくることができる。そこには、専門職員が常駐しており子育てについてアドバイスが受けられる。宇多津町は、町のどこに住んでいてもアクセスしやすいように、新たに町南部の小学校の近くに同様の施設の建設を予定している。

もう一つの施設は、小さい子どもをもつ親に対し様々なサービスを提供する「ファミリーサポートセンターうたづ」である。利用者は、週末を含み、手頃な料金（一時間七〇〇円から八〇〇円）で数時間子どもを施設に預けることができる。当施設は、また保育所への送迎サービスも実施している。当施設の特徴的な点は、専門職員とともに若い親を助けたいという思いをもつ地域のボランティアによって施設が運営されていることである。

「放課後児童育成クラブ」は、親が仕事をしていたり、用事があったりしたときに子どもたちが数時間遊べる場を提供している。当該クラブは、町内に五か所あり、日曜日を除く毎日開かれている。いくつかのクラブは、小学校の中にある。対象は、小学校一年生から四年生までの児童である。保護者は、手ごろな値段（一か月三〇〇〇円から七〇〇〇円）でクラブを利用できる。「放課後子ども教室」は、地元の子どもたちに卓球、バトミントン、ドッジボールといったスポーツを楽しめる機会を提供している。また、子どもたちの勉強や宿題の手助けもしている。現在、町の二つの小学校に開設され、一週間の内、数日間開かれている。

宇多津町は、幼稚園から大学に至る、多様な教育機関を擁し、住民のニーズに応えている。具体的には、保育所三か所、こども園四か所、幼稚園一か所、小学校二校（中心市街地に一校、南部校外に一校）、中学校一校、短期大学一校（香川短期大学）が立地する。これらの内、香川短期大学は、一九八九年、町から見て南方にある善通寺市から移転してきた。当短大は、宇多津臨海公園近くにあり、交通の便がよいことから町内外から学生を引き寄せている。生活文化学科、子ども学科、経営情報学科の三学科から構成され、約三〇〇〇人の学生が学んでおり、地域コミュニティのメンバーとして、地域経済に貢献している。

8　新規住民への施策と住民への医療サービス

宇多津町には、香川県初の二〇階以上の高層マンションを含む近代的な集合住宅から、庭付きの戸建て住宅まで多様な住宅が存在する。これは、若い世代から高齢世代まで、町内での居住を考える人々の様々なニーズに応えることにつながる。町は新規住民に対していくつもの助成プランを用意している。町外から転入した新婚カップルは最大二年間にわたって上限二万円まで住宅費補助を受けることができる。さらに、町内で新しい生活を始めるに際し、六万円までその費用負担を求めることもできる。新規住民は、古民家を改築して居住する場合、町内での生活開始時、町に対し最高一〇〇万円まで経費の補助を申請することができる。求職者も、香川県の各種のサービスを受けることができる。ワークサポートかがわ（香川県就職・移住支援センター）は、県内の求職情報を提供している。県内各地にあるハローワーク事務所も、地域内の求職情報と仕事を見つけるヒントを提供している。

高齢化が進む日本において、市町村にとって、質のよい医療機関が存在することは、新たな住民を呼び込むためにも重要なポイントである。宇多津町は、住民の健康に関する多様なニーズに応えるべく、多くの医療機関が立地していることが強みとなっている。具体的には、一六の医療機関が存在する。その内訳は、歯科七か所、内科四か所、小児科と眼科一か所といった具合である。住民は、町より医療費の補助を受けられる。世帯の所得に関わらず、子どもは中学校卒業まで、医療費は実質無料となっている。一人親世帯は、所得制限があるものの、子どもが一八歳になるまで医療費の助成を受けることができる。

9　未来に向かって

しっかりとした財政基盤をもつことは、地方の自治体の発展を維持するために重要なポイントである。自治体が自前の財政基盤を保持していると、当該自治体の発展計画を自身で遂行することも容易になる。宇多津町の産業面、居住面での成功は、税収の形で町の財政基盤を強化することに貢献した。二〇〇七年の新聞報道（朝日新聞）によれば、宇多津町の歳入自主財源割合は、香川県内自治体最高の六九・七％を示した。この指数の高さは今日に至っても維持されている。二〇一八年の指数は六四・八%を示し、県内最高値であった(県内自治体平均値は四八%)。この割合の高さが、住民や企業立地に対する様々な施策を計画し、実行に移すことを可能にしてきたのである。

国の関係施策に対応して、現在宇多津町では、二〇一四年に立案した先の計画に基づいて、「宇多津町まち・ひと・しごと創生総合戦略」と呼ばれる新たな計画を検討している。本戦略の主な目標は、生き生きとしたコミュニティと人口の維持に基づいた地域社会の(再)創造である。この目標を達成するため、町住民のために持続可能な未来を創ることができるよう工程表が準備されつつある。二〇四〇年の目標人口は、二万人から二万一〇〇〇人である。これは二〇二〇年の人口の約一一〇%に該当し、野心的な目標といえよう。

しかしながら、一方で克服すべき課題もある。政府の予測によると、二〇四〇年の時点で、年齢階級別人口において、全国的に見て、男女とも六〇歳代後半の層が最も高い割合を占めるとされる(二〇一〇年時点では、男女とも、三〇歳代後半の層が最大の割合を占めた)。宇多津町においては、一九九五年から二〇〇七年の間、二〇〇〇年と二〇〇二年を除いて、転入人口が転出人口を上回ったが、二〇〇八年以降は、転入人口と転出人口がほぼ拮抗している。全人口に占める労働人口比率(特に男性のその比率)は、少しずつ減少しており、二〇一〇年には初めて六〇%を下回った。町の出生率は、依然として全国と香川県の値を上回っているが、それも徐々に低下している。したがって、現在の居住者と将来転入が見込まれる住民に対して、特に家族を形成する若い人々に対して、町はより魅力的な政策を打ち出すことが求められる。これらの目標を達成するためには、しっかりとした財政基盤をできる限り維持する必要があり、産業の継続的な発展により就業の場を確保することが重要となる。

おわりに

日本を含め、先進国の多くは、少子高齢化などの重大な諸課題に直面している。急速な経済発展を望むことは、もはや現実的ではない。むしろ、持続性（サステナビリティ）としなやかな力（レジリエンス）が、これからの国を維持するための鍵となる。大都市圏を核とした成長を求める時代も終わりつつある。必要なのは、持続可能な国家を実現するために小都市の可能性を引き出すことである。

本章は、日本における小都市の可能性について、宇多津町の事例を紹介した。町はその面積、人口規模の点でまさに小規模な都市であるが、その人口規模をしっかりと維持している点において、数少ない成功例となっている。活発な製造業とサービス業の活動によってもたらされる税収を基盤として適切な将来計画を立案し、それを着実に実行することを通して、居住者にとって好ましい優れた環境を維持してきたことが、町の成功の鍵となってきた。

しかしながら、宇多津町は今、転換点にある。人口の伸びは、近年小さくなってきている。人口に占める若年層の割合が徐々に縮小し、逆に高齢者の割合は増加傾向にある。近辺に位置する、高松市、坂出市、丸亀市も、地域コミュニティと地域経済の活性化を目指し施策を立案・実行しつつある。したがって、将来においても競争力を維持するために、宇多津町は、その小規模性から生まれる力、つまりコンパクトシティがもつ力を引き続き活かすことが求められる。町の力を最大限に発揮するためには、自治体はもちろんのこと、企業、各種団体、住民といった様々な主体の力を活かすとともに、それらを結びつけることによって生まれる力を引き出すことが重要となろう。

〔付記〕本稿は、拙稿Small, but resilient: A case study of the town of Utazu, Kagawa, Japan. In Banski, J. (ed) *The Routledge handbook of small towns*, Routledge (2022) を元にして、大幅に加筆・修正を加えたものである。

〔参考文献〕
秋元菜摘「富山市のクラスター型コンパクトシティ政策と郊外のアクセシビリティ―婦中地域におけるシミュレーション」『地理学評論』八七巻、三一四―三二一頁、二〇一四年
朝日新聞「人呼ぶ厚い育児支援―増加率県内一の宇多津町」二〇〇七年七月六日
大西宏治「富山市のコンパクトなまちづくり」富山大学地域づくり研究会編『大学的富山ガイド』昭和堂、二一三―二二九頁、二〇二〇年
海道清信『コンパクトシティ―持続可能な社会と都市像を求めて』学芸出版社、二〇〇一年
鈴木浩『日本版コンパクトシティ―地域循環型都市の構築』学陽書房、二〇〇七年。
平篤志「東京都千代田区神田地区における人口減少に伴うコミュニティの変容」『地理学評論』六三A巻、七〇一―七二一頁、一九九〇年
脇坂隆一「青森市―コンパクトシティに向けた取り組みと戦略」『季刊まちづくり』一八号、四〇―四五頁、二〇〇八年
Dantzig, B. G. and Saaty, L. T. 1974. *Compact city: A plan for a livable urban environment*. San Francisco, CA: W. H. Freeman & Co.
Pacione, M. 2009. *Urban geography: A global perspective* (3rd ed.). Abington, Oxon: Routledge.

香川県の島嶼と若者
——香川大学の活動から——

小坂有資

はじめに

香川県は、日本で初めて国立公園に指定された瀬戸内海国立公園の中心に位置し、四国の東北部にあります。

この一文は、香川県のウェブサイトに掲載されている「香川県プロフィール（地勢）」の冒頭に記載されている一文だ[1]。上記の表現から分かるように、香川県の地勢を説明するうえで、最初にあげられているのが「瀬戸内海国立公園」である。

瀬戸内海国立公園は、一九三四年に日本で最初の国立公園に指定された。一府一〇県（大阪府、兵庫県、和歌山県、岡山県、広島県、山口県、徳島県、香川県、愛媛県、福岡県、大分県）にまたがり、海域を含めると九〇万haを超え、国内で最も広い国立公園である[2]。瀬戸内海国立公園の特徴は、次の一文で表現されている。それは、「輝き続ける島と海—自然と暮

（1）香川県ウェブサイトの「香川県プロフィール（地勢）」より引用。https://www.pref.kagawa.lg.jp/kocho/shokai/profile/profile.html（二〇二一年八月三一日現在）

（2）環境省ウェブサイトの「瀬戸内海国立公園」のページを参照。https://www.env.go.jp/park/setonaikai/point/index.html（二〇二一年八月三一日閲覧）

らしが調和する内海多島海景観―」である。このように瀬戸内海国立公園の特徴は、大小数々の島で構成された内海の多島海景観である。

瀬戸内海は古代から大陸につながる海の道で、中世末からは多様な人びとが往来する海の道となった（西田、一九九九：三八〜六二）。一六―一七世紀にはキリスト教宣教師が、一七―一八世紀には朝鮮通信使が、一七―一九世紀にはオランダ商館員が、瀬戸内海を航行した。そして、近代における観光において、瀬戸内海の風景は、世界の風景と比較されながら、海外に普及、定着していった。近代観光の産みの親であるトマス・クックは一八七二―七三年に世界一周旅行を行った際、瀬戸内海を通過し、次のように瀬戸内海を絶賛している。

私はイングランド、スコットランド、アイルランド、スイス、イタリアの湖という湖の殆ど全てを訪れているが、ここ〔瀬戸内海〕はそれらのどれよりも素晴らしく、それら全部の最も良いところだけとって集めて一つにしたほどに美しい。―（中略）―我々はあまりにも豊かな自然の恵み、次々に移り変わって終わることを知らない景観の美しさに呆然としてしまった。(3)

ここまでは、香川県が位置する瀬戸内海国立公園と瀬戸内海についてふれてきた。以下では、香川県の島嶼と若者について、1．香川県における島嶼の変遷、2．島嶼を世界に開くART SETOUCHI、3．アートを介して島嶼のマイノリティ問題に関わる、という順に論じていく。

（3）ピアーズ・ブレンドン（一九九五 二四九―二五〇）より引用。

表1　日本の島嶼の構成[4]

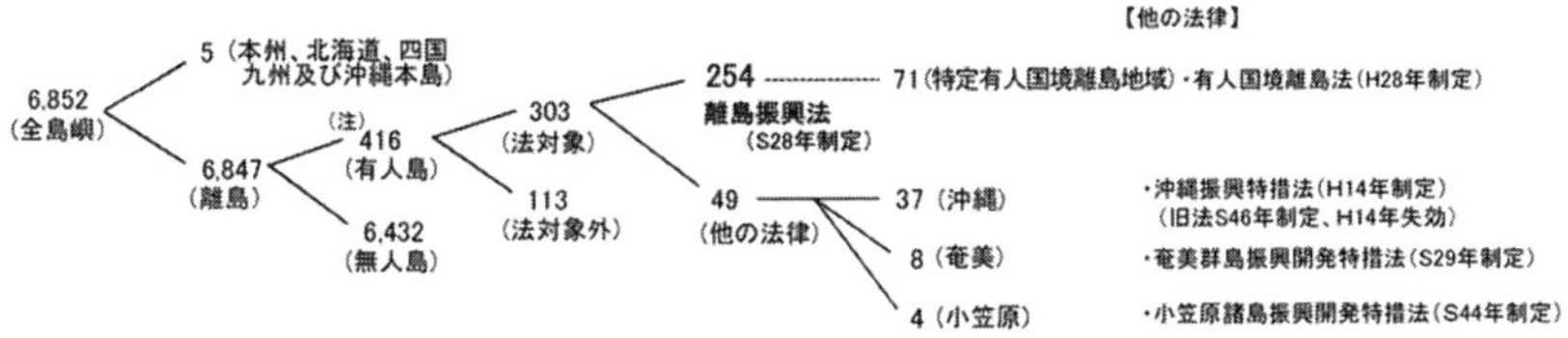

表2　香川県における離島振興対策実施地域[5]

離島振興対策実施地域	市町名	島名
小豆島地域	土庄町、小豆島町	小豆島
	土庄町	豊島、小豊島、沖之島
直島諸島地域	直島町	直島、向島、屏風島
	高松市	男木島、女木島
大島地域	高松市	大島
塩飽諸島地域	丸亀市	本島、牛島、広島、手島、小手島
	坂出市	櫃石島、岩黒島、与島、小与島
	三豊市	粟島、志々島
	多度津町	佐柳島、高見島
伊吹島地域	観音寺市	伊吹島

1　香川県における島嶼の変遷

日本における島嶼は、どのように構成されているのだろうか。日本における島嶼の構成は、以下のようになっている。日本は、六八五二の島嶼によって構成されており、本州、北海道、四国、九州、沖縄本島を除く六八四七島が離島である（表1）。

島嶼における地域振興を目的とした法律は五つあり、それらは、「離島振興法」（一九五三年制定）、「奄美群島振興開発特別措置法」（一九五四年制定）、「小笠原諸島振興開発特別措置法」（一九六九年制定）、「沖縄振興開発特別措置法」（一九七二年制定／二〇〇二年に廃止され「沖縄振興特別措置法」が制定された）、「有人国境離島地域の保全及び特定有人国境離島地域に係

（4）国土交通省ウェブサイトの「日本の島嶼の構成」より引用。https://www.mlit.go.jp/common/001290710.pdf（二〇二一年八月三一日閲覧）

（5）香川県ウェブサイトの「離島振興対策実施地域の指定について」より引用。https://www.pref.kagawa.lg.jp/chiiki/seto-island/specification/kfvn.html（二〇二一年八月三一日閲覧）

る地域社会の維持に関する特別措置法」（二〇一六年制定）である。以下では、香川県の島嶼に関係する「離島振興法」についてみていく。

上記のように、離島振興法は一九五三年に制定された。当時の離島は、「本土との隔絶性に起因する生活環境等の後進性が問題」となっており、「離島を有する地方公共団体等では、これらの後進性の排除や島民生活の向上等を目的とした法律の制定に対する要望が高まり、離島振興法の制定に結びついた」とされている。[6]

離島振興法に基づく、現在の香川県における離島振興対策実施地域は五地域あり、二四の有人島から構成されている。下線が引いてある島は、ART SETOUCHI（瀬戸内国際芸術を含むアート活動であり、詳細は後述する）の舞台になっている島である（表2）。

ここまでは、離島振興法と、それに基づく香川県の離島振興対策実施地域についてみてきた。では、香川県の離島は実際にどのような状況にあるのだろうか。以下では、香川県の離島における人口推移と高齢化率についてみていこう。

表3は、香川県の離島における人口推移を示したグラフである。表3が示しているように、人口は減少しており、二〇〇〇年に四万四二二〇人いた人口が、二〇一五年には三万四一二三人に減少している。ちなみに香川県の人口は、一九九九年より減少に転じ、二〇〇〇年には一〇二万二八九〇人いた人口が、二〇一五年には九七万六二六三人に減少している。[7]

表4は、香川県の離島における高齢化率を示した表である。二〇〇〇年と二〇一五年を比較すると、大半の離島における高齢化率が上昇している。二〇一〇年から開催されている瀬戸内国際芸術祭（後述）の舞台となっている島の二〇一五年の高齢化率をみていくと、

（6）国土交通省ウェブサイトの「離島振興法・離島振興法施行令」より引用。https://www.mlit.go.jp/kokudoseisaku/chirit/kokudoseisaku_chirit_fr_000003.html（二〇二一年八月三一日閲覧）

（7）香川県ウェブサイトの「香川県人口移動調査」を参照。https://www.pref.kagawa.lg.jp/tokei/jinko/jinkoido/index.html（二〇二一年八月三一日閲覧）

表 3　香川県の離島における人口推移[8]

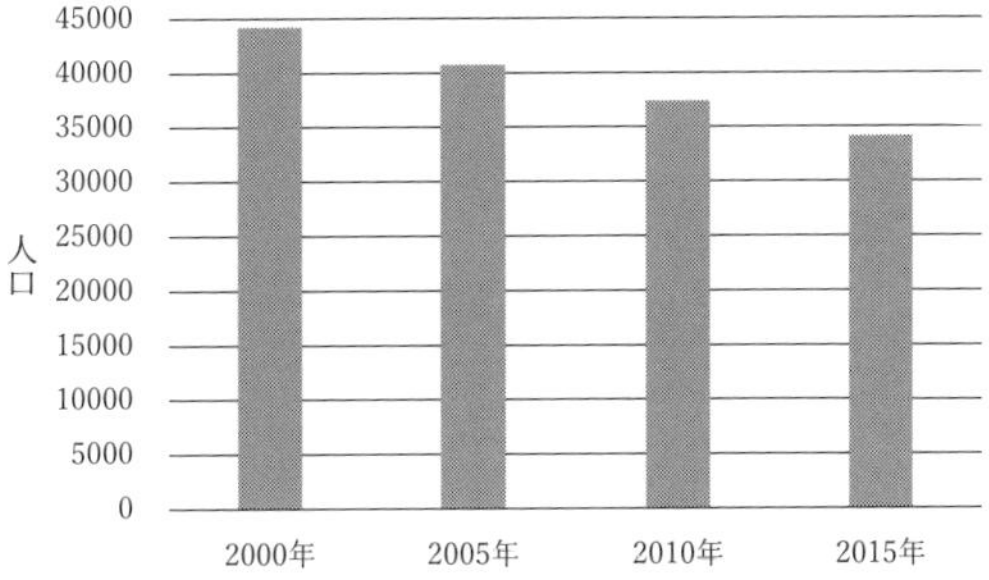

表 4　香川県の離島における高齢化率[9]

島名	2000年	2005年	2010年	2015年
小豆島	28.9%	31.7%	34.5%	39.4%
沖之島	25.8%	27.8%	30.7%	45.0%
豊島	42.0%	43.7%	44.5%	50.3%
小豊島	44.4%	43.8%	53.3%	70.0%
直島	25.1%	27.9%	30.0%	34.6%
向島	50.0%	66.7%	88.2%	—
屏風島	31.9%	22.7%	32.3%	—
男木島	54.4%	61.4%	68.5%	63.5%
女木島	49.6%	57.1%	66.7%	75.0%
櫃石島	40.2%	37.3%	37.1%	45.9%
岩黒島	32.7%	34.0%	34.8%	45.3%
与島	47.8%	52.8%	61.7%	74.1%
小与島	41.7%	33.3%	25.0%	—
本島	45.4%	48.1%	55.1%	59.8%
牛島	55.6%	66.7%	78.6%	70.0%
広島	56.1%	64.1%	70.1%	82.3%
手島	76.4%	87.0%	82.5%	90.0%
小手島	21.9%	31.4%	32.1%	44.4%
粟島	58.8%	72.2%	76.5%	82.9%
志々島	93.2%	96.7%	66.7%	72.2%
高見島	70.3%	71.2%	79.1%	77.8%
佐柳島	74.1%	76.7%	85.2%	93.1%
伊吹島	38.1%	40.6%	43.9%	52.3%

粟島（八二．九%）、高見島（七七．八%）、女木島（七五．〇%）、男木島（六三．五%）、本島（五九．八%）、伊吹島（五二．三%）、豊島（五〇．三%）、小豆島（三九．四%）、直島（三四．六%）となっている。なお、大島と沙弥島の高齢化率は香川県のウェブサイトに掲載されておらず、また、犬島は岡山県に位置する。ちなみに香川県の高齢化率は、二〇〇〇年の三八．四%から、二〇一五年には四〇．八%に上昇している。

　このように、香川県における離島では、人口が減少し、高齢化率が上昇している。このような離島のいくつかを舞台にして、地域活性化を主要なテーマの一つとしたART

（8）香川県ウェブサイトの「離島統計情報」より引用。https://www.pref.kagawa.lg.jp/chiiki/seto-island/statistics.html（二〇二一年八月三一日閲覧）

（9）香川県ウェブサイトの「離島統計情報」より引用。https://www.pref.kagawa.lg.jp/chiiki/seto-island/statistics.html（二〇二一年八月三一日閲覧）

SETOUCHIが、二〇一〇年より開催されている。香川県が作成した『香川県離島振興計画（平成二五年度〜平成三四年度）（平成二九年度一二月変更）』の「主な現状及び課題」や「離島振興施策の基本的な方向性」では、瀬戸内国際芸術祭への期待が述べられていた。そのため以下では、香川県離島振興計画で上述のように評価されているART SETOUCHIについてみていこう。

2 島嶼を世界に開くART SETOUCHI

「ART SETOUCHI」は、三年ごとに開催される「瀬戸内国際芸術祭」とその間に取り組まれるアートを通して地域の活力を取り戻し、再生を目指す活動の総称です。瀬戸内国際芸術祭の背景には「ART SETOUCHI」があるからこそ、縁ができ、他の地域で見られない新しい出来事が生まれ「海の復権」につながっていきます。(10)

ART SETOUCHIは、瀬戸内国際芸術祭の期間外でも活動し、地域活性化を目指す活動である。さらにART SETOUCHIは、よそ者が地域社会に関わることができる仕組みである。以下では、特別な専門性等を持ち合わせなくともART SETOUCHIや地域社会に関わることができる立場である、「来場者」と、ART SETOUCHIのボランティアサポーター「こえび隊」についてみていく。

まず、「来場者」についてみていこう。表5のように来場者の年齢は、どの回も二〇歳

（10） ART SETOUCHIウェブサイトの「ART SETOUCHIとは」より引用。https://setouchi-artfest.jp/about/（二〇二一年八月三一日閲覧）

代と三〇歳代が約五〇%である。他の年代について、五〇歳代、六〇歳代、七〇歳代は回数を重ねるうちに割合が増加しており若干の高齢化傾向がみられ、二〇歳代の割合は減少傾向にあり、一〇歳代の割合は二〇一三年以降減少傾向にある。

　表6のように来場者の居住地は、二〇一三年以降、国内に居住している来場者は減少傾向にあり、国外からの来場者が増加傾向にある。特に二〇一六年以降、国外から来場者が増加しており、『報告書二〇一六』ではこの理由を、「高松空港の国際線ネットワークの充実に加え、芸術祭が回を重ねることで海外での知名度が向上したことなどが考えられ

表5　瀬戸内国際芸術祭における来場者の年齢[11]

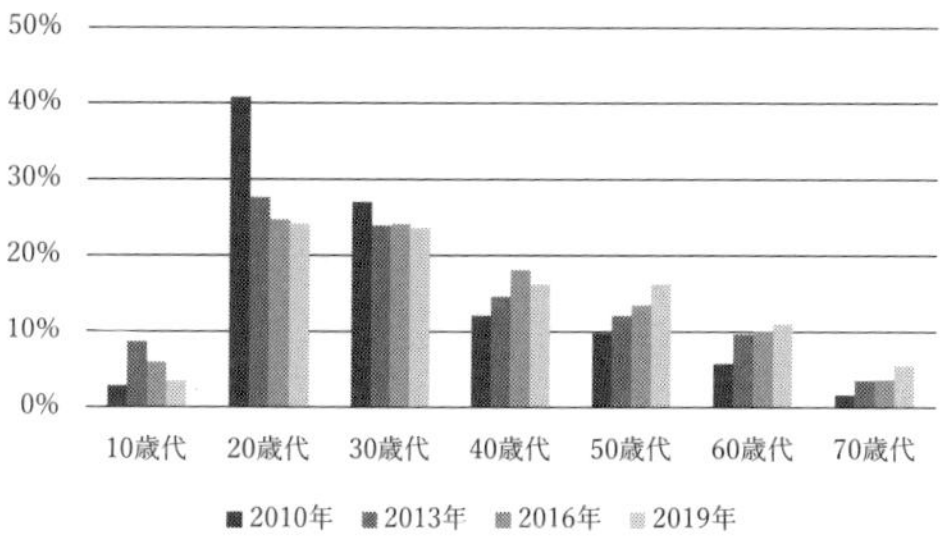

表6　瀬戸内国際芸術祭における来場者の居住地[12]

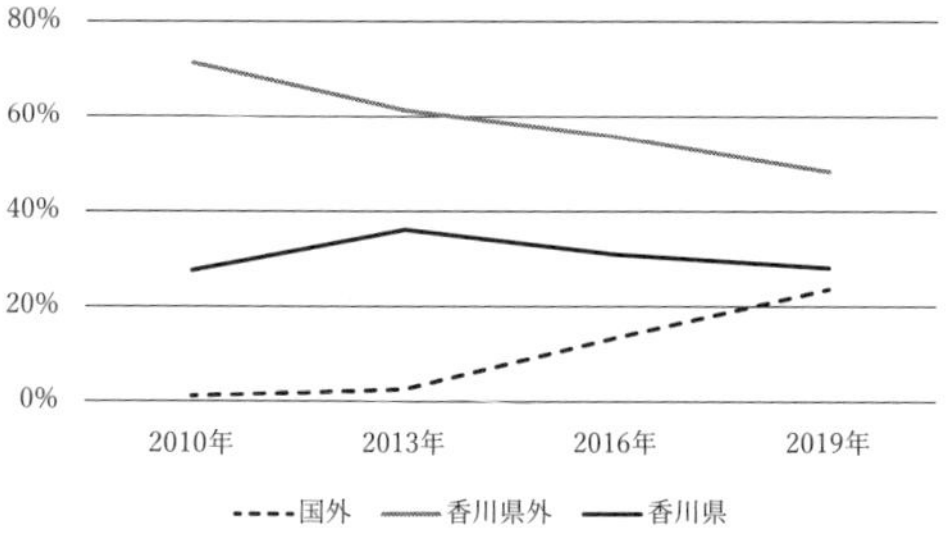

（11）　ART SETOUCHIウェブサイトの「これまでの瀬戸内国際芸術祭」に掲載されている各回の『総括報告書』をもとに作成。https://setouchi-artfest.jp/about/archive/（二〇二一年八月三一日閲覧）

（12）　ART SETOUCHIウェブサイトの「これまでの瀬戸内国際芸術祭」に掲載されている各回の『総括報告書』をもとに作成。https://setouchi-artfest.jp/about/archive/（二〇二一年八月三一日閲覧）

る」としている。

このように、来場者の年齢については、若干の高齢化傾向がみられ、若者（一〇歳代と二〇歳代）の割合が減少し、また、来場者の居住地については、国外からの来場者の増加がみられる。

つぎに、ART SETOUCHIのボランティアサポーター「こえび隊」についてである。ボランティアサポーターは大きく分けて、「企業・団体ボランティアサポーター」と「こえび隊」がある。以下では、上述したように本章では、特別な専門性等を持ち合わせなくともART SETOUCHIや地域社会に関わることができる立場である「こえび隊」についてみていく。こえび隊とは、どのようなボランティアサポーターだろうか。

> こえび隊は瀬戸内国際芸術祭を支えるボランティアサポーターです。日本中・世界中からいろいろな人が瀬戸内に集まり、島に渡って活動をしています。年齢制限はありません！　一日からでも参加できます。島が好き！　アートが好き！　芸術祭を手伝いたい！　と思っている方なら誰でも参加できます。[13]

こえび隊の活動内容は、次のとおりである。[14] 島での活動は、アート作品をつくる・まもる、アート作品を案内する、レストランを手伝う、イベントを手伝う、祭や催事を手伝う、島をガイドするである。また、サポーター同士の交流では、活動内容を説明する「こえびミーティング」やゲストを呼んで瀬戸内海や芸術祭をテーマに話をするせとうちばなし、こえび新聞、他の芸術祭を手伝う、その他のこえび活動（広報活動等）を行っている。

こえび隊には、どのような人びとが参加しているのだろうか。まず表7のように、こ

（13）こえび隊ウェブサイトの「こえび隊って何？」より引用。https://www.koebi.jp/about/（二〇二一年八月三一日閲覧）

（14）こえび隊ウェブサイトの「どんな活動をしているの？」を参照。https://www.koebi.jp/about/（二〇二一年八月三一日閲覧）

えび隊参加者の年代別割合は、二〇歳代と三〇歳代が多く、四〇歳代が続き、若干の高齢化傾向がみられる。ここでポイントになるのは、二〇一九年に一〇歳代の割合が急増している点である。ただし、二〇—四〇歳代と比べると、割合は大きくない。

つぎに表8のように、こえび隊参加者の居住地別割合は、四国が最も多い。さらに、関東、関西、中国からも参加しているが、これらと同程度の割合で、国外からも参加している。

上記では、ART SETOUCHIに関わる一部の立場の人びと、つまり、「来場者」と「こ

表7　こえび隊参加者の年齢[15]

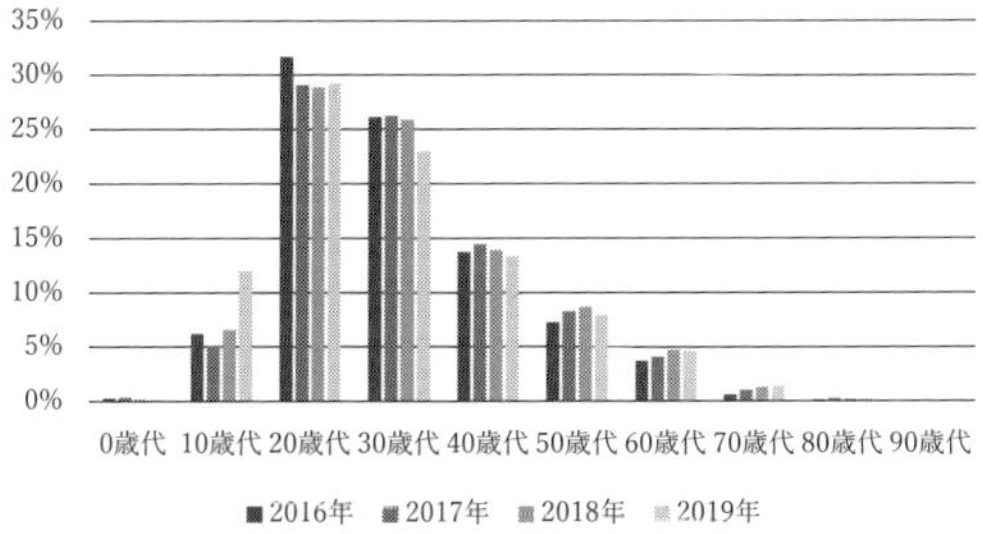

表8　こえび隊参加者の居住地[16]

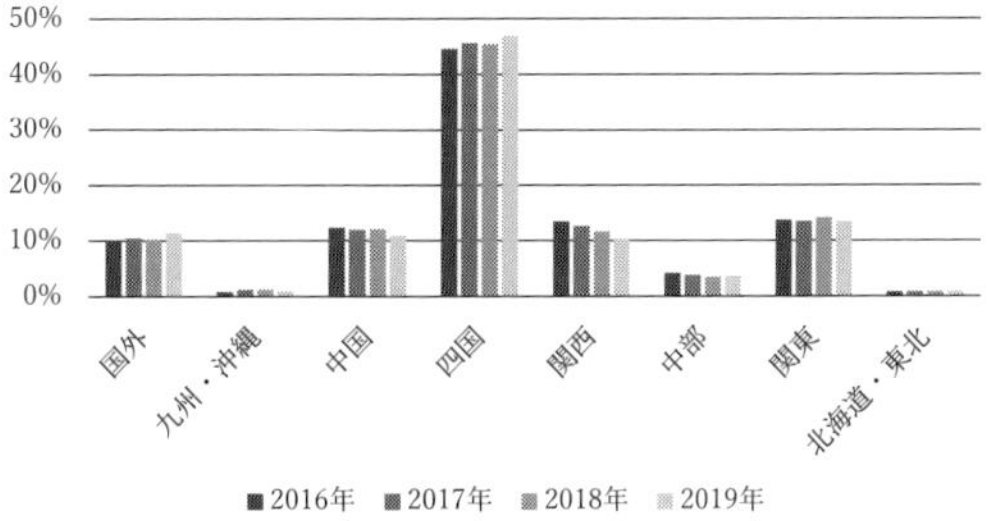

(15)　こえび隊ウェブサイトの「年次報告：年次報告」に掲載されている二〇一五年度〜二〇一九年度の活動報告書をもとに作成。https://www.koebi.jp/management/（二〇二一年八月三一日閲覧）

(16)　こえび隊ウェブサイトの「年次報告：年次報告」に掲載されている二〇一五年度〜二〇一九年度の活動報告書をもとに作成。https://www.koebi.jp/management/（二〇二一年八月三一日閲覧）

えび隊」についてみてきた。これらの立場には、特別な専門性等を持ち合わせていなくとも、なることができる。

このように来場者やこえび隊はともに、国外からも参加している人びとが増加しつつあり、ART SETOUCHIによって香川県の島嶼は世界に開かれていた。しかし、コロナ禍において移動が以前よりも困難になった状況で、どのように変化していくのだろうか。なお、二〇二二年一月時点で、瀬戸内国際芸術祭二〇二二は四月から開催されることになっている。

ここまでは、ART SETOUCHIについて、限定的ではあるがみてきた。次節では、若者として香川大学の学生が、島嶼やそれらにおけるマイノリティ問題に、ART SETOUCHIを介してどのように関わっているかをみてみよう。

3 アートを介して島嶼のマイノリティ問題に関わる

瀬戸内国際芸術祭の総合ディレクターである北川フラムは、瀬戸内国際芸術祭の舞台となっている豊島と大島について、二〇一三年三月一四日の朝日新聞朝刊二九ページ（面名：岡山全県・一地方）に次のような文章を記している。

芸術祭と関わる当初、豊島と大島がないと何のためにやるのか分からないと思った。豊島は、産廃で行政と闘った住民が協力してくれて、かなりの人が面白かったと言ってくれた。大島ではハンセン病患者の差別の記録と記憶を後生〔ママ〕に残し、将来のために子どもが楽しめる場所を作ろうと考えた。人々が芸術祭で島に関心を持てば、差別の記憶も残せる。

それでは豊島と大島は、どのような島なのだろうか。豊島は産業廃棄物処理問題について、大島はハンセン病問題について、それぞれの社会運動にもふれながら、ごく簡単であるがみていこう[17]。

豊島は、島の中央に位置する壇山から湧水が出ており、離島では珍しく水に恵まれているため、稲作が古くから盛んに行われてきた。さらに、酪農が栄えていたことから「ミルクの島」や、児童福祉施設や介護老人福祉施設等の福祉施設がつくられたため「福祉の島」としても知られてきた。このような豊島で、いわゆる「豊島事件」が起こった。豊島事件とは、どのような事件か。

豊島事件は、一九七五年に産業廃棄物処理業者（豊島総合観光開発株式会社）が、有害産業廃棄物処理業の許可を香川県に申請し始まった。豊島住民による反対運動により、産業廃棄物処理業者は有害産業廃棄物から、無害産業廃棄物の埋め立てに申請変更し、香川県に対して再度許可申請を行った。

豊島住民は一九七七年に「産業廃棄物持ち込み絶対反対豊島住民会議」を結成し、再度反対運動を起こしたが、香川県はミミズ養殖による土壌改良剤化処分業のための無害である汚泥に限って持ち込みを許可した。しかし一九八三年には、産業廃棄物処理業者はミミズ養殖を行わなくなり、シュレッダーダスト（廃プラスチック類等）や廃油、汚泥等の産業

（17）　豊島については、豊かさを問うⅡ編集委員（二〇〇五）、NPO法人瀬戸内オリーブ基金が運営しているウェブサイト「豊島（てしま）・島の学校　豊かな島と海を次の世代へ」（https://www.teshima-school.jp/ 二〇二一年一〇月一〇日閲覧）、NPO法人豊島観光協会ウェブサイトの「豊島観光ナビ」（https://teshima-navi.jp/ 二〇二一年一〇月一〇日現在）を参照。また、大島については、小坂（二〇二一）と国立療養所大島青松園ウェブサイト（https://www.mhlw.go.jp/seisakunitsuite/bunya/kenkou_iryou/iryou/hansen/osima/index.html 二〇二一年一〇月一〇日閲覧）を参照。

廃棄物を事業場（処分地）に搬入し、野焼きが行われるようになり、野焼き公害に対する苦情が増加した。喘息等の健康被害が多発し、豊島住民は香川県に違法行為を訴え続けたが、不法投棄は八年間にわたり続けられた。

一九九〇年には、兵庫県警察が産業廃棄物処理業者を摘発し、豊島では「産業廃棄物対策豊島住民会議」が再結成された。一九九三年には、豊島住民が公害調停を申請した。一九九七年には中間合意が成立し、二〇〇〇年に最終合意に至り、二〇〇三年から豊島産業廃棄物処理事業が開始された二〇一七年に産業廃棄物の搬出が完了したが、二〇一八年には新たな産業廃棄物が発見され、二〇一九年に残存していた産業廃棄物の搬出・処理が完了した。二〇二一年一〇月一七日に開催された「豊島廃棄物処理協議会」において、豊島住民側と香川県は、二〇二〇年度末で処理事業を終えることで合意した。[18] ただし、産業廃棄物処理現場には、まだ有害物質が基準を超える場所（ホットスポット）があるため、二〇二三年度以降も香川県はそれらの場所のモニタリングを続ける方針である。

つぎに、大島についてである。大島には、国立療養所大島青松園というハンセン病療養所がある。

そもそもハンセン病とはどのような病気か。国立感染症研究所のウェブサイトには、次のように記載されている。ハンセン病は感染症で、その原因はらい菌だ。皮膚と末梢神経の病気で、皮疹は痒みが無く、知覚（触った感じ、痛み、温度感覚等）の低下等により、気づかないうちに怪我や火傷などを負うこともある。また、運動の障害を伴うこともある。診断や治療が遅れると、主に指、手、足等に知覚麻痺や変形をきたすことがある。なお現在では、ハンセン病は治癒する病気である。

（18） 毎日新聞朝刊一ページと三ページ（面名：東京朝刊、政治面と三面）を参照した。なお、「豊島廃棄物処理協議会」について、「今回は膝を交えて協議したい」という住民の要望で対面での開催となった。

日本におけるハンセン病政策は、一九〇七年に施行された「癩予防ニ関スル件」（以下、一九〇七年法）から始まった。この法律では、主に経済的に困窮したハンセン病者が収容と救護の対象だった。一九〇九年には、五つの公立療養所が開設され、そのひとつに大島につくられた第四区療養所（一九一〇年に大島療養所と改称）がある。一九三一年には一九〇七年法が名称も含めて「癩予防法」（以下、一九三一年法）と変更され、施行された。一九三一年法では、一九〇七年法のような貧困救済ではなく、感染防止が問題になった。大島療養所は、一九四一年には所管を厚生省に移管し「国立らい療養所大島青松園」に改称し、一九四六年には「国立療養所大島青松園」に改称した。

戦後、日本国憲法が施行されたことにより、入所者から剥奪されていた公民権が保障された。また、一九四二年にアメリカのカービル療養所（国立ハンセン病療養所）でハンセン病に対する治療薬プロミンの臨床効果が報告され、日本では一九四八年から多摩全生園（東京）を中心にプロミン獲得運動が展開された。

このような戦後の民主化や治療薬の出現とその獲得運動等を契機にして、一九五一年に「全国国立癩療養所患者協議会」が結成され、一九三一年法の改正を求めて「らい予防法闘争」が行われた。

しかし一九五三年には「らい予防法」が施行され、「らいを伝染させるおそれがある患者」が入所の対象となり、一九三一年法を受け継ぐかたちになった。さらに、退所についてはまったく言及されていなかった。なお、一九四八年に制定された「優生保護法」では優生思想にもとづく優生手術と人工妊娠中絶が合法化され、ハンセン病者もその対象となった。一九九六年に「らい予防法の廃止に関する法律」が施行され、一九〇七年より続いてきたハンセン病者に対する政策に関する法律が廃止され、二〇〇一年には「らい予防法」を違憲とする判決が下された。しかし二〇〇三年には、ハンセン病元患者であるということを理由に、あるホテルが宿泊を拒否する事件が起きた。このような状況も受けて、二〇〇九年に「ハンセン病問題の解決の促進に関する法律」が施行された。この法律には、ハンセン病療養所を地域に開放することやハンセン病者の社会復帰を支援すること等が明記されている。さらに二〇一六年にはハンセン病元患者の家族らが「ハンセン病家族訴訟」を起こし、二〇一九年に「ハンセン病元患者家族に対する補償金の支給等に関する法律」が施行された。

二〇二一年五月現在、日本のハンセン病療養所は、一四か所（国立一三か所、私立一か所）ある。ハンセン病療養所の入所者は全国で約一〇〇〇人、平均年齢は約八七歳となっている。

以上では、北川フラムにとって瀬戸内国際芸術祭を行う際に豊島と大島は重要であったこと、そして、豊島における産業廃棄物処理問題と大島におけるハンセン病問題を、それぞれの社会運動とともに概説してきた。ここからは、筆者が担当している「瀬戸内国際芸術祭とマイノリティ問題」というフィールドワーク型の授業を通して、学生がどのように豊島や大島等に関わっているかをみていく。

香川大学では様々な観点から瀬戸内国際芸術祭やその舞台となっている島々に関わっているが、「瀬戸内国際芸術祭とマイノリティ問題」という授業では、マイノリティという観点から瀬戸内国際芸術祭について考え、関わっている。そもそもマイノリティとはどのような存在だろう。本章ではマイノリティを、「個人の生活の機会や権利が、力ある他者によって奪われて、劣位に置かれている状況にある人びと」とする（西原二〇二一：四）。なお、「少数ではないとしても劣位に置かれて、生活機会や人としての権利が奪われている人びと」に関してもマイノリティとする。

この授業では特に、マイノリティ問題と関連のある豊島と大島等でフィールドワークを実施している。これらの島は、「ダークツーリズム」という観光形態の舞台としても位置づけられている（遠藤、二〇一七、井出、二〇一八）。ダークツーリズムの定義はまだ一つに定まったものはないが、本章ではダークツーリズムを「戦争や災害をはじめとする人類の悲しみの記憶を巡る旅」とする（井出、二〇一八：二〇）。近代化により、排除・差別され、さらに忘却されていた人びととの存在を顕在化させるという意味で、ダークツーリズムは重要な概念である。

ただし、いつ、どこで、誰が、どのような出来事を、ダークツーリズムとして意味づけているのだろうか。そして、その理由は何か。これは、苦しみや生きづらさを感じているマイノリティの人びとの声を否定するためではなく、人びとや出来事等への意味づけの可変性や多様性を重視するために重要になってくる考え方ではないだろうか。

「瀬戸内国際芸術祭とマイノリティ問題」という授業では、多様な役割や立場の人びとにとってのマイノリティ問題やART SETOUCHIに対する意味づけを知ることができるようなインタビュー等の機会を設定している。この授業では特に、島の内外を繋いでいる「媒介者」に着目している。

まず、地域住民としては、自治会や観光協会のメンバー、社会運動の「当事者」である。つぎに、ART SETOUCHIの関係者としては、「こえび隊」である。もちろん、地域住民が「こえび隊」になっている事例も多くあるが、本授業では基本的に、地域住民ではない「こえび隊」の方を対象にしている。さらに、島を訪れる観光者や学習者については、フィールドワークの際に出会った人びとに対して学生から調査を依頼している。

各島でのフィールドワークでは、偶然出会った地域住民にも、学生から積極的に話しかけて会話をするようにしている。地域住民として、上記の人びとと違った意見を聞くことができるかもしれないからだ。

「瀬戸内国際芸術祭とマイノリティ問題」という授業を受講し、学生がどのように変化したのだろうか。ある学生の授業後の感想には、次のような感想があった。ARTSETOUCHIやこの授業で扱うマイノリティ問題を知らなかった学生が、フィールドワークを行うことで、マイノリティ問題の「当事者」の思いを知り、その地域社会の課題を探究し、アートを介した解決方法を考えることができるようになった。

さらに本授業をきっかけにして、祭り等の地域社会で開催される行事に参加したり、こえび隊として活動したりしている学生もいる。上記のようにこえび隊の活動は様々であるが、例えば、何度も大島でガイドを行っている学生もいる。もちろん、こえび隊として島をガイドする前には、ガイドをしたことがあるこえび隊の方のガイドをみて学ぶ等の手順がある。また、授業でも大島のことを学習したり、大島でのガイド（こえび隊の方のガイドと大島青松園の方のガイド）を受けたり、入所者の方にインタビューをしたりしている。しかし、ART SEROTUCHIの活動だけでなく、ハンセン病問題についてもガイドで説明することは、容易なことではない。それでも、こえび隊の方々や筆者に相談をしながら、大島でガイドができるようになった学生が複数人いる。そしてこのような経験を、次年度以降の学生に対して、授業で語ってもらっている。[19]

このようなこえび隊の活動だけでなく、本授業をきっかけにして、ART SETOUCHIやそれに関わるマイノリティ問題と、香川大学の学生とを繋ぐような仕組みができないかを模索している学生もいる。[20] この学生の動機は、次のようなものだ。上述したように、来場者の年齢は若干の高齢化傾向にあり、若者（一〇歳代と二〇歳代）の割合の減少がみられ、こえび隊も若干の高齢化傾向にある。瀬戸内国際芸術祭二〇一九では一〇歳代の若者の割合が急増しているものの、その割合は必ずしも大きくないといったデータ分析にくわえて、学生の周りでART SETOUCHIのことが話題になることがほとんどないといった実感もあるようだ。

このように、授業だけでなく、継続的にアートを介してマイノリティ問題について考え、その解決に向けて活動している学生がいる。このような学生は、島やマイノリティ問題の内と外とをつなぐ「媒介者」になっている。

(19) 二〇二〇年度は一〇月三〇日に、二〇二一年度は七月二一日に行った。

(20) 二〇二一年七月二一日に行われた学生と筆者のミーティングより。

おわりに

香川県における多くの島嶼では、人口が減少し、高齢化している。このような中で、島嶼等の地域活性化を主要なテーマの一つとしてART SETOUCHIが開催されるようになり、よそ者が島の地域社会に関わることができるようになってきた。

しかし、コロナ禍になり、自由に訪れることができなくなっている島もある。このような中で、島民の方々の中には、ART SETOUCHIの活動を介して、島外の人びととコミュニケーションをとるために、例えば、遠隔会議システムの使い方を身につけている高齢者の方々もいる。

もちろん、コロナ渦で、このように遠隔でコミュニケーションができるようになることは、重要である。しかし、学生のフィールドワークの感想を見るとやはり、様々な島に行き、島を体感し、島民の方々と対面でコミュニケーションをすることで、お互いに、より多くのことを体験し、気づき、知ることができるのではないだろうか。

〔参考文献〕

井出明『ダークツーリズム―悲しみの記憶を巡る旅―』幻冬舎新書、二〇一八年
遠藤秀樹「社会的に構築される『ダークネス』―モバイルな世界において抑圧されたものの回帰としてのツーリズム・モビリティ―」『ツーリズム・モビリティ―観光と移動の社会理論―』ミネルヴァ書房、二〇一七年、七二―八八頁
小坂有資「ハンセン病者へのまなざし」西原和久・杉本学編『マイノリティ問題から考える社会学・入門―差別をこえるために―』有斐閣、二〇二一年、一八五―二〇四頁
西田正憲『瀬戸内海の発見―意味の風景から視覚の風景へ―』中央公論新社、一九九九年
西原和久「マイノリティと差別の根を問う」西原和久・杉本学編『マイノリティ問題から考える社会学・入門―差別をこえるために―』有斐閣、二〇二一年、一―一六頁
ピアーズ・ブレンドン『トマス・クック物語―近代ツーリズムの創始者―』（石井昭夫訳）中央公論社、一九九五年
豊かさを問うⅡ編集委員『豊かさを問うⅡ―調停成立五周年をむかえて―豊島事件の記録』廃棄物対策豊島住民会議、二〇〇五年

東かがわ地域の手袋産業
――独自ブランドの構築を目指して――

平　篤志

はじめに

地場産業は、特に地方において地域経済を支える重要な役割を果たしてきた。地場産業は、産業としてその歴史性、文化性に立脚し、主として地域内から資本、労働力、原材料を調達して、特徴ある産品を生産する企業（主として中小企業により構成）が集積することによって形成された産業と定義される（上野、二〇〇七）。日本では、江戸時代以前から存在した伝統的な地場産業と明治時代以降西洋の技術を導入して新たに発展した地場産業に大別される。

地場産業は、近年注目を集めている産業クラスターの一形態ということができる。地場産業を含む産業クラスターの形成要因については、これまで経済学や地理学において検討が進められてきた（山本、二〇〇五）。基本的に企業は単独で事業を行うわけではなく、原材料や部品の調達、製品の輸送・販売に際して、多くの取引先をもつのが普通である。また、製品を製造するに当たって、全工程の一部を担当（分業）する企業もあり、中小企業ではこれに該当する場合が多い。現在どのような製品が売れているか、今後どのような製品が売れそうかといった情報の入手も重要である。金融機関や役所、研究所といった関連機関を含め、同じ産業に属する企業が一定の地域に集積すると、取引のための時間的・距離的制約を少なくすることが可能となり、互いに業務がしやすくなる。業務に関連する情報の入手も容易になる。地域内の企業同士が競争しつつ協力する環境が生まれ、それが全体として産業クラスターの成長につながる。これらが集積の利益（外部経済）と呼ばれる概念である。最近では、経済産業省の「産業クラスター計画」に代表されるように、政府も政策として、地域の競争力を高めイノベーションを実現するためクラスター政策を推進している（松原、二〇一三）。

1　手袋産業の歴史

香川県といえば讃岐うどんが連想されると思うが、うどん以外にも全国を代表する物産がある。手袋はその一つであり、香川県の東部に位置する東かがわ市は、地場産業である「手袋のまち」としてアピールしている（図1）。東かがわ地域の中核を占める東かがわ市（人口約三万）には、手袋関連企業が集積している（図2）。中でも、大内地区と白鳥地区に多い。当該地域における手袋製造の歴史は明治時代に遡り、一世紀を越える伝統をもつ。一九八八年には手袋産業一〇〇年を記念する各種の行事が行われた（日本手袋工業組合、一

図１　「手袋のまち」東かがわ（東かがわ市役所前）（著者撮影）

九八八）。元来、当該地域は、香川県の中部（中讃）や西部（西讃）地域と比べて平野部が狭くまた水利が悪く、稲作には不向きなところであった。そのような状況から、江戸期には、天正年間（一五七三ー一五九二年）に製塩業が、寛政年間（一七八九ー一八〇一年）に製糖業が興された。

そしてその後、明治に入って手袋産業が成長した。諸産業が発展した背景には、必ずしも恵まれない自然地理的な特徴があったともいえる。しかし、より重要な点は、手袋産業の生みの親である両児舜礼（駆け落ち先の大阪でメリヤス手袋の製造を開始）と棚次辰吉（両児に学び、大阪で創業の後、現東かがわ市松原に手袋工場を設立）をはじめとして、起業家意識に溢れた逸材を生み出す風土が存在したことであろう。その後、手袋を製造する事業所が増加し、第一次世界大戦時ヨーロッパでの需要の急増をきっかけとして地場産業としての基盤を確立していく。太平洋戦争後は、産業の復興が図られ、香川県を代表する地場産業となった。日本をはじめとして、経済の高度成長は消費ブームをもたらし、東かがわの手袋産業は世界一の産地に成長した。手袋は、材料の入手、裁断、縫製、仕上げ、検品といった一連の工程を経て生産されるが、それぞれ工程に熟練した知識と技能が要求される（塚本、二〇一〇：細川、二〇一二）。

東かがわ地域の手袋産業が日本国内において先導的な地位を維持している要因として、

図２　東かがわ地域の手袋関連企業の分布（2012年）（日本手袋工業組合資料により作成）

主に三点をあげることができる。一点目は、プロフェッショナルな意識をもち、時代のニーズに対応した挑戦的・革新的な製品を製造する高度技術・知識労働者が存在すること、二点目は一点目と関連して、その革新的な環境を維持し、継承するメカニズムが存在すること。そして三点目は、問屋や商社を通した間接的な販売を主体とした大手メーカーや量販店の下請けの地位を脱すべく独自ブランドの確立を目指す、組合を核とした地場企業同士の競争的協働関係が存在することである。

2　国内市場への対応と生産ネットワークの国際化

東かがわ地域を中心とする手袋産業は、現在でもなお国内生産の九〇%を占め、香川が全国に誇る地場産業の一つである。手袋産業を構成する企業は、関連企業を含めて一〇〇社近く存在し、その多くが中小企業である。当産業は、企業と個人事業主（内職を含む）からなる生産者が、主に問屋や商社を通して、国内市場に製品を供給するのみならず、海外輸出用に生産を行って、日本有数の生産基地として発展してきた。しかし、その後一九七〇年代に入ると国際競争の激化によって輸出力が低下し、国内市場（内需）へより重心をおく戦略転換が行われる一方で、早くから企業自身の海外展開が積極的に行われてきた。内需では、冬季用の一般手袋に留まらず、素材を選び組み合わせる当該産業の強みを活かして、ゴルフ、スキー、野球、バイクといったスポーツ系[1]・レジャー系手袋、さまざまなファッション系・カジュアル系手袋、さらにUV（紫外線）対策用手袋や各種業務用手袋

（1）　日本のプロ野球、プロサッカー選手、プロゴルファーの使用する手袋には、東かがわの企業が製造した製品が多数使用されている。二〇二一年の東京オリンピックで活躍したフェンシングチームの専用グラブも東かがわの企業によるものである。

といった新たな分野開拓が熱心に行われた（図3、4、5）。携帯電話の使用が広まり、さらにタッチパネルを多用するスマートフォンが普及すると、手袋の需要に影響することが懸念された。その対応策として、二〇一一年、電気を通す素材を開発し、はめたままスマートフォンが使用できる手袋を開発したのも東かがわの企業である。

手袋関連企業の主要な取引先（販売先）は、全国の百貨店、専門店、量販店である。手袋関連製品のバイヤーにとって、東かがわ地域は商品買い付けのための中心地域としての役割を長く果たしてきた。最近では、インターネットを通した販売にも力を入れている。特に小規模な事業所では、その高い技術を生かしたオーダーメイド製品の生産が徐々に増加しつつあり、生き残り策の一つとして注目されている。

一方で、生産品目を多様化する観点から、手袋以外の商品の開発も活発に行われてきた。

図3　ファッション系手袋（日本手袋工業組合資料による）

図4　スポーツ系手袋（日本手袋工業組合資料による）

図5　袋物の例（バッグ）（日本手袋工業組合資料による）

長い産業の歴史の過程で、編み手袋から派生的にホームカバー等が生み出された。また、革手袋素材の加工技術を生かした関連製品として、かばん袋物・革衣料も生産されるようになった。現在、当産地は、手袋生産を母体とした縫製技術・皮革加工技術を生かした多様な身の回り品を扱う総合的な産地化への脱皮を図っている。個別メーカーの中には、手袋を生産しながら同時に多様な関連製品を生産する企業[2]がある一方で、手袋製造専業企業もあり、企業形態は多様である。また、手袋生産技術を生かして、衣服製造など新たに起業するケースも増えつつある[3]。当該産業のこのような特徴は、日本国内の他の地場産業地域にはあまり見られず、当該産業の強みということができる。

　また、地場での生産に固執せず、一九六〇年代という早い時期から積極的に海外展開を行ってきたことも評価される。海外への進出形態は、海外企業との提携関係の構築（委託生産）にとどまらず、現地法人の設立に至っている事例が多くある。まず、韓国、台湾といった近隣諸国・地域から海外展開が開始された。しかし、その後これらの国や地域が日本につづいて経済発展を遂げ、賃金が上昇し生産コストがかさむようになると、新たな展開先が模索された。その中心が、改革開放政策を開始し、外国企業による直接投資を積極的に受け入れるようになった中国であった。具体的には、上海地域を中心とする沿岸地域が進出の対象地として選択された。しかし、中国は社会主義国であり、労務慣行や労働者の意識も異なり、事業を軌道に乗せるには相当の苦労があった。中国は、その後二〇〇〇年代にかけて経済の急成長を実現し「世界の工場」と呼ばれるようになった。経済成長に伴って、日系企業を含め外資系企業が多く立地した沿岸地域では特に賃金が上昇し、生産コスト高を招いた。また、二〇一〇年以降の尖閣諸島（中国名：釣魚島）の領有を巡る日中間の

（2）　派生的に、キャリーバッグを有力商品にした企業もある。

（3）　地場産業を含み、産業クラスターの成長にとって、そこで修得した技術を活かし、関連産業で新たな企業が生まれることも重要であると指摘されている。専門用語で、"related variety"と呼ばれる(Content and Frenken, 2016)。

緊張の高まりが、結果的に中国で事業を展開する日系企業にも影響した。対応策として、東かがわの手袋関連企業も含み、日系企業はChina-plus-one 戦略を模索するようになった。これは、中国以外にも展開先を確保し、中国依存リスクを分散しようとするものである。東かがわの手袋関連企業の中には、もともとフィリピンやベトナム、インドネシアに生産拠点や委託生産先を確保する企業もあった。フィリピンは、経済成長は他国に比べて緩やかであったが、その分生産コストの上昇が抑えられ、中小企業の進出先としては適しているとされた。一方、東南アジアで新たな進出先となったのがカンボジアであった。二〇一〇年代に入り、東かがわ手袋関連企業二社がベトナム国境に近い工業団地に生産拠点を設けた。今後これらの工場が主要な生産基地となることが期待されている。

　東かがわの手袋産業の海外展開のもう一つの特徴は、生産拠点だけでなく、早くから販売拠点や情報収集拠点をグローバルに展開した点にある。具体的には、一九八〇年代初頭には一社がアメリカ合衆国に販売拠点を開設（現地法人設立）し、その後他の一社がヨーロッパ（一時期スイス、イタリアに事務所設立）に販売・仕入拠点を開設している。最近では、中国や東南アジアにおいても販売網を構築しつつあり、市場として新たな展開を図っている。

　現在、一般的な製品の多くは、海外の現地法人や提携企業において生産されている。地場での生産は、生産コストの高さもあり、試作品、小ロットの高級品そして納期の短い製品が中心になっている。全体として、グローカル[4]な分業体制を整えている。東かがわ地域の手袋産業の販売額は、一九五〇年代以降大きな変化を示してきた。一九六〇年代の後半に入ると国内での販売額が輸出による販売額を上回るようになり、輸出による売り上げは、一九七〇年代の前半にピーク（一九七一年七五・八億円）に達し、以後減少の一途をたどっ

（4）　グローバル（global）とローカル（local）をつなげた語。グローバルな事象とローカルな事象は互いに関係しあっており、その関係性を強調する語として最近使用されるようになった。

た。一方、国内での売り上げはその後順調に伸び、一九九一年には六五〇億円に達した。しかし、その後売り上げの伸びは止まって減少に転じ、二〇〇五年には三八七億円とピークの六〇％にとどまった。販売額の総額も一九九一年の六五二億円がピークで、その後同様の傾向をたどっていたが、二〇一〇年度の前半には一時回復の兆しを見せた（図６）。

当該産業の国内販売額では、なお手袋の販売額が全体の約六―七割を占めている。そのうち、大別して約五分の三がファッション系手袋（二〇一七年、一〇二億円）、五分の二がスポーツ系手袋（二〇一七年、八二億円）である。ただ、手袋以外の製品の販売も全体の三―四割程度（二〇一七年、一〇七億円）を占めており、これらの商品が地場の企業群を支える重要な品目となりつつある。今後、手袋を核とした販売額全体の減少を食い止め、いかに上昇に転じさせるかが喫緊の課題となっている。合わせて、専門技術者（職人）の高齢化が進んでおり、若手技術者の養成も取り組むべき重要な課題である。

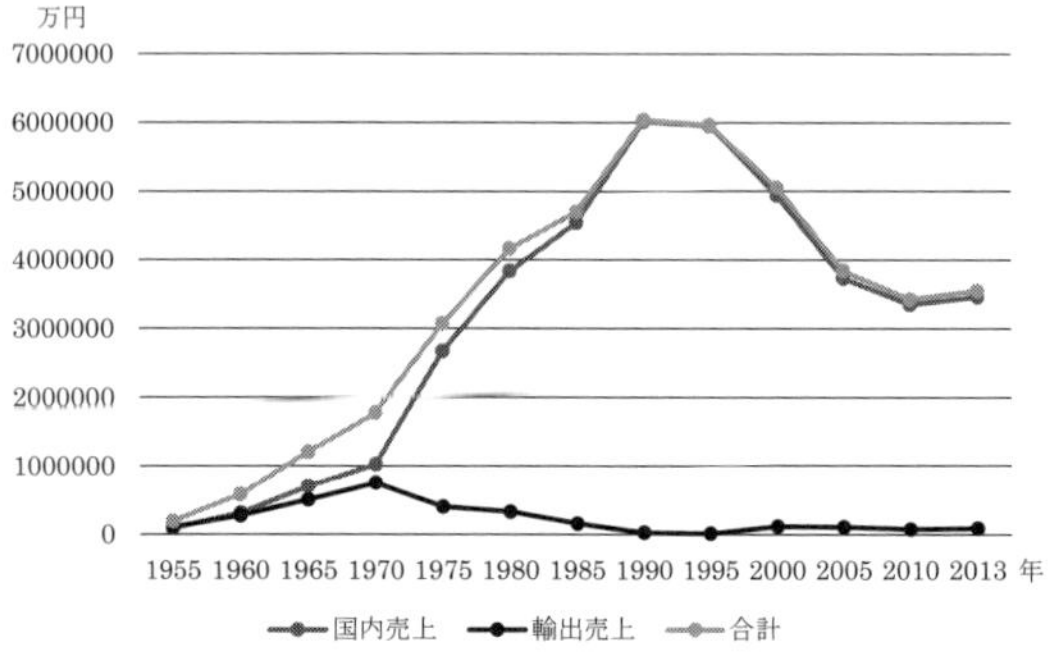

図６　東かがわの手袋産業の売上額の推移（日本手袋工業組合資料により作成）

れている。(5)

3　持続発展的な将来を目指して――地域ブランドの構築と企業ブランドの育成

経済のグローバル化が進展する中、また国内人口がピークを迎え減少に向かう中、地場産業を巡る環境は年々厳しさを増している。東かがわの手袋産業もまた、その対応に迫られている。(5)

取り組みの一つは、直接販売の拡大である。二〇〇八年、業界全体における直接販売の割合は、一〇%程度とみられた。その割合を拡大すべく、一つの試みとして、二〇〇九年、日本手袋工業組合（以下、組合）と二〇社程度程の手袋企業が協力して、はじめてのアウトレットショップが大内地区の三本松商店街内に開設された（二〇一二年、利便性向上のため組合事務所建物内に移転）。平行して、組合は事務所建物内に、内外の人々に対し手袋産業の歴史と今を伝えることを目的として、グローブミュージアムを開館した。

二一世紀に入ってからの国内外でのインターネットの急速な普及は、手袋産業の販売形態にも変化をもたらした。現在、多くの企業は独自のホームページを立ち上げて、消費者への直接販売ルートの開拓に努めている。また、企業の中には、東京に自社店舗を開設するところも出てきている。

もう一つの取り組みは、上記の取り組みと関わる地域ブランドの育成である。東かがわ地域の手袋製造業は、長く専門問屋の力に依存し、かつ相手先ブランド名（ＯＥＭ）で多くの製品を販売してきたが、地域のオリジナルブランドの確立と売上額の拡大を目指して

(5)　二〇二〇年初めからの新型コロナウイルスの世界的な拡大は、感染防止のため人々の外出控えを招き、東かがわの手袋産業にも大きな影響を与えた。

いる。他に追随許さない東かがわ地域の皮革加工技術を生かし、皮革生活雑貨の地域ブランドとして、有志企業が結集して二〇〇三年に立ち上げた“Glove Design”はその一例である。関連して、東かがわ市と東かがわ市商工会は、皮革製品を中心とした「Japanブランド」を立ち上げて上記Glove Designを支援した。その後、二〇一四年には、組合の主導の下一八社の企業が参画して、統一した厳しい製造基準を設け、高い品質を保証するブランド「香川手袋」を立ち上げた。手袋のもつ可能性を創造的に考えるプラットフォームとして「1888手袋ラボ」が作られ、参加企業は、著名な若手デザイナーをはじめ内外のクリエーターと協働して、これまでにない素材を活用したり、異業種の企業と連携したりして実験的な取り組みを続けている。

この動きと連動するのが、企業自身の取り組みである。東かがわの企業の中には、自社ブランドの構築に努める企業もある。具体的な取り組みとして、東京などに自社店舗を開設したり、国際展示会に積極的に参加したりしている。出品した製品に対し国際的な賞を獲得する企業も出てきている。

企業間の競争と協力という好ましい関係の中で、今後は香川手袋という地域ブランドと各企業のブランドをバランスよく発展させ、グローカルにその相乗効果を発揮することが求められる。東かがわの手袋産業は、地方に根付く地場産業のこれからを考える際に好事例となるといえよう。

〔付記〕
本稿は、平（二〇一七）とTaira (2020)を元に新たに書き起こしたものである。現地調査に際しては、日本手袋工業組合を始め、多くの関係企業の協力を得ました。ここに記して感謝申しあげます。

〔参考文献〕

上野和彦『地場産業地域の革新』古今書院、二〇〇七年

平　篤志「地方地場産業の生存戦略と海外展開―東かがわ地域の手袋産業を事例として―」『香川大学教育学部研究報告』（第Ｉ部）一四七巻、一二一―一三七頁、二〇一七年

塚本僚平「地場産業産地における構造変化と産地維持要因―香川県東かがわ手袋産地を事例として―」『人文地理』六二巻、三三八―三五七頁、二〇一〇年

日本手袋工業組合『手袋百年誌』日本手袋工業組合、一九八八年

細川　進『東かがわ手袋産地の変容』学文社、二〇一二年

松原　宏編『日本のクラスター政策と地域イノベーション』東京大学出版会、二〇一三年

山本健兒『産業集積の経済地理学』法政大学出版局、二〇〇五年

Content, J. and Frenken, K. 2016. Related variety and economic development: A literature review. *European Planning Studies*, 24: 2097-2112.

Taira, A. 2020. Beyond the cluster: A case study of pipelines and buzz in the *glocal* relational space of the glove-related industry of Shikoku, Japan. *Geographical Journal*, 186: 45-58.

column

庵治石と地域社会

坂井冴耶佳

香川県高松市の北東に位置する庵治町《あじちょう》や牟礼町《むれちょう》付近は、日本三大石材産地の一つとして知られる。庵治町と牟礼町にまたがる五剣山《ごけんさん》山麓から産出される細粒黒雲母花崗岩は庵治石と呼ばれる。庵治石は美しい光沢をもち、結晶結合が緻密で吸水率が低いため風化し難いといった優れた特徴からその評価は高い。庵治石を扱う石材業は伝統的地場産業として地域に根付いてきた。石材業は、その役割に応じてさらに二つに分けられる。丁場と呼ばれる石切り場において石を切り出す採石業と、その石や県内外の石を加工して販売する加工販売業である。丁場から採石された石には、職人の手によって温もりが吹き込まれる。そして、おもに墓石や灯籠などに加工さ

写真1　五剣山山麓の丁場風景、奥に見えるのは屋島（写真提供　松原等石材店）

写真2　職人による石の加工風景（写真提供　松原等石材店）

れる。各過程を担当する職人が誇りをもって行っており、最高級の素材を職人が支えているのである。また、近年では墓石や灯籠のみならず、庭や屋内に置くような石あかりや箸置き、コースターといったインテリアとして暮らしに馴染む製品作りにも力が入れられている。

庵治石の産地である庵治町と牟礼町は、かつて源平合戦の舞台となった屋島壇ノ浦に臨む町でもある。そのため、庵治町と牟礼町には合戦時の史跡が今なお多く残っている。これらの史跡は後世に語り継がれ今日に至っている。このような地域のもつ歴史と伝統的地場産業である石材業とを結び、人々が庵治石の温もりに触れることができる機会のひとつとして「むれ源平石あかりロード」が挙げられる。琴平電気鉄道志度線《しどせん》の八栗駅《やくりえき》構内には庵治石で作られた作品が置かれている。この八栗駅を始点として北へと伸びる道には庵治石が埋め込まれている（写真3）。庵治石が誘う石の道である。運が良ければ、道を進む途中、風を切り鳴り響くカンカンという音を耳にすることができるかもしれない。それは、職人が熟練の技術をもって石と向き合う音である。

写真3　八栗駅より北へと伸びる道
（2021年1月29日　筆者撮影）

二〇〇四年、牟礼町でまちの活性化と地場産業の振興を目的に「むれ源平まちづくり協議会」が発足した。そして、まちづくりのひとつとして、牟礼町のもつ特色である石材業と源平史跡を軸にした「むれ源平石あかりロード」が二〇〇五年より開催された。石あかりロードでは、庵治石に明かりを灯した作品が史跡と史跡の間を繋ぎ、地域のもつ歴史の世界へと人々を誘う。この庵治石と人とが紡ぎ出す風景は、国土交通省の日本風景街道にも登録されており、例年多くの人で賑わう催しとなっている。

　このように庵治石は地域社会のなかで人と人を結び、時を超えて新たな風景を紡ぎ出す核となっていると言えよう。残念ながら、香川県の誇る石のまちの魅力をこの小文で紹介しきることは難しい。是非、香川県高松市牟礼町にある石の民俗資料館や夏に開催される「むれ源平石あかりロード」をご自身の足で訪ね歩いて頂きたい。

「とりあえず、いっぺんきてみまい。」

〔参考文献〕

牟礼町 牟礼町史編集委員会『牟礼町史』二〇〇五年
庵治町教育委員会『庵治石の歴史』一九七九年
寿協同石材株式会社『天下の銘石　庵治石』二〇〇五年
「むれ源平石あかりロードホームページ」http://www.ishiakari-road.com/（二〇一一年七月七日最終閲覧）

column

香川県と「糖」――和三盆と希少糖――

鈴木正行

香川県は昔から「糖」との縁が深い。江戸時代の高松藩政下では、讃岐の特産品として、砂糖、塩、綿が「讃《さ》岐三白《ぬきさんぱく》」と呼ばれた。しかし、幕末の開港により、幕末・明治維新以降、これらの生産は外国との競争や産業の近代化などの影響を大きく受けることとなった。まず、良質で安価な外国綿が大量に流入し、綿生産が衰退した。製塩では、第二次世界大戦後、外国産の塩に対抗するために工業化が進み、伝統的な塩田式製塩法は姿を消した。その中で、東かがわ市引田《ひけた》地域の「和三盆糖《わさんぼんとう》」と呼ばれる和製白糖は、他の白糖にはない独特の風味をもっており、隣接する徳島県板野《いたの》郡産のものとともに地域の特産品となっている。和三盆糖は、機械製糖による白糖に押されて衰退してきたものの、技術的に機械生産が難しいため、伝統的製法が継承されて、高級白糖として現在に至っている。

砂糖の起源を辿ると、八世紀半ばに唐僧鑑真によって日本にもたらされたとされるが定かでない。ただ、『東大寺献物帳』「奉盧舎那仏種々薬帳」に「蔗糖」の記載があり、この頃には日本に砂糖が伝わっていたと考えられる。当時、砂糖（黒糖）は、甘味料としてではなく薬として扱われていた。砂糖が普及する以前の甘味料は、麦芽糖水飴、甘葛《あまずら》、柿、甘酒、蜂蜜などであった。砂糖が広く使用されるようになるのは、一六世紀の朱印船貿易によって中国などから輸入され、菓子などに用いられてからである。砂糖黍の苗及び製糖法は、江戸時代の初期に、奄美大島の直川智《すなおかわち》あるいは琉球の儀間真常《ぎましんじょう》により中国福建省から伝えられたとされている。薩摩藩は、貴重な砂糖を奄美や琉球から独占的に入手・販売することで多大な利益を上げた。それ故、藩外への苗や製糖技術の流出には細心の注意が払われた。一八世紀半ばまで、砂糖の多くは海外からの輸入に頼っており、一八世紀末にようやく讃岐や阿波などで国内糖業が興った。

図1　搾汁のようす（「讃岐国白糖製造乃図」『大日本物産図絵』）

讃岐国寒川郡《さんがわ》志度《しど》出身の平賀源内が著した『物類品隲《ぶつるいひんしつ》巻乃六付録』には、甘蔗の栽培法と製糖法が記されている。讃岐では、高松藩五代藩主松平頼恭《よりたか》の命により、藩医池田玄丈《いけだげんじょう》が砂糖づくりの研究を始め、寛政元（一七八九）年に弟子の向山周慶《さきやましゅうけい》により白糖五〇斤（約三〇kg）が初めて作られた。この時、周慶に協力した人物が薩摩出身の関良助《せきりょうすけ》である。関は四国巡礼の際に病で倒れたところを向山に助けられたことから、その恩に報いるために薩摩藩の国禁を犯して砂糖黍の苗を持ち出し、周慶とともに白糖を作り出したと伝えられている。その後、白糖の精製技術が進み、丹念な研ぎによる讃岐流の和三盆糖が作り出された。原料は「竹糖《ちくとう》」・「竹蔗《ちくしょ》」と呼ばれる茎の細い砂糖黍であり、今では香川県や徳島県の一部の地域でしか栽培されていない。明治期以降、香川県の糖業は外国産に押されて衰退したが、和三盆糖は風味豊かで上品な甘さと滑らかな口溶けにより人気を博し、和菓子などに使用されてきた。現在では洋菓子などにも使われている。

　和三盆糖は、次のような工程で製造される。①三月から四月にかけて挿苗して一二月上旬から中旬に収穫し、一月初めから三月末の気温の低い時期に精製に入る。②収穫した砂糖黍を機械（かつては牛力を用いた石臼）で絞って汁を取り出す（図1）。③搾汁を荒釜で煮ながら牡蛎殻の粉末を入れてアクを抜き、じっくりと煮詰める。④すまし桶に移して不純物を沈殿させ〔澄まし〕、上澄み液だけを揚釜で煮てさらに煮詰める。⑤糖液が黄金色の粘液となって凝縮されたものを銅製の甕に移して竹棒で撹拌する。⑥冷やした後、糖液を樽に入れて貯蔵すると白下糖《しろしたとう》が晶出する。⑦白下糖を綿布で包んで木桶（押槽《おしぶね》）に入れ、天秤棒と重石等を使って圧搾して糖蜜を絞って抜く〔分蜜〕。⑧押槽から取り出した砂糖を木製の浅箱（研槽《とぎぶね》）に入れ、数名の職人が順に手もみで研いで白く精製する。⑨圧搾と研ぎを繰り返した後、乾燥台に拡げて風乾させる。この精製作業に一週間ほどを要する。

香川県と糖との縁はさらに深く長く続く。世の中で糖と呼ばれるものには、単糖（これ以上分解すると糖の性質を失う基本単位）、オリゴ糖（単糖が数個結合）、多糖（単糖が多数結合）がある。多糖は私たちの生活の中に身近に存在し、デンプン、セルロース、グリコーゲン、アガロース（寒天の主成分）などが知られている。一方、自然界に存在する単糖の総量のほとんどはグルコース（ブドウ糖）である。果実に含まれている糖は、単糖のフルクトース（果糖）であり、メロンや蜂蜜などにも含まれている。砂糖の主な成分は、グルコースとフルクトースが結合したスクロースである。単糖のうち、自然界にわずかの量しか存在しない糖は、希少糖（Rare sugar）

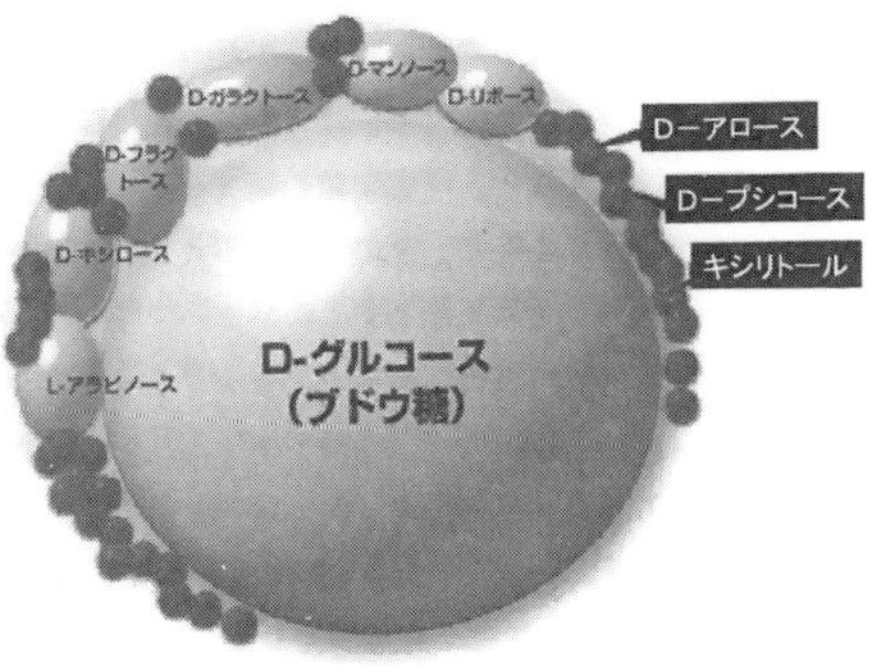

図2　単糖の種類と量（何森健『希少糖秘話』より引用）
円や楕円の面積は自然界に存在する単糖の量を相対的に示している。色の濃い●が希少糖である。

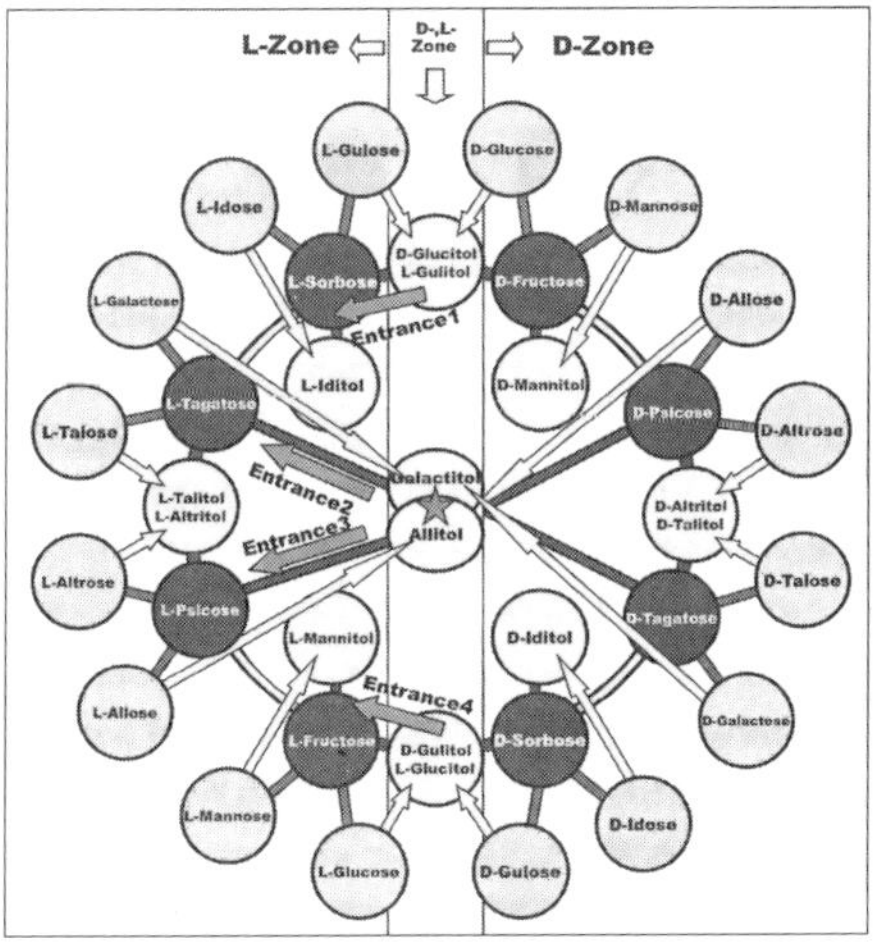

図3　イズモリング（『希少糖秘話』より引用）

と呼ばれ、「自然界に存在量の少ない単糖とその誘導体」と定義されている（図2）。希少糖は五〇種類以上あり、アロース、プシコース、キシリトール、タガトースなどがある。長い間、単糖は学界や産業界では有用性が明らかにされず、見向きもされない存在だった。そのような中で、希少糖の研究は香川大学農学部の何森健《いずもりけん》博士（名誉教授）によって切り開かれ、地道に進められてきた。希少糖という名称は、もとは何森博士による造語である。何森博士の専門は微生物利用学であり、瀬戸内海の海水などから微生物を分離して、様々な分野に活用する研究を行っていた。そして一九九一年、偶然にも農学部食堂裏の土壌の中から、果糖を希少糖に変換させる酵素を持つ微生物を発見した。研究を重ね十年余りの歳月を経て、何森博士は、単糖間の関係性を構造的に表すイズモリング（Izumoring）を考案した（図3）。これにより、様々な形で存在する単糖の全体像が見えるようになり、希少糖の効率的な生産戦略を立てられるようになった。

現在、香川大学発ベンチャー企業である（株）希少糖生産技術研究所や（株）レアスウィート、希少糖普及協会が設立され、希少糖に関係する様々な事業が展開している。また、香川大学農学部内には、国際希少糖学会の本部・事務局が置かれている。そして、企業・香川大学・香川県などの連携による研究・開発・生産・販売・教育・普及の一体化した事業「かがわ希少糖ホワイトバレープロジェクト」が推進されている。さらに、希少糖生産技術研究所のある木田郡三木町小蓑地域では、希少糖D-プシコースを含む唯一の植物であるズイナの組織培養に、地元のお年寄りが「小蓑ズイナーズ」として参加している。希少糖は、希少糖含有シロップ（写真1）をはじめ、菓子や調味料などに使用され、商品に付加価値を付ける存在となっている。かつて見向きもされなかった希少糖だが、今では健康食品・甘味料のほかにも、医薬品・化粧品、農業資材（植物生長調節剤・病害

写真1　希少糖含有シロップ
「レアシュガースウィート」

抵抗性増強）、有用物資（試薬・誘導体）の原料など幅広い用途が研究され、その可能性に期待が寄せられている。世界的に糖尿病や肥満による疾病の問題が深刻化する中で、希少糖の販売先として、国内市場だけでなく北米、ヨーロッパ、アジアなど海外市場への展開もめざされている。香川県は、「糖」を原動力として、時代の先端を走っているのである。

〔参考文献〕

何森健『希少糖秘話』（株）希少糖生産技術研究所、二〇一三年
松井年行『物類品隲の研究』美巧社、二〇二〇年
平賀国倫《くにとも》「物類品隲」『日本古典全集』日本古典全集刊行会、一九二八年
大庭景利・柳田文雄「和三盆白糖の製造について」『日本食品工業学会誌』九（六）、一九六二年
山中啓「四国の和三盆糖」日本調理科学会『調理科学』五（三）、一九七二年
山中啓「さぬきの和三盆糖」日本農芸化学会『化学と生物』一四巻三号、一九七六年
亀頭宏「日本における甘味社会の成立―前近代の砂糖供給―」上智大学経済学会『上智経済論集』五三（一・二）、二〇〇八年
永冨太一「（大学発！　美味しいバイオ）香川から世界へ！　夢の糖『希少糖』の誕生」日本生物工学会『生物工学会誌』九二（一〇）、二〇一四年
小川雅廣・早川茂「希少糖D-プシコースの食品加工への応用」『日本食品科学工業学会誌』六八（三）、二〇二一年
木原溥幸・丹羽佑一・田中健二・和田仁『香川県の歴史』山川出版社、一九九七年
香川県『香川県史』第四巻通史編近世Ⅱ、一九八九年、『香川県史』第五巻通史編近代Ⅰ、一九八七年
三谷製糖羽根さぬき本舗ホームページ（https://wasanbon.com/）
ばいこう堂株式会社ホームページ（http://baikodo.com/index.html）
松谷化学工業株式会社ホームページ（https://www.matsutani.co.jp/）
株式会社希少糖生産技術研究所ホームページ（http://izumoring.com/index.html）
株式会社レアスウィートホームページ（http://www.raresweet.co.jp/）
一般社団法人希少糖普及協会ホームページ（https://www.raresugar.org/）
香川県希少糖プロジェクトホームページ（https://www.pref.kagawa.lg.jp/sangyo/kisyoto/kfvn.html）
香川大学国際希少糖研究教育機構ホームページ（http://www.kagawa-u.ac.jp/IIRSRE/index.html）
※ホームページの最終アクセスはいずれも二〇二一年五月五日

香川県の観光

原　直行

はじめに

観光業をこれからの日本経済を支える産業の一つにしようと、二〇〇〇年代以降、ビジット・ジャパン・キャンペーン（二〇〇三年）、観光立国推進基本法の制定（二〇〇七年施行）、観光庁の設置（二〇〇八年）など政府も力を入れてきた。その結果、特にインバウンド（訪日外国人旅行）において顕著な伸びを示してきた。中でも香川県はインバウンドにおいて全国的にもトップクラスの伸びを示している。しかし、二〇二〇年に新型コロナウイルス感染症の流行により、日本だけでなく、世界中の観光業は大打撃を受けた。現在は、With コロナ、After コロナの観光が世界中で模索されている。コロナが収束し、一日も早い観光業の復活を願うばかりであるが、本章ではコロナの影響がまだ見通せないこともあり、説明の大部分をコロナ以前の動きに焦点を合わせたい。そのほうがよりクリアに観光業の実績を理解することができるからでもある。

本章は先ず日本の観光について、とくにインバウンドの視点から概観する。次に、香川県の観光について説明する。

1　日本の観光

産業としての観光業

先ず、日本における産業としての観光業を概観する。[1] 二〇一八年の国内における観光消費がもたらす経済波及効果は五五・四兆円であり、日本のGDPの五・二%を占めている。また、観光業における就業者数は六七三万人であり、就業者総数の九・八%を占めている。これらのことから観光業は日本において重要な産業の一つであることがわかる。

なぜインバウンドは重要なのか?

特に政府が力を入れているのがインバウンドである。訪日外国人観光客が日本で支払う宿泊費、飲食費、交通費、お土産・買物代、施設入場料などの費用の大部分は国内に落ち、旅行収支の黒字化、日本経済の活性化に大きく貢献するからである。

図1は訪日外国人観光客数と出国日本人観光客数の推移をみたものである。これによると、この二〇年間、出国日本人観光客数はあまり伸びていないのに対して、訪日外国人観光客数は二〇一〇年代以降、急増し、二〇一五年には訪日外国人観光客数が出国日本人観光客数を上回り、さらにその差を拡げていることがわかる。経済面でより重要なのは旅行

(1)　国土交通省観光庁(二〇二〇)六—七頁を参照。

図1　観光客数（左軸）旅行収支（右軸）の推移

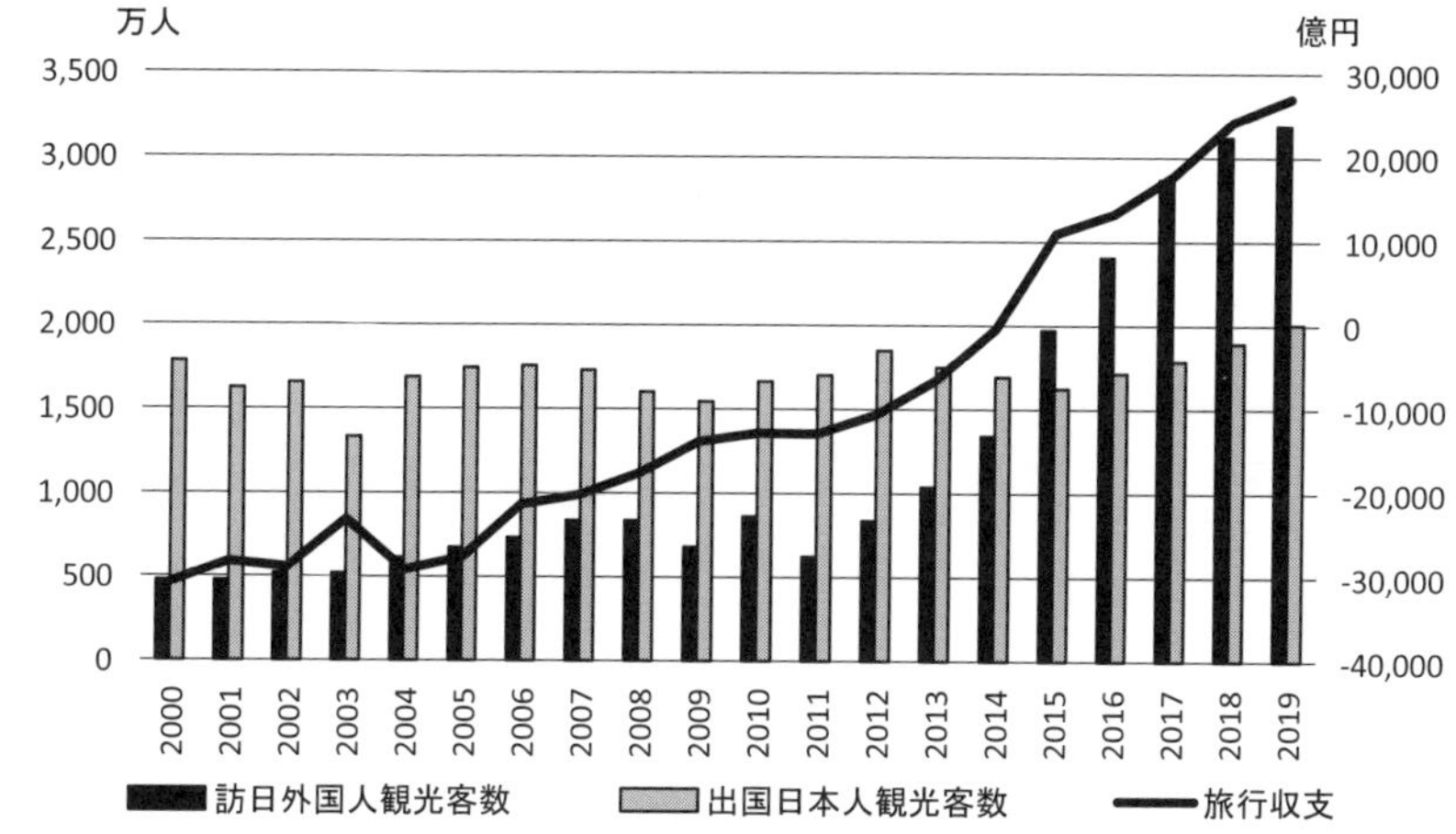

出所：観光客数：日本政府観光局「年別　訪日外客数、出国日本人数の推移」
旅行収支：国土交通省「観光白書」（各年版）

収支の黒字化である。二〇〇〇年に三兆円を超えた赤字が徐々に赤字額を縮め、二〇一五年には逆転して一兆円の黒字になり、その後も黒字額を拡大し、二〇一九年には二・七兆円の黒字にまでなっている。ちなみに国際収支の黒字化をもたらした国際観光収入の国別ランキングの推移では、日本は年々ランキングを上げ、二〇一九年では世界で九位、アジアで二位になっている。

なぜリピーターは重要なのか？

ところで、観光ではリピーターが重要だとよく言われる。それは訪日外国人観光客でも同じである。そのことを経済面から確認しよう。表1は東アジア四ヶ国・地域別にみた一人当たり旅行支出である。(2) この四ヶ国・地域は近年、訪日外国人観光客数の上位四位を

(2)「観光白書（概要）」（令和二年版）四二―四三頁、図表Ⅱ―33「東アジア四箇国・地域別にみた一人当たり旅行支出」を参照。

表１　東アジア４ヶ国・地域別にみた１人当たり旅行支出（2019年）

国・地域	項目	単位	１回目	２～９回目	10回以上
中国	１人当たり旅行支出	万円	19.6	22.6	25.4
	平均泊数	泊	5.8	6.0	5.6
韓国	１人当たり旅行支出	万円	6.3	6.8	8.1
	平均泊数	泊	3.1	3.2	3.9
台湾	１人当たり旅行支出	万円	10.1	11.3	12.8
	平均泊数	泊	4.3	5.2	5.5
香港	１人当たり旅行支出	万円	13.6	14.4	18.0
	平均泊数	泊	5.3	5.4	5.9

出所：国土交通省「観光白書（概要）」（令和２年版）、pp.42-43、図表Ⅱ-33「東アジア４箇国・地域別にみた１人当たり旅行支出」より作成。原資料は観光庁「訪日外国人消費動向調査」2019年観光レジャー目的より観光庁作成。

占めている。表１によると、国・地域別に支出額に差はあるものの、訪日回数が多いほど平均泊数は増加傾向にあり、加えて旅行支出も増加していることが確認できる。リピーターは日本でより多くお金を使ってくれているのである。

さらに、図示は省略するが、「観光白書」によると、[3]この四ヶ国・地域、特に台湾と香港では、訪日回数別にみた訪問地が、訪問回数一回目、二～九回目、一〇回以上と回数が増えるにつれて全国に拡大する傾向がある。すなわち、一回目は東京から大阪・京都を結ぶいわゆるゴールデン・ルート中心だったのが、回数が増えるにつれ北海道、九州、さらには東北、中国、四国と訪問地が広がっていく。リピーターほど地方を訪問しているのである。

日本人観光客も重要

ここまで訪日外国人観光客中心に検討してきたが、日本人観光客も依然として観光業に

（３）「観光白書（概要）」（令和二年版）四三―四五頁、図表Ⅱ―35「訪日回数別にみた訪問地」を参照。

おいて極めて重要である。日本国内における旅行消費額を日本人旅行と訪日外国人旅行とに分けてみると、日本人旅行の消費額は二〇一三年二一・四兆円（全体の九四％）、二〇一六年二二・一兆円（同八六％）、二〇一九年二三・一兆円（同八三％）となっており、旅行消費額の大部分を占めている。(4) ただ、訪日外国人旅行の消費額、全体に占める比率ともに年々伸びている一方で、日本人旅行の消費額が近年増加傾向にあるものの伸びが停滞している。日本人一人当たり国内宿泊旅行回数は一・三～一・四回程度、一人当たり宿泊数は二・一～二・三泊程度であり、日本人旅行の消費額はまだ伸びしろがあるといえる。(5)

観光業における地方部の伸び

都市部と地方部の観光実績の差が顕著であることも観光の特徴である。地方ブロック別延べ宿泊者数をみると、二〇一九年で三大都市圏の関東地方で一億五一四八万人、近畿地方九一九九万人であるのに対して、地方部の中国地方二六〇五万人、四国地方一三七六万人であり、四国地方は全国で最も少なく、中国地方が次いで少ない。関東地方、近畿地方と四国地方の差は倍率にするとそれぞれ一一倍、七倍である。この差は外国人延べ宿泊者数ではさらに顕著であり、関東地方三五四五万人、近畿地方二七七二万人に対して、中国地方二一六万人、四国地方一一四万人である。関東地方、近畿地方と四国地方の差はそれぞれ三一倍、二四倍である。(6) 地方部でも宿泊者数は伸びているが、まだ都市部との差は顕著であり、どのようにして地方部に観光客を呼び込むのかが今後の大きな課題である。

(4)「観光白書（概要）」（令和二年版）一七頁、図表I―31「日本国内における旅行消費額」を参照。

(5)「観光白書（概要）」（令和二年版）一六頁、図表I―28「日本人国内宿泊観光旅行の回数及び宿泊数の推移」を参照。

(6)「観光白書（概要）」（令和二年版）二一―二二頁、図表I―41「地方ブロック別延べ宿泊者数」及び図表I―42「地方ブロック別外国人延べ宿泊者数」を参照。

2　香川県の観光

香川県のインバウンドの実績

これから香川県の観光についてみていく。先ずは、前節からの流れでインバウンドの実績を確認する。二〇一二年から二〇一九年にかけて都道府県別外国人延べ宿泊者数の伸びをみると、香川県は一六・〇倍と全国で最も高く、次いで多い佐賀県（八・三倍）、青森県（八・〇倍）を大きく引き離している。(7) 二〇一九年は第四回瀬戸内国際芸術祭が開催された年であり、外国人観光客数が多かったため、この影響を除いた二〇一二年から二〇一七年でみても香川県は一〇・五倍と全国で最も高かった。(8) 先にみたように、観光では地方部のさらなる伸びが課題である中で、インバウンドの実績では全国で群を抜いているのである。

このような高い実績をもたらした要因は何であろうか。「観光白書（概要）」（令和二年版）では、訪日外国人観光客の消費動向や移動の状況、訪問した観光地でのSNS投稿等から四国の他三県との傾向の違いを分析している。(9) 興味深い分析結果なので詳しくみていく。

先ず、消費動向についてみてみる。香川県を訪問した訪日外国人観光客（香川県のみではなく他都道府県を訪問した観光客も含む）は旅行消費額全体の二五％と最も多くを香川県で消費しており、一方で四国他県では旅行消費額全体の一二％前後で、香川県は四国他県よりも消費を多く取り込んでいる。

次に、四国各県の訪日外国人観光客の訪問した地域・県をみると、香川県を訪問した訪

(7)　「観光白書（概要）」（令和二年版）五二―五三頁、図表Ⅱ―52「都道府県別外国人延べ宿泊者数の伸び」を参照。

(8)　「観光白書（概要）」（平成三〇年版）四六頁、図表Ⅱ―31（2）「外国人延べ宿泊者数の変化（倍率）」を参照。

(9)　「観光白書（概要）」（令和二年版）五二―五六頁を参照。二〇一九年のデータの分析である。

日外国人観光客は、高松空港で入国し、香川県のみを訪問する割合が二二%と最も高く、次いで高松空港で入国、香川県と四国他県訪問が一四%である。これは関西空港で入国、香川県と近畿地方を訪問（五%）よりも高い。一方、四国他県を訪問した訪日外国人観光客は香川県を訪問する割合が六〇%以上と高く、香川県、四国他県の組み合わせで訪れる割合が最も高い。以上のことから、香川県観光客は香川県を目的として訪問していることが推察される。

表2　訪日外国人旅行者のSNSへの投稿

県	市町村	投稿件数	主な投稿内容
香川県	高松市	1,384	栗林公園、うどん専門店、離島（大島、男木島、女木島）
	直島町	747	地中美術館、ベネッセハウス、自然景観
	土庄町	230	豊島美術館、自然景観
	琴平町	127	金刀比羅宮
	小豆島町	111	自然景観
徳島県	徳島市	235	徳島ラーメン
	三好市	105	かずら橋
	鳴門市	87	霊山寺、大塚国際美術館
愛媛県	松山市	561	道後温泉、松山城
	今治市	80	しまなみ海道サイクリング
高知県	高知市	288	高知城、桂浜
	四万十市	37	沈下橋、寿司

出所：国土交通省「観光白書（概要）」（令和2年版）、p.55、図表Ⅱ-57「香川県での訪日外国人旅行者のSNSへの投稿」及びp.56、図表Ⅱ-59「訪日外国人旅行者のSNSへの投稿」より作成。

これを実現させたものとして、高松空港の国際空港化の果たした役割は大きい。高松空港は中国（上海）、韓国（ソウル）、台湾（台北）、香港の国・地域と直行便で結んでいる。香川県を訪問した訪日外国人観光客の五一%が高松空港から入国しているという実態からもわかるように、大勢の訪日外国人観光客が香川県に直接来ることを可能にしている。

さらに、訪日外国人観光客の訪問した観光地でのSNSへの投稿をみた表2によると、四国四県では食、自然景観、神社・仏閣・城などの文化資源が共通して多いことが確認できる。その中でも香川県では、その他に直島町の地中美術館、ベネッセハウス、土庄町の豊島美術館などアート関連の投稿が多いことがわかる。高松市の離島（大島、男木島、女木島）も瀬戸内国際芸術祭の会場となった島であることを考慮すると、アートが四国他県と比べて抜きん出て多い。香川県にはアートに関心のある外国人が多く訪問しているのである。

香川県の観光戦略

このようなインバウンドにおける高い実績をもたらした香川県の観光戦略についてみていこう。香川県における観光戦略の特徴は、国の制度を上手く利用した全県的な取組にある。すなわち、香川県全体で観光圏の認定地域に指定され、かつ観光地域づくり法人（DMO）にも登録され、香川県庁のリーダーシップのもと、瀬戸内海とアートをブランドとして、全県的に観光戦略を推し進めているのである。以下、詳しく述べる。

観光圏とは観光圏整備法に基づき、「自然・歴史・文化等において密接な関係のある観光地を一体とした区域であって、区域内の関係者が連携し、地域の幅広い観光資源を活用して、観光客が滞在・周遊できる魅力ある観光地域づくりを促進するもの」である。[10]現在、全国で一三地域が認定され、県全体が認定地域となっているのは香川県だけである。香川県では「香川せとうちアート観光圏」として整備を進めており、「瀬戸内海という地域資源と、圏域内に集積しているアートや文化資源を本圏域独自のブランドとして確立し、積極的な情報発信や誘客活動に取り組んでいく。（中略）外国人観光客に対する多言語対応も含めた圏域内全域の「おもてなし力」の向上を図ることにより、二泊三日以上の滞在交

（10）観光庁HP「観光圏の整備について」を参照。

流型観光を推進し、旅行・宿泊先として選ばれ続ける地域となることを目指す」としている。[11]「瀬戸内海」と「アートや文化資源」をブランドして、二泊三日以上の観光を推進しているのである。

観光地域づくり法人（ＤＭＯ）とは、「地域の「稼ぐ力」を引き出すとともに地域への誇りと愛着を醸成する「観光地経営」の視点に立った観光地域づくりの舵取り役として、多様な関係者と協同しながら、明確なコンセプトに基づいた観光地域づくりを実現するための戦略を策定するとともに、戦略を着実に実施するための調整機能を備えた法人」のことであり、観光庁に認められると「登録ＤＭＯ」として登録されることになる。[12]香川県では公益社団法人香川県観光協会が二〇一七年に観光地域づくり法人として登録された。[13]観光圏と同様に県全体が区域となっており、各市町の観光協会のほかホテル旅館生活衛生同業組合、鉄道会社等が連携事業者である。ここでは、「首都圏を中心とした、アートに深い関心を持ち、ＳＮＳや口コミなどによる情報発信力が強い女性層」と「高松空港からの国際定期路線が就航している、韓国、中国、台湾、香港を中心とした外国人観光客」をメインターゲットに、「香川せとうちアート観光圏」と同じコンセプトで観光地域づくりを行うとしている。

香川県観光の課題

これまでみてきたように、香川県の観光は目を見張るような実績をあげてきたが、課題はないのであろうか。ここではインバウンドと日本人観光客とに分けて検討していく。先ず、インバウンドについては、外国人を意識した観光地域づくりのさらなる深化が求めら

（11）香川県ほか（二〇二〇）一頁を参照。

（12）観光庁ＨＰ「観光地域づくり法人（ＤＭＯ）」を参照。なお、ＤＭＯとは"Destination Management/Marketing Organization"（観光地域マネジメント・マーケティング組織）のことである。

（13）公益社団法人香川県観光協会（二〇一七）を参照。

れる。香川県観光協会のホームページ「うどん県旅ネット」やSNSでは、外国語として英語や中国語（簡体字、繁体字）、韓国語、タイ語などでも表記されている。だが、例えば高松市の中心商店街には魅力的な飲食店が数多いものの、店内や店頭に英語メニューの表記がある店はまだ少ない。岐阜県高山市などインバウンドの先進事例と比べると見劣りがするのは否めない。観光は観光関係者のみでなく、広く観光地域づくりとして取り組むことが肝要であり、外国人観光客にも滞在しやすい地域づくりが求められる。

次に、日本人観光客についてである。延べ宿泊者数の推移を日本人観光客と外国人観光客とに分けてみた図2によると、二〇一三年以降、外国人観光客の順調な増加に対して、日本人観光客は増減を繰り返し、三五〇万人泊前後で伸び悩んでいることがわかる。日本国内における旅行消費額の八三％〜九四％を日本人旅行が占めていたように、香川県の宿泊者数でも八三％〜九七％が日本人観光客であり、外国人観光客が顕著に増えているといっても依然としてほとんどを日本人観光客が占めている。その日本人観光客の宿泊者数が停滞しているのは香川県観光の課題といえるだろう。データの提示は省略するが、この間、県外宿泊者の一人当たり平均観光消費額も同様に停滞している[14]。宿泊者数、一人当たり消費額ともに停滞しているのである。日本人観光客に向けた観光戦略の見直しが必要である。

さらに、香川県の月別観光客数をみた図3によると、香川県の観光客数は一月、五月、一一月に多く、そのうち琴平の占める割合が高いが[15]、この図を詳細にみると、琴平の観光客数の多い一月は小豆島で少なく、その一方で小豆島の観光客数の多い一一月は琴平では比較的少ないことがわかる。繁忙月と閑散月が県内の観光地で異なっており、これも香川

（14）香川県「香川県観光客動態調査報告」各年版を参照。
（15）ここでの香川県の観光客数は県内の代表的な観光地である琴平、小豆島、屋島、栗林公園の観光客数の合計であり、香川県全体の観光客数とは異なる。香川県（二〇一九）「平成30年 香川県観光客動態調査報告」を参照。

県観光の課題といえる。例えば、県内観光地同士で周遊コースの設定とそれを可能にするイベント等の同時開催ができれば、互いの閑散月にもう少し集客ができるのではないだろうか。

図 2　延べ宿泊者数の推移（単位：千人泊）

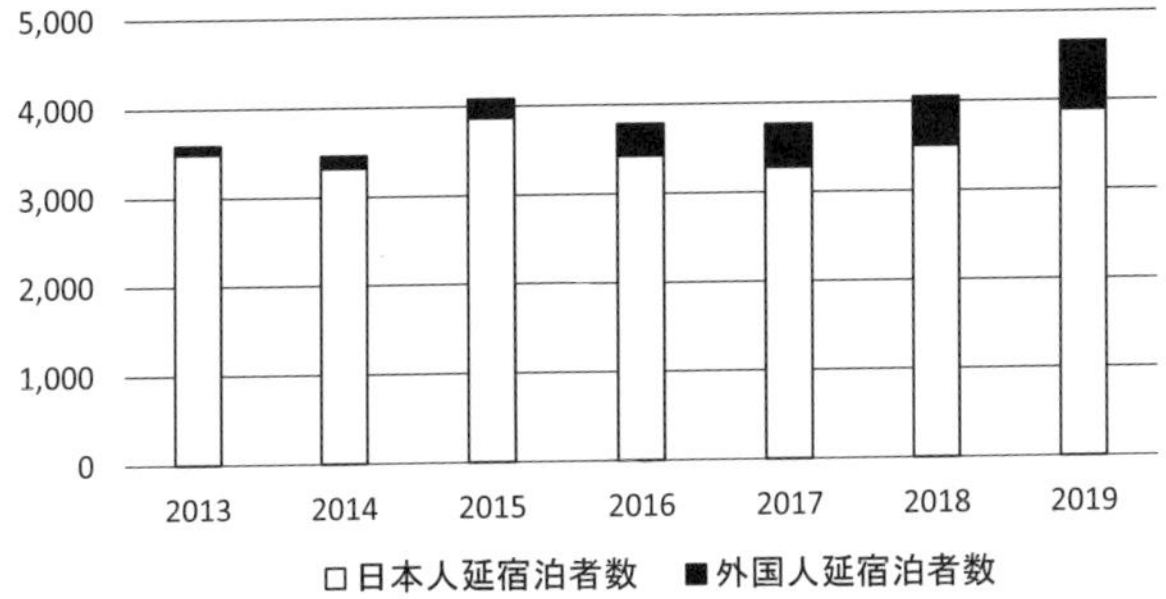

出所：観光庁「宿泊旅行統計調査」（各年版）
注：従業者数10人以上の施設に対する調査から作成

図 3　月別観光客数（2018年、単位：千人）

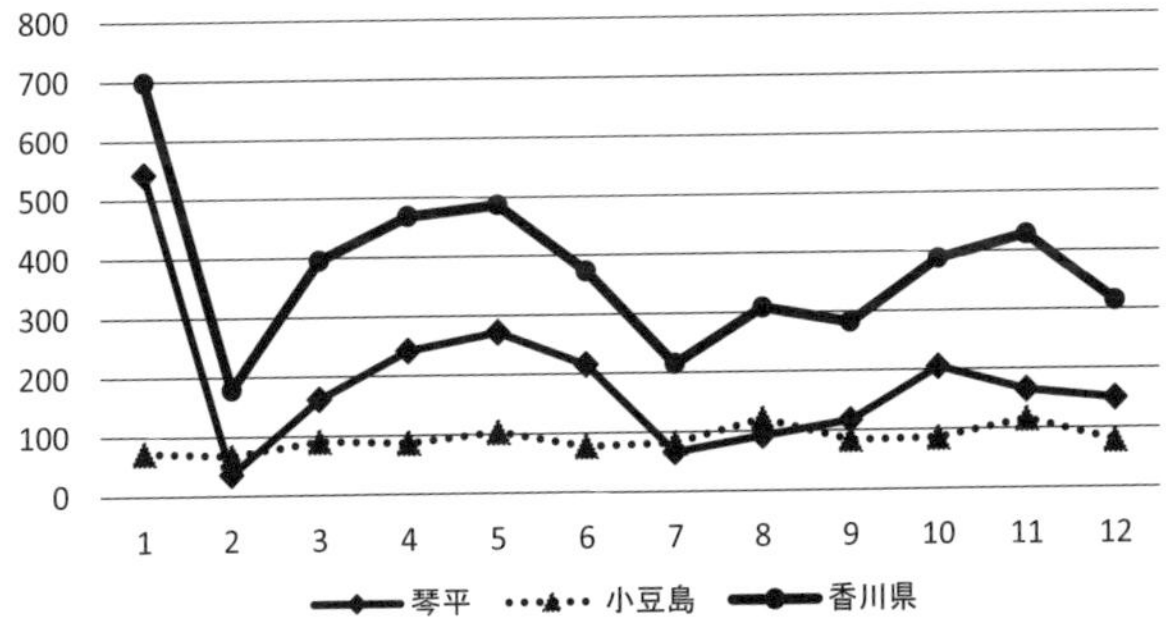

出所：香川県（2019）「平成30年　香川県観光客動態調査報告」

香川県観光の新たな動き

最後に、香川県観光の新たな動きを二つほど紹介したい。一つは新しい観光地の誕生である。三豊市にある父母ヶ浜《ちちぶがはま》は、これまで美しい砂浜の残る海水浴場であった。そこが、近年、干潮時に南米ボリビアの「天空の鏡」とも呼ばれるウユニ塩湖のような写真が撮れることから、SNSで評判となり、国内のみならず、東アジアを中心に外国からも若い観光客が訪れるようになった。それを受けて、父母ヶ浜周辺には地元や移住者、県外からも若い事業者が飲食店や宿泊施設を運営するようになり、さらなる観光客の増加に結び付くという好循環が生まれている。観光地域づくりの先進事例として全国的にも知られるようになった。今後のさらなる展開が楽しみな地域である。

もう一つはワーケーションの動きである。ワーケーションとは、休暇を目的とした旅行中に一定の時間を取って仕事を行うなど、業務を組み合わせる旅行のことであり、コロナ禍の二〇二〇年以降、日本でも急速に注目されるようになった。香川県内でも二〇二〇年一一月に民間団体を中心に「香川ワーケーション協議会」が結成され、全国からワーケーションの受入をするべく、各地で準備が進められている。ワーケーションは単なる観光客にとどまらず、ワーケーションを実施する企業や従業員と受入地域との関係が生まれ、関係人口になることも考えられる[16]。さらに、ワーケーション実施企業・従業員が地域の課題解決に取り組む、あるいは地元企業とのコラボによりビジネス創出につながる可能性もある。まだ動きが始まったばかりであるが、コロナが収束してもワーケーションを根付かせていくことが重要である。

(16)「関係人口」とは、移住した「定住人口」でもなく、観光に来た「交流人口」でもない、地域や地域の人々と多様に関わる人々のこと。総務省HP「関係人口ポータルサイト」を参照。

〔参考文献・参考サイト〕

香川県「香川県観光客動態調査報告」各年版
香川県ほか「香川せとうちアート観光圏整備計画」二〇二〇年
公益社団法人香川県観光協会「観光地域づくり法人形成・確立計画」二〇一七年
国土交通省「観光白書」各年版
国土交通省観光庁「旅行・観光産業の経済効果に関する調査研究」二〇二〇年

観光庁ホームページ「観光圏の整備について」
https://www.mlit.go.jp/kankocho/shisaku/kankochi/seibi.html 二〇二一年一二月二日最終閲覧
観光庁ホームページ「観光地域づくり法人（DMO）」
https://www.mlit.go.jp/kankocho/page04_000048.html 二〇二一年一二月二日最終閲覧
総務省ホームページ「関係人口ポータルサイト」
https://www.soumu.go.jp/kankeijinkou/about/index.html 二〇二一年一二月二日最終閲覧

column

瀬戸内国際芸術祭

原　直行

はじめに

瀬戸内国際芸術祭（以下、瀬戸芸）は、「海の復権」をテーマに、直島、豊島、女木島、男木島、小豆島、大島（以上、香川県）、犬島（岡山県）および高松港周辺を会場に二〇一〇年に初めて開催されたアートプロジェクトである。世界的にも著名な国内外のアーティストが現代美術の作品の製作・展示を行い、イベントを開催した。その後は三年ごとに開催され、二〇一九年には四回目を迎えた。この間に開催会場も増え、二〇一九年では一二の島（直島、豊島、女木島、男木島、小豆島、大島、犬島、沙弥島、本島、高見島、粟島、伊吹島）と二つの港（高松港、宇野港）周辺を会場に、春、夏、秋の三会期、計一〇七日間開催した。[1]

図1　各島に向かう乗船券を求めて並ぶ訪問客（高松港、2019）

主催は各種行政機関や経済団体からなる瀬戸内国際芸術祭実行委員会であり、会長は香川県知事、総合プロデューサーは福武總一郎氏、総合ディレクターは北川フラムである。会長が県知事であることからもわかるように、香川県と北川が主導している。

瀬戸芸の来場者数は第一回（二〇一〇年）九四万人、第二回（二〇一三年）一〇七万人、第三回（二〇一六年）一〇四万人、第四回（二〇一九年）一一八万人と増加傾向にある。第四回の一一八万人は最多の来場者数となり、しかもその二四％が外国人、経済波及効果（推計）も一八〇億円と過去最高となった。[2]

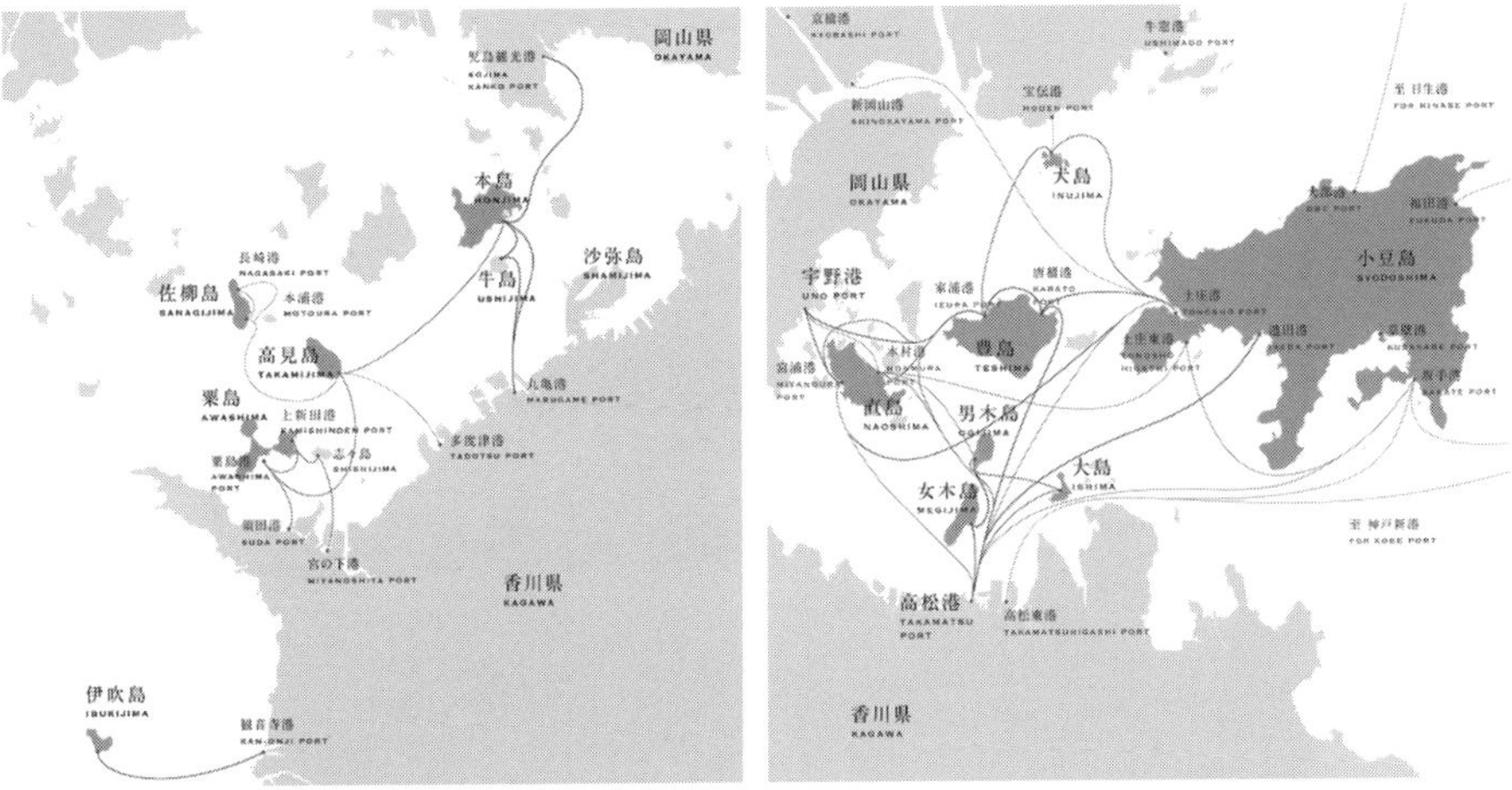

図2　出典：瀬戸内国際芸術祭2022／ART SETOUCHI公式ウェブサイトhttps://setouchi-artfest.jp/

これまであまり観光地として見られてこなかった過疎化、高齢化の進む島しょ部を舞台にして作品展示やイベントが行われ、多くの観光客が島しょ部を訪れるようになった。また、作品制作にあたってはアーティストや様々な活動を支えるボランティア組織のこえび隊も島に入り、訪問を重ねて一部では関係人口―移住した「定住人口」でもなく、観光に来た「交流人口」でもない、地域や地域の人々と多様に関わる人々のこと（総務省）―ともいうべき存在になっている。さらに、近年では都市部などから若い移住者が増え、宿泊施設や飲食施設も増えて、島しょ部に新たな一面が加わっている。

瀬戸芸は、今や日本を代表する世界的な芸術祭となり、各地で同様のアートプロジェクトが行われている。一方で、瀬戸芸は単なる芸術祭にとどまらず、地域活性化、地域づくりのための事業としても世界的に注目を浴びている。

作品紹介

具体的に瀬戸芸の常設展示作品を二つほど紹介する。

豊島美術館は豊島（香川県土庄町）の海を望む丘陵に建設された美術館である。建築家・西沢立衛による設計で二〇一〇年一〇月に開館した。内藤礼氏による「母型」という作品が展示

図3　豊島美術館 内藤礼「母型」2010年 写真：鈴木研一（提供：福武財団）

図4　ジャウメ・プレンサ「男木島の魂」Photo: Osamu Nakamura（瀬戸内国際芸術祭、ART SETOUCHIの作品）

されている。広さ四〇×六〇メートル、高さ四・五メートルの空間に柱が一本もないコンクリート・シェル構造で、天井にある二箇所の開口部から、周囲の風、音、光を内部に直接取り込み、自然と建物が呼応する有機的な空間を形成している。（豊島観光ナビより）

「男木島の魂」は男木島（香川県高松市）の港にあってフェリーの待合所でもあり、男木交流館としても使われている。スペインのジャウメ・プレンサの作品で二〇一〇年六月に竣工された。貝殻をイメージした白い屋根に八つの言語の文字がデザインされている。（雌雄島海運株式会社より）

訪問客と住民の評価

では実際に瀬戸芸を訪れた観光客はどのように評価しているのであろうか。

瀬戸芸二〇一九の観光客を対象に、二〇一九年八月に筆者らが豊島で行ったアンケート調査の結果を紹介する。(3) 訪問後の感想は「瀬戸内海と島々の景色が美しかった」など自然への評価が高く、訪問後の気持ちは「気分的にリフレッシュすることができた」など心情的なリラックスの評価が高かった。観光にとって重要な観光客の満足度や再来訪意向、他人への紹介意向も評価が高かった。満足度の高さをもたらす要因を分析したところ、瀬戸芸で様々な人と出会い、自分の生活・生き方について考えたこと、リフレッシュの気持ち、豊島への地域愛着の三つが重要だということがわかった。これは瀬戸芸を通じて単にアート作品の鑑賞だけでなく、他者との出会いによる自省、リフレッシュの気持ち、島への愛着といった気持ちも観光客の満足度を高める要因になっていることを意味している。興味深い事実である。

一方、瀬戸芸の開催会場である島の住民はどのように評価しているのであろうか。

豊島の住民を対象に、二〇二〇年八月に筆者が行ったアンケート調査の結果を紹介する。(4) この調査ではこれまで四回の瀬戸芸全体を通じての評価を尋ねている。瀬戸芸に対して、四割台の人が肯定的に受け入れていた一方で、二割台の人が否定的であった。瀬戸芸の評価を決める要因は「活気が出た」、「若い移住者が増えた」など活性化の評価が重要だと考えられた。住民は移住者の増加を瀬戸芸のもたらした変化として最も高く評価していた。また、アーティストやこえび隊との交流など瀬戸芸に関わりを持った住民は、瀬戸芸への満足度、開催継続の意向の評価が高かった。住民は活性化の視点から瀬戸芸を評価している人が多く、関わりを持った人の満足度が高いということは今後の活性化方策を考える上で示唆的である。

まとめ

瀬戸芸は日本を代表する世界的な芸術祭となり、世界中から一〇〇万人を超える観光客が訪れ、経済波及効果も大きいものとなった。観光客は作品だけでなく、他者との出会いによる自省、リフレッシュの気持ち、島への愛着からも満足度を高めている。会場である島の住民も瀬戸芸を肯定的に受け入れる人が多く、それは地域の活気、若い移住者の増加など活性化の視点から評価している。また、瀬戸芸に関わった人の満足度が高いことから、今後も引き続き住民参加型の芸術祭を志向することが重要であろう。

〔注〕

（1）犬島と宇野港は岡山県に属し、他の島と高松港は香川県に属する。
（2）瀬戸内国際芸術祭実行委員会（二〇二〇）を参照。
（3）原・山本（二〇二一）を参照。同論文は日本人観光客と外国人観光客との比較が分析の中心であるが、ここでは主に日本人観光客（回答者数三九四人）の調査結果について紹介する。
（4）原（二〇二一）を参照。回答者数は一五四人（回収率二〇・〇％）。

〔参考文献・参考サイト〕

瀬戸内国際芸術祭実行委員会「瀬戸内国際芸術祭 総括報告」（各回版）

瀬戸内国際芸術祭実行委員会　https://setouchi-artfest.jp/
原 直行「住民による瀬戸内国際芸術祭の評価」香川大学経済論叢、九三巻四号、二〇二一年
原 直行・山本暁美「瀬戸内国際芸術祭2019における日本人観光客と外国人観光客の意識動向の比較」香川大学経済論叢、九四巻一号、二〇二一年
雌雄島海運株式会社　https://meon.co.jp/company 二〇二一年一二月二日最終閲覧
豊島観光ナビ　https://teshima-navi.jp/ 二〇二一年一二月二日最終閲覧

column

うどん県の歩き方・めぐり方

――三宅岳史

筆者の専門は哲学であり、讃岐うどんに関して専門知識があるわけではない。ほぼ一〇年前に香川大学に赴任後、うどん屋や製麺所を放浪し、食べ歩きを楽しんでいるうちに気づけば訪れたうどん屋は九〇〇店以上になっていた。考えてみると、地域住民にとっては空気のように当たり前の讃岐うどんに関する現象が、筆者にとっては当たり前にならずにずっと興味深い対象であったために、うどん屋めぐりの動機が持続したと言えるかもしれない。そこに香川で生まれ育つことによりうどんが日常的となっている地域住民と、香川に移住したことでうどんが非日常的な関心の対象となった筆者の視点の違いがある。ここでは、こうした半ば地域住民的で、半ば観光客的な筆者の視点から、うどん県香川の歩き方を紹介したい。

讃岐うどんブームはこれまでに何度か起こっている。その回数や期間は諸説あるが、大阪万博への出店と知事の積極的広報活動（一九七〇年ころ）、瀬戸大橋開通（一九八八年ころ）、麺通団（団長、田尾和俊）による穴場店探訪の地元タウン誌記事をまとめた『恐るべきさぬきうどん』の出版（一九九〇年代後半～）などがブームの契機となった。そして「香川県は『うどん県』に改名しました」――香川県観光協会がこのような観光PRを行ったのが二〇一一年。一〇年たったいまでも県公式サイトやお土産などでこの名称が使われ続けているところをみると、「香川県＝うどん県」という公式は定着したといってよい。統計では、[1]家庭の食費や外食でも香川のうどん県としての実力は際立っている。令和三年現在で、香川県のうどん店は六一〇軒ほどあり（『全店攻略本』）、人口一万人あたりの「そば・うどん店」事業所数は五・六〇店と香川が全国一位であるが、全国平均は二・三〇店である（総務省統計局、二〇一六）。また香川県の観光でも讃岐うどんの占める位置は大きいが、[2]観光客が訪

表　香川県のうどん店数と閉店数

年度	2011	2012	2013	2014	2015	2016	2017	2018	2019	2020	2021
全店数	785	778	765	751	713	694	680	671	634	618	611
閉店数	31	(45)	51	47	54	49	46	36	37	37	31

※（　）は概数(3)

れる店は一部に集中する傾向がある。しかし私見では、観光客がそれほど来ない店でも、有名店とうどんの美味しさはひけをとらないことも多い。ここで紹介したいのも、知られざる実力店や名店が香川にはまだ多く存在することであり、こうした奥深いうどん文化が将来も存続することが筆者の願いでもある。

ではなぜ、香川には知られざる実力店が多いのか。それは多くのうどん屋を支えているのは観光客よりも地域住民であり、それによりうどん屋は選別され質が高まるためである。人口あたりのうどん店数は香川県のほぼ全域で値が高く、このことはうどん屋が飽和状態にあることを示している。表が示すように、(3)香川県の全うどん店の約五％が毎年消滅している。その原因の多くは後継者不足と考えられるが、新店でも閉店することは珍しくない。例えば二〇一一年には五五軒の新店ができ、一〇年後の現在ではそのうち二八軒が閉店している。また二〇〇〇年以降に開いた店が三五〇軒あり、全体の過半数を占める（『全店攻略本』、二〇二一）。香川県のうどん屋はダイナミックに変動し、その新陳代謝は激しい。また最近も地域に根づいてきたうどん屋（牟礼町のつづみ屋や観音寺市の七宝亭などで、両店ともに創業は昭和五〇年代）が閉店することがある。うどん屋は様々な人たちの想い出を育む場でもあり、とくにいつまでもあると思っていた場がなくなると、その喪失感は大きい。

香川県はうどん屋にとって決してなまやさしい環境ではない。これは県民の独特のうどん文化も関係している。まず価格面では、かけうどんはなるべく低価格に抑えるという暗黙の掟がある。約八割の店が一玉二〇〇円台に抑えており（『全店攻略本』、二〇二一）、三〇〇円以上のかけうどんは「高級店」とみなされ、相応の実力が求められる。これに対して、ぶっかけ、ざる、かまあげなどはそれよりも高い値段設定ができるのだが、コスパ意識の高い多

「讃州めんめから見た高松市風景とひやかけうどん」（筆者撮影、撮影日、2021年8月）山腹にあるホテルのロビーが昼時にうどん屋「讃州めんめ」になり、風光明媚な景色とうどんを楽しめる。

くのうどん県民は、定石としてかけうどんを注文する。そこに加えて夕食にうどんをあまり食べないといううどん県民の習性から、[4] 約八割のうどん屋は一七時以降の夕食の時間帯には営業を終えており、夕食で単価を上げることも難しいという制約がある。このように有名店でなくても美味しいうどんが食べられる実力店が多いのは、厳しい環境が香川のうどん屋の質を全体的に底上げしているという側面がある。しかしそれは、明日には好みのうどん屋がなくなっているかもしれないという不幸と隣り合わせの幸福なのである。

最後にうどん県の歩き方のポイントを紹介しておこう。

（一）有名店もよいが「自分流に隠れた名店探し」をしてみるのがおすすめである。筆者にとってそのようなうどん屋は香川県各地に存在するが、例えば香川大学近辺にも「さか枝」「竹清」といった有名店はあるにはあるが、筆者なりの隠れた名店は「吾里丸（ごりまる）2」「讃州めんめ」などである。そういった店の探し方はネットでも攻略本でもよいし、行き当たりばったりでもよい。「自分なりの名店」に出会えたときの喜びはひとしおである。[5]

（二）時間帯としては一般的に、午前中から一三時過ぎまでがおすすめである。昼時は客数も多く、湯がきたてしめたてのうどんを味わえる。なお「かけうどん」には、少々時間がたった麺を使うこともあり、そのため他のメニューより価格が下げられているという事情もあるが、客数が多いときに行けば、かけうどんもできたてを食すことができる。

（三）おすすめの食べ方としては、うどん県民が「かけそのまま」「ぬるかけ」「ひやあつ」などと言って注文する食べ方がある。これは、水でしめた麺をあたためずに熱いだしに入れたものだが、普通のかけうどんよりコシが残り、麺とだしのマッチングもよくなる。試してみてはいかがだろうか。また、冷たい麺に冷たいかけだしをあわせた「ひやかけ」「ひやひや」を出すお店もあり、これは夏にはすこぶる人気がある。[6]

（四）うどん屋をめぐる交通手段に関しては、自転車で行くと香川県はそれほど坂もなく、移動中に適度にお腹も減り、讃岐の風土を肌感覚で楽しめる。高松、坂出、丸亀、善通寺、観音寺などではレンタサイクルもある。ちなみに筆者は自転車の愛好家でもあり、訪問したうどん店はすべて徒歩か自転車で行った。自転車による讃岐うどん巡礼もおすすめの一つである。

〔注〕

（1）総務省統計局、二〇二〇では、一世帯当たりの「生うどん・そば」購入の年間支出額が高松市は一位（七〇五七円）で、二位（四八六七円）の前橋市を引き離し、「日本そば・うどん」外食でも高松市は一位（一万二九一七円）である。

（2）（香川県、二〇一九年）では、香川県観光の動機の一位は「讃岐うどん」（約四〜五割）で、観光客の七割ほどが平均一・六七軒のうどん屋を訪れている。これらの値の傾向は毎年ほぼ変わらない。

（3）表は『全店攻略本』二〇一一年度〜二一年度版までのデータから作成した（なお二〇一二年の閉店数は掲載されておらず、概数である。）。

（4）田尾和俊氏は「例えばラーメンは「昼・夜」、そばもどちらかと言えば「昼・夜」、〔中略〕と圧倒的に昼と夜を中心に食べるものが多いのだが、讃岐うどんは「朝・昼」なのである。書いて改めて思ったのだが、これはかなり特殊な習慣なのかもしれない。とくに朝は。何しろこっちは早朝から開いているうどん店で、朝五時、六時、七時に客が来てうどんを食べて仕事に行くのである。〔中略〕しかし逆に夜は「夕食にうどんはなあ…」という感じで、ちゃんとした他の食事をする。〔中略〕讃岐うどんはそういう食文化なのである。」（田尾、二〇一一年）と述べている。

（5）参考まで筆者にとっての名店をいくつか挙げておこう。**東かがわ市**：まるちゃん、山賊村、吉本食品。**さぬき市**：源内、羽立、まはろ、むれ。**三木町**：多田製麺所。**高松市**：阿讃亭、いちみ、うわさの麺蔵、大木戸、くすがみ、さぬきや、のぶや、はな庄うどん、やまと製麺所、山下（国分寺）。**綾川町**：いなもく、岡製麺所。**坂出市**：さぬきまるふじ、はま弥、めんや七福別邸。

宇多津町：塩がま屋。**丸亀市**：あかみち、飯野屋、石川うどん、香川屋本店、讃岐製麺所、つづみ、彦江うどん、明水亭。**善通寺市**：ジャンボうどん髙木、まるやうどん二代目。**琴平町**：いわのやうどん、うどんや井上。宿月。**まんのう町**：歌月、太郎うどん、城山うどん、山神うどん。**多度津町**：根ッ子うどん。**三豊市**：いぶき、もり、松ゆき。**観音寺市**：うまじ家、合田うどん、ふくや。**小豆島**：おおみねのうどん屋さん、三太郎。

（6）　筆者の最も好みの食べ方は、温めた麺を冷たいだしに入れる「あつひや」である。これは「ひやあつ」よりは麺がしまるが、「ひやひや」ほど麺がしまらない。とはいうものの、これはマニアックな食べ方のようで、残念ながらこれをメニュー化している店は少なく貴重な存在である。読者のなかには混乱する方がいるかもしれないので説明すると、どんぶりに麺を入れた後に出汁を注ぐという順番から、「あつ」「ひや」のうち最初が麺、次にだしの状態を指すと覚えておけば間違うおそれはない。

〔参考文献〕

香川県「香川県観光客動態調査報告概要」二〇一九年
麺通団編『恐るべきさぬきうどん』第一巻～第五巻、ホットカプセル、一九九三年～二〇〇二年
総務省統計局「二〇二〇年家計調査」二〇二〇年
総務省統計局「平成二八年経済センサス　活動調査」二〇一六年
タウン情報かがわ『さぬきうどん全店制覇攻略本』セーラー広告株式会社、二〇一一年度から二〇二一年度版まで（『全店攻略本』と略記）
田尾和俊『超麺通団4　麺通団の最新讃岐うどんの巡り方&讃岐うどんの基礎知識』西日本出版社、二〇一一年、四九頁

あとがき

地域を理解しようとするときに大切なことは、どのようなことであろうか。小中学校では、誰しも社会科の地理分野で地域について学ぶ。そこで、地域とは、何らかの点から一定のまとまりをもった地表や空間の一部分を意味すると習うと思う。しかし、地域という概念は、地理分野に限らず、歴史分野や公民分野においても扱われる。例えば、地域の歴史、地域コミュニティ、地域経済といった概念がそうである。さらに、地域の自然や地域環境という概念もあるように、地域という概念は自然科学にも広がっている。これからわかることは、地域を全体的、包括的に理解するためには、人文学、社会科学、自然科学のすべての観点を、言い換えれば学際的な視点を導入する必要があるということである。また、地域は空間的に重層的な概念であり、ローカル（都市・農村、地方）からナショナル（国家）、そしてグローバル（地球規模）なスケールにおいて設定可能である。

本書は、「大学的地域ガイド」シリーズの一冊として、香川県を対象地域として企画された。香川県は、周知のように、面積一八七七㎢の全国一小さな県である。しかし、一方で、北側は多くの島々が浮かぶ瀬戸内海に面し、南側は讃岐山脈が東西に連なり、その間には讃岐平野などの平地部が広がり、日本列島の縮図と言えるような存在でもある。多くの島々をもつこともあり、海岸線の長さは全国有数である。香川県の気候は、中国山地と四国山地に挟まれた瀬戸内式気候で降水量が少なく、かつ流量の多い河川も限られ、古来、満濃池に代表される多くのため池が県内各地に造られた。飯野山をはじめ標高の低いかわいらしい山とため池の点在する農村景観は、香川県の原風景といってよいと思う。

歴史的には、古来、中国や朝鮮半島の大陸文化を畿内の都に伝える「廊下地帯」を構成する瀬戸内地域の一角として、早くから都市的集落が形成され、交易に従事する港町が栄えた。結果として、高松、丸亀、善通寺、琴平、観音寺といった、それぞれ特徴を有する都市が平野部に展開することになった。沿岸部では、古くから潮の干満差を利用して塩田が各地に造られ、その良質な塩は全国に名を馳せた。一方、都市周辺から山地にかけては、島嶼部も含めて農地が広がり、水稲を中心にしながらも、文中でも取り上げられたサトウキビ由来の糖を始め、高瀬の茶や坂出の金時にんじんなど、特徴ある様々な農産品が生産されてきた。香川県の名産であり、一説によると空海が中国からその製法を伝えたという讃岐うどんの原料は小麦である。しかし、現在では輸入小麦が使用されることが多く、その状況を改善すべく、「讃岐の夢」の名をもつ品種が県農業試験場で開発され、栽培が広められつつある。

香川県、そしてその県都高松市は、四国の玄関口としての役割を果たしてきたが、一九八八年の瀬戸大橋の開通、さらに一九九八年明石・鳴門ルートの開通により、その役割が低下している。香川県の人口も、少子高齢化が進行する中で、一九九〇年代なかばに一〇二万人でピークに達し、二〇一〇年には一〇〇万人を割り込んだ。高松市の人口も四〇万人程度で伸び悩んでいる。今後、地域産業を維持しながら、持続可能な地域社会をいかに作っていくかが問われている。一方で、アートの島として国際的にも有名となった直島をはじめ、二〇一〇年に開始された瀬戸内国際芸術祭は、四国本島のみならず多くの島嶼部を現代アートの展示場としてそれを巡るという新しい形が評判を呼び、国内外から多くの観光客が訪れるようになった。二〇二〇年の当初より世界的に拡大した新型コロナウィルス感染症は、東京など特に大都市部で影響が大きく、地方移住を検討する人々も出てきた。このような状況から、香川県を含む地方はまさに転換点にあるということができる。

本書は、上記のような香川県の特徴を、「大学的ガイド」として専門的な見地に立ちながらも、一般書として読みやすく描写するよう準備が進められた。大まかに、第1部は環境（風土と地形、気候、海、干潟、水など）、第2部は歴史（善通寺と空海、高松城下町、琴平と歌舞伎、海・山・まちの民など）、第3部は文化（祭礼、お遍路、美術、建築など）、そして第4部は都市・農村・島嶼と産業（高松、宇多津、島嶼と若者、観光業、地場産業など）をテーマとして、それぞれの中で具体的な各論が並ぶ形を取った。本書を読むことによって、香川県の特徴の理解が進むようであれば大変嬉しく思う。しかし、執筆者の専門性の広がりの限界と各論のページ制限により、香川県の特徴のすべてを取り上げることはできなかった。本書を片手に香川県を歩かれて、読者自身で本書に欠けている部分を補って頂けたら幸いである。
最後に、本書の刊行に当たり、令和三年度香川大学教育学部学術基金より出版助成を受けた。ここに記して感謝の意を表したい。また、昭和堂編集部の大石泉さんには終始お世話になった。心より御礼申し上げたい。

二〇二二年一月

平 篤志

索引

●あ行●

●か行●

●さ行●

●た行●

●な行●

●は行●

●ま行●

●や行●

●ら行●

●わ行●

松原　潔（まつばら・きよし）／善通寺宝物館学芸員／日本美術史／『寝屋川市史　第7巻：美術・建築編』（共著）寝屋川市、2006年など

三好賢子（みよし・まさこ）／香川県立ミュージアム主任専門学芸員／日本彫刻史／「高松藩主初代松平頼重による造仏について—新出の法然寺愛染明王像を中心に」『てらゆきめぐれ　大橋一章博士古稀記念美術史論集』中央公論美術出版、2013年など

御厨義道（みくりや・よしみち）／香川県立ミュージアム主任専門学芸員／日本近世史／『四国の大名　近世大名の交流と文化』（共著）岩田書院、2011年など

野村美紀（のむら・みき）／香川県立ミュージアム学芸課長／日本近代史／『時代をつなぐ写真』香川県歴史博物館、2005年など

庄子幸佑（しょうじ・こうすけ）／香川県庁建築技師／建築学、建築史／『日本建築の自画像　探求者たちのもの語り』（企画、執筆協力）、2019年

伊藤裕康（いとう・ひろやす）／香川大学名誉教授、文教大学教育学部教授／社会系教科教育学／『社会科教育のリバイバルへの途—社会への扉を拓く「地域」教材開発—』（編著）学術図書出版社、2022年など

髙倉良一（たかくら・りょういち）／香川大学名誉教授／法律学／「教員養成学部における法教育担当者養成の試み」『法教育の可能性—学校教育における理論と実践—』（共編著）現代人文社、2001年など

平　篤志（たいら・あつし）／香川大学教育学部教授／人文地理学／『日本系企業の海外立地展開と戦略』古今書院、2005年など

小坂有資（こさか・ゆうすけ）／香川大学大学教育基盤センター特命講師／社会学／『マイノリティ問題から考える社会学・入門——差別をこえるために』（共著）有斐閣、2021年など

坂井冴耶佳（さかい・さやか）／香川県公立小学校教諭／「「住みよいくらし」と「災害」を統合した単元構想」『法教育・社会科教育とその周辺』美巧社、2020年

鈴木正行（すずき・まさゆき）／香川大学教育学部教授／社会科教育学／「社会科教育における構想力の系譜に関する一考察—香川県中学校社会科研究会の動向を通して—」『教育実践方法学研究』第 3 巻第 1 号、2017年など

原　直行（はら・なおゆき）／香川大学副学長、経済学部教授／観光学・地域活性化論／「住民による瀬戸内国際芸術祭の評価」『香川大学経済論叢』93巻4号、2021年など

三宅岳史（みやけ・たけし）／香川大学教育学部教授／哲学／『ベルクソン哲学と科学との対話』京都大学学術出版会、2012年など

執筆者紹介（執筆順：氏名／所属〔2022年3月現在〕／専門分野／主要業績）

守田逸人（もりた・はやと）／香川大学教育学部准教授／歴史学（日本中世史）／『日本中世社会成立史論』校倉書房、2010年など

寺尾　徹（てらお・とおる）／香川大学教育学部教授／気象学・気候学／『理科教育をとらえ直す』（共著）本の泉社、2019年など

長谷川修一（はせがわ・しゅういち）／香川大学特任教授・名誉教授　四国危機管理教育・研究・地域連携推進機構副機構長／応用地質学／Cause of large-scale landslides in Lesser Himalaya of central Nepal, Environmental Geology, Vol.57, 2009など

多田邦尚（ただ・くになお）／香川大学農学部教授／化学・生物海洋学／『海洋科学入門』（共著）恒星社厚生閣、2014年など

新見　治（しんみ・おさむ）／香川大学名誉教授／地理学・水文学／『日本の自然 地域編―中国四国』（共編著）岩波書店、1995年など

一見和彦（いちみ・かずひこ）／香川大学農学部教授／浅海生産環境学／『海洋科学入門』（共著）恒星社厚生閣、2014年など

佐藤竜馬（さとう・りゅうま）／香川県教育委員会生涯学習・文化財課副課長／考古学／『香川県庁舎旧本館取材ノート　あの頃の香川県庁舎を語る』（編著）香川県庁舎50周年プロジェクトチーム、2009年など

渋谷啓一（しぶや・けいいち）／元香川県立ミュージアム学芸員、文化庁文化財第二課主任文化財調査官／日本古代史／特別展『空海誕生の地　善通寺』2006年など

田中健二（たなか・けんじ）／香川大学名誉教授／日本中近世史／『近世初期讃岐国における城下町建設と開発・治水に関する研究』美巧社、2017年など

時岡晴美（ときおか・はるみ）／香川大学教育学部教授／生活経営学／『地域と協働する学校』（共編著）福村出版、2021年など

村山　聡（むらやま・さとし）／香川大学名誉教授、Co-Convener of the ICEDS, Kagawa University／環境史・比較経済史／『近世ヨーロッパ地域史論』法律文化社、1995年など

田井静明（たい・よしあき）／瀬戸内海歴史民俗資料館長／民俗学／『「間」からみる瀬戸内―瀬戸内全誌のための素描』（共著）瀬戸内全誌準備委員会、2020年など

上野　進（うえの・すすむ）／徳島文理大学教授／日本中世史／『中世港町論の射程』（共著）岩田書院、2016年など

北山健一郎（きたやま・けんいちろう）／香川県埋蔵文化財センター次長／考古学／「「四国八十八箇所霊場と遍路道」の構成資産」『回遊型巡礼の道』ブックエンド、2017年など

松岡明子（まつおか・あきこ）／香川県政策部文化芸術局文化振興課副主幹／美術史／「高松松平家博物図譜の成立 ―18世紀博物図譜の模索―」『徳川社会と日本の近代化』思文閣出版、2015年など

大学的香川ガイド―こだわりの歩き方

2022年3月31日　初版第1刷発行

監修者　香川大学教育学部
編　者　守田逸人・平　篤志・寺尾　徹

発行者　杉田　啓三
〒607-8494 京都市山科区日ノ岡堤谷町3-1
発行所　株式会社　昭和堂
振込口座　01060-5-9347
TEL（075）502-7500／FAX（075）502-7501
ホームページ　http://www.showado-kyoto.jp

印刷　亜細亜印刷

ISBN 978-4-8122-2109-9
乱丁・落丁本はお取り替えいたします。
Printed in Japan